德鲁克
管理思想解读

罗珉◎著

北京燕山出版社
BEIJING YANSHAN PRESS

图书在版编目（CIP）数据

德鲁克管理思想解读/罗珉著. —北京：北京燕山出版社，2017. 7

ISBN 978-7-5402-4568-9

Ⅰ. ①德… Ⅱ. ①罗… Ⅲ. ①德鲁克（Drucker，Peter Ferdinand 1909 - 2005）- 管理学 Ⅳ. ①C93

中国版本图书馆 CIP 数据核字（2017）第 164484 号

书　　名：德鲁克管理思想解读

作　　者：罗　珉

责任编辑：满　懿

书　　号：ISBN 978-7-5402-4568-9

出版发行：北京燕山出版社

地　　址：北京市西城区陶然亭路 53 号　邮编：100054

网　　址：http：//www. bjyspress. com

电　　话：编辑部（010）65240430

电子信箱：bjyspress@ 126. com

印　　刷：北京旭丰源印刷技术有限公司

经　　销：新华书店

规　　格：145 毫米×210 毫米　32 开本　16. 75 印张　347 千字

版　　次：2017 年 8 月第 1 版　　2017 年 8 月第 1 次印刷

定　　价：68. 00 元

管理学大师德鲁克留给这个世界的一切富有创见性的精辟见解，大至整个世界小至一个微观组织鞭辟入里的分析，他对于组织及其管理世界以及这个世界中的“人”所有细微洞察，无论是读过德鲁克著作的学者或企业家，都会从中得到振聋发聩般的思想冲击。以至于今天我们仍引以为经典的诸多德鲁克理论，都不可避免地影响着我们的思维或者我们的行动。但是，阅读和触碰德鲁克思想的边缘，寻找德鲁克犀利词语中的更深层次的解读，获得不同寻常的顿悟，以对德鲁克思想和同时代其他管理学家的理论建树进行分辨，却是一件非常困难的事情。

本书作者作为德鲁克的学生和资深的德鲁克研究者，以一流的德鲁克管理思想研究成果为学术界和企业界称道。作者以独特的、多维度的、全方位的研究视角，全面解构了德鲁克管理思想的精髓与实践价值，并对中国企业运用德鲁克管理思想提升企业管理水平提出了探索性观点。

本书中主要讨论德鲁克最重要的管理学思想，包括对德鲁克历史地位的评价、德鲁克的管理学坐标与维度、实践性管理理论、目标管理、经营理论与企业战略、奥地利学术传统对德鲁克的影响、德鲁克的管理学方法论等问题，这些领域都是学习和理解德鲁克管理思想的最重要的部分。

本书作者力图向读者呈现德鲁克管理思想的精义所在，勾画出德鲁克管理思想产生的特定历史背景，以帮助读者理清德鲁克的思想脉络，重构德鲁克的思想逻辑，并以历史的眼光对其进行分析和评价。故本书较为适合相关研究和爱好者，如院校教研、学术研究人士、咨询公司咨询师、愿意深入研究管理思想的企业家等。

可以这样说，现代管理学的条条道路出自德鲁克，条条道路通往德鲁克。德鲁克管理学著述与现代管理学的每一个方面都连在一起。阅读本书的每一个读者都可以通过本书作者对德鲁克管理思想的解读，去重塑一个属于自己的管理学世界，以指导自己的管理行为。

探寻德鲁克——我的心路历程

挥之不去的德鲁克情结（Drucker complex），使我一直居于不安的心情之中。这种情结缘起我与德鲁克的一段翰墨缘。

我与德鲁克的结识可以追溯到20多年前。记得我在学校图书馆里偶然读到了一本叫作《管理的实践》的书，作者就是德鲁克。《管理的实践》一书如阳光下刚沏的一杯清茶，甘纯而充满清新馥郁的气息，沁人心脾，怡人情怀。我的心被深深地震撼了！这是内心世界一种难以言表的排山倒海式的震撼。

德鲁克非常善于把经过仔细衡量的、相对独立的组织及其管理的各种问题组合成一个流畅、富表现力的整体，而且他更懂得如何营造一种阶梯式的推进感。德鲁克的文字，如此基本和关键，以至于往往使人觉得就像空气一样不可或缺。对于任何一个问题，德鲁克的论证总是通今博古，旁征博引，绵延不绝，好似一条语言的尼罗河，它泛滥着、灌溉着管理学真理的土壤。读德鲁克的著述，用德鲁克的话来说，“就像躺在语言的按摩浴缸中，在那温暖的旋涡中放松，同时享受到那种不断流动、刺激的感觉。”①

因为德鲁克的著作是基于实践的，又是写给广大管理者看的，所以在我读德鲁克的著作时，觉得他写得通俗易懂。在他的书里，没有晦涩难懂的术语，没有让人眼花缭乱的推理，更没有高深莫测的数学公式与推导。有的却是意义深透的叙事，引人入胜的案例，意趣横生的故事，不加修饰的白话，以及他那棵充满热诚而鲜活的心。这种独树一帜的语言，对于像我这样有一定管理实践经验的人，的确容易得到共鸣。

可以这样说，德鲁克的著述有一种精心“酿造”的语言风格，著述中就可以见到德鲁克的性格、气质、专业、修养、能力特长、情趣、意志和独特的内心世界，处处感情奔放，句句妙语连珠，文学功底极好，所用语言更是大气磅礴、鲜明生动、幽默风趣，具有较强的艺术感染力，独领时代风骚。德鲁克的叙述时而流畅清晰，以脉络分明见长；时而感情充沛，以气势磅礴取胜；时而着力风趣、幽默而又不落俗套；时而重在逻辑严谨而又不显干涩。在叙事时往往采用自然的旋律，语言质朴明快，平易近人，平和大度，借助严密的逻辑力量和历史考察，能起到悦人之耳、爽人之心、使人“平”中见奇、“平”中见深的功效。最终达到殊途同归，在朴素中见真情、见智慧，见力量，“平”中见新的独特效果。

由于文化大革命的特殊历史原因，我不满 18 岁就参加了工作，成了一家国有钢铁厂的普通工人。我虽然渴望有一天能

---

① Peter F. Drucker. *Adventures of a bystander*. New York：John Wiley and Sons，1979.

够进入大学学习深造，但在当时文革条件下却无法实现。幸运的是，在我24岁的时候，高考制度得以恢复，我有幸成为国内大学企业管理专业第一届毕业生。但是，当时的国内大学企业管理专业教育，在经济学方面学习的是马克思主义政治经济学，而管理学方面学习的仅仅是苏联计划经济模式下的工厂管理，参考书就是《苏联大百科全书·企业管理卷》，对市场经济条件下如何经营和管理企业完全不知道，对西方经济学与现代管理学的内容也不了解。在阅读德鲁克著作的过程中，我发现中国管理学界所知道的管理学仅仅只是古典管理学的一些毛皮，对西方现代管理学的了解和认识几乎完全是零，特别是对20世纪50－80年代现代管理学的高速发展时期的理论和方法几乎是一片空白。德鲁克有这样一种能力，他可以把人们反复阐述而不能解释清楚的复杂感受，用平实、清晰和深切的文字表达出来。

德鲁克给了我一片新天地，让我学会了一种看世界的新视角和新维度——社会历史视角和维度。德鲁克的语言自信优雅，既没有生僻的概念术语，也没有令人望而生畏的理论，读起来给人一种亲切感。从那时起，我开始关注和收集德鲁克的著述，无论是中文的还是英文的，都饥不择食地阅读，并以此为线索，追踪阅读了西方现代管理学的众多著述。阅读包括德鲁克在内的众多名家的著述，使我这个学习现代管理学的初生婴儿，渐渐地适应了这个世界，形成了对管理学时间和空间的感觉；又渐渐地形成了诸如好与坏、对与错、人性与效率、本体论与认识论之类的分辨，乃至权变、理性与非理性之类的价值标准。

1985年，国务院提出国有企业要转变经营观念，引导消费、创造顾客，这与德鲁克《管理的实践》一书的提法完全一致，引起了我的兴趣。我发现，引导消费、创造顾客与马克思商品生产中的基本矛盾——商品的价值与使用价值之间的矛盾有关。于是，我写了一封信给德鲁克，询问他理论的来源、他的理论与马克思关于商品生产基本矛盾的关系，希望得到他的点拨和指导。当时心血来潮，信写好后径直寄了出去。第二天却忐忑起来：德鲁克是一代管理学宗师，怎么会给一个无名小辈回信呢？

我万万没有想到的是，德鲁克很快就回信给予了答复。德鲁克说："我对商品价值不感兴趣，我更关心企业为什么而存在。"但德鲁克认为，马克思有一个重要理论对人类贡献极大，这就是马克思主张的利润是推动人类社会经济发展重要源泉的思想，德鲁克认为马克思是提出这一观点的第一人，而他的老师熊彼特也是持这个观点的。德鲁克强调，企业经营中最重要的问题是解决企业为什么而存在这一哲学命题，这是企业的宗旨与使命所在，而引导消费、创造顾客就是对这一命题的回答。德鲁克风趣地说道："只有这个想法是一个会移动的零件"，他隐含的意思就是这个观念能够推广到全世界。

后来我长期向德鲁克请教，多次向德鲁克进行求教各种管理理论与实践问题。说实话，当时我请教德鲁克的问题大多数并不是德鲁克著作中给我留下的疑问，而是希望他对管理学前沿理论问题给予指点。例如，我问德鲁克对在激烈的市场环境下，企业应当如何处理与外部环境的关系。如果按照亚当·斯密的“看不见的手”行事，企业应当适应环境，如果按照熊彼特的“创造性破坏”行事，企业就应当创造环境。我问先生这个问题应当如何理解？德鲁克回信简洁无比：“你提出这个问题很有见地，可以将两者结合在一起，这就是所谓的‘权变’（contingency）。你应当读一读詹姆斯·汤普森（James David Thompson）的《行动中的组织》（Organizations in Action）①一书，他强调企业的能动作用可以制造缓冲。”最后不忘记提醒我：“缓冲（buffer）这个词，非常有意思。”德鲁克的回信就是这样简短明了，但字字千金，直奔主题。这使我既高兴又痛苦。痛苦的是德鲁克的回信太短，简洁到得不到更多的信息，本来满心希望得到他的指导，但不能完全如愿，得到的往往是关键思想，需要自己去思索。当然，这种指点也非同寻常。我知道他非常忙，时间有限，有时尽管有点抱怨，但心里仍然充满感激；高兴的是能够得到德鲁克的回信，最受益的还是简洁二字。立论、写意、凝练、留白、微言大义，再繁杂的事情，都叙述得明明白白、有条不紊，常常是一些画龙点睛式地指点。这一段历练和经历让我体会到佛经中说的一个道理：“迷时师渡，悟时自渡。”

我发现，在与德鲁克讨论某个问题时，必须抓住他独特的论述方式。德鲁克总是在阐述某个论点之前，先提出资料背景，这些资料都是一般人想象不到的材料和论据，他以这些资料作为论述基础，很快做出结论。然后根据这些结论，左提一

① James David Thompson. *Organizations in Action*: *Social Science Bases of Administrative Theory*. New York: McGraw-Hill, 1967.

个历史事实，右拎一个案例，左手打右手，右手敲左手，横批竖评，左打右击，不断引证历史事实和实例作为论据，也不断用这些论据驳斥现实论点。德鲁克的主要特点在于广博和与实践的相关性，他的知识结构包罗万象。这是多少人梦寐以求而不能达到的境界，这恐怕也是他让我感到特别震撼的地方，或许也是他备受人们推崇的原因。由于德鲁克的这些引证与辩驳十分精彩，同时还有一些复杂，又像计算机屏幕保护上的三维图像，层层叠叠，错综复杂，引领着我走向神秘未知的地方。有时，我可能不自觉地迷失其中，似乎忘了他已经做好的结论，也忘了回味这些深厚论证背后的意涵。因此，对德鲁克的结论，我的心得是一定要反复体会，这样才能够对他阐述的论点有更深刻的领会。

德鲁克给我最大的感受是他敏锐的洞察力，既快又准，对任何一个简单问题，马上就能说出高深的道理，让人能够迅速理解。德鲁克最担心的是人们被惯性思维所困惑，他经常引述查尔斯·汉迪（Charles Handy）的一句话就是，为了适应组织及其管理世界的变化，我们必须改变我们的思考模式，遮着人们眼睛的眼罩（blinkers）必须扔掉。与德鲁克交流，我得以了解到奥地利经济学派的有关理论①，使我对道格拉斯·麦克雷戈（Douglas M. McGregor）、卡尔·维克（Karl E. Weick）、亨利·明兹伯格（Henry Mintzberg）、沃伦·本尼斯（Warren G. Bennis）、埃德加·沙因（Edgar H. Schein）、克里斯·阿吉里斯

① 但德鲁克认为熊彼特不属于奥地利经济学派的学者。

(Chris Argyris)，查尔斯·汉迪（Charles Handy)、舒曼特拉·高沙尔（Sumantra Ghoshal)、克里斯多弗·巴特列特（Christopher Bartlett)、迈克尔·汉默（Michael Hammer)、汤姆·彼得斯（Tom J. Peters)、加里·哈默尔（Gary Hamel)、菲利普·科特勒（Philip Kotler)、西奥多·列维特（Theodore Levitt)、大前研一(Kenichi Ohmae)、野中郁次郎（Ikujiro Nonaka)、吉尔特·霍夫斯泰德（Geert Hofstede)、冯斯·琼潘纳斯（Fons Trompenaars)、赫伯特·西蒙（Herbert Alexander Simon）和詹姆斯·马奇（James G. March）等重要管理学家的学术思想有所接触和认识。但最难能可贵的是，德鲁克还推荐了对他的理论提出批评意见论敌的著作，如美国著名心理学家亚伯拉罕·马斯洛的《良好精神状态的管理》（Eupsychian Management)①、加拿大管理学家、心理学家爱里奥特·杰奎斯（Elliott Jacques）的《必备的组织》(Requisite Organization)②、美国著名管理学家、质量管理大师威廉·爱德华兹·戴明博士（William Edwards Deming）的《走出危机》(Out of the Crisis)③ 等书，德鲁克甚至在信中告诉我，他非常关心马斯洛逝世后遗作的整理出版。当得知《马斯洛传》和马斯洛未发表过的文章

---

① Abraham Harold Maslow. *Eupsychian Management.* Homewood, Illinois: Irwin and Dorsey, December 1965.

② Elliott Jacques. *Requisite Organization: A Total System for Effective Managerial Organization and Managerial Leadership for the 21st Century: Amended.* 2nd Edition, Virginia: Cason Hall and Co. Publishing, 1996.

③ William Edwards Deming. Out of the Crisis. Cambridge, Massachusetts: Massachusetts Institute of Technology Center of Advanced Engineering Study, 1986.

《洞察未来》（Future Visions：The Unpublished Papers of Abraham H. Maslow）① 在1996年得以出版的消息时，他感到非常的欣慰。德鲁克的这种胸襟和气度，非常人可比。

这一段翰墨缘对我管理学理论素养的提高可以说是决定性的，这样的历练和经历，洗涤心灵，回味悠长。与同时代的中国管理学者相比较，我的管理学学习之路是幸运的，又是不幸的。幸运的是经由德鲁克他老人家耳提面命，指点迷津，使我的管理学功力倍增；不幸的是我不能像赵曙明教授和那国毅教授那样，亲耳聆听到他老人家的教诲。

据我所知，德鲁克一生可谓是天马行空，独往独来，单枪匹马（one man show），特立独行（to be outstanding and unique），自成一体，既无嫡系学生，也无学术传人，甚至连秘书也没有。我的这段经历，或许可以算是德鲁克的编外弟子吧。

以我的看法，在这个利欲熏心、物欲横流的年代，繁华中充斥着浮躁，交往中潜伏着虚伪，人之本原的纯真，已不知还有几分？此时选择做学问，只有一个好处，那是官场和生意场的灯红酒绿比不了的，这就是可以广泛地以文会友，甚至在整个世界范围内去寻找与自己志趣相投的良师益友和至情至性的知己。簇拥这样的良师益友，自己不仅可以坐而论道、增容头脑、相互切磋、弦歌互答、共享情怀、提升自我，更可以像马克思所说的那样：真正意义上的人的活动应是“作为智力与体

① Abraham Harold Maslow. *Future Visions：The Unpublished Papers of Abraham Harold Maslow*. Edward Hoffman, Ed. California：Sage Publications, 1996.

力的游戏来享受”。在与德鲁克交往的那些时刻，我在这种感受和接近美学标准的快乐中能动与受动的互融互动，确证了人的本质力量。我渐渐放下了我们每一个人生都充满着的焦虑和不确定感，化作了一种理想和信念，成了我的人生观和生活方式。在那些日子里，我总是志得神怡，情怀激荡，香溢肺腑，甘泽心灵，昧昧思之，如嚼橄榄，回味无穷。有时甚至还会踌躇满志地说上一句：做人真好！

尽管有这一段翰墨缘，我对德鲁克的著述可以说是高山仰止，景行行止，虽不能至，心向往之。从来就没有想过将来有一天要写一本研究德鲁克管理思想的专著，因为我深知德鲁克的学问博大精深，岂是随便什么人都可以评说的，但后来发生的一系列事情使我想法得以改变。

我对德鲁克管理思想研究的兴趣缘起于另一段翰墨缘。2002 年《经济管理 · 新管理》在第 16 期上刊登了时任武汉化工学院副教授张远凤老师的《经验主义学派方法论研究》一文，对以德鲁克为代表的经验主义学派研究方法作了分析和评价，认为经验主义学派的研究方法对管理学理论发展做出了巨大的贡献。我对张远凤副教授文章中有些观点有不同的看法，因此在 2003 年《经济管理 · 新管理》在第 2 期上发表了题为《构建管理学学科体系的研究范式和经验法评析——兼与张远凤同志商榷》一文，向张远凤副教授进行求教。不久，我收到了张远凤老师的来信，向我索要我在 2003 年新出版的一本专著《管理学范式理论研究》，由此结识了张远凤老师。张远凤老师在来信中告诉我，她当时正在武汉大学商学院博士研究生导师谭力文教授门下攻读管理学博士学位。由于我也在指导管理学博士研究生，很想知道其他教授指导的管理学博士研究生的选题内容，因此我在给她的第一封邮件中好奇地问张远凤老师博士论文的选题是什么。我万万没有想到她的博士论文选题竟然是德鲁克管理思想研究，我当时着实吃惊不小，同时也就为她捏了一把汗，我认为那是最难进行研究的。我把这个想法也告诉了她。我在给张远凤老师的邮件中写到："毕竟这个世界上，能够破解德鲁克的人太少了，真正了解和认识德鲁克博大精深思想的人太少了，让我们这些德鲁克的崇拜者有难找知音的痛楚。"

我与张远凤老师进行了长达两年多的通信，通信内容主要就是讨论德鲁克及德鲁克的管理思想，其中在很多时候讨论的是管理学方法论。我感到张远凤老师对德鲁克早期关于"工厂社区"的研究较深，主要集中于德鲁克的社会学与政治学方面，而对德鲁克的晚期作品，特别是涉及经济学与管理学方面的了解和认识不够。我认为主要在于国内西方经济学与现代管理学教育不力的原因，因而她在德鲁克管理思想研究的某些领域有点吃力。我与她比较，我虽然得到了德鲁克的许多指点，但我当时对德鲁克思想研究得并不深，生怕有辱师门，因而羞于告诉她我曾经得到过德鲁克的指导。我只是隐含地告诉她，我的管理学学习之路，主要是通过与国外各个领域的顶尖学者通信方式进行的，甚至我暗示说我就像德鲁克的儿子，德鲁克说上一句，我就知道下一句，说我与德鲁克的思想是心通意会的，但就是不敢说自己是德鲁克的弟子。

张远凤老师后来完成了博士论文《德鲁克管理思想研究》，她送了一本给我，希望我能够多提一些修改意见。从她的博士论文中，我感受到她的学术理想就是希望像德鲁克一样真实接触、观察、了解、研究管理实践中的问题。我当时告诉她，她的博士论文“现在看来，实现了部分目标，但还有差距。我希望你能够继续努力，把论文修改出来，争取出一本专著，这是极有意义的，不仅具有中国的意义，而且具有世界意义。”大约是在2007年的教师节前后，我收到了张远凤老师所著的、由中国财政经济出版社出版的《管理者的德鲁克》一书。对于这本书，我对书名特别不解，明明是一本研究德鲁克管理思想的专著，却取了一个并不能达意的书名，或许是出版社为了销售的原因吧。

对我自己来说，与张远凤老师的交流和辩论始终是一笔财富，进一步加深了我对德鲁克管理思想的体会，她在博士论文中的一些观点也给予我极大的启发。从那时起，我把许多时间都花在了研读德鲁克著作中，非常关注国内外有关德鲁克思想的研究和评述，希望有朝一日能够将德鲁克管理思想解读出来，向世人介绍和传播德鲁克思想的真理光辉。

2005年11月11日，德鲁克离我们而去，奔向了耶稣的天堂。伴随着德鲁克的逝世，有关德鲁克评价出现两种极端情况：管理学术界被德鲁克多次讥讽的“学术智慧”（academic wisdom）再次上演，几乎是悄无声息，仅有少数学者接受媒体的采访，对德鲁克的学术贡献进行评价；但出了学术圈儿，景象完全不同。企业界和世界各个主要财经类媒体将多种荣誉和赞誉给了德鲁克，自发的纪念活动层出不穷，德鲁克被看成是时代的英雄。当我们冷静地看待这些德鲁克研究和评价时，就会发现多是“德鲁克语录”汇集式的德鲁克研究，或是“德鲁克生平”介绍式的德鲁克研究。这样的德鲁克研究，看似“捧杀（追捧或吹捧）式的德鲁克研究”，实为“棒杀式的德鲁克研究”，在许多方面已经完全背离了德鲁克的本意。因此，德鲁克的门生和弟子理当以寸草赤忱，来解读德鲁克思想的本真意识和人性关怀，弘扬德鲁克主义。这更增加了我进行德鲁克思想研究的动力。

大约在 2005 年 11 月 15 日左右，《外国经济与管理》杂志的资深编辑、德鲁克《新社会：对工业秩序的剖析》和《德鲁克文集》的中文本译者沈国华先生希望我能够尽快地写一篇关于德鲁克管理思想的文章，以纪念这位世纪伟人。当时我花了差不多一个星期的时间写了一篇《德鲁克管理学方法论述评》的文章，《外国经济与管理》以最短的时间发表在当年第 12 期上。可以这样说，这是我第一次以德鲁克弟子的名义公开发表的关于德鲁克研究的论文。

2006 年 3 月，机械工业出版社出版中心主任程京宁老师来成都出差，专程到我校拜访我，特地向我赠送了机械工业出版社新出版的德鲁克著作，其中有《管理的实践》和杰克·贝蒂所著的《大师的轨迹》等书。我当时对程京宁老师说，中国了解德鲁克管理思想的人太少了，机械工业出版社翻译出版德鲁克的著作是做了一件功德无量的事情，利在当代，功在长远，为德鲁克主义在中国的传播必将起到不可估量的作用。当年 4 月，机械工业出版社副社长李奇先生、机械工业出版社华章分社副总经理张渝涓女士和程京宁老师来到成都，与我进行了交流。我们对德鲁克管理思想在中国的传播和如何在理论界和企业经理人中树立德鲁克主义的理念进行了讨论。他们希望下一步有一些中国的知名教授来解读德鲁克的思想，鼓励我进行德鲁克管理思想的专题研究，希望我能够出版一本高水平的研究德鲁克管理思想的专著，并一再邀请我为准备在当年 8 月出版的德鲁克的《成果管理》写一篇推荐序。我高兴和愉快地接受了邀请，这使我进一步加深了对德鲁克经营思想或事业理论的认识。后来我对这篇推荐序进行了较大的修改，以《德鲁克经营思想述评》为题目，发表在当年《外国经济与管理》第 11 期上。

我原来计划这本研究专著在 2009 年德鲁克诞辰 100 周年前完成，但就在我着手进行德鲁克管理思想研究的同时，《外国经济与管理》杂志向我发出邀请，希望在该刊《德鲁克研究》专栏上发表我的研究成果，以推动国内的德鲁克研究。我愉快地接受了邀请，并在《外国经济与管理》杂志 2007 年第四期到第九期发表了六篇德鲁克研究的阶段性论文。

国内不少管理学者向我表达了支持和敬意，希望我早日完成这本专著。上海财经大学沈国华先生在邮件中指出，应当站在弘扬德鲁克主义管理学理念的高度，大胆地探索和研究管理学理论体系和方法论体系，拓展管理学的研究领域和应用领域，以推动我国管理学的建设。武汉大学经济与管理学院谭力文教授在邮件中指出，中国的学者太书斋化了，许多从事企业管理教学的年轻老师基本没有到过企业，这可能是一种不好的倾向。德鲁克先生的研究思想、研究方法应该是我们学习的榜样！南京师范大学管理学院院长李晏墅教授告诉我，研究好德鲁克的管理思想，对构建中国的管理学学科体系是一件公德无量的事情。南京大学商学院院长赵曙明教授告诉我，只要是有关德鲁克研究的事情，需要他做的他都愿意出力。辽宁大学工商管理学院高闯教授、四川大学工商管理学院任佩瑜教授、西南财经大学赵德武教授在阅读本书初稿后认为，树立德鲁克主义的管理理念对推动我国管理学的发展具有不可估量的作用。他们的这些看法与建议，使我受到了极大的鼓舞。这些资深而又严谨的学者还对本书的写作大纲和初稿提出了不少宝贵的建设性意见或建议。如果没有他们的支持和鼓励，本书不可能顺利完成。在此，我要向他们表示深深地谢意。

思维在行动，人也在进行写作实践。我们思考，更重要的是我们也在传播德鲁克主义。所以，当我翻开我曾经写作过的有关德鲁克主义的这些文字，我还会感受到一种知识的力量、一种批判性知识的力量，这本身就是一种德鲁克的力量。

事实上，德鲁克的著述涉及政治学、经济学、社会学和管理学等多个学科领域。仅就管理学领域来说，也涉及许多方面。因此，对德鲁克管理思想的研究和解读必须有所侧重。我在本书中主要讨论德鲁克最重要的管理学思想，包括德鲁克的管理学坐标与维度、实践性管理理论、管理学方法论、目标管理、经营理论与企业战略等问题，当然对这些问题的探索也离不开对德鲁克学术背景的研究和发掘。这些内容既涵盖了德鲁克最重要的管理学思想，又与我向德鲁克请教的问题相关，我将在本书中结合我的体会进行更深入的讨论。

我非常希望，读者阅读本书掩卷之后，依旧有阅读德鲁克著作后所得到的那种不可言传的冲击感。正因为不可言传，使得本书所揭示的德鲁克管理思想倒像是我、读者与德鲁克之间的一场精神幽会。读者推门进去，一扇门一扇门，可能迷路，可能曲折，但最终可以抵达德鲁克的内心世界。我愿意说，他们看到的是一滴水所映射出的太阳的光辉。

本书许多内容尽管取材于德鲁克的著述和具有一定代表性德鲁克研究的著作，但我进行了大量的理论加工，对国内外关于德鲁克研究的成果进行了去粗存精，严加选择，在此基础上确定了本书独特的视角和研究方法，建立了我自己的学术观点和结构体系，并用较大的篇幅提出和论证了我自己的探索性观点和学术思想。

本书文字力求简练，通俗易懂，所选取的德鲁克的著述、国内外研究德鲁克的论述和国内外管理学经典著作都有注释，利于研究者查阅、分析和借鉴。

由于我的知识水平和掌握的资料的有限，要想实现我对德鲁克管理思想解读的“海纳百川、包容兼蓄；学贯中西、有容乃大；贤智相辅、穷达超然”的写作初衷，还有较大的困难。因而本书所论述的观点和内容，难免有不尽如人意甚至错误之处，还望读者不吝赐教，我将在日后修订再版时作必要的更正。

罗珉

2017年4月于成都光华园

第一章
现代管理的预言家：彼得·德鲁克

2005 年 11 月 11 日，一个名叫彼得·费迪南·德鲁克（Peter Ferdinand Drucker）的虔诚路德派教徒在离他 96 岁生日还仅仅只有八天的老人，因自然原因（natural causes）奔去了耶稣的天堂。德鲁克的生命太长了，创作力太旺盛了，以至于管理学的 20 世纪直到 2005 年 11 月 11 日这一天才结束。从此，天堂里多了一个乐观、豁达、幸福的美籍奥地利人，一个纯真、幽默、机警、敏锐和长于雄辩的管理思想家，一个始终奉“自由和实践”（freedom and practice）为圭臬的执着男人。天堂里不需要管理学理论和管理实践，那里已有弗雷德里克·温斯洛·泰罗（Frederick Winslow Taylor，1856 - 1915）[①]、亚伯拉罕·哈罗德·马斯洛（Abraham Harold Maslow，1908 -

① 弗雷德里克·温斯洛·泰罗（Frederick Winslow Taylor，1856 - 1915），美国古典管理学家、科学管理的主要倡导人，被人称为“科学管理之父”。他首创的科学管理制度对管理思想的发展有重大的影响。

1970)[①] 和威廉·爱德华兹·戴明（William Edwards Deming, 1900－1993)[②] 这些论敌，强于辩论、深信“管理就是实践”和“管理是任务，管理是纪律，管理也是人”的德鲁克仍然会与他们进行“论战”。

一、现代管理学的奠基人

西方管理学术界普遍认为，在过去的半个多世纪里，德鲁克的研究成果对现代企业的组织及管理产生了重大影响。他具有敏锐的洞察力，又善于把深奥的管理学理论用通俗的语言进行表述，这使他的学术思想广为流传。可以这样说，20 世纪后半叶是德鲁克的世纪，德鲁克这个照亮 20 世纪管理学的巨大灯塔，黯然熄灭的这一天，不是公历的 1999 年 12 月 31 日，而是 2005 年 11 月 11 日。或许从这一天开始，管理学将进入了一个只有偶像没有大师的时代。

德鲁克的伟大成就在于把管理确定为一种永恒的人类准则。这一准则曾经造就了中国的万里长城、埃及的金字塔和古罗马的文明。“管理学是把管理当作一门真正的综合艺术”。这种普遍的职能在每一个国家中，实质上在每一个社会中，都面临着同样的基本任务。德鲁克指出：“管理是任务，管理是

---

① 亚伯拉罕·哈罗德·马斯洛（Abraham Harold Maslow, 1908－1970)，美国社会心理学家、行为科学家，管理学人本主义范式的倡导者，曾任美国人格与社会心理学会主席和美国心理学会主席。

② 威廉·爱德华兹·戴明（William Edwards Deming, 1900－1993)，美国管理学家、质量管理大师，全面质量管理理论的倡导者。

纪律，管理也是人。每一次失败都是经理人的失败。进行管理的是人，而不是武力或事实。是经理人的眼光、奉献精神和恰当诚实的决定或管理不善。”① 管理是我们的社会机构特别是工商业中领导、指挥和决策的器官，是一种普遍的职能。“管理是一种器官，是赋予机构以生命的、能动的、动态的器官。没有机构（如工商企业），就不会有管理。但是，如果没有管理，那也就只会有一群乌合之众，而不会有一个机构。而机构本身又是社会的一个器官，它之所以存在，只是为了给社会、经济和个人提供所需的成果。可是，器官从来都不是由它们做些什么，更不用说由它们怎么做来确定的。它们是由其贡献来确定的。” “管理是社会机构的器官，变乌合之众为组织，化人们努力为绩效。”② 经理人必须为他所管理的组织指引方向。他必须深入思考本组织的使命，为其制定目标，为了达到本组织必须做出的成果而组织资源。“管理同时也是一种文化、价值观和信念系统，它也是某一社会使自己的价值观和信念富有建设性的一种手段。实际上，还可以把管理看成是一种桥梁，连接着正在迅速成为世界性的文明和具有不同传统、价值观、信念和遗产的文化。”③ 德鲁克表达了一种多么伟大的思想，这是自文艺复兴启蒙时代以来我们所听到的最令人振奋的声音。

---

① Peter F. Drucker. *Management*：*Tasks*，*responsibilities*，*practices*. New York：Harper and Row，1973.

② Peter F. Drucker. *Management*：*Tasks*，*responsibilities*，*practices*. New York：Harper and Row，1973.

③ Peter F. Drucker. *Management*：*Tasks*，*responsibilities*，*practices*. New York：Harper and Row，1973.

德鲁克在总结自己对管理学的贡献时说："早在60年前，我就认识到管理已经成为组织社会的基本器官和功能；管理不仅是'企业管理'，而且是所有现代社会机构的管理器官，尽管管理一开始将注意力放在企业；我创建了管理这门学科（discipline）；我围绕着人与权力、价值观、结构和方式来研究这一学科；尤其是围绕着责任。管理学是把管理当作一门真正的综合艺术。"①

有关对德鲁克评价，企业界和学术界一直是莫衷一是，而这些评价都是基于他们各自不同的角度。德鲁克的逝世，引发了世界各个主要财经类媒体盖棺定论式的评价，将多种荣誉和赞誉给了德鲁克。

严格地说，德鲁克并不是"发明管理的人"②，因为在德

① 转引自那国毅．"德鲁克：管理已成为组织社会的基本器官和功能"，《21世纪经济报道》，2005年11月16日。

② 2005年11月28日的美国《商业周刊》（Business Week）纪念德鲁克封面文章的题目是："彼得·德鲁克：发明管理的人"（The Man Who Invented Management：Peter Drucker）。这种说法是非常不正确的。严格地说，德鲁克的"论敌"、美国管理学家汤姆·彼得斯（Tom J. Peters）在德鲁克逝世后于2005年11月14日发表在《新世界》（The New World）上的文章"Peter F. Drucker：Right man for his/our times"提法较准确。彼得斯认为，在德鲁克之前，著名的管理著作只有中国古代伟大军事家孙子（Sun Tzu）的《孙子兵法》（The art of war）、意大利新兴资产阶级思想家、政治家尼科罗·马基雅维利（Nicolo Machiavelli）的《君王论》（The prince）和"科学管理之父"的弗雷德里克·温斯洛·泰罗的《科学管理原理》（The principles of scientific management）。彼得斯认为，德鲁克的贡献有三个方面：一是发明了我们现在所知道的"现代管理学"；二是使管理作为一种可信赖和具有实践基础的学问与职业；三是第一次提供了可演示和可掌握的解决企业现实问题综合性工具包（comprehensive toolkit-framework）。

鲁克之前有“科学管理之父”的弗雷德里克·温斯洛·泰罗，是泰罗创立了管理学；如果说德鲁克创造了管理学，就等于抹杀美国管理学会于1936年就存在的事实，等于无视法国企业家、原法国科芒特里－富香博－德卡维尔采矿冶金公司（Compagnie de Commentry-Fourchambeau-Decazeville）总经理亨利·法约尔（Henri Fayol，1841－1925）[①]、美国企业家、原美国新泽西贝尔电话公司总经理切斯特·巴纳德（Chester I. Barnard，1886－1961）[②] 等管理学界的先驱们；德鲁克也不是“创立了组织理论的人”，因为在德鲁克之前有亨利·法约尔、美国企业家、原美国通用汽车出口公司的总经理詹姆斯·穆尼（James D. Mooney，1884－1957）[③] 和切斯特·巴纳德，是他们创立了古典组织理论，以及卡尔·维克（Karl E. Weick）、赫

---

① 法国管理学家兼企业家亨利·法约尔（Henri Fayol，1841－1925）被公认为是古典管理理论的主要代表人之一，亦为管理过程学派的创始人。后人普遍认为，法约尔的贡献在于提出管理的一般原则即十四项原则，以及明确管理工作的五大职能。

② 切斯特·巴纳德（Chester I. Barnard，1886－1961）是西方现代管理理论中社会系统学派的创始人。巴纳德著作中最有名的是他在1938年出版的《经理人员的职能》（The Function of the Executive）一书，被誉为现代管理学的经典性著作。这本书连同他10年后写成的另一部重要著作《组织与管理》可以说是巴纳德管理学理论的代表作。巴纳德的这些著作为建立和发展现代管理学作出了重要贡献，也使他独树一帜地成为社会系统学派的创始人。

③ 詹姆斯·穆尼（James D. Mooney，1884－1957），美国企业家，古典组织理论的重要代表性人物。主要著作有与历史学家出身的企业经理阿兰·赖莱（Alan C. Riley）合写的《前进中的工业》（Onward industry!）（1931），《组织的原则》（The principles of organization）（1947）。

伯特·亚历山大·西蒙（Herbert Alexander Simon，1916－2001）[①] 和詹姆斯·马奇（James G. March，1916－）等组织理论学者对现代组织理论做出的重要贡献；德鲁克也不是“管理学人本主义范式的开拓者”，是德鲁克的朋友兼“论敌”的美国著名心理学家亚伯拉罕·哈罗德·马斯洛创立了人本主义管理学；如果说德鲁克是现代管理咨询业的缔造者，等于说德鲁克多年的挚友、现代管理咨询之父、麦肯锡咨询公司创始人马文·鲍尔（Marvin Bower，1903－2003）[②] 自1933年以来的努力都是白搭。但毫无疑问，德鲁克的工作帮助促进“管理咨询”成为一个行业，并促进大众对管理研究和探讨的理解和尊重。

德鲁克本质上是一个关注“社会实践问题”的管理思想家，如果要说德鲁克在管理学界的历史地位，最恰当的地位非“二十世纪最重要的管理思想家”（the most important management thinker of our time）、“现代管理学的奠基人”（the founder of modern management）、“管理艺术大师”（the management guru）、“现代管理学之父”（the father of modern management）[③]

---

① 赫伯特·亚历山大·西蒙（Herbert Alexander Simon，1916－2001）是美国管理学家和社会科学家，西方决策理论学派的创始人之一。西蒙在管理学、经济学、组织行为学、心理学、政治学、社会学、计算机科学等方面都有所造诣。西蒙对于决策过程的理论研究工作是开创性的，被授予1978年度诺贝尔经济学奖，西蒙也是管理学领域惟一获得诺贝尔经济学奖的人。

② 马文·鲍尔（Marvin Bower，1903－2003），现代管理咨询之父、麦肯锡咨询公司的创建人、现代欧美企业经营哲学的领导者和CEO的精神导师。

③ John E. Flaherty. *Peter F. Drucker: Shaping the managerial mind.* San Francisco, California: Jossey-Bass, 1999.

或“大师中的大师”（guru's guru）莫属。是德鲁克使管理学成了一门值得认真研究的学科。管理大师汤姆·彼得斯（Peters，2005）说，他是现代管理学的创造者、发明者。“在20世纪50年代初期，没有人知道该如何管理日益复杂、逐渐失控的组织，他给了我们一份管理指南。”①

事实上，在德鲁克涉足之前，其他人也写过管理学方面的一些著述。例如，弗雷德里克·温斯洛·泰罗关于科学管理与效率的著作，切斯特·巴纳德关于组织系统与经理人职责的著作，因霍桑实验（Hawthorne Experiment）而闻名的美国哈佛大学心理学家乔治·埃尔顿·梅奥（George Elton Mayo，1880－1949）②、弗里兹·朱利斯·罗特利斯伯格（Fritz J. Roethlisberger，1898－1974）③关于人际关系的著作，美国社会心理学家库尔特·卢因（Kurt Lewin，1890－1947）④从人性化角度

---

① Tom J. Peters. “Peter F. Drucker: Right man for his/our times.” *The New World*, 14 November 2005.

② 乔治·埃尔顿·梅奥（George Elton Mayo，1880－1949），美籍澳大利亚心理学家和管理学家，人际关系学说的创始人，美国艺术与科学院院士。

③ 弗里兹·朱利斯·罗特利斯伯格（Fritz J. Roethlisberger，1898－1974），人际关系理论的创始人之一，早期人际关系理论的归纳总结者。

④ 库尔特·卢因（Kurt Lewin，1890－1947），美籍德国犹太人，著名的社会心理学家，心理学中“人类行为场论”（Field Theory of Human Behavior）和“群体动力论”（Group Dynamics Research）的最先提出者，传播学研究中守门人理论（Gate Keeper）的创立者，其代表作为：《个性动力论》、《解决社会矛盾》、《群体决定与社会变革》等。

谈管理的著作和玛丽·帕克·福莱特（Mary Parker Follet，1868－1933）[①] 关于企业是一种崭新社会组织形态的著作。但德鲁克是第一个把那些零散的思路整理成系统理论的人。

德鲁克巅峰之作是两本同等杰出的巨著：《管理的实践》和《管理：任务、责任与实践》。这两本杰出的巨著可以说是全景式的、百科全书式的，且有大量的历史方面的展望。正是这两本巨著奠定了德鲁克现代管理学奠基人的地位。

---

① 玛丽·帕克·福莱特（Mary Parker Follet，1868－1933），美国新英格兰地区的一位社会工作者，在20世纪20－30年代成为企业领导人的顾问。1924年，她出版了企业哲学的代表作《创造性的经验》，开辟了管理思想的新领域。1941年，美国管理学家亨利·梅特卡夫（Henry C. Metcalf）和英国管理学家、古典管理理论的集大成者、福莱特的密友林德尔·厄威克（Lyndall F. Urwick，1891－1984）共同编辑出版了《动态管理：福莱特文集》（Dynamic administration：The collected papers of Mary Parker Follett）。1949年，厄威克又以《自由与协作：福莱特关于企业组织的演讲》（Mary Parker Follett，freedom and coordination：Lectures in business organization）为题出版了福莱特在伦敦经济学院的演讲集。这两部著作对全面了解福莱特的思想具有重大价值。德鲁克从未与福莱特见过面，而是通过林德尔·厄威克的介绍认识了福莱特的著作。德鲁克在为保林·格拉汉姆（Pauline Graham）等人编辑出版的《玛丽·帕克·福莱特：管理学的先知》（Mary Parker Follet：Prophet of management）一书的前言中将福莱特称为"管理学的先知"（Prophet of Management）和"一流的实干家"。福莱特的遭遇很能说明问题，由于她提出的假设无法与20世纪30－40年代萌发的管理理论所认定的事实相吻合，因此她生前一直默默无闻，甚至在她去世后，她的著作始终处于被人遗忘的角落，长达25年之久。然而，德鲁克发现，福莱特就社会、人和管理提出的基本假设远比当时的管理学学者提出的假设更接近事实，甚至今天的许多管理学家提出的理论也望尘莫及。福莱特对德鲁克的影响主要在于帮助德鲁克确立了基本价值观、方法论和解决具体问题的基本管理原则，我们从德鲁克的著述的许多方面都可以找到福莱特的影子。参见：Peter F. Drucker. "Introduction", in Pauline Graham（Eds）, *Mary Parker Follett：Prophet of management.* Boston, Massachusetts：Harvard Business School Press, 1995. Preface.

我认为，对现代管理学奠基之作《管理的实践》一书进行评价，可能较好的视角是从现代管理学从什么时候划断的讨论作为起点。在国内外的管理学界，对现代管理学从什么时候算起一直争论较大，主要观点有三种：第一种主张是从第二次世界大战结束开始算，我国学者基本上持这种主张，主要理由就是第二次世界大战结束后科学技术的高速发展推动了现代管理学的发展，我们只要一看国内任何一本管理学教科书就知道了；第二种主张是从 1958 - 1963 年算起，主要理由就是卡内基 - 梅隆学派（Carnegie Mellon School）组织理论的出现。这一观点在美国管理学界也有市场，因为正是现代组织理论的出现才使管理学有了坚实的理论根基。我对美国管理思想史学家丹尼尔·雷恩博士（Daniel A. Wren）[①] 的《管理思想的演变》[②] 一书一直抱有成见，主要原因就是在这本书中竟然忘记了卡内基 - 梅隆学派的组织理论，甚至连提及都没有。这可能是我本人对赫伯特·亚历山大·西蒙（Herbert Alexander Simon）、詹姆斯·马奇（James G. March）和理查德·赛尔特（Richard M. Cyert）的公司行为理论非常喜欢的缘故吧，我在《管理学范式理论研究》一书中就表达过这种观点；第三种主张是从 1954 年 11 月 6 日这一天算起，这一天是管理学划时代

① 丹尼尔·雷恩（Daniel A. Wren）博士，美国管理学家和管理思想史专家，美国伊利诺伊大学教授，并兼任俄克拉何马大学哈里·巴斯企业史文献收藏馆（the Harry W. Bass Business History Collection In University of Oklahoma）馆长。

② Daniel A. Wren. *The evolution of management thought*. New York：John Wiley and Sons，1979.

的日子，主要理由就是德鲁克《管理的实践》一书的问世。这在美国有相当多的学者持这种主张，基本上形成了管理学界的共识，我本人也持这个观点。

我一直主张《管理的实践》一书是现代管理思想的启蒙书。几乎所有的现代管理思想都来自于这本书，或可以在这本书中找得到踪影。我认为《管理的实践》在概括管理思想和管理实践方面达到了一个全新的高度，它的重要性比其他任何管理学著作都重要。我认为，作为一种实践、一个思考与研究的领域，管理已经有了很长的历史，其根源几乎可以追溯到人类有集体活动之后。但管理学作为一个独立学科，其开创的年代却是1954年11月6日，德鲁克对管理学的基础原理进行了精确阐释，现代管理学由此诞生。我一直在思索的问题是，为什么国内外的管理学者没有解释从20世纪50－80年代是现代管理学高速发展的时代（80年代之后的现代管理学发展主要依赖于经济学，特别是组织经济学对管理学的渗透）的原因。传统的解释都是因为古典管理学理论和人际关系学说的发展推动了现代管理学的诞生，但我们仔细阅读《管理的实践》，再对照托马斯·库恩（Kuhn，1962）的范式理论，就会发现古典管理学理论和行为科学是管理学发展的一个平台，要突破这个平台，需要大量的范式，或库恩所说的范式的潮涌（the flux of paradigm）①，而德鲁克的《管理的实践》一书就是范式潮涌的体现，后来的管理学家都是在这个潮涌的带动之下发展了现

① Thomas S. Kuhn（1962）. *The structure of scientific revolutions.* 2nd Edition，Chicago：The University of Chicago Press，1970.

代管理学。

在《管理的实践》1985年版的序言中，德鲁克把这本书称为第一部“将管理学作为一个整体，第一部尝试将管理学描述为一种独特功能、将管理描述为一项特殊工作、将担任经理人描述为一种独特责任”的书。① 几乎没有人会对这样的评价提出异议。令人诧异的是，这本管理学始创文本到现在还是惊人地贴近时代。在该书的开始部分，德鲁克就高度强调管理的重要性：“在人类社会演进的中，管理的出现，无疑是一个重大的转折点……未来西方文明将延续多久，管理就有可能持续扮演主导这个社会制度的角色……管理传达了现代西方社会的基本信仰……很明显地，它是这个社会的主要器官，负有让社会资源充分发挥生产力的重责大任……它反映了当今时代的基本精神……就本质而言，管理是这个社会不可或缺的要素。”德鲁克给予我们的是排山倒海式的震撼：“管理不仅是这个经济体系创造出来的，也是这个经济体系的创造者。”“通过主观意识的行动，管理能够掌握和控制、乃至于改变整个经济环境。”管理不仅受制于“市场力量”，有时也会“主动采取行动，从而创造出市场力量。”②

德鲁克于1973年出版的《管理：任务、责任与实践》一书被许多国家的企业家与学术界奉为“管理学圣经”（The

---

① Peter F. Drucker（1954）. *The practice of management*. New York：Harper Press，1985. Preface.

② Peter F. Drucker. *The practice of management*. New York：Harper Press，1954.

Management Bible)[①]。《管理：任务、责任与实践》进一步丰富和发展了《管理的实践》提出的思想，成了管理学的百科全书。德鲁克说："本书用洞察力、理性思维、知识与技能来武装经理人，以便使他们更胜任今天和明天的工作。"德鲁克认为，书中所囊括的全部内容都来源于实践，是管理实践中最核心的东西；书中的系统知识、方法和技术是有效的，都已经得到了实践的证明和管理实践者的肯定。德鲁克强调："将经理人和其他人区分开的最重要职能就是他的教育作用……只有他才被人们要求帮助其他人获得远见和能力，使这些人的表现能够达到高水平。按照最彻底的分析，只有这种远见和道德责任才真正定义了经理人。"[②]

在《管理：任务、责任与实践》一书中，德鲁克从实践出发，并把管理的本质上升到哲学高度，对企业的经营管理及其目标进行了深入的分析。作为一种"社会器官"（organ of society）、"营利性企业"（business enterprise）的目标是"创造顾客"（create customers），利润则是经营活动的一种客观条件，而不是其主要动机。德鲁克批评了传统经济学关于企业目标的观点，即利润最大化的学说，从一个全新的角度解释了为什么不能用利润来说明和解释企业的目标。同时德鲁克将市场营销和创新定义为实现企业目标的两大重要职能。正是从这样一个高度出

---

① Bob Nelson and Peter Economy. *The management bible*. Hoboken, New Jersey: John Willey and Sons, Inc. 2005.

② Peter F. Drucker. *Management*: *Tasks*, *responsibilities*, *practices*. New York: Harper and Row, 1973.

发，构建了他有别于任何其他学者的管理系统和理念，即“必须以顾客的价值和顾客的决定为基础，顾客是管理政策和企业战略的出发点”，顾客是决定企业宗旨和使命的唯一出发点。

《管理：任务、责任与实践》一书围绕经营绩效、服务机构的绩效、卓有成效的工作和有所成就的员工、社会影响和社会责任、管理者的工作、管理技能与组织管理、高层管理者（senior executives）的任务与组织、战略与结构等，系统探讨和揭示了企业使命、企业责任、员工责任、员工资产、知识工作者、目标管理、管理分权、组织设计、规模、多国公司、成长和创新型组织等方面的问题。德鲁克认为，经理人最重要的责任在于创造绩效。德鲁克提出了管理的五个基本功能，即经理人需要承担的五项基本责任：确定目标、进行组织、激励和沟通、进行衡量以及培养人才（包括经理人自己）。这五个基本要素形成了每个经理人的工作基础与责任。德鲁克认为：“在每个方面，都必须采取正确的行动以确保正确的精神遍布整个管理组织。”但这需要一种道德力量作为其精神支撑。①

德鲁克具有揭示组织及其管理问题本质的思维力和一个管理学家的历史责任感，同时有兴趣并有能力从纷繁复杂的现象中发现关键命题，形成核心概念。这就是通过分析实践问题，发现其背后的东西来揭示组织及其管理的本质，为现代社会的发展指明方向。

德鲁克的一个伟大贡献是他发现了“组织的社会”（the

---

① Peter F. Drucker. *Management*：*Tasks*，*responsibilities*，*practices*. New York：Harper and Row，1973.

society of organizations)，指出现代社会是一个组织实体，而非个人构成的社会（Tarrant，1976）。[①] 德鲁克在《管理的前沿》中曾经说过，“我对管理的兴趣，并非始于企业……是从我对现代社会的分析以及得出的结论开始的。”[②] 他发现，现代社会是一个“组织的社会”，其运行是在“组织实体”之间进行的，而不是在“个人”之间进行的，这就成了“组织是社会的一个器官”（corporation is a organ of society）的命题。推而广之，现代社会是由各类组织机构组成的，是一个所谓的“机构型社会”。组织机构是由“全体成员”共同构成的，而非由“各种生产资源要素”构成的；组织就是社会中的“一个社区”，组织成员就是社会公民，现代社会是一个所谓的“员工型社会”。“所谓组织，其实是一种工具。通过它，个人及社会成员始终能做出其贡献，始终能够取得其成就。”因此，组织及其管理的职能就是：“将人的力量转化为生产力。”[③] 组织作为一种社会实体而出现，可以说是西方世界近代社会史上的头等大事。而所有现代社会的核心问题都围绕我们想从组织中获得什么，围绕着组织以及它所服务的社会采取何种组织形式才能最好满足我们的愿望和需求。“这不仅在于‘政治家只有一条路可走，即运用政治、经济手段使自由企业经济制度

---

① John J. Tarrant. *Drucker: The man who invented the corporate society.* Boston, Massachusetts: Cahners Books, Inc., 1976.

② Peter F. Drucker. *The frontiers of management.* New York: Truman Talley, 1986.

③ Peter F. Drucker. *Management: Tasks, responsibilities, practices.* New York: Harper and Row, 1973.

（free-enterprise economic system）正常运转’”，而且在于“公民首先必须被企业雇用，才能成为真正的公民”“大型企业必须实现社会的基本承诺和信仰……让社会成员的价值得到体现”。这样，一个公民社会与一个组织的社会的价值链被打通了，公民社会与自由企业社会的坐标被决定性地打通了。

德鲁克第一次将对于一个自由社会的追求，放置在一个根本的市场组织基础上——“组织的社会”。但这个“组织的社会”，不是充斥国有农民、国有工人的国有工厂，而是一个自由企业社会成员。在这里，组织不仅能够在市场竞争中使自己能够运作和生存，也能使社会能够正常运作和生存，组织变成了社会的代表性机构，要满足社会基本的信仰和承诺。而“管理”作为并非听从天国教义的现实实践，为“组织的社会”的生存、发展和价值实现，提供前所未有的指导和服务。正如德鲁克在他的《管理的实践》一书中引用英国著名社会福利改革家罗尔・威廉・贝弗里奇爵士（Lord William Henry Beveridge, 1879－1963）① 所说：“组织的宗旨就是使一群平凡的人做出不平凡的事。”（The purpose of an organization is to enable

---

① 罗尔・威廉・贝弗里奇爵士（Sir, Lord William Henry Beveridge, 1879－1963），英国著名社会福利改革家。第一次世纪大战后，贝弗里奇担任伦敦经济学院（The London School of Economics, LSE）院长，在这个位置上，贝弗里奇的能力充分地扩展到社会福利制度以及英国社会科学的任务的研究方面来。1924 年出版“Insurance for All and Everything”一书，它又可视为社会福利政策中著名的贝弗里奇报告书的起源。1942 年推出著名的社会福利改革方案——贝弗里奇报告（Social Insurance and Allied Services）。

common men to do uncommon things.)①

德鲁克的另一个伟大贡献是历史性地考察了经理人的作用。在《管理的实践》一书中，德鲁克大胆宣布，经理人是“工业社会中独特的和领导性的群体。本世纪以来，几乎还没有任何一种新的基本力量、新的领导阶层能够像经理人一样迅速成长。这一阶层一旦崛起，很快成为社会中不可或缺的一部分，这在人类历史上也是极为罕见的。”② 在德鲁克看来，经理人已经成为现代工业文明中的一个新的阶层，是推动社会经济发展的基本和支配性的力量。德鲁克指出：“在任何事业中，经理人都是一种动态的、能带动组织生命活力的要素。”就像马克思发现工人阶级是推动人类进步的主导力量一样，德鲁克强调：“只要西方文明本身还能够生存下去，那么经理人就始终是基本和支配性的力量。”③ 德鲁克认为，在组织化的社会中，使各个组织以经营活动为出发点，为社会、经济、社区和个人贡献力量，这是经理人肩负的责任。这就要求经理人了解“管理”这门学科，并要求他们真正懂得管理艺术。实际上，经理人的第一项任务就是要驾驭组织，使之沿着既定的目标前进。因此，换言之，经理人的第一项任务就是要取得经济绩效。在德鲁克看来，经理人的责任是带动整个组织发挥活力，

---

① Peter F. Drucker. *The practice of management.* New York：Harper Press，1954，2.

② Peter F. Drucker. *The practice of management.* New York：Harper Press，1954.

③ Peter F. Drucker. *The practice of management.* New York：Harper Press，1954.

“促使组织整体的绩效，大于各部分绩效加起来的总和”，而要产生这样的结果，唯有靠经理人“塑造出一种合乎道德原则的工作环境”。如果从这个角度看，经理人必须扮演道德教化者的角色。因此，经理人必须通过严格的考验，让他们心中的野心受到洗涤，使他们更加重视已经拥有的权力，从而成为以“正直性格”领导下属的经理人。与此同时，经理人还肩负着其他职责，包括提高工作的生产效率、帮助员工取得更大的成绩、为社会大众和个人提供高质量的生活保障等。① 德鲁克指出：“经理人是企业中最昂贵的资源，而且也是折旧最快、最需要经常补充的一种资源。建立一支经理人队伍需要多年的时间和极大的投入，但彻底搞垮它可能不用费多大劲儿。在二十一世纪，经理人的人数必将不断增加；培养一位经理人所需的投资也必将不断增加。与此同时，企业对其经理人的要求也将不断提高。企业的目标能否达到，取决于经理人管理的好坏，也取决于如何管理经理人。而且，企业对其员工的管理如何，对其工作的管理如何，主要也取决于经理人的管理及如何管理经理人。企业员工的态度所反映的，首先是其管理层的态度。企业员工的态度，正是管理层的能力与结构的一面镜子。员工的工作是否有成效，在很大程度上取决于他被管理的方式。”

德鲁克一生中重要贡献之一是提出了“知识工作者”(knowledge worker) 这个概念，并系统论述了如何对他们进行管理的方法和原则。德鲁克（Drucker，1959）在 1959 年出版

---

① Peter F. Drucker. *Management*: *Tasks*, *responsibilities*, *practices*. New York: Harper and Row, 1973.

的《未来的里程碑：关于新的后现代世界的报告》一书中正式发明了“知识工作者”这个词，其含义是指“把自己从学校学到的知识而非体力或体能投入工作，从而得到工资的人。”① 正如德鲁克所言，由于知识工作者的出现，“传统经济和知识经济时代的工作将可以这样被划分：前者是如何正确地做事，后者则为如何做正确的事。”德鲁克着眼于西方社会历史发展的长时段，以广阔的视角极富洞察力地分析了当代西方社会结构的巨大变迁，提出西方发达国家正在步入一个新的历史时代——后资本主义社会或知识社会，精辟地论述了伴随知识社会的到来而发生的知识管理革命。德鲁克 1988 年发表于《哈佛商业评论》的论文《新型组织的出现》（The coming of new organizations）显然是知识管理指南针式的开山之作。德鲁克指出，在经历了管理权与所有权分离、命令——支配型组织之后，由于信息技术的发展，企业将进入新的形态：由专家小组构成的知识型企业。在这样的企业中，管理层级将减少一半，管理人员将减少三分之二，工作将由跨部门的专家小组来完成，协调与控制将更多地依赖员工的自律意识。德鲁克认为，新型组织在决策过程、管理结构、工作方式上都将发生巨变，面临一系列新问题。德鲁克敏锐地指出，解决这些问题的答案来自于其他知识型的组织或群体，如医院和交响乐队。②

---

① Peter F. Drucker. *Landmarks of tomorrow: A report on the new "post-modern" world*. New York: Harper and Row, 1959.

② Peter F. Drucker. "The coming of new organizations." *Harvard Business Review*, 1988, 66 (1/2): 45 – 55.

德鲁克留给我们的最后的、也是他最新管理思想，是发表在《哈佛商业评论》2004 年 5－6 月号上的《怎样成为卓有成效的经理人》一文中谈到的 CEO 的职责。在 2004 年 10 月 1 日，德鲁克在美国德鲁克档案馆举办的“智者对话”（Wiser Dialogue）上再次精辟地阐述了 21 世纪 CEO 的职责：“首先要说的是，CEO 要承担责任，而不是‘权力’。你不能用工作所具有的权力来界定工作，而只能用你对这项工作所产生的结果来界定。CEO 要对组织的使命和行动以及价值观和结果负责。最重要的就是结果。有鉴于此，CEO 的工作因他们所服务的组织不同而有所不同。CEO 是将组织与外界连接在一起的人。组织内部只有成本，结果存在于组织的外部。这意味着 CEO 应当仔细思考在他们的组织内有什么信息，组织的外部又有什么信息，以及如何组织这些信息。到目前为止，只有少数 CEO 这样做了。整合组织内外的信息是 CEO 未来的主要工作之一。同样重要的是，只有 CEO 才能做的就是决定‘我们的事业是什么？我们的事业应当是什么？’更为困难的是决定‘我们的事业不应当是什么？’一旦做出了以上的决定，CEO 才能决定什么结果对他所服务的组织是有意义的。”①

德鲁克一生中有三个主要的论敌：一个是德鲁克多年的好朋友、美国社会心理学家、比较心理学家和人本心理学家亚伯拉罕·哈罗德·马斯洛（Abraham Harold Maslow）；一个是德鲁克在纽约大学工作时的同事、质量管理大师威廉·爱德华

---

① Peter F. Drucker. “What Makes an Effective Executive?” *Harvard Business Review*, June 2004, 82 (5/6): 59－63.

兹·戴明博士（Dr. William Edwards Deming）；另一个是美国管理学家汤姆·彼得斯（Tom J. Peters）①。

马斯洛对德鲁克进行的批评，主要集中于两个方面：一是马斯洛认为德鲁克把注意力过多地集中于工业化的工作场地，而很少关注人的因素；二是马斯洛认为德鲁克的目标管理是基于“有责任心的工人”的假设，实际上隐含了“每个人都是成熟的人”这样一个心理学命题，要求每个工人成为“有责任心的工人”是违背了人的基本特性的。②

戴明认为德鲁克的目标管理与他所倡导的全面质量管理在理念上是相抵触的：目标管理为目标导向，而非过程导向，仅注重结果，全面质量管理正好强调必须注重对全过程的管理和控制；目标管理强调业绩和成果，不注重工具，不强调达成结果所采取的手段。这与他倡导的质量管理观念有很多冲突的地方。而德鲁克一直认为戴明的全面质量管理只适合制造业，德

---

① 汤姆·彼得斯（Tom J. Peters，1942－），美国管理学家、管理咨询顾问，在美国乃至整个西方世界被称为“商界教皇”和“顶级商业布道师”。《财富》杂志把汤姆·彼得斯评为“管理大师中的大师”，将他和美国哲学家、诗人、散文家拉尔夫·沃尔多·爱默森（Ralph Waldo Emerson，1803－1882）、美国作家、哲学家亨利·戴维·梭罗（Henry David Thoreau，1817－1862）和美国著名诗人瓦尔特·惠特曼（Walt Whitman，1819－1892）相提并论；《经济学家》杂志称他为“超级领袖”；《商业周刊》根据他那些反传统的观点把他形容为“企业最好的朋友和最可怕的梦魇”；《洛杉矶时报》称他为“后现代企业之父”。汤姆·彼得斯的著作颇丰，主要代表作《追求卓越》被称为“美国工商管理圣经”；其他作品有《乱中求胜》、《解放型管理》、《重新想象》等，在商业领域引起了巨大的反响。

② Abraham Harold Maslow（1968）. *Toward a psychology of being*. 3rd Edition, New York: Harper and Row, November 1998.

鲁克是这样评价戴明的：“他对日本和美国都产生了难以估量的影响。虽然在祖国屡遭拒绝，但他是一个特别爱国的美国人。”德鲁克在接受美国德克萨斯大学奥斯汀分校（University of Texas at Austin）汤姆·达文波特教授（Davenport，1997）专访时指出：“我对爱德华兹·戴明非常了解。我从来也未能说服爱德[1]这一点，即全面质量管理只适合制造业。它只在有生产的地方起作用，而在其他地方则不起作用。每个管理学‘启蒙者’都坚信他的专卖药能包治百病。而管理实践界也很难得去询问，‘这适合我们吗?’世上没有万能的灵药。对我的关节炎有疗效的药品用来治我的断脚，根本毫无用处，即使病状在相同的位置也是如此。”[2]

与对主流范式持不同政见的德鲁克不同，美国管理学家汤姆·彼得斯是管理学现代主义主流范式的叛逆者。他专与强调对大工业生产进行管理的德鲁克管理风格唱反调，并且每隔五年改变一次主意，他的思想很少有连贯性。今天他所赞扬的事情很容易地就在他的下一本书中被抛弃了。彼得斯对德鲁克的批评主要集中于《公司的概念》这本书，彼得斯认为德鲁克对马克斯·韦伯的科层制太过推崇，而德鲁克的“分权化”就是建立在科层制组织内部协调的社会影响结构基础上的，它是以法规和理性为基础的。对于德鲁克推崇的管理阶层“分权化”、命令和控制以及组织严密的商业运作，彼得斯颇为不满

---

① 爱德是威廉·爱德华兹·戴明的昵称。

② Tom Davenport. “Interview with Peter Drucker.” *CIO Magazine*, *September* 15, 1997.

地说道："在我的眼中，德鲁克是我的敌人，一个很棒的敌人。"彼得斯的专用武器就是"标新立异"（new and different），在彼得斯的核心概念里面，"创新"是其"一招鲜、吃遍天"的招牌菜。彼得斯强调变革，要求企业重新想象，求新求变，所以激情四射，活力无边，逼近娱乐。在德鲁克看来，彼得斯有许多脍炙人口的惊人之语，彼得斯总是用过于绝对但最简明扼要的语言，玩味着貌似艰深的管理话题，但有把管理看得过于简单之嫌。对于汤姆·彼得斯的"创新"和"激情"，德鲁克一针见血地指出："彼得斯著作的力量就在于他强迫你关注最基本的东西……他会使管理听起来是令人难以置信地容易。你所要做的就是把《追求卓越》放回在枕头下，然后一切都会完成。"德鲁克以他特有的冷幽默调侃道："当玛丽婶婶要为高校毕业的侄儿送一份礼物时，选择的就是《追求卓越》这本书。"事实上，将企业家的"创新"定义为社会进步的动力，正是经济学大师、德鲁克的老师熊彼特（Schumpeter，1911）的主要成就之一。彼得斯的主要乐趣在于撰写畅销书，所以也难怪彼得斯的书会畅销一时。这种追求"创新"本身正是现代很多管理垃圾书籍得以畅销原因之一。彼得斯缺乏的是德鲁克的原创性。对此，彼得斯承认说："我没有自己的理论，对此我一点也不觉得尴尬和惭愧；相反，我感到自豪的正是我写的三部畅销书中没有任何一条主张是我自己发明的理论。我只是一个观察家，我只会观察人们实际上是怎样管理企业的。我死后，希望在我的墓碑上刻有这样的字句：'这里躺着的人没有任何自己的理论，他只是一个优秀的观察者'。"

应当承认，作为20世纪最受欢迎的管理学家，汤姆·彼得斯的研究更关注企业运营层面具有实操性的基本元素，而非空洞的理论。即使是对彼得斯最有力的批评者，也不得不承认他有两个优点：第一，他能够让管理这一类最枯燥无聊的题目，变得十分有趣。第二，他对企业内部运作知之甚详。就我的了解，德鲁克对彼得斯的认同有两点：一是赞同彼得斯关于管理中存在非理性的看法。德鲁克认为："管理不是，也永远不会是今天美国人所理解的那种科学。"二是颇为赞赏彼得斯对自己的思想大胆抛弃和纠正的态度，而这正是德鲁克看待这个时代和这个时代的管理的态度。

我认为，正是德鲁克与这些论敌的论争和辩论，进一步丰富和发展了德鲁克的管理思想。从这个角度看，我们应当感谢亚伯拉罕·哈罗德·马斯洛、威廉·爱德华兹·戴明博士和汤姆·彼得斯，有他们的存在，不仅为管理思想史平添一段佳话，更凸显出德鲁克的伟大和历史贡献。

二、世界的德鲁克

毫无疑问，德鲁克是属于世界的，他的著述是人类共同的精神财富。

德鲁克一生经历了整个20世纪的世局变化和管理学从创立到全面发展的全过程，包括美国经济大萧条、两次世界大战、德日两国从战争废墟中重生、共产主义苏联的兴盛与瓦解，也体验到战后美国强大的经济力量及太平盛世的荣景。综观他的一生，春耕秋获，绚丽多姿，灿烂夺目却又有诸多悲欢哀乐。德鲁克一生写下了三十多本有关经济、政治、社会及管理的巨著，其中大部分翻译成二十多种语言发行于全世界。

在管理思想史中，德鲁克是一个伟大而不朽的名字——只要存在“组织的社会”和管理，德鲁克这几个字就不会黯淡无光。德鲁克在现代管理学研究方面所达到的高度，今天依然令人惊叹不已。按照广为人知的经典表述，德鲁克是大师中的大师，德鲁克的著述则是现代管理学和指导管理实践的武器库。的确，离开了德鲁克，不仅现代管理学和管理实践会失去重要的题材资源，甚至我们几乎无法讨论现代管理学和管理实践问题。

从某种意义上说，管理学界的新思想、新方法像时装一样不断变换和流行，每隔几年就有新的“大师”（guru）携炫目独特的思想闪亮登场，又在流行一段时间后黯然退场。但德鲁克多年来一直被尊为大师中的大师，其管理理论历久弥新。美国《商业周刊》（Business Week）用“文艺复兴之士”（renaissance man）[①] 来形容德鲁克，与身为科学家、发明家、艺术家的列昂纳多·达·芬奇（Leonardo da Vinci）齐名。[②]

美国众议院前议长、共和党众议院领袖纽特·金里奇（Newt Gingrich）在德鲁克逝世的当天这样说道：“在开拓卓有成效的商业管理和公共政策方面，他毋庸置疑是最重要的开拓

---

① 英文 renaissance man 这个词是专门用来形容精通多个领域的博学之士的。在科学、艺术及发明等各个领域，均有过人成就的列昂纳多·达·芬奇（Leonardo da Vinci），堪称史上第一位文艺复兴之士。

② John A. Byrne. “The man who invented management: Why Peter Drucker's ideas still matter.” *Business Week*, November 15, 2005.

者，在30多年时间里我研究他，谈论他，学习他，他的价值是无可估量的，他的地位是无可替代的。”（He is purely and simply the most important developer of effective management and of effective public policy in the 20th century. In the more than 30 years that I've studied him, talked with him and learned from him, he has been invaluable and irreplaceable.）①

德鲁克管理思想的地位无人可以动摇，首先在于其公认的原创性。在德鲁克之前，管理无学——只是些片断的，只可意会不可言传的经验和感受，正是德鲁克使管理的经验和感受变成一门学科。美国当代著名组织行为学家、管理学家、德鲁克多年的挚友沃伦·本尼斯（Bennis，1989）曾经说道：“虽然德鲁克坚决否认是他发明了现代管理学，坚称这种想法实在荒诞不经——他曾经对我说过，‘6000年前，基奥普斯金字塔（Cheops）② 建造者的主管肯定比今天任何一位CEO懂得多。’——但是，毫无疑问，他创造了本世纪最重要的管理思想。”③

---

① Obituary：Management guru Peter F. Drucker dies. The Associated Press，Sunday，November 13，2005.

② 基奥普斯金字塔（Cheops）坐落埃及首都开罗西部边境的吉萨省吉萨高地上，迄今已有四千五百年历史，属埃及有史以来第四个皇朝的遗址，是由基奥普斯国王（四世）于公元前2650年修建的，占地面积13费丹（每费丹约合6.3亩）。它现在高度为137米（原高146米）。在修建这座金字塔过程中共用了250万块石砖，如果将这些石砖平铺在地上，大约为230万平方米，是埃及最大的金字塔。

③ Warren G. Bennis. *On becoming a leader.* Reading，Massachusetts：Addison-Wesley Pub. Co.，1989.

著名英国管理学家、人称“商业哲学家”和“欧洲的德鲁克”的查尔斯·汉迪（Handy，1996）在《管理大师指南》（The Handy guide to the gurus of management）一书中这样说道：“凡是现在当红的管理概念，彼得·德鲁克大都早就讨论过了，随你任选一个例子，很可能早在你出生之前德鲁克就已经写过有关那个观念的文章。如果要列出一些管理思想家的名字，也就是我们所谓的‘管理大师’（management guru），德鲁克必定高居首位。”① 战略管理学家加里·哈默尔（Gary Hamel）说：“在大多数智力活动中，第一名的座次是很难排定的。但在管理学领域中人们对这一问题却毫无分歧……德鲁克的贡献可谓前无古人。”②

德鲁克的伟大在于他的敏锐洞察力，并善于把深奥的管理理论用通俗的语言进行表述，这使他的学术思想广为流传。《基业长青》（Build to last）一书的作者、美国斯坦福大学企业管理研究所教授、管理咨询顾问和管理思想家吉姆·科林斯（Collins，1994）在集这位伟人见解之大成的著作《德鲁克日志》（The Daily Drucker）一书的前言中坦言，“我们也发现，我们的研究和德鲁克的著作深深契合，事实上，我们对德鲁克的先见之明深为敬佩。研读他的经典之作，像 1946 年出版的《公司的概念》，1954 年出版的《管理的实践》，1964 年出版的

---

① Charles B. Handy. *The Handy guide to the gurus of management*. London：Penguin Business，1996.

② Des Dearlove. “Management innovation：Interview of Gary Hamel.” *New and Events*，Spring 2006，17（1）：1－3.

《成果管理》，你会深深叹服他遥遥领先今日管理思潮的程度。事实上，在我们做这个研究时，遇到很多深受德鲁克著作影响的公司，惠普（H & P），通用电气（GE），宝洁（P & G），默克（Merck & Company），摩托罗拉（Motorola）和福特（Ford）只是其中几家而已。”吉姆·科林斯深信，不管周围的世界如何改变，企业组织与管理仍然有恒常不变的根本价值与通则。而“德鲁克最主要的贡献并不单是一种思想，而是一个有着巨大优势的完整作品集：其中的一切几乎都是基本正确的。”① 《长寿公司》（The Living Company）一书的作者、皇家荷兰壳牌集团计划主管阿里·德赫斯（de Geus，1997）说：“如果你问我，德鲁克的观点流传得如何，坦白说，我一直认为他非常超前，因此真正的问题是，我们要花多久才能赶上他的思想。”② 英国《经济学家》杂志评论到：“在一个充斥着自大狂和江湖骗子（egomania and charlatan）的行业中，他是一个真正具有原创性的思想家。假如世界上果真有所谓大师中的大师（guru's guru），那个人必定是彼得·德鲁克。”③

可以这样说，20 世纪后半叶是属于德鲁克的，美国管理学家、管理咨询顾问理查德·帕斯卡尔（Pascale，1990）在其所著的《边缘的管理》（Managing on the Edge）一书的注释中

---

① Jim Collins. *The daily Drucker: 366 days of insight and motivation for getting the right things done.* New York: Harper Business, December, 1994. Foreword.

② Arie de Geus. *The living company: Habits for survival in a turbulent business environment.* Boston, Massachusetts: Harvard Business School Press, 1997.

③ The Economist. "Good guru guide: Show me to your leader." *Economist*, Dec. 25, 1993 – Jan. 7, 1994.

写到："我们就生活在德鲁克《不连续的时代：变迁时代的指南》(The Age of Discontinuity：Guidelines to Our Changing Society) 所描绘的商业时代里。"① 德鲁克向人们展示了他非凡的预见力。套用一句老话，对管理学研究者而言，挑战就是找到彼得·德鲁克说得还不够好的地方。② 这种说法一点也不夸张，从我第一次读他的书就发现了这一点。

正因为这个缘故，德鲁克的著述赢得了许多企业家和经理人的高度评价，在企业界和管理咨询界，德鲁克这个名字就意味着真金白银。英特尔公司的创始人安迪·格鲁夫 (Andrew S. Grove) 毫不掩饰对德鲁克的崇拜之情："彼得·德鲁克是我心中的英雄。他的著作和思想如此清晰有力，在那些狂热追求时髦思想的管理学术贩子中独树一帜。"美国通用电器公司前首席执行官杰克·韦尔奇 (Jack Welch) 也将其重要的企业决策归功于德鲁克，他认为 1981 年整合通用电气的第一个核心思想——"数一数二"的原则便来自彼得·德鲁克。韦尔奇坦承："我的核心概念也从彼得·德鲁克的见解中得到支持。我从 70 年代末期开始阅读德鲁克的文章，而在我接任 CEO 职位之前的过渡时期，通过雷金纳德·琼斯③ (GE 前任 CEO)

---

① Richard T. Pascale. *Managing on the edge: How the smartest companies use conflict to stay ahead.* New York: Simon and Schuster, 1990.

② Simon London. "The grand old man of provocative theory: Obituary Peter F. Drucker." *Financial Times*, 12 November, 2005.

③ 美国通用电气公司 (General Electric) 第六任领导者雷金纳德·琼斯 (Reginald Jones) 在 1972 年至 1981 年间担任通用电气 CEO 期间壮大了通用电气的国际业务及金融业务的实力，并被当时的美国舆论推崇为"美国商业领袖"。

认识了这为管理大师。如果真要推荐一位货真价实的管理哲学家的话，非彼得·德鲁克莫属，在他的管理学著作中，处处蕴藏着独到而珍贵的真知灼见。”美国《哈佛商业评论》评论到：“只要一提到彼得·德鲁克的名字，在企业的丛林中就会有无数双耳朵竖起来倾听！”（As long as you mention the name of Peter Drucker, numerous people in the business world will prick up their ears.）①德鲁克的创作力之强，令人敬佩不已。在1997年《福布斯》（Forbes）的一篇的文章中，《福布斯》杂志社资深编辑罗伯特·伦兹纳和斯蒂芬·约翰逊（Lenzner and Johnson, 1997）充满感慨和敬佩之心地说道：“尽管他目前已臻八十七岁高龄，但是他的思想却可能是当今美国人中最年轻的、也是最清晰的一个。”②

2003年11月20日，美国管理协会（American Management Association，简称AMA）③为了表彰德鲁克对管理实践领域的贡献，特授予德鲁克“领导愿景奖”（Leadership Visionary Award）。美国管理协会主席爱德华·瑞利（Reilly, 2003）在颁奖时这样评价到：“几乎每一个管理或商业实践领域，无不因彼得·德鲁克敏锐的洞察力、无尽的求知心、他的幽默、睿智

---

① Quoted by Joseph H. Boyett, Jimmie T. Boyett. *The guru guide: The best ideas of the top management thinkers*. New York: John Wiley and Sons Inc., 1997.

② Robert Lenzner and Stephen S. Johnson. “Peter Drucker-Still the Youngest of Minds: Seeing Things as They Really Are.” *Forbes*, 10 March 1997, 159(5): 122-128.

③ 美国管理协会（American Management Association）成立于1923年，是世界上最大和最负盛名的管理教育与培训机构之一。它致力于企业经理人员各个职业及管理领域的技巧与能力的培养。

和活力而不断得到丰富、扩展和提高。他工作的领域令人惊讶，他的思想冲击力难以估量，他的影响是巨大而普遍的。”“如果我们说管理是20世纪最伟大的发明，那彼得·德鲁克就是无可争议的最伟大发明家。”（If we say that in the 20th century the greatest invention is management, the Peter Drucker undoubtedly is the greatest inventor.）①

在我看来，现代管理学的条条道路出自德鲁克，条条道路通往德鲁克。德鲁克管理学著述与现代管理学的每一个方面都连在一起。正如有“欧洲的德鲁克”之称的查尔斯·汉迪（Handy，1996）所说：“几乎企业管理理论中的每个细节最后都可以回溯到德鲁克身上。”②

我认为，每一个阅读德鲁克著述的人都会得出自己的结论，通过德鲁克的著述，去建构一个属于自己的德鲁克。这似乎意味着，德鲁克是难以穷尽的。也正因为如此，德鲁克的意义与价值呈现出不同的色彩。或许，正是在无数人对德鲁克的理解与评判中，折射出一个真实的德鲁克。在我看来，一方面，德鲁克以管理思想家独到的犀利眼光把握住了组织及其管理的历史和现实的内在规律与普遍力量；另一方面，德鲁克则以一个“新闻人”（journalist）特有的敏感体验着现代组织及其管理带给人的困扰与激情。德鲁克将自我对组织及其管理世

---

① Edward T. Reilly. Peter F. Drucker selected for American Management Association's “leadership visionary award.” http：//www. Amanet. org/press/amanews/drucker. htm，2003.

② Charles B. Handy. *The Handy guide to the gurus of management*. London：Penguin Business，1996.

界的感受与他的观念在语言的层面上，以形象的方式融会在一起并展示出来。无论怎么说，德鲁克本人也具有很大的象征意义和现实性的表现价值，当任何管理理论与德鲁克的关系存在时，往往给人以超越时代和现实主义的印象。

随着德鲁克的去世，德鲁克已经成为一个历史名称。我始终坚信，仍然存在着一种独特的德鲁克精神和德鲁克传统，这一精神和传统将会继续为管理学的进一步发展做出重要贡献。正如在马克思之后，人们成了马克思主义者一样。在哥白尼（Nicolaus Copernicus，1473 - 1543）之后、在弗洛伊德（Sigmund Freud，1856 - 1939）之后，人们分别成了哥白尼主义者（Copernicusianist）、弗洛伊德主义者（Freudianist），管理学也将在德鲁克之后出现德鲁克主义（Druckerianism），将有更多的管理学家会成为德鲁克主义者（Druckerianist）。德鲁克主义产生的缘由在于相当多有卓有见识的学者将德鲁克的管理学著述解读成社会实践问题的解决方案，将德鲁克看成是一位对社会实践问题有着特殊且执着关注的管理学家。德鲁克的发现从此改变了人们看待世界、组织及其管理或人性的视角。

事实上，德鲁克作为一位重要的管理思想家，他的著述给管理理论和实践提供了新的张力，以及他对于世道人心的深刻洞察，这些可能是他更为重要的价值。德鲁克属于这样一种思想家，他不是在一连串的严谨论证，来使一种理论画上了圆满的句号，而是在不乏漏洞的论述中展示了了一片崭新的天空。在德鲁克之前，没人知道组织及其管理在现代社会以及社会变革中发挥着如此重要的作用。

需要注意的是，理解德鲁克对管理学发展的影响，还有另外一种特殊的情况。在20世纪下半叶的相当长一段时间里，西方主流管理学界一直涌动着一股“非德鲁克主义”管理学暗流，这种管理学暗流把德鲁克主义当成是管理学发展的障碍。这些“非德鲁克主义者”自视为主流管理学的代表，他们崇尚科学主义的研究方法，坚持认为所谓“德鲁克主义”是对管理学自然科学研究方法和“实证主义方法”的“无法忍受的压抑”，因而相信只有兴起一场“非德鲁克主义”运动以摆脱“德鲁克主义”的统治，现代管理学才有希望。然而，“非德鲁克主义”运动中崛起的是一批奇形怪状的实证方法和与现实问题严重脱节的理论，它们像烟花一样瞬间灿烂后便归于无形。正是在与这股暗流进行艰苦卓绝斗争的过程中，人们才真正确立了对“德鲁克主义”的认知。我相信，在今后很长的一个历史时期，“德鲁克主义”与这股暗流之间的斗争仍然不会停息。

我们应当清晰地看到，20世纪下半叶以来对德鲁克的理解以及德鲁克的遭遇，始终与一种管理学观念密不可分，那就是从所谓的德鲁克主义延伸而来的“经验主义”，或者说是“社会实践方法”。恰恰是由于德鲁克被看成是社会实践家，被看成是对当时组织及其管理世界中存在的种种现实问题与不端现象勇敢与激烈地提出批评意见的领袖，被看成是利用管理学这种“武器”以实现其社会批判功能的社会改革家或革新者，德鲁克才得到尊敬，或者被视为障碍。事实上，无论在哪个时代，德鲁克的“经验主义”或曰“社会实践方法”，都远远超出了单纯的经验主义方法论与社会实践方法的含义，已经被附加上了更多特定的、甚至远远超越意识形态范畴的内涵。

中国改革开放新时期近三十年的管理学——中国管理学家们对于研究方法的科学性呈现（scientific presentation）的关注，尤其是对于如何通过技术手段营造空洞的管理学情境的关注，远远超出了对管理实践的情感内涵的关注。可悲的是，这种以模仿西方管理学方法为圭臬的管理学研究，拒绝对现实社会中存在的种种实践问题的关注，既缺乏对管理学本身的理解，同时也缺乏对管理学发展的实践考量。

今天，人们日益认识到“实证主义”管理学和“自然科学的研究方法”并不是管理学研究的全部，而是一种工具论的管理学。德鲁克主义代表了潜心于人类对组织及其管理实践的探索，代表了多重意义上的人性关怀，代表了对组织及其管理从物质到精神等多重领域遭遇的种种实践问题的面对和解决，代表了揭示管理学家自己以及时代创伤的冲动与勇气。德鲁克主义是真正激动人心的、经得起时间检验的管理学思想，德鲁克主义致力于让管理学从工具论的桎梏中解放出来。

三、发展德鲁克主义的管理学

伴随着德鲁克的逝世，自立门户的管理学经验主义学派已不复存在了。但我坚信，仍然存在着一种独特的德鲁克精神和德鲁克传统，这一精神和传统将会继续为管理学的进一步发展做出重要贡献，德鲁克所开启的道路将会一直走下去，内涵丰富的德鲁克管理思想和方法论，还没有得到充分的发掘，有待我们这些后来者在构建知识经济时代的管理学中加以充分的利用；由德鲁克思想发展出来的德鲁克主义将成为构建管理学知识体系的一股重要力量，其思想方法和理论洞见仍将在知识经济时代发挥着重要的作用。

德鲁克主义的活力，在于它的历史语境性和灵活性，在于它的革命性和批判精神，而非机械地照搬德鲁克的经典著作。真正的德鲁克主义者总是根据变化了的世界，按照德鲁克的基本原则和基本方法，不断结合变化着的实际，探索解决新问题的答案，提出新的理论洞见，从而发展德鲁克主义，不断地对德鲁克的经典文本做出富有启发性的阐释。

我认为，德鲁克在中国和西方世界出现以及产生的影响，最重要的动因在于管理学之外。这种动因就是我们称之为德鲁克主义的“社会拯救理念”（social salvation idea）。从这样的角度出发，我感到德鲁克应该具有超乎其他同时代的管理学家，甚至超过管理思想史上几乎所有管理学家的影响与地位。那些将管理学作为促进社会变革事业之助力的新型知识分子们，在进入管理学领域时自然而然地以德鲁克主义为最高的管理学理想，他们的研究方向正循此方向而行。德鲁克主义至少对今天正在构建和谐社会的中国人，具有非同凡响的意义。在这个意义上说，德鲁克在中国和西方世界的影响，更应该看成是德鲁克主义对中国和西方世界的影响。不仅在管理学领域如此，这一影响还超出了管理学，波及整个社会科学界。

事实上，德鲁克的管理学理念和研究方法，对西方乃至整个世界管理学、特别是对现代管理学的发展乃至后现代管理学的建构，发生了普遍而持久的影响。德鲁克的管理学理念和研究方法是建基于理性自觉之上的。德鲁克经过思考确立了自己的管理学理念，选择了自己的研究方法。德鲁克的管理学赞美追求真理和正义的勇敢精神，崇尚效率、人性、适度的行为原则，效率与人性是德鲁克管理学的思想精髓，德鲁克力图在组织及其管理领域创造和维持一种效率与人性的关系。这对于今天对于追求强烈刺激和极端体验的后现代管理学来说，德鲁克管理学理念和思想精神不失是一种校正和平衡的力量。

理解和解释像德鲁克这样的思想家或德鲁克思想现象，实际上是在理解和解释我们所处的时代和我们自身，是在借助于这一理解和解释在想象中建构我们自己的管理学认同和批评关系。从20世纪50年代到80年代，有关德鲁克管理思想研究这样的课题一直承担着批判古典管理学、建构现代管理学或进行现代管理学启蒙的任务，而德鲁克研究者们也是自觉自愿地通过理解和解释德鲁克来表达他们对现代管理学的认同。从20世纪90年代起，德鲁克研究者们在探索和解读后现代管理学的同时，更加注意自己研究工作的意识形态和方法论批判，寻找新的理解和解释框架的努力一直到今天仍然没有终止。

德鲁克管理思想的研究，一方面要以德鲁克的著述和其他学者对德鲁克的评价为依据，勾画特定的组织及其管理现象出现的历史背景；另一方面，更重要的是，理清德鲁克的思想脉络，重构德鲁克的思想逻辑，并以历史的眼光对其进行分析和评价。

对于德鲁克管理思想的研究，一个时代有一个时代的认知范式，学术研究的深入在于深刻地了解我们所运用的认知范式或解释框架的有效性，进而对德鲁克管理思想加以突破。我高兴地看到，无论是中国还是西方管理学界，正在进行这方面的努力，并将一直会成为德鲁克研究的主流趋势。

在德鲁克管理思想的研究中，有关研究方法的发掘和评价，引起了研究者的关注。对德鲁克管理思想的研究（含比较研究），一个普遍的现象是对现代管理学主流范式与德鲁克管理学不同知识体系的同一性假设（identity hypothesis）。美国著名管理学教授哈罗德·孔茨关于“管理理论的丛林”的划分，实质上是运用知识考古学方法对管理学家群落的划分，传统的德鲁克管理思想研究就属于这种研究方法。其缺陷是显而易见的，它仅仅提供给我们的是共时性（synchronicity）、横向的、静态的分析，其方法是突出知识共同体成员在知识与思想上的共性。侧重于以现代管理学主流范式以及主流范式中要素间相互关系为基础，来把握德鲁克管理思想的理论结构。

问题在于，德鲁克管理思想的研究几乎大面积的都是这种研究，在这种情况下，在现代管理学主流范式参照下的德鲁克研究变成了以现代管理学主流范式为参照标准的研究。以现代管理学主流范式中的某种学说或某种方法为思想标准和知识标准，前提性地对德鲁克管理学作了选择、引申、阐释等“结构性整容”，而后纵横捭阖，大加铺扬，写成“德鲁克管理学”或“德鲁克管理思想”。这样阐释出来的意义“总是现代管理学主流范式的意义”。我们很容易看到：（1）这样的研究于德鲁克管理学的知识题域只增加了例证，而不增加新知；（2）它掩盖或抹杀了德鲁克管理学与现代管理学主流范式之间两种思想体系的结构性差异；（3）它独断性地假定了作为历史形态的某些现代管理学主流范式的“理论”（theory）和“学”（-logy）的知识样式为超历史、超文化传统的普遍性知识样式。

我认为，管理学家群落的划分不能替代知识谱系的分析，我们完全可以将福柯的“知识考古学”（The archaeology of knowledge）和“知识谱系学”（The genealogy of knowledge）①方法，运用于对德鲁克管理思想研究的原则、方法以及历史分期的探索。知识谱系学方法强调深入德鲁克的内部，梳理德鲁克不同时期所接受的不同思想来源以及这些思想在他一生中的重组和变化。知识谱系学研究的是德鲁克话语系列（discourse series）的形成过程，德鲁克各种话语的特殊规范以及话语出现、发展、变化的条件。因此，知识谱系学方法是共时性与历时性（synchronicity and diachronicity）相结合的动态分析法。知识谱系学方法侧重于以德鲁克管理思想形成过程以及过程中的矛盾运动发展规律为基础，把握德鲁克管理思想的理论结构

① Michel Foucault. *The archaeology of knowledge and the discourse on language*. New York: Pantheon Books, 1972.

和变化规律。知识谱系学方法应该被看成是一种把德鲁克管理思想从“知识考古学”压制中解放出来的努力，知识谱系学让德鲁克管理思想能够对抗理论的、统一的、形式的和科学的现代管理学主流范式的话语威胁。

德鲁克思想形态的发生、德鲁克管理思想的激发，常常是在一个孕育性的历史时刻完成的。对德鲁克管理思想的寻绎和重建，必须借助于对德鲁克思想进行社会经济和历史文化深度分析的文章，以此闪现能够“暴露”不易为人们察觉的、历史潜流中的智慧。那种综述性的德鲁克研究，往往可以浮现德鲁克主义的理论在学术传统中的内部成长。但令人遗憾的是，由于德鲁克著作风格独特，许多学院派的管理学者很难理解和接受。虽然喜欢德鲁克的人不少，但有关德鲁克理论的研究文献却不多见，更遑论高水平的德鲁克研究。这使我明白了国内外有关德鲁克研究还是一个空白，要研究德鲁克的管理思想必须付出超常的努力与代价。我感到，即使是西方学者，要评价德鲁克也相当不容易，更何况是一个中国的学者。

我认为，优秀的德鲁克研究者应当具有对德鲁克管理思想执着追求的热情，那是一种超越了自我和对处境关注的一种更广大的学术情怀，也是对自己日常生活的一种精神救赎，是一种脱离了小我的自由境界，是学术创造的一种乌托邦。一个真正的德鲁克主义者和德鲁克研究者，应当是这个时代的守望者，会在自己的话语行为和实践行为中去窥见德鲁克思想的真理光辉，以此闪现并“揭示”不易为人们察觉的德鲁克著述中的智慧。

可以这样说，优秀的德鲁克研究者就像一个深海的潜水员，这样的研究者潜入德鲁克著述的海洋中，为的是从几百万排列整齐的印刷体文字中，发现德鲁克未曾言明的意图，以及德鲁克的哲学思路、德鲁克与权力和意识形态的隐蔽关系、德鲁克处理问题时依据的学理、德鲁克表述观点时使用的逻辑、德鲁克的文字技巧和德鲁克对实践案例材料的掌握程度等。阅读德鲁克的著述犹如潜水，潜水员的体悟力，决定了他能潜到何种深度，探掘多少奇珍异宝。

优秀的德鲁克研究者应当在气质上是冷静的，思维上是客观的，脸谱是谦和的，眼光是犀利和独到的，语言是节奏感强、风趣、诙谐和幽默的，善于从庄重中发现风趣，从平滑处发现皱褶，从庄严里发现讽刺，从华丽中发现冷峻尖锐，从严谨中发现滑稽可笑，从平淡中发现锋芒与深刻，从磅礴中发现细腻与深沉，从情理中发现出人意料，从讥讽中发现自嘲的苦涩，从平铺直叙中发现智慧的光芒，从调皮诙谐幽默的语言中发现隐藏在背后的深刻思考。

这样的研究者应当是博闻强识、涉猎甚广的学者。对历史上发生的有关组织及其管理案例和德鲁克的各种理论，尤能穷其源流，考其脉络，并以独特之眼光，加以辨析与评判。这样的研究者可以帮助我们求根溯源，使我们能挖掘出德鲁克管理思想更为深刻的精神资源，以求探得德鲁克的心路历程。

当然，这样的研究者需要反复钻研德鲁克的著述，分析德鲁克每一个概念产生的背景，透过德鲁克的每一句话探索德鲁克的性格、人品和情趣，理解德鲁克的思想感情，自然也不会放过字里行间中德鲁克思想火花的闪现。如果能够在文体上随手拈来，涉笔成趣，行文恣肆，用笔酣畅，反复驳难，舒卷从容，委婉跌宕，淋漓尽致，于清峻中寓朴茂，于简约中见恣放，于雄辩中显俏皮，于风平浪静中现动感和韵律，令人百读不厌，回味无穷；论点异常致密、严谨，论证过程层峦叠嶂，起伏跌宕，峰回路转，变幻生色，既能大中有小，又能小中见大；既能够引人深思，把简单问题复杂化，又能够提纲挈领、把复杂事情简化之，有如望远镜之两端，既能辨其细微，又能总揽全局，那就更妙了。如果德鲁克研究者还带一点适度的德鲁克式的冷幽默①——那种淡淡的、在不经意间自然流露的幽默，让人发愣、不解、深思、顿悟、最后忍俊不禁发出酣畅大笑的幽默，让人回味无穷、拍案叫绝的幽默，那就更令人喜爱了。

这样的研究者其实是一个好潜水员，他可以用多义的时、空殊相构成的概念图式促使我们进行概念整合，帮助我们在阅读中一再体会到德鲁克管理思想意蕴的复杂与深邃。这样的概念整合会让我们在阅读中不断地从一个概念域（conceptual domain）向另一概念域跨越，从而谨于率尔操觚，不会对德鲁克管理思想束书不观，游谈无根。

在历史境遇面前，我并没有随意编制德鲁克思想的自由和权力。而是希望我的研究，能够凸现解读德鲁克管理思想或德

① 德鲁克式的冷幽默是他写作中的一绝。例如，德鲁克挖苦管理学主流范式时，德鲁克说："当人们研究的课题已经完全陈旧时，它就变成了一门必修课。"

鲁克主义的看不见手的过程，以反映我们重建现代管理学知识谱系的过程。我希望借此呈现德鲁克的神韵与风采，捕捉并传达一代管理学宗师难以想象的那种神髓、韵味与感觉。对于所谓德鲁克管理思想的追寻，是在特定的社会历史境遇中考察管理学知识与每一个知识的接受，这正是我们试图建立的一种德鲁克主义意义上的管理学。按照德鲁克的说法，组织及其管理的实践进程影响管理思想的进程，而实践进程在本质上渗透到了观察问题的视角。

第二章
德鲁克的管理学坐标与维度

许多人读过德鲁克的著作，绝大部分人都会从中得到振聋发聩般的思想冲击。德鲁克留给这个世界的一切富有创见性的精辟见解，大至整个世界小至一个微观组织鞭辟入里的分析，他对于组织及其管理世界以及这个世界中的“人”所有细微洞察，以至于今天我们仍引以为经典的诸多德鲁克理论，都不可避免地影响着我们的思维或者我们的行动。但是，阅读和触碰德鲁克思想的边缘，寻找德鲁克犀利词语中的坐标与维度，获得不同寻常的顿悟，以对德鲁克思想和同时代其他管理学家的理论建树进行分辨，却是一件非常困难的事情。

德鲁克思想一直以实用性、系统性与前瞻性为世人所称道。因此，很难将德鲁克的思想看成是一种纯管理哲学思维体系的界定，因为那实际上是管理实践的一种总结。德鲁克所给予我们的是基于实践的真知灼见，只有我们在实践中加以运用，才能发现其真正的魅力所在。由此说来，如果期望找到德鲁克所谓的思想渊源，可能是困难的，因为德鲁克思想的真正源头就是实践。

一、德鲁克的管理学坐标

（一）德鲁克管理学坐标的含义

德鲁克的著述反映了他与众不同的思维方式，这是那些头痛医头、脚痛医脚的专业化管理学是无法做到这一点的。但德鲁克的著作并不是那种纲举目张、条理分明的学术著作，里面也没有很多个案，甚至各个章节之间也没有前后呼应。一般来说，德鲁克的著作着眼于范围很广的议题，因此各个章节之间通常没有一定的逻辑。也正因为如此，找寻“德鲁克坐标”是一件非常困难的事情。这里的所谓“坐标”完全是一个隐喻（metaphor）——似乎没有什么更好的言词来表达这种意像（image），只好勉强称之为“坐标”（coordinate）。跟它有点相似的是德鲁克至少用过的“里程碑”（landmarks）、“形貌”（configuration）等词汇。在《未来的里程碑：关于新的后现代世界的报告》一书中，德鲁克（Drucker，1959）指出，到了后现代社会，因果关系的整合概念，将被“形貌”这一概念所取代。[①] 从“形态”（gestalt）到“文化”（culture），从“生态学”（ecology）到“症候群”（syndrome），如今的科学

① Peter F. Drucker. *Landmarks of tomorrow: A report on the new "post-modern" world.* New York: Harper and Row, 1959.

已努力地想要建立和寻求各种类型、种类和“形貌”，一种“全体的概念”。①

这里的问题是：是否存在着“德鲁克坐标”？或者说德鲁克的全部思想成果可以纳入或者构成一个坐标系吗？一般来说，科学研究中的坐标系（coordinate system）用以确定数或数组与基本几何对象（常常是点）之间对应关系的参考系。

所谓的“德鲁克坐标”则可以看成是描述德鲁克思想所在位置和运动规律而选取的参考基准。德鲁克（Drucker，1959）认为：“我们需要训练自己观察事态的发展方向及未来状态，以解释外在世界发生的事件与现象，而不是刻意地找原因去解释。你可以这样说，与其从许多可能的原因中挑选一个原因，还不如从潜在的发展趋势去推知。”② 西方著名文化历史学家艾伦·坎特罗（Kantrow，1980）在《哈佛商业评论》上发表的一篇关于德鲁克著作的评论文章中指出，我们将学习“从看似混乱的洪流中，确认出一连串彼此相关且可以成为一个特定群组的资料。”③

事实上，德鲁克的几十本著作都难以“分类”，而这正是他思想最真实的自然面目。面对“一片树叶”，你如何分清它是“植物”，还是“饲料”？但它是真实的存在。甚至德鲁克

---

① Peter F. Drucker. *Landmarks of tomorrow: A report on the new "post-modern" world.* New York: Harper and Row, 1959.

② Peter F. Drucker. *Landmarks of tomorrow: A report on the new "post-modern" world.* New York: Harper and Row, 1959.

③ Alan M. Kantrow. "Why read Peter F. Drucker." *Harvard Business Review*, January-February 1980, 58 (1/2): 74 – 82.

本人也无法按照传统概念定义自己，人们给他的桂冠是“管理大师”（management guru）、“大师中的大师”（guru’s guru）、“预言家”（predictor）。对于大师的称号，虽然起初在德鲁克的字典里大师一词意味着脏话（dirty word），是指巫师、庸医、卖大力丸的江湖骗子（charlatan）①，但后来人们都这样称呼，德鲁克无奈，半推半就，他更愿意相信人们所标榜的大师主要是导师（mentor）的含义。

从德鲁克1979年撰写的回忆录《旁观者的历险》中可以看出，德鲁克是一个知命的人，认为把自己放到历史的长河中，也和其他人一样，都只是一个渺小的人，也知道自己的局限。德鲁克大概不愿意接受任何“命运”（destiny）、“天命”（vocation）或者诸如此类的说法，他多次表明，作为一个管理学的研究者和管理咨询顾问，那是他自觉的选择。他自己则创造出了“社会生态学家”（social ecologist）概念来进行自我描述。他（Drucker，1979）在《旁观者的历险》一书的《自序》中写到：“这是一本倾注心血最多的书，我相信这是肺腑之言。谈管理用大脑去思考就可以，但是看这个世界的芸芸众生，是要用心去体会的。”② 德鲁克以旁观者的姿态，高屋建瓴地回顾与分析了人类社会，并通过每个人的故事揭示管理之道，倡

① 德鲁克以他特有的冷幽默调侃到：“记者创造出‘大师’（guru）这个词，完全是因为‘牛皮大王’（charlatan）这个词做头条新闻太长了。”德鲁克认为，很多人用带有几分神秘意味的“大师”来形容管理学者，是因为他们不想用更粗俗、尖锐的“江湖郎中”“庸医”之类的字眼。

② Peter F. Drucker. *Adventures of a bystander*. New York：John Wiley and Sons，1979.

导做一个尊重人的人，做一个有人性价值的人，这就是他晚年通过《旁观者的历险》一书中的15个故事所要表达的。正是这本书里，他通过讲故事，阐述一个时代人们的价值观、人生观，把管理推到了前所未有的高境界。

德鲁克自视为时代的“旁观者”，但这种旁观绝不是“袖手旁观”，而是深入管理实践的“入戏的旁观者”，这从“历险”二字就可以看出来。像亚当·斯密和大卫·休谟一样，德鲁克是一个注重现实的管理哲学家。他洞悉社会的、经济的和政治的变化，并对这种种变化赋予意义；因此，他的著作超越了单纯的管理或是财富的生产。他的睿智全部围绕着如何让人们过上一种富于创造性的和有益的生活，以及如何为此打造更多的机会和调动更多的资源而展开，这使得其理论具有一种不随时间流逝而破损的普世性。在这方面，我们说德鲁克是时代的旁观者，更是时代的解读者。德鲁克就是这样一个“旁观者”：富有洞察力，富有前瞻性，总是着力在别人思考或想象不到的地方，或者我们总是自以为明白而实际上充满偏见的领域。从这个视角看，读懂德鲁克不难，难就难在理解他看待问题的独特视角。

19世纪著名哲学家阿图尔·叔本华（Arthur Schopenhauer，1788－1860）说，人的多元化以及多样性构成了这个世界的丰富多彩，构成了人之为人的意义所在。多样的人，多样的思想，多样的答案，无限的多样性构成了一个如此丰富多彩的世界，这也是德鲁克在《旁观者的历险》中极力宣扬的。作为一名大师级的人物，作为一个有责任感的知识分子，德鲁克不愿意悲剧式地进入历史，不管是被指派为一个丑角，还是被证明为微不足道的尘埃。德鲁克选择了离开，选择一个旁观者的角色，选择了广场或者舞台之外的生活，这里的旁观者更像是福柯所谓的不与强权者进行权力游戏的人，是一个不放弃独立思考的人，是一个不媚俗的人，是一个尊重人性价值的人。旁观不是过客，旁观是为了仍旧做一个完整的人和一个自由的人。这不是一种怯懦，更应该说是一种清醒，或者说是一种更加个人化的选择。“旁观者没有个人历史可言。他们虽也在舞台上，却毫无戏份，甚至于连观众都不是。一出戏和其中演员的命运究竟如何，就要看观众啰！而旁观者的反应只能留给自己，对他人则完全没有作用。但站在舞台侧面观看的旁观者，有如在剧院中坐镇的消防队员，能见人所不能见者，注意到演员或观众看不到的地方；毕竟，他是从不同的角度来看，并反复思考——他的思索，不是像镜子般的反射，而是一种三棱镜似的折射。”① 但问题在于这种折射所形成的意像非常复杂多变，以至于人们很难把握“德鲁克坐标”。况且这样的“坐标”往往是无形的、无从捉摸的。就像中国古代的管理思想一样，将“无为而治”或曰“垂拱而治”视为“坐标”或难以企及的境界，其实也还是隐含着，或实际上更依赖于一整套伦理、道德和价值观念。

那么，究竟出于什么理由，非得把德鲁克和这个含糊不清的“坐标”连在一起呢？寻找“德鲁克坐标”，并非是去寻找

① Peter F. Drucker. *Adventures of a bystander*. New York：John Wiley and Sons，1979.

一成不变的管理模式，而实际上这样的管理模式也并不存在；德鲁克所告诉我们的只不过是思想和思维方式，而非模式；是方法论，而非方法。德鲁克将自己的思想经历用通俗的语言总结出来，对我们这些力求靠近德鲁克思想的人来说，这倒是一种很易于接受的学习上的便利。事实上，我们会有同张瑞敏一样的感受："德鲁克先生就像是你的一位同事，虽然与你面对相同的事实，却从不同的视角说出了你不曾想、更不曾想到的理念。"① 德鲁克通过著书、立说、讲学、咨询、提建议等方法，不厌其烦的提出经理人既要眼睛向外，关心他的使命和组织成果，又要眼睛向内，注视那些能使个人取得成就的结构、价值观和人际关系，实际上给我们提供了一个认识组织及其管理世界的"坐标"。

因此，德鲁克坐标的终极之善是改变组织及其管理世界和他人的生活。德鲁克使别的管理思想家汗颜的可能有两点：一是不管他说得有多早，到现在也不过时；二是不管他说的是管理的哪个领域，他几乎总是对的。

透过德鲁克的言说和著述，可以感受到各种维度，譬如，时间（历史）和空间（世界）的维度——这是任何一个有深度的思想者都会有独特认识的两个最基本的维度。此外，他有很多涉及具体事件和实践问题的管理学评论，全都包含着一些未曾明言的、或者说是隐性维度，这些维度使他的管理学著述不同于一般的就事论事、局限于某一具体问题、纠缠于是非得

① 张瑞敏．"推荐序一"．载于德鲁克《卓有成效的管理者》，北京：机械工业出版社，2005 年 6 月。

失的学术文章。对德鲁克研究者而言，将他的隐性维度从其著述中剥离出来，使之显性化是一件非常难的事情。这些维度若隐若现，互相交错，构成了一个没有基点的坐标。当然，譬如“历史主义”“效能与效率”“人性”“创新”等这些维度，并非德鲁克首创或专用，但是他对这些维度的选择、强调、运用、组合，具有并非人人都能具有的鲜明特征。

事实上，尽管人人都能运用那些现成的维度，却未必都能建构起一个坐标。那些夸夸其谈的管理学评论家们，无论是自我标榜某一范式、某一学派，还是骑墙观望的、认识含混的、态度暧昧的、行动摇摆的墙头草式的学者，或是风吹两面倒、两面都讨好的评论家，仔细追究起来，经常可以发现他们为了达到自己的“结论”，有意无意地歪曲原则、转移话题、偷换概念等，结果是支撑其“结论”的基座早已被自己挖了墙脚。相比之下，这个“德鲁克坐标”之丰富、灵活和坚固确实非同寻常。

基于同样的理由，所谓“德鲁克坐标”还有一个更具普遍适用性的含义：德鲁克本人也构成了评判、衡量管理学家的一个坐标。尤其是对那些无论出于何种目的投身于管理研究的管理学家，甚至也可以包括那些书斋式、学院式的管理学家，因为他们毕竟也离不开现实管理学的地面。对这些管理学家来说，德鲁克既是历史，也是现实；既是学术，也是精神。如果仅仅考虑到德鲁克颇为特殊的人生经历和实践历练，就应该有一个清醒的认识：把这个“德鲁克坐标”直接移入学院派管理学家的语境，可能会产生“格格不入”的问题。

德鲁克的管理学本质上是道德文化，无论怎样评价德鲁克，他对人和社会充满关怀这一基本价值取向永远是一个不变的坐标。德鲁克总是对道德和伦理问题充满探讨的兴趣和实践的激情。即使在涉及管理的艺术性的时候，德鲁克也强调审美与伦理的合而为一。

德鲁克为自己，也是为所有管理者设定的坐标是："旁观者主动从不同的角度看事物，管理者也是如此。"[①] 如果一定要给德鲁克本人确定一个坐标，一部好莱坞电影倒是给了人们启发，或许马特·戴蒙（Matt Damon）自己撰写并饰演的那个关于天才与发现的动人故事的美丽名字——《心灵捕手》[②]，最恰当不过。德鲁克对于人性的细腻刻画和对管理实践的指导作用让他无愧于"企业经理人的心灵捕手"这个称号。

或许有必要强调，在对德鲁克著作过把瘾阅读的过程中，可以发现这个"德鲁克坐标"并非固定的、一成不变的，也并非衡量一切的标准。对于这个不断移动、游移不定的坐标用德鲁克著作的名称，可以称为"未来的里程碑"（Landmarks of tomorrow），或许可以称为"成功衍生的问题"（success problem）[③]。德鲁克坐标实际上是一个发展中的坐标，一个会移动

---

① Peter F. Drucker. *Adventures of a bystander*. New York：John Wiley and Sons，1979.

② 马特·戴蒙（Matt Damon）自己撰写并饰演的故事的英文名字为Good Will Hunting，直译为《好人威尔·杭汀》，这里我们借用了中文意译的名字。

③ 《成功衍生的问题》（success problem）是德鲁克一篇论文的题目，也是他最喜欢的论文之一。

的坐标，一个未来的坐标。德鲁克本人将其“创造顾客”称为一个“会移动的零件”，其隐含的意思就是它可以推广到全世界。在德鲁克的眼中，外部世界发生的个别事件并不是各自独立的，“经由他的想象，这些事件的集合体将变成特定现象的全貌。”（Drucker，1959）① 德鲁克的著述“好像是在上演一出出的戏剧，让读者可以清楚看到许多截然不同的观点。”（Kantrow，1980）②

（二）确定德鲁克管理学坐标的难点

德鲁克坐标难以确定的第一个重要原因在于，德鲁克的整体性最为直接的表现就是某些创新性概念、意念频繁地出现在德鲁克不同时期的著述中，现代管理学中几乎所有的概念都可以被追溯到德鲁克那里。汤姆·彼得斯曾说：“在管理学的所有概念中，有80%是由德鲁克创造的，他是当之无愧的管理学之父。”像人们现在所熟知的自我管理的工厂社区（self-governing plant community）、分权化（decentralization）、授权（empowerment）、自我控制（self-control）、利润中心（profit centre）、目标管理（Management By Objectives，即MBO）、创造顾客（create customers）、私有化（privatization）、知识工作者（knowledge worker）、自我管理（self-management）、顾客导向

① Peter F. Drucker. *Landmarks of tomorrow: A report on the new "post-modern" world.* New York: Harper and Row, 1959.

② Alan M. Kantrow. "Why read Peter F. Drucker." *Harvard Business Review*, January-February 1980, 58 (1/2): 74 – 82.

的组织、高层管理团队（top management team）、时间管理、业绩管理、绩效管理、组织分权、以知识为基础的组织、扁平型组织（flat organization）、团队（team）、外包（outsourcing）、第二职业生涯、非营利组织等，都是由德鲁克创造的或都可以从德鲁克的只言片语中找到渊源。德鲁克定义管理思潮的能力是惊人的，他是集概念的提出者、系统的观察者、规则的确立者和基本原则与习惯的推广者于一身。德鲁克在其著作中回忆起二次世界大战之前，“所有管理类书籍还放不满一个小书架”。日文书不算，全部大约只有七十册，当时，为人敬重的管理大师更是屈指可数。

美国管理学家汤姆·彼得斯和小罗伯特·沃特曼（Peters and Waterman，1982）声称，“在德鲁克之前，并无管理学的存在”，“我们在《追求卓越》中所写的所有内容”，在《管理的实践》一书的“某个角落都能够找到”，[①] 更可以代表德鲁克在管理和管理学领域中的独特地位。《基业长青》（Build to Last）一书的作者、美国斯坦福大学企业管理研究所教授、管理咨询顾问和管理思想家吉姆·科林斯（Collins，1994）在集这位伟人见解之大成的著作《德鲁克日志》（The Daily Drucker）一书的前言中写到，他深信，不管周围的世界如何改变，企业组织与管理仍然有恒常不变的根本价值与通则。而“在其他方面，他还是会如过去60年那样，被人描述成公众知识分子：结合了旧世界的谦恭有礼和新世界的直言不讳。他在谈话

---

① Tom J. Peters and Robert H. Waterman, Jr. *In search of excellence: Lessons from America's best run companies.* New York: Harper & Row, 1982, 287.

中会先引经据典，涵盖历史、经济学、科技和社会，然后再切中要害。德鲁克最主要的贡献并不单是一种思想，而是一个有着巨大优势的完整作品集：其中的一切几乎都是基本正确的。”① 《哈佛商业评论》编辑纳恩·斯通（Stone，2001）在《德鲁克精髓》一书的导论中评论到：“德鲁克的理论之所以成为经典的原因是他注意到了管理组织中重要的、持久的东西以及它们在一起是如何发挥作用的。德鲁克思维很有趣的一方面是他能去提炼和澄清观念抓住事物的本质将其提炼为经理人，尤其是高层经理人员的指导原则。”② 美国宾州大学沃顿商学院 SEI 高级管理研究中心主任尤拉姆·杰瑞·文德（Wind，2005）在《沃顿知识在线》的《告别德鲁克》一文中指出，德鲁克是“一位真正的文艺复兴主义式的人物……他对知识有着强烈的好奇心，并且具有强烈的社会责任感，这些都指导着他的兴趣和活动。”③ 加里·哈默尔和 C. K. 普拉哈拉德（Hamel and Prahalad，1994）在《竞争大未来》中写到：“德鲁克是一座永不熄灭的灯塔，照耀着通往未来管理之路。”④

---

① Jim Collins. *The daily Drucker*: 366 *days of insight and motivation for getting the right things done*. New York: Harper Business, December, 1994. Foreword.

② Peter F. Drucker. *The essential Drucker*: *The best of sixty years of Peter Drucker's essential writings on management*. (Harvard Business Review Books) Boston, Massachusetts: Harvard Business School Press, 2001. Introduction.

③ Farewell, Peter Drucker: A tribute to an intellectual giant. Published: November 30, 2005 in Knowledge@ Wharton.

④ Gary Hamel and C. K. Prahalad. *Competing for the future*: *Breakthrough strategies for seizing control of your Industry and creating the markets of tomorrow*. Boston, Massachusetts: Harvard Business School Press, 1994. 3.

在我们看来，现代管理学的条条道路出自德鲁克，条条道路通往德鲁克。“德鲁克坐标”与现代管理学的每一个方面都连在一起。

德鲁克坐标难以确定的第二个重要原因在于，德鲁克的著述无法按美国管理学会（Academy of Management，简称 AOM）下属的专业委员会（Professional Divisions）[①] 的分类标准分类，德鲁克著述不知道究竟属于管理学研究的哪一个类别。美国管理学会下属 24 个专业委员会，分为公司政策与战略（policy and strategy）、职业发展（careers）、冲突管理（conflict management）、管理的批判性研究（critical management studies）、组织中的性别与多样性（gender and diversity in organizations）、创新或创业（creating and entrepreneurship）、健康保健管理（heath care management）、人力资源管理（human resource management）、组织的沟通与信息系统（organizational communication and information system）、国际企业管理（international corporate management）、管理教育与发展（management education and development）、管理咨询（management consulting）、管理史（management history）、管理、心灵和宗教（management，spirituality and religion）、管理与组织认知（managerial and organizational cognition）、运作管理（operations management）、组织和管理理论（organization and management theory）、组织行为（organizational behavior）、组织的发展与变革（organizational devel-

---

① 在美国管理学会下面，共分成 24 个专业委员会（professional divisions）以及 3 个利益群体（interest groups）。

opment and change）、组织与自然环境（organizations and the natural environment）、公共与非盈利性组织的管理（public and nonprofit）、研究方法（research methods）、管理的社会事项（social issues in management），以及技术与创新管理（technology and innovation management）等。德鲁克所探讨的高层领导管理与实践性管理问题，无法按上述的管理学分类来确定。

尤拉姆·杰瑞·文德（Wind，2005）指出，德鲁克是一位“真正的跨学科的学者。在他的著作中，他把社会学、行为科学与管理学连接起来，他清楚地表明，没有任何管理方面的问题可以通过单一学科就有效地得以解决。”① 在我们看来，德鲁克的魅力在于他的跨界者角色和“不守成规的机会主义者”角色，就在于他不为学究气的教授们接纳的越界者角色，如果将德鲁克局限于某个专业和领域之内，德鲁克的魅力将会大减。从这个视角看，德鲁克的坐标或许就是他自称的“不守成规的机会主义者”，一位大师级的变革者。

德鲁克的一个伟大的贡献是他发现了“组织的社会”，并指出现代社会是一个组织实体而非个人构成的社会。德鲁克以其深刻的哲学笔触，将一个正在行进的时代真正的本质揭示：一个自由企业社会的诞生，以及其基本的体系和命题。他发现，现代社会是一个“组织的社会”，其运行是在“组织实体”之间进行的，而不是在“个人”之间进行的，这就成了“组织是社会的一个器官”的命题。推而广之，现代社会是由

① Farewell, Peter Drucker: A tribute to an intellectual giant. Published: November 30, 2005 in Knowledge@ Wharton.

各类组织机构组成的，是一个所谓的“机构型社会”。组织机构是由“全体成员”共同构成的，而非由“各种生产资源要素”构成的；组织就是社会中的“一个社区”，组织成员就是社会公民，现代社会是一个所谓的“员工型社会”。“所谓组织，其实是一种工具。通过它，个人及社会成员始终能做出其贡献，始终能够取得其成就。”因此，组织及其管理的职能就是：“将人的力量转化为生产力。”①

组织作为一种社会实体而出现，可以说是西方世界近代社会史上的头等大事。在60多年前，第二次世界大战即将标定全球文明的走向时，德鲁克就在《公司的概念》一书中开始了这种分水岭式的思考和写作：“我们再也不能拖延关于工业社会基本问题的讨论了……论述大型商业公司与自由工业社会之间的关系。”② 在德鲁克的视野里，大企业，即大型的综合性生产单位在第二次产业革命之后作为一种社会实体而出现，可以说是西方世界近代社会史上的头等大事。而所有现代社会的核心问题都围绕我们想从大企业中获得什么，围绕着大企业以及它所服务的社会采取何种组织形式才能最好满足我们的愿望和需求。而所有现代社会的核心问题都围绕我们想从组织中获得什么，围绕着组织以及它所服务的社会采取何种组织形式才能最好满足我们的愿望和需求。“这不仅在于‘政治家只有

---

① Peter F. Drucker. *Management*: *Tasks*, *responsibilities*, *practices*. New York: Harper and Row, 1973.

② Peter F. Drucker (1946). *The concept of the corporation*. New York: Transaction Publishers, 1983. Epilogue.

一条路可走，即运用政治、经济手段使自由企业体系正常运转'"，而且在于"公民首先必须被企业雇用，才能成为真正的公民"，"大型企业必须实现社会的基本承诺和信仰……让社会成员的价值得到体现。"① 这样，一个公民社会与一个组织社会的价值链被打通了，公民社会与自由企业社会的坐标被决定性地打通了。

德鲁克坐标强调创立一个自由企业可以生存和成长的体系，而非相反。这个坐标让我们正在追寻的变革，牢牢地标定于这样的基础上。在打通公民社会与自由企业社会的坐标上，为我们的时代确立价值基础。德鲁克在其著述中反复强调，现代化国家的崛起，是与"管理"和"组织的社会"的本质关联。这样，我们就可以看到德鲁克标定的路标，是人类近现代250年历史所蕴含的公民社会与自由企业社会的坐标。《基业长青》（Build to Last）一书的作者、美国斯坦福大学企业管理研究所教授、管理咨询顾问和管理思想家吉姆·科林斯（Collins，1994）在集这位伟人见解之大成的著作《德鲁克日志》（The Daily Drucker）一书的前言中更进一步将"现代公司"，列为与美国宪法同样伟大的社会发明，其"最主要的原因在于它是连接市场机制与民主政治的桥梁"。这显然是现代文明对公司意义精辟的见解。②

---

① Peter F. Drucker（1946）. *The concept of the corporation.* New York: Transaction Publishers, 1983.

② Jim Collins. *The daily Drucker: 366 days of insight and motivation for getting the right things done.* New York: Harper Business, December, 1994. Foreword.

德鲁克坐标难以确定的第三个重要原因在于，德鲁克历史性地考察了管理及其经理人的作用，指出管理及其经理人的作用随着历史的发展而发展。在《管理的实践》一书中，德鲁克（Drucker，1954）大胆宣布：经理人是“工业社会中独特的和领导性的群体。本世纪以来，几乎还没有任何一种新的基本力量、新的领导阶层能够像经理人一样迅速成长。这一阶层一旦崛起，很快成为社会中不可或缺的一部分，这在人类历史上也是极为罕见的。”① 在德鲁克看来，经理人已经成为现代工业文明中的一个新的阶层，是推动社会经济发展的基本和支配性的力量。就像马克思发现工人阶级是推动人类进步的主导力量一样。德鲁克强调：“只要西方文明本身还能够生存下去，那么经理人就始终是基本和支配性的力量。”②

德鲁克认为，在组织化的社会中，使各个组织以经营活动为出发点，为社会、经济、社区和个人贡献力量，这是经理人肩负的责任。德鲁克认为，翻开美国的历史，不管哪一个时期都有暴力和痛苦，但是经济大萧条却造就美国社区意识的抬头，强调共享的价值，生命的喜悦和共同的希望。在德鲁克看来，在公开的现实后面还有更深的现实，在表面的趋势下还有隐藏的趋势。德鲁克（Drucker，1969）借用地理学来解释《不连续的时代：变迁时代的指南》（The Age of Discontinuity：

① Peter F. Drucker. *The practice of management*. New York：Harper Press，1954，2.

② Peter F. Drucker. *The practice of management*. New York：Harper Press，1954.

Guidelines to Our Changing Society）的全新意图："它力图发现并界定在深层基础上正在发生或已经发生了的变化，它研究的主题是大陆漂移如何形成新大陆，而不是战争如何分割新国界。"那些不连续是"社会和文化基本现实中的重大变化。"①将现实状态与理应状态相对比，而且将现实状态与理想状态相对比，这便是贯穿于德鲁克著作中的基本思想活动。

德鲁克坐标难以确定的第四个重要原因在于，"管理就是实践"和"管理是任务，管理是纪律，管理也是人"。德鲁克强调"管理就是实践""管理学是把管理当作一门真正的综合艺术"，管理的高境界是疏导和激发，而不是控制与防范。德鲁克认为，在经理人持续不断的计划、控制下属去完成每一项重要、紧急得不得了的任务的时候，我们是否该想想，我们究竟在他们心中播撒下了怎样的影响。经理人不只是通过知识、能力和技巧来领导员工，同时也需要通过愿景、勇气、责任感和诚实正直的品格来领导。这就要求经理人了解"管理"这门学科，并要求他们真正懂得管理艺术。尤拉姆·杰瑞·文德（Wind，2005）指出，德鲁克还是一位"真正地把理论和实践相结合的整合者。纵观他的一生，他一直为无数或大或小的公司的高层提供咨询，同时也为众多的非营利组织，比如红十字会、大学、医院、社区服务组织以及政府机关提供无偿的

① Peter F. Drucker. *The age of discontinuity*: *Guidelines to our changing society*. London: Heinemann, 1969.

咨询。”①

德鲁克坐标难以确定的第五个重要原因在于，管理学是“道”而非“术”。终其一生，德鲁克都认为人的活动始终是最重要的。从他早期的著作《经济人的末日》、《工业人的未来》到经典之作《卓有成效的管理者》、自传《旁观者的历险》，他将自己全部的经历都投入到对一个个活生生的人的研究之中。德鲁克喜欢以“旁观者”自居，旁观物是人非，旁观世事变迁，而他在此基础上去发现、去探索、去总结。他并不是简单地告诉大家一个现成的答案，而是帮助人们学会一种方法，以便自己发现问题、找到答案并且最终自己动手解决问题。他认为自己所做的只是陈述客观事实、身边现象而已。这也便是对立于笛卡尔“我思故我在”的理性的经验主义，德鲁克倡导的是“我看故我在”。在《新现实：政府与政治、经济与企业、社会与世界》中德鲁克（Drucker，1989）这样写到：“笛卡尔曾说：‘我思故我在。’而在当今社会中我们必须再增加一条，即‘我看故我在’。”② 德鲁克试图探讨在一个不停转变的社会形态中，个人、组织与社会之间的关系如何互相调整，从而达到现实中的最优化。他曾经多次批评学院派管理学家日益脱离现实管理学的研究状况，但他多次承认自己从管理学科学主义学派那里获益匪浅。

---

① Yoram（Jerry）Wind. Farewell, Peter Drucker: A tribute to an intellectual giant. Published: November 30, 2005 in Knowledge@ Wharton.

② Peter F. Drucker. *The new realities: in government and politics, in economics and business, in society and world view.* New York: Harper and Row, Publishers, 1989.

相比之下，德鲁克更为尊崇以单打独斗的方式直接介入管理实践活动的经理人。但是，他又比经理人更有兴趣将自己所推崇的管理实践问题原则化。德鲁克强调，投身管理实践活动的管理学家必须具有极其清醒的理智和极其坚韧的意志，节制他们极其容易发作的理想主义激情，克服隐藏在他们身上的人性的弱点（抵御名声、利益、地位的诱惑），才能保持适度的独立性。当然这还要包括有能力来处理“如何保持”和“何种程度”的问题。现实中，国内外的商学院和管理学院恰恰忽视了在管理实践活动能力方面的培养，学校里的教材和老师交给学生的大多是“术”，而不是“道”，“术”是很容易随着时间的流逝而丢掉的，但“道”却会像北极星一样恒久地照亮我们前行的路。

德鲁克（Drucker，1989）强调：“管理者从人文科学和社会科学（心理学和哲学、经济学和历史学、自然科学和伦理学）中汲取所有的知识和见识。但是他们必须将这些知识集中到效益与成果上——集中到如何治愈一个病人，培养一名学生，架设一座桥梁，设计并销售一套‘用户满意’的软件上来。”① 大学的老师们也都懂得思维方式训练的重要性，但却鲜见在学生的思维方式方面有力的培养方案。《旁观者的历险》中有一章《怀恩师》，里面有一句话：“我们学习的方式本身也是我们学习的内容”（How we teach is also what we teach，how we learn is

① Peter F. Drucker. *The new realities*: *in government and politics*, *in economics and business*, *in society and world view*. New York: Harper and Row, Publishers, 1989.

also what we learn)①，说的就是这个道理。德鲁克的两位小学四年级的老师——埃尔莎小姐与苏菲小姐（Miss Elsa and Miss Sophy）给他的，不是具体的一种知识，甚至也没有使他能够掌握某种技能，但是，却改变了他的人生观、价值观、态度等人性中深层次的部分。

德鲁克坐标难以确定的第六个重要原因在于，德鲁克所说的每一个方面都让我们为之动容，以至于我们身处其中而难于分辨其坐标。一些人说他的写作是“大众杂志与德国神秘主义哲学的杂合体”，但更为重要的是，我们会在这种漫不经心的写作里，看到了知识的连续性和 20 世纪的重要特征——断裂感。德鲁克的引人入胜，因为他使别人发现，历史与未来一样充满着新奇性。沃顿商学院 SEI 高级管理研究中心主任尤拉姆·杰瑞·文德（Wind，2005）认为，德鲁克把他对知识的广泛涉猎和与生俱来的沟通天赋相结合。“无论他是和人进行一对一的交谈还是面向成千上万的观众，他的幽默感、谦逊的品质以及对听众和读者的尊重让他受到了全世界各地听众的喜爱。”② 美国文化历史学家艾伦·坎特罗（Kantrow，1980）指出：“就增长经理人对管理智慧的认识而言，德鲁克真正的贡献，并不是他所提出的观念的实用性，而是他当初如何用那样

---

① Peter F. Drucker. *Adventures of a bystander*. New York：John Wiley and Sons，1979.

② Farewell，Peter Drucker：A tribute to an intellectual giant. Published：November 30，2005 in Knowledge@ Wharton.

严谨的心态提出那样的观念。”①

事实上，任何人身上都有可能让你为之所动的一面，有时候我们只是疏于发现。德鲁克（Drucker，1979）举了一个与奥地利的一个银行家谈话的经历，前半部分谈话的气氛非常僵硬而令人哈欠连天，当谈到欧洲人使用纽扣的历史的时候，这个银行家忽然迸发了令整个屋子的空气都为之感染的激情，从纽扣的发源地、发展的历程、生产工艺、艺术鉴赏、风格流变……说得头头是道，俨然一幅专家形象。他表情专注，唾沫四溅，手舞足蹈，眼神清澈。② 可以想象，如果我们在现场的话，也会被他卷入这种兴奋的交谈中。

（三）德鲁克管理学坐标的特色

尽管给德鲁克著作分期并非是一个聪明的举动，但分期又是了解一个德鲁克著述多样性的最简单的办法。按照德鲁克著作所属的时代和内容属性对其进行大致的分类，可以分为三个时期和三种类别：

德鲁克著作的三个时期是：

第一个时期是对管理学探索时期，大体上属于 20 世纪 30－40 年代，德鲁克的兴趣在于“工业社会的矛盾与冲突”和“工商企业的社会角色和地位”。工商管理并非德鲁克最初和

---

① Alan M. Kantrow. “Why read Peter Drucker.” *Harvard Business Review*, January-February 1980, 58 (1/2): 74－82.

② Peter F. Drucker. *Adventures of a bystander*. New York: John Wiley and Sons, 1979. Preface.

最首要的学术关注。德鲁克早期最关注的是社区和社会，在社区里个体拥有自己的身份，在社会里个体拥有自己的功能；第二个时期是管理理论形成时期，大体上属于20世纪50-70年代，德鲁克的兴趣主要集中于“组织的社会的发展问题”和“大企业的管理问题”。包括企业与社会的关系、企业的宗旨与使命、企业的目标、企业组织与战略、企业的管理、工人的管理、经理人的管理、企业的社会责任和企业商业伦理等。德鲁克最重要的管理学著作多产生于这一时期；第三个时期是管理理论扩展时期，大体上属于20世纪80年代到德鲁克逝世。德鲁克的兴趣在于“工业社会向知识社会转变时期的主要管理问题”或“从目标管理到管理知识工作者的过程”（from management by objectives to managing knowledge workers）。包括创新和企业家精神、创新型企业的管理、知识工作者的管理、知识型企业的管理和非营利组织管理等。

德鲁克著作的三种类别是：

一是政治学著作和社会学著作，如《经济人的末日：极权主义的起源》（The End of Economic Man：The Origins of Totalitarianism）（1939）、《工业人的未来》（The Future of Industrial Man：A Conservative Approach）（1942）、《新社会：对工业秩序的剖析》（The New Society：The Anatomy of Industrial Order）（1950）、《美国的下一个20年》（America's Next Twenty Years）（1954）、《未来的里程碑：关于新的后现代世界的报告》（Landmarks of Tomorrow：A Report on the New “Post-Modern”）（1959）、《不连续的时代：变迁时代的指南》（The Age of Discontinuity：

Guidelines to Our Changing Society）（1969）、《看不见的革命：养老金社会主义在美国的起源》（The Unseen Revolution：How Pension Fund Socialism Came to America）（1976）、《迈向经济新纪元及其他论文》（Toward the Next Economics and Other Essays）（1981）、《新现实：政府与政治、经济与企业、社会与世界》（The New Realities：in Government and Politics，in Economics and Business，in Society and World View）（1989）、《后资本主义社会》（Post-Capitalist Society）（1993）、《生态愿景》（The Ecological Vision：Reflections on the American Condition）（1993）、《养老金革命》（The Pension Fund Revolution）（1996）和《管理下一个社会》（Managing in the Next Society）（2002）、《功能社会》（A Functioning Society：Selections from Sixty-Five Years of Writing on Community，Society，and Polity）（2002）等；

二是管理学著述，如《公司的概念》（Concept of the Corporation）（1946）、《管理的实践》（The Practice of Management）（1954）、《成果管理》（Managing for Results）（1964）、《卓有成效的管理者》（The Effective Executive）（1966）、《技术、管理与社会》（Technology，Management and Society）（1970）、《人、思想与社会》（Men，Ideas and Politics）（1971）、《管理：任务、责任与实践》（Management：Tasks，Responsibilities，Practices）（1973）、《人与绩效：德鲁克论管理精华》（People and Performance：The Best of Peter Drucker on Management）（1977）、《管理导论》（An Introductory View of Management）（1977）、《动荡年代的管理》（Managing in Turbulent Times）（1980）、《变动中的管

理界》(The Changing World of the Executive)(1982)、《管理的前沿：今天孕育未来决策的地方》(Frontiers of Management：Where Tomorrow's Decisions are Being Shaped Today)(1986)、《创新与企业家精神：实践与原理》(Innovation and Entrepreneurship：Practice and Principles)(1985)、《非营利组织的管理：原理与实践》(Managing the Nonprofit Organization：Principles and Practices)(1990)、《管理未来》(Managing for the Future：The 1990s and Beyond)(1992)、《巨变时代的管理》(Managing in a Time of Great Change)(1995)、《德鲁克论亚洲：德鲁克与中内切的对话》(Drucker on Asia：A Dialogue between Peter Drucker and Isao Nakauchi)(1997)、《德鲁克论管理》(Peter Drucker on the Profession of Management)(1998)、《21世纪的管理挑战》(Management Challenges for the 21st Century)(1999)、《德鲁克精髓》(The Essential Drucker)(2001)、《卓有成效管理者的实践》(The Effective Executive in Action：A Journal for Getting the Right Things Done)(2006)等，并包括1950—2005年在《哈佛商业评论》(Harvard Business Review)发表了三十二篇论文，其中6篇成为当年最具影响力的论文而获得麦肯锡奖(McKinsey Award)①；

---

① 麦肯锡奖(McKinsey Award)是在1959年由麦肯锡管理研究基金会(McKinsey Foundation for Management Research)与《哈佛商业评论》(Harvard Business Review)杂志合作设立。该奖项授予当年两篇发表在《哈佛商业评论》上的最好文章的作者(一等奖二等奖各一篇)。每年由编辑们选出一个由公司总裁、学者、政府或社会机构领导人组成的独立的评审小组，决定奖落谁家。文章对现有知识的贡献，轻松应对传统思(接下页)

三是自传和其他类著作，如自传《旁观者的历险》（Adventures of a Bystander）（1979）、绘画艺术研究著作《毛笔之歌：日本绘画》（Song of the Brush：Japanese Painting from the Sanso Collection）（1979）、小说《最后可能出现的世界》（The Last of All Possible Worlds）（1982）、小说《行善的诱惑》（The Temptation to Do Good ）（1984）、德鲁克著述经典段落集锦《德鲁克日志》（The Daily Drucker）（2004）等。

其实，德鲁克的管理学著作，无论前期、中期还是后期，它们都骄傲地构成了一个整体，整个地改写了管理学中对实践的认识、对效率、人性的表述与对理论的建构方法，写出了现代管理学必须面对组织及其管理的实践与理论发展的需要。德鲁克运用历史唯物主义的方法，不断地在其著述中“转换视角”。因此，只有把德鲁克的管理学著作放在一个整体性的框架里去理解，才能把握他那具有立体感和历史感的观察视角。

（接上页）想的能力，分析深度、合理的逻辑和清晰的风格都在评选中发挥重要作用。然而最终，最为关键的还是文章对于经理人的实际工作、对于他们面临的问题是否相关，也就是说文章内容是否会引起人们的思考和行动。德鲁克获得麦肯锡奖共有6次，是获得麦肯锡奖最多的管理学家，至今还没有人超过他。德鲁克获奖时间和论文分别是：Peter F. Drucker（1962）. “Big business and the national purpose”; Peter F. Drucker（1963）. “Managing for business effectiveness”; Peter F. Drucker（1971）. “What we can learn from Japanese management”; Peter F. Drucker（1974）. “New templates for today's organizations”; Peter F. Drucker（1981）. “Behind Japan's success”; Peter F. Drucker（1994）. “The theory of the business”; Peter F. Drucker（2004）. “What makes an effective executive”。

德鲁克最为重要的一点在于作为一个管理学家的历史责任感、情结和兴趣，这在很大程度上决定了他对研究课题的选择、深入与拓展。自我管理型工厂社区情结，让德鲁克写出了《公司的概念》和《工业人的未来》；实践情结，让德鲁克写出了《管理的实践》和《管理：任务、责任与实践》；创新情结，让德鲁克写出了《创新与企业家精神：实践与原理》和《动荡年代的管理》；效率情结，让德鲁克写出了《卓有成效的管理者》；公共事务情结，让德鲁克写出了《非营利组织的管理：原理与实践》；事业情结，让德鲁克写出了《成果管理》；未来情结，让德鲁克写出了《不连续的时代：变迁时代的指南》和《21世纪管理的挑战》；后现代情结，让德鲁克写出了《未来的里程碑：关于新的后现代世界的报告》和《后资本主义社会》等一系列诸如此类的实践性极强的优秀作品。在具有强烈的理论感染力和对现实的管理实践问题回应的同时，也成为这些研究领域的开篇之作或范本。

德鲁克为自己确定的坐标，可以从最早出版《公司的概念》的美国 Transaction 出版社 1993 年把德鲁克从 20 世纪 30 年代到 60 年代所写的有关社会议题论文结集出版的专著《生态愿景》的《前言》中可以看出。德鲁克告诉人们，他是引进私有化（privatization）与“知识型社会”（Knowledge-based Society）观念的第一人；是 20 世纪 50 年代初“少数几位”首先想象到计算机对未来社会可能带来冲击的人；“早在 1961 年就率先观察到”新兴的日本经济活动将为世界带来新的挑战；“第一个有系统地撰写日本式管理的人”；“第一个使用‘后现代’词汇的人”；第一个探讨企业战略议题的人；第一个谈论“组织中的社会”的人；第一个视管理为组织社会的中枢器官的人。①

在我们看来，德鲁克著述的一个特色是他经常随心所至地用一些纲要式的写法来确定自己的坐标。如五种独特的组织结构、五种设计原则、三种工作、四个基本问题、三种方法、三种不同的任务、有效研究的十大法则、评估公司绩效的五项测验、五大企业重罪、三大常见的解释、促成整合的两大关键和达成成功收购的五大特色，等等。德鲁克在多年后所写的自传《旁观者的历险》一书中说道：“在我有关管理的全部作品中……我认为自己有关自我管理型工厂社区的思想，以及有关有负责心的员工的思想，都是最重要、最原创的思想。”②

总体而言，德鲁克的管理理论更加“传统”，或者说他背离了一个传统，又创造了另一个传统。他所创造的重组织分权乃至重角色位置职能而轻组织中个人特性的理论，正是当代各种媒体所热炒的各种管理学家向他挑战的主题。这有如马歇尔以《经济学原理》而成为当代所有经济学家所必须面对的对话传统一样。而他所背离的传统，是德鲁克在高龄以后一直所关注思考的经济与更大的社会之间联系的亚当·斯密传统。与亚当·斯密更关注道德与经济的联系和社会分工不同，德鲁克

① Peter F. Drucker. *The ecological vision*. New York：Transaction Press，1993. Preface.

② Peter F. Drucker. *Adventures of a bystander*. New York：John Wiley and Sons，1979.

则更关注社会价值观：机会、社区、团结与个人价值实现之间的问题，但这或许这只是时代精神所导致的主题的不同而已，因为背后并没有相当实质性的区别。有如美国哈佛大学经济学与哲学教授、1998 年诺贝尔经济学奖获得者阿玛蒂亚·森（Amartya K. Sen）的贡献并不限于经济学，而最终向伦理学回归一样，这或许提供了一个实用型的学问，终必向形而上①回归的例子。

我们认为，确定德鲁克坐标可以将其定位在管理哲学、企业经营、管理原理、非营利组织的管理、组织结构、高层管理等方面。在这些领域，德鲁克都有较深的研究和独到的见解，所涉及的问题涵盖了两类基本问题：一是企业组织的活动方向问题；二是企业活动的组织问题。作为企业组织的活动方向问题，往往是企业经营问题和高层管理问题（当然也包括管理理念和经营哲学），属于组织的战略问题，具有非结构化的特征；而企业活动的组织问题，属于各项具体的管理职能问题及其结构的设计问题，具有结构化的特征。相比而言，德鲁克研究的重点显然是企业组织的活动方向。其代表作是德鲁克两本同等杰出的巅峰之巨作：《管理的实践》和《管理：任务、责任与

---

① 辩证法中“形而上”（metaphysics）的意思，即在……之上的抽象本质和属性的意思。英文中的“形而上”（metaphysics）这个字来源于古希腊哲学家亚里士多德（Aristotle）著作中的希腊字（metaphysica），原意是“在物理学之上的学问”。严复将其翻译为“形而上学”。这里是指探讨终极实在的抽象本性（the nature）和思维研究（the study of thought）的学问。中国古代有“形，见也”，“形而上者谓之道，形而下者谓之器”的说法。看不见的是道，看得见的是器。

实践》。这两本杰出的巨作可以说是全景式的、百科全书式的，且有大量的历史方面的展望。他给读者的印象往往带有浓厚的社会学色彩，但是，他仍然在管理学学术领域中保持着自己的独立性。

德鲁克极为欣赏美国经济学家索尔斯坦·帮德·凡勃伦（Thorstein Bunde Veblen，1857－1929）的经济学。[①] 当其他经济学家在他们的象牙塔内研究人类行为时，凡勃伦则根据人类学和其他社会科学来研究人类行为。在凡勃伦看来，对人的复杂行为动机的把握，经济学需要得到相关学科的支持。“如果经济学家要提出好的理论，他们就必须减少肤浅的认识，更加自愿地和社会学家、人类学家和心理学家进行交流。”[②] 对德鲁克来说，影响人类行为的力量很多，应当将这些力量导入管理学的分析之中，通过从其他学科中获得见识的努力可以拓宽和丰富管理学。因此，“德鲁克坐标”的论述框架充满了从其他学科中获得的见识，从美学到社会学，德鲁克都有深刻的认识。

---

① 据古希腊神话，奥林匹斯山是众神居住的圣山。德鲁克认为，索尔斯坦·帮德·凡勃伦（Thorstein Bunde Veblen，1857－1929）和德国著名社会学家马克斯·韦伯（Max Weber，1864－1920）是受人敬仰的指标性人物，具有“提出崭新观点的特质”，可以列入希腊神山——奥林匹斯山诸神之中。因为索尔斯坦·帮德·凡勃伦对经济学研究领域的扩展和马克斯·韦伯对现代社会的思想屡被言及，他们在许多著述中论及的权威性知识和见解广为当代学者们所称引，即使对他们持有怀疑和批判态度的学者，也颂赞其对于学术的贡献和现实意义。

② Todd G. Buchholz and Martin Feldstein. *New ideas from dead economists：An introduction to modern economic thought.* London and New York：Penguin Group，2003. 165.

德鲁克广泛涉猎国际法、历史学、组织学、政治学、伦理学、美学以及人类境况的社会学，深刻且贡献良多。而这与传统管理学是格格不入的，是对传统管理学或主流管理学的叛逆。

（四）小结

事实上，“德鲁克坐标”的确在美国管理学界引起过广泛的注意与争论。这主要是因为德鲁克从经济学、人类学、文化史、生物学和宗教等视角海阔天空地漫谈组织及其管理问题时所蕴含的政治学、经济学、人类学、社会学分析的思想火花所引致。

如果我们真要给这个“德鲁克坐标”定位的话，可以将其称为“自由企业社会的启蒙哲学”（enlightening philosophy of free enterprise society）。在德鲁克看来，这个“自由企业社会的启蒙哲学”重点只有两个：一是“如何使管理井然有序”；二是“使管理人员富有成效”。我们认为，这包含了两个主要方面：一是德鲁克以其深刻的企业哲学笔触将一个正在行进的时代的真正本质揭示出来：一个自由企业社会的诞生以及其基本的体系和命题。而这一假设始终如一，这就是德鲁克坚持自由企业制度，坚持个人责任、机会均等和社会和谐等基本价值观。不论时代怎样变迁，实践中存在何种困难和提出何种挑战，德鲁克都力图在这些基本假设下确立新的管理原则，在坚持这些基本信仰的前提下使管理实践能够在很好地实现管理目标；二是德鲁克所涉及的管理基本问题相对集中，集中于企业经营问题、高层管理问题、管理理念和经营哲学登方面。尽管各种管理问题的背景和内容不断变化，表现形式多种多样，但组织的管理、工人和工作的管理、管理人员的管理以及高层的管理始终是德鲁克关注的重点。德鲁克采用的是凡勃伦方法，即通过从其他学科中获得见识来拓宽和丰富管理学，这个“德鲁克坐标”和论述框架并非是传统意义的管理学，而是广义的、更为宏大和更为社会性的管理学。

二、德鲁克的管理学维度

我们必须承认，对德鲁克管理学维度的思考方法并非是一种“元”思考。德鲁克管理学维度必然是在某一框架内进行的思考，并具有某种预设：即我们首先承认现实组织及其管理存在的真实性；对德鲁克管理学维度进行的阐释是对德鲁克管理思想这一整体真实的局部反映。我们只希望对德鲁克管理学维度的这种理解方式能够成为理解德鲁克的众多所指链条中的一个有价值的连接，并能启发新的所指连接的生成。我们的这种划分是与德鲁克坚持组织及其管理的价值及其对人类存在的意义、并因此拒斥任何虚无主义的思考是一致的。我们希望，对德鲁克管理学维度的思考能有助于这种理解。当然，这一思考方式是从某一可行的视角或某个特定的维度开始的。

（一）效能与效率维度

1. 德鲁克的效能与效率维度概述

德鲁克非常强调经理人的卓有成效，经理人就是要追求效能与效率。因为“经理人的卓有成效已成为今天的社会需要。我们社会的凝聚力和优势的发挥，有赖于知识工作者的心理需求和社会需求，能否与组织及工业社会互相融合而定。”太多的管理专家把效能与效率视为企业的生命线，他们因此陷入唯理主义的泥沼而迷信自上而下的集权和监控。德鲁克的教诲则是：只有自由而多元的人，才能创造出真正持续的高效能与高效率。

对于个人目标和组织目标的不一致，巴纳德最早提出了“效能”和“效率”两条原则。巴纳德指出，当一个组织系统协作得很成功，能够实现组织目标时，这个系统就是有“效能”的，它是系统（system）存在的必要条件。组织效能是系统取向的，关系到组织目标的实现（Barnard，1948）；[①] 系统的“效率”是指系统成员个人目标的满足程度，协作效率是个人效率综合作用的结果。[②] 巴纳德的观点把正式组织的要求同个人的需要结合起来了，这在管理思想上是一个重大突破。现代组织理论认为，一个组织可能具有较高的效率，但不一定就能实现其目标，因为它生产的产品可能是社会不需要的。同时，一个组织可能实现了其利润目标，但是却可能缺乏效率。[③]

---

① Chester I. Barnard. *Organization and. Management.* Cambridge, Massachusetts: Harvard University Press, 1948.

② Chester I. Barnard. *The function of the executive.* Cambridge, Massachusetts: Harvard University Press, 1938.

③ Richard M. Steers. *Organizational effectiveness: A behavioral view.* Santa Monica, California: Goodyear, 1977, 51.

德鲁克在《卓有成效的管理者》一书中强调了对组织负有责任，能影响组织经营成果的人，就是经理人。经理人的工作必须是卓有成效的，而卓有成效是可以学会的。如此一群平凡的人，就可以做出不平凡的事。这样的论述，当然与我们通常所认为的经理人概念大相径庭。他进而论述经理人的任务：经理人的工作必须卓有成效；他也进而证明经理人可以达到的目标，因为“卓有成效是可以学会的”。德鲁克（Drucker，1966）言简意赅地指出——“今天的社会有两种需要：对组织而言，需要个人为其做出贡献；对个人而言，需要把组织当成实现自己人生目标的工具。只有经理人的卓有成效，才能使这两种社会需要相辅相成。”“经理人的卓有成效已成为今天的社会需要”[①]——绕了一个弯，德鲁克最终还是关注到社会层面，因为他本来就是从社会层面考察了组织以及组织管理。

事实上，德鲁克骨子里有一股对效能与效率追求的思想。在德鲁克看来，管理关注的是效率，而非关注和谐。德鲁克（Drucker，1966）追问到：“在以工作或任务为主的环境下，如果我们不能有所成就，那就算我们能与人和谐相处、愉快交谈，又有什么意义呢?”[②] 德鲁克（Drucker，1946）对泰罗的“科学管理”称赞道：“《科学管理原理》的理论无论在哪里都很适用：生产力因之成倍地增长，工人的实际收入急剧上升，

---

① Peter F. Drucker. *The effective executive*. New York: Harper and Row, 1966.

② Peter F. Drucker. *The effective executive*. New York: Harper and Row, 1966.

工作时间减少，工人的体力、精神压力减小。同时，销售收入和利润提高，而产品价格降低了。”① 德鲁克（Drucker，1954）在承认“科学管理”对效率的追求是“一个解放的、先驱的见解”的同时，也指出了它的弱点：“科学管理尽管取得了世界性的成功，但仍然没有成功地解决管理工人和工作的问题。正如历史上许多思想那样，这种见解只有一半正确。存在两个盲点：一个是工程方面的，一个是哲学方面的。”②

在德鲁克看来，泰罗科学管理追求的目标是“效率”标准，它主要应用于劳工身上，它关注的是个人的效率；德鲁克（Drucker，1966）认为，卓有成效的管理者追求的是“效能”标准，它主要应用于经理人或管理者身上，而经理人、特别是高层管理者的效能就是组织的效能，他关注的是组织的而非个人的效率。这两者的主要区别在于：前者强调做正确的事情（to get the right done）；后者强调把事情做正确（to do things right）。卓有成效的管理者的任务是找到正确的事情并把它做好。德鲁克指出，效能与一个人的智力或想象力并没有关联。平凡的人可以有效能，而很有名气的天才却可能一事无成。当然，也不存在所谓的“有效的性格”这种说法。德鲁克所观察到的通用汽车公司在总裁小阿尔弗雷德·斯隆的带领下，每一位主管“彼此之间毫无共同之处，除了都具备找出正确的事

---

① Peter F. Drucker *The concept of the corporation*. New York：Transaction Publishers，1946.

② Peter F. Drucker. *The practice of management*. New York：Harper and Row Press，1954.

情并能把它做好的能力”。德鲁克强调：“效能……是一种习惯（nurture），是惯例的综合体。而习惯通常是经由学习得来的。”① 1966 年出版的书名饱含深意的《卓有成效的管理者》就是教导人们如何提高效能的一本书。

德鲁克（Drucker，1966）认为，效能（effectiveness）是指选择适当的目标并实现目标的能力，或者说组织效能是组织实现其目标的程度。按照德鲁克的说法，就是去做（并完成）正确的事情的能力。它包括两个方面的内容：一是所设定目标必须适当；二是目标必须达成。德鲁克（Drucker，1966）强调，效能是知识工作者（knowledge worker），包括管理者的一种特殊技术，他们只有对组织真正有所贡献，才算是卓有成效。不能假定管理者一定是卓有成效的，所以需要研究其效能问题。效率（efficiency）是指尽可能充分地利用可获得资源去实现目标的能力。按照他的说法，就是把事情做正确的能力。②

德鲁克认为，卓有成效并非是与生俱来的天赋（nature），而是后天滋养出来的习惯（nurture）。德鲁克强调，卓有成效是可以学会的，而且也只能通过系统而反复的训练和持续的实践才能获得，因为卓有成效不是人类的个性（personality）。要实现卓有成效，必须抓“要事”（right things）。对组织中的员

① Peter F. Drucker. *The effective executive.* New York：Harper and Row，1966.

② Peter F. Drucker. *The effective executive.* New York：Harper and Row，1966. 3 – 4.

工或管理者来说，“要事”无疑是那些以团队或组织为目标导向的任务，即所谓“以终为始”（begin with the end in mind）。德鲁克说：“卓有成效如果有什么秘诀的话，那就是善于集中精力。卓有成效的管理者总是把重要的事情放在前面做（first things first），而且一次只做好一件事（do one thing at a time）。”①

在实践中，卓有成效的管理要求所有致力于组织总体效能（overall effectiveness）实现的每个方面都要确定标准。最早提出量度企业在不同方面的表现及效能高低的标准就是德鲁克。德鲁克（Drucker，1954）指出，效能标准至少得由八个方面来确定，即：（1）市场情况（market）；（2）创新（innovation）；（3）生产率（productivity）；（4）物质和财力（material and finance）；（5）利润率（profit ratio）；（6）管理人员的工作和责任（managers'task and responsibility）；（7）工人的工作和士气（work and morale）；（8）公共责任（public responsibility）。②德鲁克的分类丝毫不表明这之间哪一个方面的效能标准比较重要，只是简单地指出了这些标准所必须考虑的全部范围，每个效能标准的先后次序将视企业在具体时期所面临的情况而定。

我们认为，了解效能的概念，可以为管理人员提供一个全面的角度，从不同方面着眼，以更广阔的目光去探明企业成败之道。说得简单一点，企业赚取高利润并不一定能够保证实现

---

① Peter F. Drucker. *The effective executive*. New York：Harper and Row，1966.

② Peter F. Drucker. *The practice of management*. New York：Harper and Row Press，1954，79.

组织高效能。如果组织缺乏基于经营理念基础上的系统观，企业就只能总是处于事务处理状态，不能从战略的高度思考问题，只是头痛医头，脚痛医脚，兵来将挡，水来土掩，没有建立起一个抗风险的“大厦”，甚至看不到失败的种子和危机的到来。公司资本规模小的时候，组织千万不要就事论事地做事情的习惯，否则，很容易在不经意的时候，在一个小小的系统中埋下失效（ineffectiveness）和失败的种子。而当整个系统形成大模样的时候，这个种子就会发芽、生根，习惯形成的办事方法和结构会把企业的整个系统不可逆转地拖向失效和失败。当企业领导人仅仅将焦点全集中于迎合顾客喜好及盈利上，而忽略了组织文化的建设、下属的士气和合理的内部赏罚制度，优秀的员工就会对企业丧失信心，日渐流失，留下的只是平庸之辈，企业便已不自觉地步上了衰败之路。

2. 德鲁克的效率观点包含了人性因素

在阅读鲁克的著述过程中，我始终有一个感觉，就是认为德鲁克有一种“泰罗情结”，有一种理想主义的观念。与泰罗追求工人或手工劳动的效率不同，德鲁克更注重的是经理人或管理者的效率，或者说是管理工作的效率。德鲁克的名言就是“经理人的工作就是追求效率”。[①] 德鲁克的“有责任心的工人”假设同泰罗的寄希望于产生一场完全的“心理革命”

---

① Peter F. Drucker. *The effective executive*. New York: Harper and Row, 1966. Preface.

(mental revolution)[①] 有相通的地方，但德鲁克更为欣赏的是泰罗的效率来自劳动培训的观点。

德鲁克（Drucker，1991）认为，效率来自对员工的劳动培训，特别是对知识工作者的培训，而泰罗对劳动培训形成了巨大的影响。德鲁克指出，20 世纪早期的美国劳工绝大多数未受过教育，不善表达自己，也对工厂体系不习惯。对他们来说，严格规定的工作步骤是切实有用的。正是由于美国把泰罗的方法系统地运用于工人培训上，它才能开展战时生产，最终打败日本和德国。第二次世界大战以后，泰罗式的劳动培训由美国扩散到其他发达国家，成了各国经济发展的一种真正有效的手段。“现代史上所有早期经济大国——英国、美国、德国——都是通过在新技术领域居领先地位而崛起的。战后的经济列强首先是日本，然后是韩国、中国台湾、中国香港、新加坡——都把自己的兴起归功于泰罗的培训。它使它们能很快就让基本上仍是工业化前的、低工资的劳动力拥有世界级的生产力。战后时期，泰罗的劳动培训成了经济发展唯一真正有效的手段。”[②] 美国管理学家约翰·谢尔达克（Sheldarke，1996）在《管理理论：从泰罗主义到日本化》一书中进一步地发展了德鲁克的这个思想，论证了泰罗对劳动培训形成的日本经济

① 弗雷德里克·W. 泰罗. 科学管理原理. 北京：中国社会科学出版社，1984 年，238 页。

② Peter F. Drucker. “The new productivity challenge”. *Harvard Business Review*, 1991, 69 (11/12): 69 - 79.

奇迹的整个过程，指出了泰罗思想的巨大影响。① 美国《财富》杂志编辑托马斯·斯图尔特（Stewart，1997）非常赞同德鲁克的看法："泰罗主义……不仅起作用，而且在几十年中大放异彩。""泰罗主义的精华不只是苦干，不断重复的和狭窄的工作种类。这个人的过人之处在于他极力主张管理工作不仅要使用鞭子，更要运用知识：承担复杂的工作，应用智慧，找出能更简单、更快捷、更出色地完成它的方法。抛弃泰罗是很时髦的事，但更重要的是，要记住科学管理不仅在提高劳动生产率上，而且在保护劳动者的尊严上都是一个很大的飞跃。"②

在德鲁克眼里，劳动培训在提高现代人的生活水平上发挥的巨大作用是其他任何管理主张都难以企及的。科学管理的效率之谜在于泰罗主张将知识系统地用于工作，通过劳动培训使隐性的知识显性化。德鲁克（Drucker，1991）对此这样评价到："泰罗开始将知识用于工作，不出几年生产力就开始以每年3.5% ~4%的比率提高，这意味着每18年左右翻一番。自从泰罗开始以来，所有先进国家的生产力提高了大约50倍。在这种前所未有的扩展之上，发达国家在生活水平和生活质量方面都有了提高。"德鲁克（Drucker，1991）认为，对过去100年生产力的迅速提高，技术专家把功劳归于机器，而经济学家却把功劳归于资本投资。只有极少数的人认识到，功劳应

---

① John Sheldarke. *Management theory*: *From Taylorism to Janpanization.* Boston, Massachusetts: International Thomason Business Press, 1996.

② Thomas A. Stewart. *Intelligent capital*: *The new wealth of organizations.* London: Nicholas Brealey, 1997.

该归于把知识应用于工作，发达经济国家正是由此被创造出来的。德鲁克强烈主张，在知识经济时代，劳动生产力的迅速提高更有赖于对知识工作者（knowledge workers）的劳动培训。①劳动培训抓住了工作场所人性表现的核心所在：人生来就具有生产力和主动性。公司组织的力量不仅在于员工的能动性，而且在于通过劳动培训使员工“对个人价值的坚定信赖”。② 这本身就是一种人本主义的（humanist）精神体现。

对德鲁克通过劳动培训使隐性的知识显性化的思想，英国肯特大学人力资源和组织行为专家爱丽丝·拉姆（Lam，1997）认为，组织的知识蕴藏于社会之中，植根于各个组织的协作机制中，而后者则深受社会体制的影响。她认为，应当把教育、培训体制、劳动力市场和职业的类型视为形成工作组织和公司的知识基础的关键因素。教育和培训形成“知识”的社会体制，从而提供资历、工作地位和职务范围的基础，于是影响着不同类型知识的相对重要性和地位及其互动关系的性质。③

美国管理学家加里·哈默尔（Hamel，2001）也认为应当将效率作为管理追求的目标，他指出：“现代管理理论的发展无非就是对两样东西的追求：让管理更加科学，让管理更富人性色

---

① Peter F. Drucker. “The new productivity challenge.” *Harvard Business Review*, 1991, 69 (11/12): 69 – 79.

② Christopher A. Bartlett and Sumantra Ghoshal. *The individualized corporation.* Boston, Massachusetts: Harvard Business School Press, 1997.

③ Alice Lam. “Embedded firms, embedded knowledge: Problems of collaboration and knowledge transfer in global cooperative venture.” *Organization Studies*, 1997, 18 (6): 973 – 996.

彩。认为对后者的追求比对前者更开明，这是一种完全错误的看法。”哈默尔说：“在全球经济中，低效率毫无任何藏身之处。如果泰罗活到今天，一定会把沃尔玛特（Wal-Mart）、索尼（Sony）或联邦快递（Federal Express）当作效率明星加以褒扬。”① 事实上，德鲁克早认识到这一点，只是我们注意得不够。德鲁克（Drucker，1991）在考察西方国家科学技术与社会生产力、管理要素的变化、科学技术与社会进步及管理变革之间的关系后指出：“工业发达国家企业的管理者所面临的最大挑战，是如何提高知识工作者，服务工人的劳动效率。这一挑战可能是未来数十年最重要的经营课题之一，而且可能成为决定企业间竞争结果的终极原因。不过，最重要的，是这个问题可能会改变工业发达国家的社会结构和左右人们生活的质量。”②

德鲁克的重要观点是，管理学追求的目标应当是对科学、效率的追求和对人性的追求，二者不可偏废。德鲁克等人极力主张用建立在人本主义基础上的效率理性来消解汤姆·彼得斯等人的“非理性”。德鲁克（Drucker，1954）认为，泰罗范式需要添加一些人性因素，一种对工作价值的了解。“一种对人类特性的认识，也就是人类有能力把许多因素成功地整合起来，并加以判断、规划乃至于改变他们。”③

---

① Gary Hamel. “Revolution vs. evolution：You need both”. *Harvard Business Review*, 2001 (5)：150－153.

② Peter F. Drucker. “The new productivity challenge”. *Harvard Business Review*, 1991, 69 (11/12)：69－79.

③ Peter F. Drucker. *The practice of management.* New York：Harper and Row Press, 1954, 79.

在德鲁克看来，作为泰罗主义梦想的象征和意义上的“快乐的工人”（happy worker），既不单单是泰罗主义者理性创新（rational transformation）所产生的效率，也绝不仅仅是人本主义者对工作认同的诠释。如果仅仅从科学管理方法将工作“非人化”（dehumanization）角度入手，是缺乏说服力的，因为管理制度中对人性的理解和劳动生产力的提高并非完全无关。组织的效率和盈利行为，是受包括人性论在内的多种因素影响的结果，是一种多元化的非线性结果。① 管理学的发展恰恰是建立在“以技术为导向”和对“问题的辨析”（problem formulation）的基础之上的，现代组织的效率来自于技术创新，来自于个体的学习和组织的学习，来自于知识的积累和对知识工作者的劳动培训基础上产生的组织创新。只有知识才能应付知识经济时代残酷市场竞争条件下提高劳动生产率的挑战。“归根到底，发达国家的经济繁荣和最后的存活，越来越要依赖这些知识工作者的生产率。”② 按照德鲁克的最重要观点，“以技术为导向和对问题的辨析”恰好是分析管理问题的出发点。

3. 德鲁克的效能与效率观点引发的论争

德鲁克对效能与效率的强调是美国管理学家汤姆·彼得斯最感到不满的地方。彼得斯专与强调对大工业生产进行管理的德鲁克管理风格唱反调。彼得斯曾经说，他所最憎恨的人就是

---

① 周建.“泰罗科学管理的范式观及其思想价值”.《科学学研究》，2002，(10)：510－516.

② Peter F. Drucker. *Management challenges for the 21st century.* New York：Harper Press，1999，139.

彼得·德鲁克。他（Peters，1992）在《解放型管理》（Liberation Management）一书中认为，德鲁克的《公司的概念》一书，是彻头彻尾的泰罗主义和马克斯·韦伯理论的翻版。“德鲁克推崇的管理阶层、命令和控制以及组织严密的商业运作，不过是泰罗主义的余脉。在这些问题上，这个奥地利人的严苛甚至比德国人还要德国人，这无异于在宣扬连上帝都无法知道的管理秘诀。”彼得斯就此对德鲁克进行了恶毒的人身攻击，彼得斯说德鲁克是比德国人还要德国人，因为他血管里流淌的是日尔曼人的血（因为德鲁克是奥地利人）。他认为，德鲁克的《公司的概念》遗毒无穷。彼得斯说：“我讨厌谁呢？彼得·德鲁克就是一个。今天，大家都觉得德鲁克似乎总是属于明白人之列。让我们回到并读一读它吧。德鲁克可能是奥地利人，但当谈到科层制、命令和控制、由上而下的商业运作时，他比德国人还要德国人。看一看据德鲁克所说的这部商业圣经，你就会看到，组织就是组织！你将无法越轨！这就是当时的风气。因此，在我心目中，德鲁克是敌人。一个很棒的敌人，但仍然是敌人。”按照彼得斯自己的总结，可以归纳为三个关键词：人、客户、行动；而它要取代的，也是三个关键词：数字、官僚科层制、控制。①

我们认为，彼得斯对德鲁克的批评是不公正的。事实上，包括德鲁克在内的许多管理学家也开始对传统泰罗主义的一些思想进行了修正。从逻辑上看，德鲁克所说的这些组织与韦伯

---

① Tom J. Peters. Liberation management：Necessary disorganization for the nanosecond nineties. New York：Alfred P. Knopf，1992.

的理想型科层制组织刚好相反，类似于汤姆·伯恩斯与乔治·斯托尔克（Burns and Stalker，1961）的“有机式组织”（organic organizations）。[①] 德鲁克所强调的“基于知识的，本质上是自我传导的”组织范式[②]，实质上是一种“自组织”（self-organization）范式，而不是传统科层制组织理论的“他组织”范式，它既包含了自主性（autonomy）、知识工作者（knowledge worker）、授权（empowerment）、扁平型组织结构（flat structure）、有机体（organism）、员工自我控制（self-control）、任务导向（task orientation）等概念，说明自组织具有共生共荣、相互依赖的员工群体等多个组织要素，也包括了通过原则中心领导（principle-centered leadership）、共同愿景（share vision）、宗旨（purpose）、使命（mission）、目标（goal or objectives）和政策（policy）来影响组织自组织活动方式的思想，这些影响组织自组织活动方式的因素，决定了组织的活动边界和活动方式。更为重要的是，“自组织”范式形成了员工的新心理契约（mental contract）、员工的可雇佣性（employability）和员工的责任（responsibility）的概念。在我们看来，未来的组织既具有德鲁克所认为的企业需要一个比赢利更宏大的主导精神，又有彼得斯所强调的员工不需要严密的控制和监督：而是管理者和员工更需要激励。

---

① Tom Burns and George M. Stalker. *The management of innovation.* London：Tavistock，1961.

② Peter F. Drucker. “The coming of new organizations.” *Harvard Business Review*，1988，66（1/2）：45－55.

德鲁克强调，应当辩证地看待科层制组织，在组织形式的选择上并不存在唯一最佳的形式。德鲁克（Drucker，1998）在批评彼得斯观点时指出，直到今天，人们又把“团队”视为适用于各种组织的正确形态。而这些都是错误的。事实上，根本没有“唯一的正确的组织”这回事，有的只是各种组织形态，它们各有不同的优点、不同的限度与特定的应用。因此在不同时期内，不同情况下，不同任务应配合不同的组织形态。如今，“科层制组织已经寿终正寝”之说甚嚣尘上，那是无稽之谈，因为情况危急时，公司的生死存亡有赖于明确的命令，组织中每个人无条件地服从是危机中唯一的希望。另一方面，同一机构在其他一些情况下仍需要团队合作，而且团队亦有不同的种类。①

（二）人本主义维度

1. 德鲁克的人本主义维度概述

德鲁克的诸多著述揭示的人本主义（humanist）② 思想是“德鲁克坐标”中的最重要的一个维度，在德鲁克的眼中，只有“人”才是管理学的主题和全部内容。德鲁克（Drucker，

① Peter F. Drucker. “The new paradigm in management.” *Forbes*, October 5 1998, 152 – 168.

② humanist 这个英文单词最早来源于拉丁文 humanitas，意指人本、人道、人本主义者等。古罗马学者西塞罗（Marcus Tullius Cicero，公元前 106 年 – 前 43 年）曾用拉丁文中的一个词 humanitas 来表征古希腊哲人的教育观：对人进行一种全面的教育，以弘扬纯粹属于人及人性的品质。

1954）早就指出："管理也是人。"[①] 德鲁克（Drucker，1979）认为，管理学"这是一个以人为主轴的事业。""我更关心人的行为。""'人'不只是比较有趣，更有着许多不同的形态，也比较有意义，因为人会发展、表露、改变并成为一种新的形态。"[②] 正是基于这种认识，德鲁克把对管理的研究重心从资金、机器、原料、提高工作效率等方面转移到对"人"的研究，德鲁克分析了自西方工业革命以来工作与劳动力本身的变化，提出了必须把对人的管理从一种成本中心和一项问题转变成对人的正确领导。很多人喜欢德鲁克提出的概念，但德鲁克却说"人比任何概念都来的有趣多了"。[③]

其实从德鲁克的第一本书开始，德鲁克所写的一切无不在洞察人性。因此，德鲁克的管理思想是真正的"以人为本"。在德鲁克的著作中，我们经常看到一些有关人的名词，如"灵性人"（spiritual man）、"知识人"（intellectual man）、"经济人"（economic man）、"工业人"（industrial man）、"英雄人"（heroic man）、"完整的人"（a whole man）和"自由与平等的人"（free and equal man）等概念。德鲁克的人本主义维度，使得德鲁克从未像其他思想家一样陷入对社会力量、物质力量的迷信，在他的心目中，组织中人的活动始终是最重要的，

---

① Peter F. Drucker. *The practice of management*. New York：Harper and Row Press，1954.

② Peter F. Drucker. *Adventures of a bystander*（autobiography）. New York：Harper and Row，1979.

③ Peter F. Drucker. *Adventures of a bystander*（autobiography）. New York：Harper and Row，1979.

"组织就是人的努力"（corporation as human effort）。[1] 他选择管理学，是因为他没有兴趣将精力投入到经济学的物的世界里，他研究活生生的个人活动。

在德鲁克心目中的人本主义有别于道貌岸然或多愁善感的人本主义，也有别于那些说得慷慨激昂、谈锋甚健却让人不知所云、充满终极关怀却跟现实生活非常隔膜的人本主义。德鲁克的人本主义是指"我们必须把工作中的人力当'人'来看待。换句话说，我们也必须重视'人性面'，强调人是有道德感和社会性的动物，设法让工作的设计安排符合人的特质。作为一种资源，人力能为企业所'使用'，然而作为'人'，唯有这个人本身才能充分自我利用，发挥所长。"[2] 德鲁克（Drucker，1952）强调："生产力提升背后的真正因素是管理者和员工的基本态度。我们的结论就是：'生产力是一种态度'。换句话说，员工的工作动机决定了员工的产出。"[3]

德鲁克（Drucker，1954）认为，管理学是"人类价值和行为表现，社会、秩序和知识追求的综合法则"，"简而言之，管理学是一门人文科学……"[4] 组织及其管理需要"一种对人类特性的认识，也就是人类有能力把许多因素成功地整合起

---

① Peter F. Drucker. *The concept of the corporation.* New York：Transaction Publishers，1946.

② Peter F. Drucker. *The practice of management.* New York：Harper and Row Press，1954. ch. 20.

③ Peter F. Drucker. "Productivity is an attitude." *Nation's Business*，April 1952，40（4）：34－36.

④ Jack Beatty. *The world according to Peter Drucker.* New York：Free Press，1999. 111.

来，并加以判断、规划乃至于改变它们。”① 他将人员视为是有血有肉的“完整的人”（a whole man）。他说：“每个企业都是由人组成的，这些人具备不同的技能与知识；执行各种不同种类的工作。”因此，管理是关乎人的。“管理的任务，就是要让一群人有效发挥其长处，尽量避开其短处，从而让他们共同做出成绩来。”

在德鲁克看来，人本主义的核心是那种世俗观念：我们真正能够认识的只是我们所创造的东西。换言之，我们只能按照它们被创造的方式来认识它们；或者说，人本主义的本质，就是把组织及其管理的演进理解为不断的自我理解和自我实现的过程。不过，德鲁克真正关心的并不是人本主义的定义、核心和本质，而是人本主义的实践，更强调的是人本主义维度与效率维度紧密结合在一起。因而德鲁克的人本主义维度是一种更宽宏、更具开放精神的人本主义精神。

德鲁克（Drucker，1989）强调，管理是与人有关的活动。管理的任务是要让人可以共同合作，要善尽人的长处，而且要让人的短处不碍大局。这就是组织的目的，也是为什么管理是关键、是具有决定性因素的原因。我们现在几乎都受雇于讲究管理的组织——不管这些组织是大是小，是企业或非企业。我们现在是靠管理维持生计，而且，我们对社会的贡献能力，除了看我们自己的能力、奉献和努力以外，也要依靠我们所服务

① Peter F. Drucker. *The practice of management*. New York：Harper and Row Press，1954.

的组织的管理。[①]

德鲁克重视人性，重视人的作用，尊重人的自由，发挥人的积极性。这在德鲁克关于如何提高知识工作者的论述中是看得最清楚。在德鲁克的眼里，“没有一个人是无趣的。”德鲁克说，从他写第一本书开始，他“所写的一切无不强调人的多变、多元，以及独特之处。”[②] 依据德鲁克对人的洞察，他提出了“组织是一个特别的工具，一方面‘增强’组织成员原有的长处，另一方面抵消成员的缺点，让这些缺点尽量不对组织产生伤害”。德鲁克对“人”的观察，给所有的管理者提供了一个样板、楷模。倘若一个人能够对自己的同事、伙伴的行为、态度乃至价值观，有如此敏锐且练达的洞察，我想他有了成为一个管理者最重要的基础特质。

德鲁克（Drucker，1989）强调，管理是一种人文艺术。管理是一种传统意义上的人文艺术——之所以称其为“人文”，是因为它涉及知识、自我认知、智慧和领导艺术等基本要素；之所以称其为“艺术”，是因为管理涉及实践和应用。[③] 按照德鲁克理解，人本主义与其说是一种用来巩固和确认我们一直知道和感受到的“自我”和“自我实现”的方式，毋宁

---

① Peter F. Drucker. *The new realities: in government and politics, in economics and business, in society and world view.* New York: Harper Business, 1989.

② Peter F. Drucker. *Adventures of a bystander* (autobiography). New York: Harper and Row, 1979.

③ Peter F. Drucker. *The new realities: in government and politics, in economics and business, in society and world view.* New York: Harper and Row, Publishers, 1989.

说是一种追问和强调组织及其管理环境对人后天发展的重要作用，强调管理实践对个体在后天发展过程中的决定性影响。

然而，最具讽刺意味的是，现代管理学主流学派将科学主义范式（scientist paradigm）与人本主义范式视为完全对立的东西，而现代管理学奠基人德鲁克却证明两者是相通的，或者说是对立中的统一：科学主义内在地包含人本主义，人本主义中也体现了科学精神。德鲁克的研究揭示了组织及其管理系统中除了广泛存在的科学主义精神之外，甚至科学主义范式本身也普遍具有内在的人本主义精神。

2. 德鲁克人本主义范式引发的论争

美国著名人本心理学家、人本主义范式的倡导者亚伯拉罕·马斯洛对德鲁克进行了批评。马斯洛认为德鲁克、美国的心理学家、行为科学家道格拉斯·麦克雷戈（Douglas M. McGregor）等人把注意力过多地集中于工业化的工作场地，而很少关注人的因素。马斯洛（Maslow，1965）并不否认工作场地或组织的重要性，但他认为："工业化的工作场地也许只能够当作心理动力学研究、高级人类发展研究和人类思想生态学研究的新实验室。"马斯洛指出，德鲁克的"有责任心的工人"和麦克雷戈的 Y 理论提出的要求超出了一般人的能力，只有最坚强、最健康的人才能承担。但这个世界并不是完全由成熟的人组成的，其中还有永远都不会成熟的人。①

① Abraham Harold Maslow. *Eupsychian management*. Homewood, Illinois: Irwin and Dorsey, December 1965.

美国计算机科学专家安德鲁·凯（Andrew F. Kay）[①] 是马斯洛的狂热崇拜者。1952 年，安德鲁·凯在美国加利福尼亚圣地亚哥郊区的德尔马（Del Mar，suburb of San Diego，California）创立了非线性系统公司（Non-Linear Systems，NLS），这是世界上最早的数字仪器制造商（manufacturer of digital instrumentation）。1954 年，马斯洛出版了《动机与人格》（Motivation and Personality）一书，安德鲁·凯非常欣赏马斯洛的人格动机理论，立即成了马斯洛狂热的崇拜者。1958 年，安德鲁·凯首次把马斯洛的动机与人格理论（Motivation and Personality）用于管理，他非常相信马斯洛的理论可以令企业焕然一新。从 1960 年起，安德鲁·凯开始了一项激进而意义深远的管理试验，其理论根据就是马斯洛的《动机与人格》这本书。安德鲁·凯按照马斯洛的学说，在公司进行了一系列改革创新，如用生产小组代替原来的装配生产线，提高薪金，废除惩罚迟到和生病者的旧规定，为管理人员提供培训等。改革的成果是可喜的，雇员们的精神面貌不仅大为改观，公司的销售和生产能力也大幅度上升。

马斯洛对德鲁克的“有责任心的工人”很感兴趣。1962

① 安德鲁·凯（Andrew F. Kay）是计算机科学界的名人，他与贝尔实验室（Bell Telephone Lab）的肖克利（W. Schockley）博士共同发明了晶体管，开启了数字革命。1952 年创立非线性系统公司（Non-Linear Systems，NLS），是世界上最早的数字仪器制造商（manufacturer of digital instrumentation）。他第一个发明了数字电压表（Digital Voltmeter，DVM）。1982 年，他创办了著名的凯普洛计算机公司（KAYPRO），是非线性系统公司属下的全资子公司。

年6月，马斯洛应安德鲁·凯的邀请，到这家位于南加州圣地亚哥郊区德尔马（Del Mar）的生产商用数字电压表（Digital Voltmeter，DVM）的电子公司参观访谈，使他对心理学运用于管理之中产生了极大的兴趣。马斯洛在这里以“非线性系统公司”为经验实例，对马斯洛的“动机与人格理论”和德鲁克的“有责任心的工人”理论进行了实验检验。马斯洛以德鲁克的《管理的实践》和麦克雷戈的《企业中的人性面》（The human side of enterprise）为理论前提，马斯洛写出了一系列关于开明管理的实验日记，这些日记于1965年整理出版，成为一本叫作《良好精神状态的管理》（Eupsychian Management）①不起眼的书。该书从心理学的角度论述人本管理的重要性，阐述了他的著名人本管理理论，以及他对于经济学和管理学的心理学思考。

马斯洛认为，良好精神状态的管理是未来企业发展的方向，他对此抱有非常乐观的态度。“老的管理正在逐渐过时……人们达到的层次越高，人们的心理就越健康，为了在竞争中获得胜利，开明管理政策就越有必要，独裁主义者的企业就越容易破产……”良好精神状态的管理假定每个人都想成为积极的行动者，而不是被动的谋生者。马斯洛自创的“良好精

---

① 马斯洛自创的“Eupsychian Management”常常翻译为“良好精神状态的管理”或“优心态管理”。其正式定义为由一百个自我实现的人合作所建立的企业管理制度。这一百个人把积蓄集中起来，投资到这个企业，所有每个人都有同等的发言权。“良好精神状态的管理”广义上是指一种开明的管理。在一个组织内，每个人的成长和创造力的发挥与这个组织的产品或者服务质量以至整个组织的健康发展都密切相关。

神状态的文化”（Eupsychia）一词用于描述为“一千个自我实现的人在一个孤岛上所形成的文化”。在广义上是指在人性许可的范围内，人类所能达到的最完美的社会，这种社会能够满足人类的基本需要，而且还能够为每个成员提供自我实现的机会。而“良好精神状态”（Eupsychian）或“优心态”一词，是指朝着良好精神文化发展的状态，也就是可达到的健康心理发展。它指的是一种切实可行的改良，而不仅仅是乌托邦；也指能够使人更加健康的社会或者组织条件；还可以指教师，治疗家或管理者为推动，鼓励这种运动而采取的行动。马斯洛在书中自称这是一个搞理论的心理学家初次打量管理学领域，但他认为人本主义范式是“新手经常会看到老手忽略掉的东西”。① 马斯洛在书中论述了“开明管理”（open management）的思想，并阐释了企业组织“协同”（synergy）的思想。② 他提倡管理者与其“团队”分享权力并追求“持续改善”（continues improvement）。马斯洛认为，任何组织的管理问题，都可以用一种新方法来加以解决，建立起某种环境条件，使个人目标与该组织的目标结合起来，即无论何种管理都应以人为本。

马斯洛一直试图在回答两个问题：人类的本性能够允许怎

① Abraham Harold Maslow. *Eupsychian management* Homewood, Illinois: Irwin and Dorsey, December 1965.

② 协同作用（synergy）是由美国著名文化人类学家露丝·本尼迪克特（Ruth Benedict, 1887－1948）在1941年提出并由马斯洛详细阐述的概念。可以用来概括不同的文化。在高协同的文化中，对某个人有益的，同时也对大家有益，反之亦然。

样的一个社会？社会能够允许怎样的人类本性存在？马斯洛的观点很具有颠覆性、穿透性和准确的预见性。马斯洛创造性地提出了需求层次（hierarchy of needs）、自我实现（self-actualization）、峰值体验（peak-experience）[①] 等人本心理学（humanistic psychology）的主要内容，非常清楚地表明了管理的核心就是以人为本。首先，马斯洛尊重个人，强调自我实现，主张以最简单的方式，对人类劳动、生活和谋生的方式进行合适的管理，认为合适的管理是一种理想化的或革命性的技巧。其次，马斯洛认为，推进良好精神状态的管理和协同管理，要修改在大型组织里一直在起作用的那种顺从性的行为，让人们在一个公司里保持自己的个性，使工作不成为一种工作，而成为自己喜欢的娱乐。第三，马斯洛盛赞协同，主张一个追求自身利益的人，同时也自动地帮助了别人；无私奉献帮助他人的人，同时也得到自我需要的好处。第四，马斯洛极力主张不要将权力赋予给“为得到权力而追求权力的人”。[②]

在《良好精神状态的管理》一书中，马斯洛的观点鲜明地指出，德鲁克的“有责任心的工人”和麦克雷戈的《企业中的人性面》人性的假设中只有 Y 理论是合理的观点是错误

---

① 峰值体验（peak-experience）是马斯洛人本心理学的一个术语，通常指一种短暂的狂喜，入迷，出神，极大的幸福感和愉快。在这种短暂的时刻里，我们能感受到敬畏，崇拜和奇妙的心情。体验到此时此刻以及真实而统一地存在的感觉，同时也体会到超越与神圣。这种体验多发生在自我实现者身上。

② Abraham Harold Maslow. *Eupsychian management.* Homewood, Illinois: Irwin and Dorsey, December 1965.

的。马斯洛不容反驳地说，企业需要采取不同的方式管理不同的人。[①]德鲁克（Drucker，1999）后来写到："我立即改变了我的观点，马斯洛的证据简直无法抗拒。"[②]

德鲁克对马斯洛的管理者与其"团队"分享权力并追求"持续改善"和麦克雷戈的分权（decentralization）与授权（delegation of authority）、扩大工作范围（job enlargement）、采取参与式管理（participative management）和提倡和鼓励员工自我评价（self evaluation）的观点是极为赞赏的。对于马斯洛提出人人都情愿当一个完整的人（the whole person），而不是当一个支离破碎的人，不愿充当一个物件或者一个补充物，不做一件工具或者仅仅一双"手"。人们情愿工作而不愿赋闲。我们必须假定智慧的存在和自我选择的能力。假定每个人都值得信任的人本主义假设，德鲁克回应道："人是我们最重要的资产"，[③]"企业雇佣的不是一个人的手，而是整个人"。[④]德州仪器公司（Texas Instruments）董事长马克·谢泼德（Mark Shephard）对马斯洛和德鲁克的说法深表赞赏，他认为，人性就是每个员工都"被视为创意的源头，而不只是一双手而已"。IBM 前任董事长小托马斯·沃森（Thomas J. Watson，

---

① Abraham Harold Maslow. *Eupsychian management*. Homewood, Illinois: Irwin and Dorsey, December 1965.

② Peter F. Drucker. *Management challenges for the 21st century*. New York: Harper Press, 1999, 16－17.

③ Peter F. Drucker. *Management: Tasks, responsibilities, practices*. New York: Harper and Row, 1973. 480.

④ Peter F. Drucker. *The practice of management*. New York: Harper Press, 1954. ch. 20.

Jr.）指出："IBM 的哲学有三个简单的理念。我从最重要的讲起：尊重个人。这是个简单的概念，不过 IBM 管理层却花很多时间实践这个原则。"在《马斯洛论管理》（Maslow on Management）一书的封面上，德鲁克向人们推荐到："这是马斯洛最重要、最不朽的著作，给我带来过终生影响。"①

在德鲁克看来，马斯洛的有关人性的理论（theories about human nature）和道格拉斯·麦克雷戈的 X-Y 理论过分强调了人性对人的行为的影响。麦克雷戈认为科学管理以 X 理论为基本假设，现代管理则以 Y 理论为基本假设。德鲁克并不同意麦克雷戈和马斯洛的看法，德鲁克认为，人的行为主要受环境影响，而不仅仅取决于麦克雷戈或马斯洛的人性。如果说人的行为主要是由人性引导的话，也是人的内在原因引起人的行为的，是主动采取行动的。德鲁克反驳到，马斯洛的人性解释与事实不符，大多数人的行为只是对环境做出的被动反应。因此，德鲁克认为激励和动力主要来自外界，不是人性，而是工作结构和工作场地决定了人们的反应及相应的管理方式。简言之，只有 X 管理方式和 Y 管理方式，而没有 X 人性和 Y 人性。

德鲁克不愧是借力打力的太极高手，他极为擅长的就是把对手的观点分化瓦解，以其之矛攻其之盾。对于马斯洛的诘问，德鲁克在他的著述中并没有单独地谈人性，而把人性看成是一个相对性的概念，其对立面就是"非人性"（dehumanization），这两者并不是毫不相干事物之间的对抗，而是彼此关系

① Abraham Harold Maslow. *Maslow on management.* New York：Wiley，1998.

性的缺失。组织及其管理是一个有机性的整体，彼此之间并不是毫不相干，而是先天存在某种关系，问题的关键在于我们如何看待和利用这种关系。组织及其管理中处处充满冲突，是因为彼此之间的关系不够和谐，或者说协调程度不够。造成这一现象的原因在于缺乏教育、相互之间的了解和人性关怀不够。“非人性”不是独立存在的，它是一个“人性”的“缺失”(absence)。道·琼斯公司（Dow Jones & Co. Inc.）董事长彼得·麦克弗森（M. Peter Macpherson）评论到：“每个人都认同‘人是我们最重要的资产’，可是真正做到的人却少之又少。”

在德鲁克的著述中隐含着这样的 ·个追问：“人性在哪里?”德鲁克认为，马斯洛自造的“eupsychian”一词反映了人本主义希望能有一个“与世隔绝”的“避风港”或“孤岛”，以便让个体得到“自由”的发展的这一渴望。因此，马斯洛的人性具有强烈的乌托邦色彩，人性作为一种实现我们全球未来的生动蓝图，其现实性必须考察。

事实上，马斯洛本人对自己的理论用于管理并不是底气十足，他在日记中写到：“这些理论正在被奉为真理，然而它们还没有接受可靠性和有效性的真正检验。实际上，这些理论从临床转到工业确实是前进一步，但却显得过于热情和乐观，还很不成熟。但在安迪·凯（Andy Kay）① 看来，好像所有证据

① 安迪（Andy）是安德鲁（Andrew）的昵称，在马斯洛《良好精神状态的管理》（Eupsychian Management）一书中，马斯洛总是称他为安迪(Andy)，以至于许多中国学者都不知道他的教名（first name）就是安德鲁。

都已包含在这个理论之中，它们已被科学证明过了。”①

在我们看来，德鲁克与马斯洛都是人性论的存在主义者，他们的区别在于：德鲁克所说的人性是一种社会性的存在，而马斯洛所说的人性是一种精神性的存在。德鲁克对马斯洛的追问是：离开了社会现实基础（社会性的存在），人性（精神性的存在）还能够独立存在吗？

在德鲁克看来，人性并不是独立存在的，纯粹的人性并不存在，人性是存在于组织及其管理之中的；追求人性与追求效率两者之间有矛盾，但也有相通的地方，人性与效率不可分离的。德鲁克认为，马斯洛等支持Y理论的心理学家实际上是以说服代替命令，通过心理操纵来控制，是心理学的X理论。这种新X理论抛弃了人是懒惰的假设，取而代之以这样的假设：除了经理人是健康的、正确的之外，其他人都是脆弱和愚蠢的。② 德鲁克（Drucker，1954）指出，如果一个经理人从一开始就假设人们是软弱的、不愿承担责任的、懒惰的，那他就会得到一些软弱的、不愿承担责任的、懒惰的人。他败坏了人。如果一个经理人假设人们是坚强的、愿意承担责任的、愿意做出贡献的，他可能会遇到一些令他失望的事情。但是，经理人的职责就在于从一开始就假设人们——特别是管理人员和专业

---

① Abraham Harold Maslow. *Eupsychian management*. Homewood, Illinois: Irwin and Dorsey, December 1965.

② Peter F. Drucker. *Management: Tasks, responsibilities, practices*. New York: Harper and Row, 1973. 252.

人员——是想有所成就的。[①] 德鲁克有一次在面对一群公司高层管理人员演讲时，他说如果大家的公司里面有一些“死木头”，请他们举起手来。听众中有很多人都举起了手。德鲁克接着问，“那些人是在你面试他们并决定聘用他们的时候就是死木头，还是后来才变成死木头的?”

德鲁克的回答是，人性存在于组织及其管理过程之中，存在于经理人员的效率中。德鲁克（Drucker，1973）指出：“人们如何行动以及要求什么样的管理，并不是取决于人性，而实际上是取决于职务和工作结构。”[②] 这里，德鲁克关于人性的看法与马克思的定义是一致的：人的本质不是单个人所固有的抽象物，在其现实性上，它是一切社会关系的总和。德鲁克强调：“组织是一种特定的工具，它可以使人的优点发挥作用，使人的弱点被中和，并在很大程度上化为无害的东西。”[③] 希望个体自由地去追求自己需要的马斯洛似乎没有觉察到个体的一些需要，而这些需要是由他存在的社会组织环境的灌输养成的。

对于马斯洛的人性理论这种难以掌握的心理学工具，德鲁克的看法十分明确：经理人不需要成为心理学家，经理人不必为心理学家所迷惑，因为经理人必须关注行动和成果，而不是

---

① Peter F. Drucker. *The practice of management*. New York: Harper Press, 1954.

② Peter F. Drucker. *Management: Tasks, responsibilities, practices*. New York: Harper and Row, 1973. 242.

③ Jack Beatty. *The world according to Peter Drucker*. New York: Free Press, 1999. 1160.

注重情绪和内省。经理人必须坚信确实有一些人是渴望成就的，但同时必须给另一些人以X理论的安全感，给他们以指导和照顾。德鲁克多年的挚友、美国南加州大学马歇尔商学院教授沃伦·本尼斯（Bennis，2006）认为，马斯洛所倡导的"良好精神状态的管理"还没有完全实现，这当然与管理实践仍有待发展和进步有关，毕竟，要实现马斯洛的"灵魂的民主性"（the democracy in soul）将是一项十分艰巨的任务。[1]

美国心理学家赫兹伯格、莫斯纳和斯奈德曼（Herzberg，Mausner，and Snyderman，1959）的研究得出了与德鲁克人本主义范式类似的结果。赫兹伯格论证了最有力的激励因素（motivation factor）是以工作为中心的，即激励因素与工作本身、个人的工作成就、工作责任感、通过工作获得的晋升和承认等都有直接关系。[2] 在德鲁克看来，工作、效率本身就寓于人性，而赫兹伯格更明确指出："工作本身就是激励，就是人性"。英国伦敦戈德史密兹大学（Goldsmiths University）社会学教授戴维·西佛曼非常赞同德鲁克的看法，他（Silverman，1970）指出，组织心理学家们太注重去描绘应该发生什么，而忽视了正在发生些什么。[3]

---

① Warren Bennis. *Moral leadership: The theory and practice of power, judgment and policy* (Warren Bennis Signature Series). Warren G. Bennis, Deborah L. Rhode (Editor), San Francisco, California: Jossey-Bass, June 2006.

② Frederick Herzberg, Bernard Mausner, and Barbara Snyderman. *The motivation to work.* New York: Wiley, 1959.

③ David Silverman. *The theory of organizations.* London: Heinemann, 1970.

从哲学意义上看，德鲁克的回答说明马斯洛所说的人性问题是古希腊哲学与基督教结合在一起所理解的终极实在问题，这个终极实在就是把人性看成是一个抽象的、完全不变的“上帝”。在德鲁克看来，西方主流管理学哲学继承了古希腊哲学的思想，认为存在一个绝对不变的理念。德鲁克打破了传统哲学中的绝对理念和宗教中绝对存在上帝的形式主义（formalism）的禁锢，发起了一场对管理学哲学内部的激烈变革。德鲁克在他的著述中运用现象学、诠释学、存在主义、实用主义等来攻击哪个抽象的、永远存在的形式（form），或者叫作“idea”，也就是柏拉图所说的“理念”，亚里士多德所说的“存在背后的存在”，或是马斯洛所说的“人性”。在德鲁克的思想中，管理学哲学追求的不是本源意义上的“人性”，而“人性”是与效率紧密联系的，马斯洛所看到的只是一个抽象性的、客观性的对象，那是“同”，而非“和”，是“同而不和”。

3. 德鲁克的人本主义范式是一种后现代范式

在德鲁克看来，现代管理学主流学派的科学性是一种机械逻辑论和对理性的滥用，而马斯洛所说的人性并不是独立存在的，是寓于科学、竞争和协作之中的。德鲁克的管理学倡导的是一种反传统的人本主义，其方法论范式则将人性与科学、竞争与协作看成是不可分离的整体，组织及其管理世界中的人性与科学并不存在整合问题，需要的是用组织内生的伙伴关系和信任机制取代企业之间的对抗、规则与人性的对立、厂商与顾客的对立，以及竞争对手之间的相持。这种思维方式颇似中国古代哲学的“天人合一”“和而不同”的思想，是一种后现代的管理哲学思想。

在我们看来，管理学就像是古罗马的双面神亚努斯（Janus）①，它在人类灵魂层面深刻地象征了人性与效率之间渴望永久结合的古老而美好的愿望。管理学应当像亚努斯一样，它是能够同时往来于人性与效率之间，它能够由人性转为效率继而又能够从效率转为人性。我们希望看到的是管理学自由地穿梭于对立的矛盾之间而依然故我，用亚努斯这个隐喻象征着管理学最根本的矛盾即是对效率与人性的超越。

从这个意义上看，德鲁克对人性问题的结论无疑是极为深刻的，这对于当下依然存在的科学主义与人本主义思潮之间的对立态势，对于如何解决效率与人性意识层面的表面严重的分歧问题，提供了一种富有启示录效果般的观察立场与思考角度。可以这样说，德鲁克的人本主义范式是一种后现代范式。

事实上，德鲁克的目标管理（Management By Objectives）强调了对科学效率的追求与对人性追求的不可分离的整体性，目标管理强调了建立组织管理控制制度对组织目标和效率的追求中存在着人本主义精神——员工的自我控制（self-control）和参与式管理（participative management）。这颇有点后现代人本主义范式的意味。德鲁克对管理学的最大贡献是他提出任务（或目标）决定管理，并据此提出目标管理法。德鲁克认为，

① 亚努斯（Janus）是一个长着面对两个相反方向的古罗马神，起初被认为是仁慈的创造者和上帝的上帝。后来亚努斯逐渐成为变化与变迁的象征：从过去到未来，从一种景象到另一种景象，或是从一个地方到另一个地方。

传统科学管理学派偏于以工作为中心，忽视人的一面；而行为科学又偏于以人为中心，忽视了同工作相结合。目标管理则结合以工作为中心和以人为中心的管理方法，使员工发现工作的兴趣和价值，从工作中满足其自我实现的需要，同时，组织目标也因员工的自我实现而实现，这样就把工作和人性二者统一起来了。

应当这样说，从德鲁克的第一本管理著作《公司的概念》开始，德鲁克的著述就蕴涵着一种非常重要的对立统一辩证法思想。例如，过去我们总是把经理和员工或者说管理者和被管理者对立起来，认为经理就是管理者、员工就是被管理者，二者是截然对立或者说泾渭分明的。但德鲁克却认为，有些经理事实上仅仅是别人的上司而已，他们的行为其实并不能对组织的行为产生重大的影响，所以他并不能称之为“管理者”。而有些人虽然没有下级，但他自己能做决策，并承担起做出贡献的责任，那他同样是一个“管理者”。同时，作为经理，要想成为有效的管理者，首先需要学会的是“管理好自己”；作为员工，则要努力学会成为管理者，特别是要学会管理好自己的“上级”。总之，所有的人都要积极参加管理，而最终企业将成为一个自我管理的社区。①

应当这样说，德鲁克的人本主义维度把人视为“正在成长中的存在”，其实质就是让人领悟自己的本性，不再倚重外来的价值观念，让人重新信赖，消除外界环境通过内化而强加给

---

① Peter F. Drucker *The concept of the corporation.* New York: Transaction Publishers, 1946.

他的价值观，让人可以自由表达自己的思想和感情，由自己的意志来决定自己的行为，掌握自己的命运，修复被破坏的自我实现潜力，促进个性的健康发展。

进入新世纪，德鲁克敏锐地注意到，在知识经济时代人本主义范式的作用对象将面临变化，其作用对象将不再是一般的员工，而是知识工作者的管理。德鲁克（Drucker，1999）论证到：“提高知识工作者的生产率会成为管理的中心，正如100年前（自泰罗之后）提高体力劳动者的生产率是当时管理的中心一样。这就需要一套与以往截然不同的关于组织中的人及其工作的假设：不是控制人而是引导人，目标是让每一个人的优势和知识得到发挥。”① 在《卓有成效的管理者》一书中，德鲁克曾提到，缺乏经济诱因足以打消知识工作者的工作热情。“然而，光有经济诱因是不够的，知识工作者需要机会、成就感、满足感和价值。”② 劳工朋友期望“工作换取温饱，知识工作者则期待工作即是生涯。”③

4. 小结

事实上，管理学的母题都不外乎是对人性、效率之类的问题的表现与诠释，因此才有所谓的原型与主题的反复不断地演绎。对组织及其管理问题的深刻理解，打开了德鲁克认识社

---

① Peter F. Drucker. *Management challenges for the 21st century*. New York: Harper Press, 1999, 21 – 22.

② Jack Beatty. *The world according to Peter Drucker*. New York: Free Press, 1999. 196.

③ Peter F. Drucker. *The effective executive*. New York: Harper and Row, 1966.

会、组织及其管理和人生的新视阈，使他获得了现代性的人文情怀和审美意识。

德鲁克的管理学提出了这样的一个命题，时间、地点和文化因素会影响我们对组织及其管理真实性的看法，也会影响我们的结论。对于这样的问题，现代管理学主流学派是无法进行争辩的，选择什么样的组织及其管理问题来进行讨论，选择本身就受到时间、地点和文化背景的影响。但问题在于，德鲁克的管理学并不相信现代管理学主流学派的科学性与人性，因为管理的科学性与人性要受到时间、地点和文化背景的影响。增加了时间、地点和文化背景的维度，管理的科学性与人性就会变形。

不可否认，管理学新启蒙运动从一开始就存在着偏颇，科学精神和人文精神从一开始就失去了平衡。就此意义而言，德鲁克的管理学是从现代管理学那里发展出来的，正是现代管理学主流学派自身的问题，导致了德鲁克的管理学对它的诘难。

（三）责任维度

1. 德鲁克责任维度概述

“责任”是德鲁克管理思想中最为关键的一个维度。在《管理：责任、任务与实践》一书中，德鲁克明确表示，管理的第一层含义就是“责任”。1999 年 1 月 18 日德鲁克在谈到自己最重要的六个贡献时认为其中最重要的一个贡献就是，“我围绕着人与权力、价值观、结构和方式，尤其是围绕着责任，来研究这一学科。”在德鲁克看来，责任包括经理人、员工以及企业三方面的“责任”。

在德鲁克的著作中，从早期到后期，始终贯穿着一个主题：自由，尊严和社会中人的位置，组织的作用和功能，人的成长和组织的成长以及社会的健康发展。在德鲁克看来，经理人的责任是要把人们组织起来，使平凡的人在组织中发挥不平凡的作用。德鲁克（Drucker，1966）认为，没有一个卓有成效的经理人是天生的，他们之所以卓有成效只是由于在实践中学会了一些有效的管理习惯。经理人的存在不是为了显示特权和高人一等，他没有光环与虚荣，他首先意味着“责任”，这个责任就以追求卓有成效为目标，致力于带领整个组织或者团队穿过不确定性的海洋走向成功的彼岸。①

在《公司的概念》一书中，德鲁克建议企业应该培养“有管理能力”的、“有责任心的工人”和一个“自我管理的工厂社区”。德鲁克（Drucker，1946）认为，现代公司是自由经济政策和市场经济社会的产物。其信念基础存在一个最大的缺陷，即忽视了社会个体对社会地位和社会功能的需要。现代公司漠视社会上失败的多数人，在这一点上，无异于加尔文教（Calvinism）② 漠视多数没有被上帝选中，从而无法得到拯救的人一样。德鲁克认为，企业承担社会责任首先是对员工的责任，德鲁克主张通过工厂社区（plant community）来使工人获

---

① Peter F. Drucker. *The effective executive*. New York：Harper and Row，1966.

② 加尔文教派是法国人约翰·加尔文（John Calvin）所创立，加尔文教派除同意路德教派所讲的“人只靠行德即可成义得救”的主张外，还主张“人的成义得救早由天主所预定”。

得工业社会的公民权（industrial citizenship），这是企业对工业社会秩序建设负有的责任。① 德鲁克后来进一步指出："每个组织必须承担所有与其有关的员工、环境、顾客和其他与组织有关联的人和事的全部责任，这就是它的社会责任。"②

然而，社会责任和工厂社区这两个概念引发了激烈的争论。德鲁克坚持认为大公司的行为影响到公共利益，因此应该承担社会责任，建议通用汽车应考虑改变其有关雇员和顾客关系的政策。③ 而通用汽车公司总裁斯隆则坚持认为没有所谓"责任"，而只有"责任和权力"。根据责权对等原则，社会责任是政府权力管辖的范畴，只有政府才有权力和能力负起这个责任。德鲁克（Drucker，2002）认为："权力必须与责任对称，否则就是专制，但是，没有责任，权力也会变得无所作为。"④ 德鲁克指出，权力与责任相对称的问题，是建立"以责任为基础的组织"必须解决的首要问题。除非这一问题得到合理解决，否则，其他一切问题的解决就无从谈起。对于组织的权力问题，德鲁克（Drucker，2002）还提出了一条关键原

① Peter F. Drucker. *The concept of the corporation.* New York: Transaction Publishers, 1946.

② Peter F. Drucker. A Functioning Society: Selections from Sixty-Five Years of Writing on Community, Society, and Polity. New York: Transaction Publishers, 2002. 108.

③ Peter F. Drucker. *The concept of the corporation.* New Jersey: Transaction Publishers, 1946. 291 – 320.

④ Peter F. Drucker. A Functioning Society: Selections from Sixty-Five Years of Writing on Community, Society, and Polity. New York: Transaction Publishers, 2002. 132.

则，即“对组织权力问题最重要的答案是，从以权力为基础向以责任为基础转换。”① 只有负责任的权力才是合法的权力，才具有权威性。在德鲁克看来，对于组织及其管理者而言，权力与责任是一个统一体，两者相辅相成，密不可分。

按照英国哲学家、“社会达尔文主义之父”赫伯特·斯宾塞（Herbert Spencer，1820－1903）的说法，忽视了社会个体对社会地位和社会功能的需要这种信念，现在往往借用达尔文“适者生存”（struggle for existence）的社会进化论理论来表述，而非采用宗教理论来阐述。但是，这并不能动摇以下事实——市场经济社会的价值观成立的前提就是失败的多数人要被视为“上帝的弃儿”（Drops of God）；对于这些弃儿，连恻隐之心都是有罪的，因为这不啻怀疑上帝决策的权威性。只有当我们相信这些人在经济上失败的理由在于：个人的过失或者他们是毫无价值的人或公民的时候，我们才会拒绝给予其社会地位和社会功能。在德鲁克看来，现代社会生活的信仰应当建立在基督教所倡导的尊重每个人独立性这个基础之上，这一信仰可以概括为两个基本价值观：第一，允诺社会公正即机会平等；第二，允诺个人满足，允诺社会成员作为个人的地位与作用。一个人无论其职位多么卑微都是社会有地位、有作用、有尊严的一员，都应该有在社会生活中获得个人满足的机会，即获得所谓工业公民权（industrial citizenship）。因此，“现代公司的最

① Peter F. Drucker. A Functioning Society: Selections from Sixty-Five Years of Writing on Community, Society, and Polity. New York: Transaction Publishers, 2002. 134.

大任务或许在于找到一个公正与尊严、机遇平等与社会责任、社会功能之间的契合点。”①

德鲁克对“责任”、管理人员的“责任”、员工的“责任”以及企业的“责任”谈得很多。1973 年，德鲁克将自己几十年的知识、经验与思考浓缩到共达 839 页的浩瀚巨著《管理：任务、责任与实践》一书中。令人惊奇的是，在《管理：任务、责任与实践》一书中，多达 36 处谈到“责任”，而竟无一处谈到“权力”。德鲁克认为：“权力（power）和职权（authority）是两回事。管理当局并没有权力，而只有责任。它需要而且必须有职权来完成其责任——但除此之外，决不能再多要一点。”在德鲁克看来，经理人只有在他进行工作时才有职权，而并没有什么所谓的“权力”。他（Drucker，1994）后来在《后资本主义社会》一书中解释说：“自柏拉图和亚里士多德以来的政治和社会理论，注重点是权力。然而责任必须是贯穿和组织后资本主义社会的原则。组织社会，知识社会，要求以责任为基础的组织。”②

在德鲁克看来，责任（responsibility）一词，这是一个分量很重很重的词语，整天驮着它，它会让人很累，同时也会让人身体得到锻炼。在德鲁克的眼中，责任代表了人的存在与人在组织中的成长。那些责任心很强的人换一个表达方式说：

① Peter F. Drucker（1946）. *The concept of the corporation.* New York：Transaction Publishers，1997.

② Peter F. Drucker. *Post capitalist society.* New York：Harper Business Publishers，1994，129.

“如果我不干点什么，任何东西都不会得到改善。”这句话是美国心理学家纳撒尼尔·布兰登（Branden，1986）在他的著作《责任：人生的必修课》中说的，听上去像在形容一个有“洁癖”的人的行为。但如果你认为自己“需要得到尊重”，那么责任就是具有自尊的哲学（the psychology of self-esteem）！这种像自我催眠又像“阿Q精神”那样的力量越来越神奇，每个人每天在心里默念这句话10遍，一个月以后一定会自信饱满，相信自己无所不能。①

从哲学视角看，德鲁克的责任维度来源于存在主义哲学，经理人存在的责任、员工存在的责任和企业存在的责任就是自己对自己负责。存在主义哲学否认上帝是人类的主宰，强调个人自由与责任，这体现了一种人本主义精神。按照存在主义哲学大师让－保罗·萨特（Sartre，1946）的说法：“存在主义的第一个作用是它使每一个人主宰他自己，把他存在的责任全然放在他自己的肩膀上。由是，当我们说人对他的本质负责时，我们并不只是说他对他个人负责而已，而是对所有的人负责。”② 德鲁克认为，知识社会的自由秩序将建立在个人责任的基础上，“社会拯救理念的告终无疑标志着转向内心，它重新强调个体、强调人，它甚至可能导致个人责任的恢复。”③

---

① Nathaniel Branden. *Taking responsibility*：*Self reliance and the accountable life*. New York：Simon and Schuster，1986.

② Jean-Paul Sartre. L'éxistentialisme est-il un humanisme?” In L'Existentialisme. Paris：Gallimard，1946，17－39.

③ Peter F. Drucker. “From capitalism to knowledge society” . In *Post capitalist society*. New York：Harper Business Publishers，1994，Chapter 1，11－12.

2. 德鲁克责任维度的内涵

德鲁克把管理责任分为内在责任与外在责任。德鲁克认为："外在责任是指对某人或某团体负责，也就是对某项工作绩效负责。内在责任是指奉献（commitment），听起来像老学究的说法，没关系，我就是这个意思，是亚里士多德以及柏拉图的用语，而由后来的托马斯·阿奎那（Thomas Aquinas）① 和《联邦党人文集》（The Federalist Papers）② 加以阐释并发扬光大。负责任的工作者不仅指对特定工作绩效负责，也指此人有权动用必要的资源，以达成该工作绩效，更指此人愿意为该任务奉献，并视达成目标为以项'个人'的成就。"德鲁克强调，管理是一种责任，需要内在责任，即对自己选择的绩效目标做出最大的贡献；还需要外在责任，即对整体的绩效负责。在《管理：任务、责任与实践》一书中，德鲁克对高层经理人应该必须做的使命与任务，做了极为宏观的思考以及由内而外的洞察。

---

① 托马斯·阿奎那（Thomas Aquinas，1224－1274），意大利中世纪神学家和经院主义哲学家，罗马天主教圣徒，著有《神学大全》（The Sum of Theology）一书。在这部著作中，他把哲学家亚里士多德的学说和早期基督教教义结合在一起。

② 《联邦党人文集》（The Federalist Papers）是现代政治学的经典名著，作者是美国第四任总统詹姆斯·麦迪逊（James Madison，1751－1836）、美国首任财政部长亚历山大·汉密尔顿（Alexander Hamilton，1757－1804）和美国首任司法部长约翰·杰伊（John Jay，1745－1826）对美国宪法的意涵作了深度的理论阐述。《联邦党人文集》实现了人类政治领域的一项创造性突破，即阐明了一种全新的国家形态理论——复合共和制（联邦主义）的政治理论。

德鲁克（Drucker，1973）探讨了高层经理人的职能、结构及其任务，提出了很有价值的忠告。① 在我们看来，德鲁克所说的高层经理人的责任有两层含义：一是高层经理人作为一名普通组织成员在从事企业经营管理这一职业时必须遵守的职业道德规范，即内在责任；二是从高层经理人实现社会对他提出的道德要求出发的，表明自己对他人、组织、社会所采取的态度以及达到的行为后果应该负责的一种伦理学范畴，即外在责任。内在责任要求高层经理人遵守企业经营管理活动本身的道德规范，外在责任则要求高层经理人从造福人类这一最高目标出发，来控制某些企业经营管理活动和干预企业经营管理成果的实现。

在德鲁克（Drucker，1954）的理论中，看不见的意识（the invisible consciousness）取代了亚当·斯密那只看不见的手（the invisible hand）：财产所有人、企业股东和现代企业组织的经理人，必须意识到"自己应当负起追求公共福祉的职责"，同时应当特别留意，"在追求自我利益或实施权威时，一旦发觉有可能损及公共利益与个人自由时，自己必须有所节制。"② 德鲁克的这种思想坚持的是19世纪自由主义延伸出来的保守观念，要求人们在社会秩序中注入道德目的：人们在享受权利的同时，也应该负起该负的职责、责任与义务。德鲁克

① Peter F. Drucker. *Management：Tasks，responsibilities，practices*. New York：Harper and Row，1973.

② Peter F. Drucker. *The practice of management*. New York：Harper Press，1954.

呼吁企业应当承担更多的“社会责任”；宣称企业应当“开放更多的机会，从能力与绩效角度改善企业体质”。“企业不能仅追求自身的目标。有没有让这个社会变得更好，是评估企业的唯一标准。”“总的来说，当组织关注它们自己力所不能及的‘社会问题’时，它们的行为是‘不负社会责任’。当它们由于专注于它们自己的特定工作而满足了社会的需要时，它们的行为便是‘负社会责任的’。当它们把公众的需要转变为它们自己的创业成就时，它们的行为是最负责任的。”①

德鲁克认为，作为企业主要管理者的经理人，有两项别人无法替代的职责：第一项职责是创造出一个大于其各组成部分的总和的真正的整体，创造出一个富有活力的整体，把投入于其中的各项资源转化为较各项资源的总和更多的东西。德鲁克（Drucker，1954）指出：“在人类所有能够运用的资源中，只有人才能成长和发展。只有中世纪伟大的政论家约翰·福蒂斯丘爵士（Sir John Fortescue）②所谓的‘有意识的大众行为’——自由人有指导的、目标一致的、共同的努力——才能创造出一个真正的整体。的确，自从柏拉图以来，‘美好社会’的定义就是能让整体大于部分的总和”③；第二项特殊职

① Peter F. Drucker. A Functioning Society: Selections from Sixty-Five Years of Writing on Community, Society, and Polity. New York: Transaction Publishers, 2002. 108.

② 约翰·福蒂斯丘爵士（Sir John Fortescue, 1385 – 1479），15 世纪伟大的英国政论家。

③ Peter F. Drucker. *The practice of management*. New York: Harper Press, 1954.

责是在其每一项决定和行动中协调当前的和长期的要求。为此，每一个经理人都必须做到：制定目标和措施并传达给有关的人员；进行组织工作；进行鼓励和联系工作；对工作和成果进行评价；使员工得到成长和发展。

3. 人性、自由与责任是同一硬币的两面

德鲁克强调自由与责任（freedom and responsibility）相结合，以人的发展为重点，来构思有效的经营管理、组织结构、管理制度与经理人的工作。德鲁克认为，人们获得自由的前提，就是承担责任。德鲁克极为欣赏德国学者迪特里希·朋霍费尔（Dietrich Bonhoeffer，1906－1945）的一句名言："行动并非出自思想，而是出自成熟的责任"（Action springs not from thought, but from a readiness for responsibility）。[①]

德鲁克对人事管理学派和人际关系学派进行了严厉的批评。德鲁克说："过去有人曾恶毒攻击人事管理，说凡是与人的工作及管理无关的事，都算是人事管理。"德鲁克认为，人事主管犯的最基本错误，是观念上的错误：他们假设人类没有工作意愿，因此公司必须想尽办法促使他们做事。如果公司抱有这种心态，任何政策都不会产生正面作用。德鲁克相信，人类不仅想要工作，想要从工作中得到成就感，他们更需要"工作"。他说："一个没有工作做的人，身心两个方面都会变得不健全。"人际关系学派则采取了治疗方法对付员工缺乏工作

① Dietrich Bonhoeffer. *A testament to freedom*: *The essential writings of Dietrich Bonhoeffer*. Edited by Geoffrey B. Kelly and F. Burton Nelson. San Francisco, California: Harper, 1990, 498.

动机的问题，仅仅比人事管理学派好一点点。“这一学派有助于人们改变过去的错误观念，可惜它并没有提出更好的想法取代旧观念。”人事管理学派把管理的重心放在个人心理学和工作场所中人与人的互动关系上。“按照这种逻辑，一个人做什么工作就变得无关紧要了。因为他的行为和工作技能，主要是取决于他与同事之间的互动。”德鲁克认为，人际关系很容易就会降格为一种“管理当局‘推销’的某种管理工具。”“所以，难怪人际关系老是谈‘赋予员工责任感’，而很少谈员工的责任是什么；经常强调要让员工‘觉得自己的工作很重要’，却很少论及如何让他们以及他们所做的工作变得重要。”①

德鲁克对人性持有乐观的态度和抱有极大的信心，相信责任、义务、利他主义精神与合作的可能性。这里，德鲁克与德国著名社会学家马克斯·韦伯在《新教伦理与资本主义精神》（The protestant ethic and the spirit of capitalism）中的观点相同，即人有乐于从事工作，并在工作中获得生活乐趣和精神追求的一面。② 人的这种积极进取的天性和有责任感，为组织和个人的和谐关系找到了道德基础与现实可能，因为善良人的目标是积极工作（Wren，1979）。③

---

① Peter F. Drucker. *The practice of management.* New York：Harper Press，1954.

② Max Weber. *The protestant ethic and the spirit of capitalism.* New York：Charles Scribner's Sons，1958. 159.

③ Daniel A. Wren. *The evolution of management thought.* New York：John Wiley and Sons，1979. 128.

德鲁克希望以亚里士多德式的“责任”取代泰罗的以恐吓、巧妙地运用手腕与时间分析和动作分析为主要内容的暴君式统治，从根本上产生促使员工努力工作的动机。这就是责任。德鲁克用极为严厉的语气说道：“不管员工想不想承担责任，公司都应当要求他们负起责任。”① 这就是英国前首相温斯顿·丘吉尔爵士（Sir Winston Churchill，1874－1965）第二次世界大战期间在哈佛大学的讲演中所言：“伟大的代价就是责任”（The price of greatness is responsibility）。②

就员工责任而言，德鲁克（Drucker，1989）认为，如果员工不能肯定自己的公司是认真的、负责的，他们就不会为自己的工作、团队和所在单位的事务承担起责任来。要使员工承担责任和有所成就，企业必须是认真的和负责任的，就必须有实现工作目标的人员与其上级一起为每一项工作制定目标，并确保自己的目标与整个团队的目标一致，就必须要有员工为承担责任而引起的要求、纪律和激励，就必须使工作本身富有活力，以便员工能通过工作使自己有所成就。因此，要了解德鲁克管理思想，就必须从认识经理人的责任、员工的责任和企业的责任开始。德鲁克认为：“每一个企业都是由拥有不同的技术和知识，而且从事不同工作的人员组成的。它必须建立在沟通和个人的责任感上。企业的每一个成员都需要思考自己所想

---

① Peter F. Drucker. *The practice of management.* New York：Harper and Row Press，1954.

② British Prime Minister Winston Churchill. Given Speech at Harvard University，Cambridge U. S. A. 6 September 1943.

要达成的是什么——而且要确定自己的同事也了解自己的目标。每一个成员都需要思考自己必须对其他人负什么责任——而且要确定其他的人也都了解。每一个成员都需要思考自己从别人那里需要什么——而且要确定别人了解自己对他们的期望。”①

在德鲁克的晚年，德鲁克对责任对象的看法已经发生了微妙的变化。早期的德鲁克认为，管理者（manager）一词隐含着控制和权威的含义，而不适用于对知识工作者的管理，他更倾向于使用比较中性的经理人（executive）来代替。在德鲁克晚年的作品中，德鲁克倾向于使用“管理者”这个概念。德鲁克认为管理者不再是对下属的工作负责的人或对他人的业绩负责的人，而是对知识的应用和知识的绩效负责的人。德鲁克（Drucker，1985）在《创新与企业家精神：实践与原理》一书中写到：“我发觉自己使用更多管理者这个字眼，因为这个字眼含有对某个领域负有特定责任的意思，而不仅仅是统治属下。”② 德鲁克给出了“管理者”一个全新的定义：“在一个现代的组织里，如果一位知识工作者能够凭借其职位和知识，对该组织负有贡献的责任，因而能实质地影响该组织的经营能力及达成的成果，那么他就是一位管理者。”由于组织中的经理人不再掌握有效的决策和控制的充分信息，这些经理人将不再

① Peter F. Drucker. *The new realities*: *in government and politics*, *in economics and business*, *in society and world view.* New York: Harper Business, 1989.

② Peter F. Drucker. *Innovation and entrepreneurship*: *Practices and principle.* London: Heinemann, 1985.

是决策的制定者，他们的角色转变为教练和顾问。同时，德鲁克再次强调，知识工作者在依靠知识的力量摆脱了外在监督和控制之后，个人必须负起自我发展和自我定位的责任。①

德鲁克强调："就组织而言，需要个人提供其贡献；就个人而言，需要组织作为达到个人目的的工具。"不过，德鲁克认为，仅仅指出个人必须负起自我发展和自我定位的责任是不够的，重要的是如何做到自我发展和自我指导。② 在《管理：任务、责任与实践》一书中，德鲁克认为，我们必须改变视角，将目光从责任转向贡献，将管理的定义修正为"对贡献负责"，经理人就成为"对贡献负责的人"。③ 按照这个定义，经理人这个群体的范围就大大扩展了，包括传统管理人员、专业工作者及兼这两种工作的人。正如德鲁克所说："总有人单独作战，无一部属，然而仍不失为管理者。"

4. 小结

德鲁克认为，在剧变的时代中，今后经理人的最主要责任，是为组织创造与今天不相同的明天。德鲁克希望经理人把眼光放大，以使命感和智慧来帮助人们发挥所长，并和组织结合成一个整体。德鲁克（Drucker，1979）大声呼吁："培养员

---

① Peter F. Drucker. V Drucker on Asia：A dialogue between Peter F. Drucker and Isao Nakauchi. *New York*：*Butterworth-Heinemann*，1997. 156.

② Peter F. Drucker. *The effective executive.* New York：Harper and Row，1966.

③ Peter F. Drucker. *Management*：*Tasks responsibilities practices.* New York：Harper and Row，1973. 399－401.

工承担责任的能力，大胆放权给他们。”① 德鲁克认为身为最高经理人并没有什么值得自豪，即使已成为一个有效的最高经理人，人生还有更高的境界。德鲁克十分欣赏马斯洛在《马斯洛论管理》一书中提到的论点：“企业家永远需要的是采取不同方式管理不同的人。”② 德鲁克说：我对马斯洛的说法“简直无法抗拒”。③

（四）社会（历史）维度

1. 德鲁克社会（历史）维度概述

特定社会（历史）维度（social（historic）dimensions）是德鲁克著述中最具特色的一个维度。德鲁克（Drucker，1973）指出：“社会维度是有关企业存亡的一个维度。企业存在于社会和经济之中……工商企业是社会的产物，社会或经济在一夜之间就可以使任何企业不复存在。只有社会和经济容许，企业才能存在，而且只有当社会和经济认为企业是在从事工作，在做必要的、有用的、有生产率的工作时，企业才能存在。”④

传统的管理学社会（历史）维度是历时性的，它以时间

① Peter F. Drucker. *Adventures of a bystander* (autobiography). New York: Harper and Row, 1979.

② Abraham Harold Maslow. *Maslow on management*. New York: Wiley, 1998.

③ Peter F. Drucker. *Management: Tasks responsibilities practices*. New York: Harper and Row, 1973.

④ Peter F. Drucker. *Management: Tasks, responsibilities, practices*. New York: Harper and Row, 1973.

为坐标，沿着年月日的轨迹一成不变地行进着。反映到管理学家的著作上，可以看到其最鲜明的特征就是叙述性——描述“实际发生的事情”。在这些描述中，管理学家们选择了他们认为能构成“事件”的那些“重大事情”，其结果是使管理历史成了企业英雄（business heroes）的编年史，而其他丰富的历史内容，如经济、社会、文化等，则被大大地遗弃了。在这种线性叙述中，隐藏着一种不言自明的逻辑——历史发展的因果性。传统管理说学史的弊端是明显的，德鲁克认识到这一点，试图摆脱传统的管理学历史维度所强调的纯企业史、纯制度史或“创业史”，扩大管理学的视野，将管理学历史维度研究引向社会、经济、文化乃至心理等领域。他的理想是建立一种“全面的管理学”，这种管理学通过研究某个问题，不仅将一个历史时期的组织及其管理状况反映出来，而且还把经济、社会、科技、文化等领域全部纳入管理学的研究领域。在《管理：任务、责任与实践》一书中，德鲁克（Drucker，1973）指出：“在几年前，管理人员和经济学家还认为企业的社会维度是如此不可捉摸，以致不可能为其确定绩效目标。但现在我们知道：事实上，不可捉摸的社会维度完全可能转化成为有形的、具体的。”①

从一开始，德鲁克就是一位实用主义者，对于意识形态毫无兴趣。在某些方面，他与法国历史学家费尔南德·布罗代尔

① Peter F. Drucker. *Management*：*Tasks*，*responsibilities*，*practices*. New York：Harper and Row，1973.

(Fernand Braudel)[①] 不无相近，他们都更看中于历史变化的长期因素，所以德鲁克对于人口统计特征、新技术、创新等，投入了更多的关注。不同的是，在德鲁克的心目中，新的组织形态可能是在所有新力量中占据最为显赫的地位。所以，在苏联、美国谁更代表未来激发起一代知识分子的热情时，他却通过通用汽车公司这样大型公司，看到了一个新社会的崛起——工业秩序正在取代所有的秩序，不管是共产主义还是资本主义都要基于这种新的组织形态。到了 20 世纪 60 年代末，他又将知识视作了正在兴起的新社会的核心，创造了“知识工作者”这样的词汇，他们又需要新的组织形态。在德鲁克看来，组织及其管理的主人不是某个“企业英雄”，而是影响社会生产力发展的诸多因素，如文化、经济、人口、社会习俗、物质文明和精神文明。

我们认为，德鲁克的特定社会（历史）维度突出表现在对待理论的态度。应当这样说，德鲁克虽然没有明确提出管理学需要历史分析方法，但是，他在研究和阐述现代管理理论和思想时候大量采用的就是历史分析方法。譬如，历史地考察经理人的作用：从监工到目标制定与考核的演进；历史地考察顾客：从被动消费到价值主张得到满足的变化等。直到今天，管理学研究还大量运用历史分析法，包括组织职能的演变、竞争

---

① 费尔南德·布罗代尔（Fernand Braudel，1902 - 1985）是法国战后最著名的历史学家、年鉴学派第二代的领袖。还在布罗代尔生前，他就被冠以无数的美誉：“史学大帝”“史家第一人”“重新构建历史的人”“改变历史进程的人”“创新者布罗代尔”等；而他的史学著作则被誉为“布罗代尔大帝的史诗性巨著”。

态势分析、竞争环境的变化等。

可以说，历史分析方法是管理学不可或缺的研究方法之一。在德鲁克看来，任何一个企业或管理学理论的产生是根植于历史和社会的环境，有时候是一种伟大的危机所造就的。因此，要了解企业或理论时，重要的是把它看成是来自一种存在需求的东西，而不是一种抽象的东西。这里，德鲁克与他多年的密友卡尔·波兰尼（Karl Polanyi）① 在1944年出版的经典之作《伟大的转折》的思路是一致的，强调了管理的产生是根植于历史和社会环境的②。德鲁克极力反对借用主流管理学形式主义的抽象概念理解历史的方法，认为这是不完全的。管理从来就不是一个单纯的独立领域，从人类有集体活动以来，管理是嵌入于社会、经济、宗教以及政治制度之中的。这意味着，像企业创业、公司并购与重组、企业战略和市场营销这样的现象是由谋利的动机所激发的，并和具体的社会现实结合在一起。他认为，只有根植于历史和社会的环境意义上的管理才能在对历史和现实中的组织及其管理体系的经验研究中产生富有意义的成果。

德鲁克的特定社会（历史）维度告诉管理学者，我们更需要的是在不同的语境下用不同的社会历史因子（social histor-

---

① 德鲁克与卡尔·波兰尼（Karl Polanyi）在1942－1943年间同在美国佛蒙特州本宁顿学院（Bennington College）任教，这一时期，德鲁克出版了《工业人的未来》，而卡尔·波兰尼完成了《伟大的转折》一书的初稿。德鲁克与卡尔·波兰尼对该书初稿进行了多次彻夜讨论。

② Karl Polanyi, The great transformation: The political and economic origins of our time. Masschusetts, Boston: Beacon Press, 1944. 79.

ic factor）来进行管理问题的衡量，不同的组织结构形式和管理方式可能更好。① 而利用这种历史语境分析，可以使管理学的研究者更好地理解历史的语境驱动性质，更容易把握新理论在新历史条件下得以出现的先决条件。从这个意义上讲，德鲁克的确比学院派管理学家多长了一个“心眼”，即在自己的概念框架中多加了一个新的坐标轴——社会历史因子（social historic factor）。换句话说，在对复杂的社会人按逻辑上前后一贯的方式做出的管理决策进行评论时，按德鲁克一贯的分析方法，必须把它放在一个具体的社会历史背景中加以考察，必须假定一个特殊的问题情境（problematic context），这就是所谓的社会（历史）维。

在我们看来，德鲁克的这种“整体历史观”与马克思主义的唯物史观具有殊途同归的神效。所不同的是，马克思以哲学家的眼光，要求人们用历史唯物主义取代唯心主义；而德鲁克则在组织及其管理历史考证中用诗情画意的笔触叙述枯燥乏味的考证结果，用印象派大师的手法烘托历史长时段的时空变幻。

2. 德鲁克社会历史分析方法的特点

在对德鲁克著作进行深入发掘中，可以发现德鲁克运用了费尔南德·布罗代尔的方法，将管理学历史时间分解为三个不同的层面：地理时间、社会时间和个人时间，而每个层面分别

---

① Raza Mir and Andrew Wastson. “Strategic management and philosophy of science: The cases for a constructivist methodology”. *Strategic Management Journal*, 2000, 21 (9): 941 -953.

对应不同性质的研究对象。地理时间在三种时间中变化最缓慢，它涉及的主要是作为组织及其管理活动背景的环境。个人时间在三种时间中变化最快，几乎是转瞬即逝、瞬息万变，它所体现的是个人规模的事件，可以说，传统管理学历史维度就是在这一层面中展开的。介于这两种层面之间的是社会时间，它的变化节奏较之地理时间快得多，但较之个人时间又慢得多，它所对应的是群体和组织的历史，也就是企业发展史。在这三种时间中，地理时间基本上可以理解为是不变的，可视为管理学历史维度中的常量，在管理学研究中只起辅助作用，意义相对不大；而社会时间和个人时间则是管理学历史维度中的变量，对管理学研究具有重大的意义。在德鲁克看来，“历史时间”概念又不同于历史上的时间观念，后者还包括组织及其管理者的时间经验、时间心理、时间意识、时间文化等个人和社会的时间理解。而社会时间才是最能反映作为一个整体的组织及其管理的深层意义，因此，也是他最重视的一个时间层面。

德鲁克非常重视特定社会（历史）维度中的个人时间。德鲁克（Drucker，1954）认为，区分高层管理者和基层管理者的惟一维度在于时间。管理者的重要任务就是将员工的目标引向组织目标。管理者需要在现在和未来之间取得平衡。因为管理能力是一种稀缺的资源，因而越是高层管理者越是应该集中与组织长远目标。管理者必须在多种目标、现在和未来之间取得平衡。管理是什么？管理是一个有着多重目标的机制，即管理企业、有管理管理人员，同时也管理工人和目标。① 德鲁克在《管理的实践》一书中提出的这样的一系列真知灼见，在五十多年后的今天依然发挥着智慧的光芒。

与布罗代尔不同的是，德鲁克的地理时间和社会时间是放在世界主义视野之中进行分析和论证的。哈佛大学商学院教授奎因·米尔斯（Mills，1991）评价说：“德鲁克总是从欧洲和美国的背景来审视企业和管理。当他谈论和写作管理的时候，德鲁克心中既有欧洲也有美国，从这个角度讲，他是一个国际主义者。”“他对美国企业的影响是巨大的。”② 德鲁克（Drucker，1983）写到：“我在日本的声望都来自于《公司的概念》这本书。日本能以一个经济强国的身份出现，以及它的工业成就和工业生产力的发展，在很大程度上都归功于我。《公司的概念》刚一出版立即就被翻译成日文，人们怀着极大的热情阅读并应用它。”“至于我，我一直认为，有经理观念的负责任的员工和自我管理的工厂社区是我最重要和最有创意的思想，也是我所做出的最大贡献。不管这些概念在日本有多大影响，通用汽车公司及其主管人员拒绝采纳它们，结果使得这些概念对我所在的国家毫无影响，这是我遇到的最大和最让我感到羞辱的失败。”③

① Peter F. Drucker. *The practice of management.* New York：Harper and Row Press，1954.

② D. Quinn Mills. *Rebirth of the Corporation.* New York：John Wiley and Sons，1991.

③ Peter F. Drucker（1946）. *The concept of the corporation.* New York：Transaction Publishers，1983. Epilogue.

应当强调的是，德鲁克的世界主义视野表明管理学面临着理论上的挑战和现实中的冲突：前者是后现代管理学对一切总体性思维提出强烈的质疑（questioning），而倾向于解构的、碎片化的思维方式；后者是管理理论与实践必须与各种不同文化背景结合，要求突出地区性的文化和利益。这两者都有其合理性，但也并非与世界主义不可调和。事实上，它们所引起的挑战和冲突恰恰使德鲁克坐标中的社会（历史）维度具有更丰富的内涵、更深厚的关怀。

德鲁克（Drucker，1999）强调，管理学研究的是人与社会机构的行为，它始终处于变化之中。因此管理领域中的预见，也远远比自然科学的预见重要得多。德鲁克依靠的也正是他的科学预见。他的预言之准确，令人心服口服。1999 年出版的《21 世纪管理的挑战》就是他对 21 世纪管理的预见，他能提出别人从未涉及的未来管理走向。譬如，他预见 21 世纪是知识经济时代，知识工作者必将成为社会主体，“知识工作者的效率管理将成为对人管理的中心。正如 100 年前，对劳动者进行生产效率管理是那个时代的管理中心一样。”他强调：“管理已不是所谓管理人，管理首先是领导者，领导的目标充分发挥和利用每个人的知识优势。”因此说，未来管理的重要内容，就是“知识管理”。①

在《管理下一个社会》一书中，德鲁克（Drucker，2002）忠告人们：“社会变化对于组织和管理者的成败而言，可能比

① Peter F. Drucker. *Management challenges for the 21st century*. New York: Harper Press, 1999.

经济事件还要重要。”① 在德鲁克看来，管理的思维方式正确与否，就决定了领导者是否有预见性。这就是我们要看到“未来向管理的挑战”。德鲁克指出：人们都会重视今天面临的挑战，如领导力、执行力、创新能力、团队建设、组织再造、互相合作等，但很少有人去分析研究明天的“热点问题”。值此“转型时期”，如果缺乏引导潮流的人去研究未来，也就必然使组织停步不前。其实管理要研究的一个重要内容，就是预见未来，这也是人类社会进步的巨大推动力。

3. 小结

美国管理学家理查德·帕斯卡尔与安东尼·阿索斯（Pascale and Athos，1981）在《日本的管理艺术》② 一书中对德鲁克的社会（历史）维度给予了高度的肯定，他们引述了德鲁克的话：“管理不仅是一门学科，还应是一种文化，管理要受一定的社会文化的影响，并受到特定社会中的价值观念、传统和习惯等因素的影响。”③ 事实上，德鲁克表明管理是有自己的价值观、信仰、工具和语言的一种文化。而德鲁克（Drucker，1973）本人却谦虚地说，日本的中根千枝（Chie Nakane，

① Peter F. Drucker. *Managing in the next society.* Audio Renaissance, 2002.

② Richard Tanner Pascale and Anthony J. Athos. *The art of Japanese management: Applications for American executives.* New York: Penguin Books, 1981.

③ Richard Tanner Pascale and Anthony G. Athos. *The Art of Japanese Management.* London: Penguin Books, 1981.

1926 –)①，一位非西方的学者在这方面比任何西方学者都看得更清楚——这可能是日本的传统不同于西方传统，而管理显然是一种西方的观念。②

德鲁克虽然没有明确提出管理学需要社会历史分析方法，但是，他在研究和阐述现代管理理论和思想时候大量采用的就是社会历史分析方法。譬如，历史地考察经理人的作用：从监工到目标制定与考核的演进；历史地考察顾客：从被动消费到价值满足的变化等。直到今天，管理学研究还大量运用社会历史分析法，包括组织职能的演变、竞争态势分析、竞争环境的变化等。可以说，社会历史分析方法是管理学不可或缺的研究方法之一。

（五）创新维度

1. 管理理念的核心就是创新

德鲁克（Drucker，1954）在《管理的实践》一书中提出了一个非常有现代感的见解：所有管理都涉及创新。德鲁克写到，无论是“销售还是会计、质量控制还是人事管理，企业的

① 日本学者中根千枝（Chie Nakane，1926 – ），著名人类学家、藏学家。国立东京大学东洋文化研究所教授，国际人类民族学会副会长，东方学会会员、日本学士院会员、东京大学名誉教授。主要研究领域为印度、西藏和日本的社会结构及亚洲社会的比较研究。中根千枝的思想可以参见：Chie Nakane. *Japanese society*: *Continuity and change*. Berkeley, California: University of California Press, 1970. 中文版见：中根千枝著．《日本社会》，许真、宋峻岭译，天津：天津人民出版社，1982 年。

② Peter F. Drucker. *Management*: *Tasks responsibilities practices*. New York: Harper and Row, 1973. 25.

每个部门都应该有清晰的责任和明确的创新目标。”① 当今天的管理大师们提倡“业务流程创新”时，他们又一次重复了德鲁克的观点。德鲁克认为：一个没有改革创新的企业，其命运会是很悲惨的。在德鲁克看来，创新（innovations）和变革（transformation）这两个词是可以替换使用的，因为无论一项管理创新对于外界其他组织是早还是晚，组织内的变革过程是趋于一致的。

贯穿德鲁克的整个管理理念的，应该是“创新”。按照德鲁克的定义，创新代表一种赋予人力与物质资源以新的和更大的财富创造能力。所谓“不创新，即灭亡”（innovate or die）就是他最早提出的，今天已成为被世界各国的企业奉为圭臬。他曾经批评组织缩减经营规模（downsizing）和企业流程再造工程（business process reengineering），认为它们或可能产生某种短期效果，但却无法带给一个组织所需要的真正而持久的变革。创新诚然含有较大的风险，但如果一个企业因此不敢冒这种风险以创造未来世界，其实是冒另一种看不见的更大风险。在我们看来，德鲁克的所有管理理论都是创新和变革理论。

在国际经济一体化的后现代社会，每一个组织为了生存都必须进行创新。新技术的发明和管理的创新将很快地取代组织原有的管理方式。面对着复杂多变的经营环境，组织必须快速跟进周围环境的变化。组织不是偶尔而是必须总是进行自身调整。德鲁克（Drucker，1985）指出：“所有组织必须做好抛弃

---

① Peter F. Drucker. *The practice of management*. New York：Harper Press，1954.

现在所做一切的准备。”①

在德鲁克看来，创新要“着眼于贡献”，这样管理者才有可能充分发挥自己的潜力，为实现组织或公司的目标，取得更佳的成果和绩效，做出开拓性的、有创意的贡献。而创新一定要“着眼于明日”。绝不可安于现状，墨守成规。他说：“在人类众多的活动中，唯一一条永恒的规律就是变化。因此，只满足于今天的企业，在变幻不定的明天就会感到难以生存下去。”他主张正确地对待风险与机遇。他告诉管理者：“如果你要成果，就必须选择正确的风险。”他的名言就是：“不要试图使风险降低到最小限度，你的职责是最大限度地扩大机遇。”（“Don't try to minimize risks—your job is to maximize opportunities.”）②

2. 德鲁克的创新内容、要素与方法

需要注意的是，德鲁克的创新维度，并非局限于科技方面的创新，他也不同意企业所从事的研发工作就是创新。创新代表一种能够对外界环境造成重大冲击和影响的变革。因此，包括组织和社会方面的变革在内，而且这种变革必须与一个企业所担负的任务或使命有关，也就是说，它必须能为顾客创造更新更高的价值。德鲁克（Drucker，1973）指出：“在每个企业中，基本上存在着三种主要的创新：产品或服务方面的创新、

① Peter F. Drucker. *Innovation and entrepreneurship: Practices and principle*. London: Heinemann, 1985, Ch. 2.

② Peter F. Drucker. *The effective executive*. New York: Harper and Row, 1966.

市场与消费者行为和价值方面的创新，以及各种技能与活动的创新——制造产品和提供服务并把它们推向市场时所需要的各种技能和活动的创新。上述创新可以分别叫作产品创新、社会创新（如分期付款方法）和管理创新。”①

在德鲁克看来，创新的前提，是具备四个要素：（1）具有强烈使命感的团队。“企业绩效就是团队责任”，企业成败的关键是要有一位使命感很强的CEO。他与企业合作者主要是靠经济利益维持，而不能依靠政治来维持。企业团队靠什么获得25%～30%的成本优势？靠的是经济利益的一致；（2）有效的管理人方式。首先组织透明，每人确知所属，每人确知所属组织的拍板人。一个人只能有一个领导。对有头脑的人，他的发展空间大于物质上的满足。对人的管理，“重在可操作性，领导应关注从整个经营流程这个经济链的效益和绩效出发，去管人”；（3）技术开发要看到今后的技术革新趋势。它与最终用户一样是奠定企业繁荣的基础；（4）永远扩大并做好忠诚客户的工作。一定要清楚：即便最好的企业，最多只占有总客户的30%，另有70%客户对企业既不了解也谈不到忠诚，因此潜在市场对谁都是很大的。这就是企业发展的动力。客户的价值观与对产品服务的选择，永远是企业领导决策的依据。

德鲁克强调，不懂上述四要素的重要性的企业家不会有太大发展前途。企业家还要清楚：“企业不是信息中心，也不是技术中心，甚至也不是生产力中心，而是内有效率、外有贡献

---

① Peter F. Drucker. *Management*: *Tasks*, *responsibilities*, *practices.* New York: Harper and Row, 1973.

和影响的管理完善的社会中心。”德鲁克强调了 CEO 心理层面的因素对企业战略决策的影响，CEO 的变动性、控制能力、成就需求等人格特质与企业创新有密切的关系（Miller，kets de Vries & Toulouse，1982）。[①]

德鲁克提出，有三种情况要警惕：（1）不符合企业总体战略思路的不能干，即使是一个创新机会；（2）感觉新鲜有趣，但并不能真正创造价值的事不能干；（3）虽然是创新但难以保持持续进展的事不能干。

3. 德鲁克注重后现代组织的创新

德鲁克（Drucker，1988）1988 年在《哈佛商业评论》上发表的《新型组织的出现》一文中指出：“20 年后的大企业，其组织类型更像是医院或者交响乐队，而非典型的制造企业。”德鲁克认为，这些以知识为基础的企业组织，虽然也在生产和制造着产品，但其组织形态和整个商业模式都将发生巨大变革。企业组织将更倾向于采用专家型的结构，“这些专家根据来自同事、客户和上级的大量信息，自主决策、自我管理”，“传统部门的职责将发生巨大变化，主要负责标准维护、人员培训和工作分配，而不具体处理事务。”[②]

在今天典型的企业组织中，知识往往集中在介于最高管理

---

① Danny Miller, Manfred Kets de Vries, and Jean-Marie Toulouse. “Top executive locus of control and its relationship to strategy-making, structure and environment.” *Academy of Management Journal*, 1982, 25 (2): 237 - 253.

② Peter F. Drucker. “The coming of new organizations.” *Harvard Business Review*, 1988, 66 (1/2): 45 - 55.

层和操作层之间的参谋人员手里。也就是说，企业组织还处于这样的阶段：拼命从上层灌输知识而不是努力从下面获取知识。在以知识员工为主的后现代组织中，知识主要存在于基层，存在于知识员工的头脑里。这些知识型员工在基层从事不同的工作，自主管理与自主决策。① 由于知识重新实现了从管理层到员工的回归，组织的权力也相应地实现了分散化。德鲁克在过去30年的时间里不断地探索知识成为力量和所有权的内涵。德鲁克论证到，如果是知识而非劳动力成为经济社会新的衡量手段，那么，资本主义社会的构架以及建立其上的管理理论必须改变。德鲁克（Drucker，1969）认为："知识工作者既是知识社会中真正的资本家，又依赖于他的工作。知识工作者，连同当今社会受过教育的工薪中产阶级，他们通过退休基金、投资信托等拥有生产手段。知识就是力量，是划归名下的财产。"② 德鲁克（Drucker，1978）将知识工作者正式定义为"知识工作者是使用心智能力（mental ability）的工作者，而非以体力为主要工作内容的工作者。"③

在德鲁克看来，人是不能驾驭管理或控制变化的，只能及时鉴别出已经出现的变化事实，领先于变化，未雨绸缪，加以引导，为我所用。因此，在后现代组织一个结构性变化快速的

① Peter F. Drucker. "The coming of new organizations." *Harvard Business Review*, 1988, 66 (1/2): 45 – 55.

② Peter F. Drucker. *The age of discontinuity: Guidelines to our changing society.* London: Heinemann, 1969.

③ Peter F. Drucker. *An introductory view of management.* New York: Harper & Row, 1978.

激变时期，唯一能存在并发展的组织，必须把引导变化看成组织的任务，成为变化的引导者，否则，将难以生存。德鲁克（Drucker，1999）在《21 世纪管理的挑战》中用了一章的篇幅深刻地说明了组织的变革和发展方面的要求，阐述了赢得未来的政策、寻求与预见变化的系统方法，在组织内外引进变化的正确方式，以及如何使变化与连续性相平衡的政策等问题。①

德鲁克（Drucker，1999）指出，后现代组织的领导者不仅必须有改变现状的意愿，而且必须有改变现状的能力，使组织成为后现代组织的领导者所要求的一些从现在创造出未来的政策。这个政策就是要放弃昨天，放弃昨天就是要进行一场“管理革命”，在整个机构中实行有组织的放弃（organized abandonment）。因为任何组织拥有的资源有限，把稀缺、宝贵的资源——特别是最能干的人才——用于保持昨天（产生不大的效果），是无法创造明天的。因此，德鲁克提出：“变革领导者对每一项产品、劳务、流程、市场、分配渠道、顾客与最终用途都得要审定，列入议程，提出——认真地提出——这样一个问题：要不是已经存在（进入）的话，知道现在我们所知的情况，我们还会进入吗？如果回答是‘否定的’，反应不应是‘我们另作研究’；反应必须是‘现在我们怎么办？’企

① Peter F. Drucker. *Management challenges for the 21st century*. New York: Free Press, 1999, Ch. 3: 74 - 85.

业要改变，要付诸行动。”①

德鲁克（Drucker，1999）指出，后现代组织的领导者必须进行有组织的改进（organized improvement，日本人称为“Kaizen”，意即“改善”）。一个企业在内部与外部的任何作为都需要有系统地、持续地加以改进：产品与劳务、生产流程、营销、服务、技术、人员训练与开发、信息使用、知识创造和一定的年增长率。市场经济意味着逆水行舟，不进则退。在给定领域内，什么构成“绩效”（performance）？要改进绩效，需要明确界定“绩效”意指什么。德鲁克指出，持续的改进在任何领域最终会改变经营。它们导致产品创新、服务创新、新的流程、新的经营、最后带来根本的变化。②

在我们看来，由于知识成为经济的主要资源，组织将演变成知识的组织。组织管理的对象也就从对劳动过程的管理转向了对知识的管理，这对于人类的管理活动将是一个新的挑战。德鲁克就此提出了“管理革命”（management revolution）的概念。“管理革命”的内涵是“将知识应用于知识”。这里的“知识”既是指组织与管理，又是指智力与技术。所谓“将知识应用于知识”，就是将组织与管理的知识应用于智力与技术的知识。换言之，知识的经济需要知识的管理，而知识的管理则需要管理的知识。

---

① Peter F. Drucker. *Management challenges for the 21st century*. New York：Free Press，1999，Ch. 3：74－85.

② Peter F. Drucker. *Management challenges for the 21st century*. New York：Free Press，1999，Ch. 3.

我们认为，传统工业经济时代管理的对象是组织中人的劳动，而知识经济时代管理的对象是知识及其知识的创新。德鲁克最早注意到，在后现代组织中，知识已经成为一种基本的资源，土地、劳动和资本则退居相对次要的位置。通过有效的管理，即将知识应用于知识，我们就能够得到其他资源。他（Drucker，1994）说："知识已经变成了关键的资源，而不是一般意义的一个资源，这一改变使我们的社会成为'后资本主义社会'。它从根本上改变了社会的结构。它创造了新的社会动力。它创造了新的经济动力。它创造了新的政治学。"①

（六）系统维度

德鲁克的系统维度强调，社会、组织和个人组成的一个大系统。德鲁克的系统维度是要"创建一个新社会"，并在组织及其管理变革和创新两者之间求得平衡。这解释了德鲁克为什么研究管理，也解释了为什么德鲁克的管理理念得到了那么多人的认同，成为"大师中的大师"。

从这个意义上说，尽管世人所认识的德鲁克是现代管理学的奠基人，但德鲁克的"管理"却远远超出了常人的一般理解。德鲁克并不是简单地就管理论管理，而是把社会、组织和个人置于一个大的系统中研究管理。他从研究法学和政治学入手，渐渐深入到构成社会的基本单位——组织。在对组织进行研究的时候，德鲁克发现，管理是一种专门知识。管理使各类

① Peter F. Drucker. "From capitalism to knowledge society". In *Post capitalist society*. New York: Harper Business Publishers, 1994, Chapter 1, 29.

组织产生绩效，所有这些组织组成了社会；组织是社会的器官，管理层则是每个组织的器官；组织是为了担负社会的某种特定功能，完成某种特定的任务而存在；而组织的生存，取决于管理。

德鲁克把社会、组织和个人置于一个大的系统去研究，他的著作涉及人文学科的多个领域：哲学、社会学、经济学、管理学。他研究组成社会的不同部门：政府部门、企业以及非营利机构。这也使得他能够站在一个不同于其他管理学家的全新的高度来研究组织，研究人，研究社会。因而通用电气前 CEO 杰克·韦尔奇说：“全世界的管理者都应该感谢这个人，因为他贡献了毕生的精力，来理清我们社会中人的角色和组织机构的角色。我认为，彼得·德鲁克比任何其他人都更有效地做到了这一点。”

德鲁克自称是一个“社会生态学家”，他认为：“社会生态学是一门实践科学，就好像医学或法律，或是自然环境的生态学。它的目的一方面是要延续和保存，一方面是要变革和创新，并在两者之间求得平衡。它的目的是在动态的不平衡中，创建一个新社会。只有这种社会才能同时具备稳定性和凝聚力。”（Social ecology is a practical science, just like medical science or laws, or ecology of the natural environment. One of its goals is to continue and preserve, and the other is to change and innovate, and these two goals have to be balances. Its aim is to create a new world in a dynamic imbalance. Only this new world can be of stability and cohesion at the same time.）

在德鲁克看来，管理的变化，也就是组织系统的根本变化。德鲁克从不就事论事，而是在宏观上从与周围事物相互联系、相互促动的动态分析上看待问题。正如德鲁克所说，光靠度量衡，是无法说清一个人的。只有通过社会上人物的描摹才能刻画出一个社会的面貌。也因此，德鲁克所有著作的语言无不通俗易懂，而且一针见血地说到管理的要害。

德鲁克（Drucker，1999）指出，有系统的创新政策，即创造变革的政策，是后现代组织领导者面临的一个重要问题。创造变革的政策是后现代组织中人们给予最大关注的领域。不过，德鲁克指出，它可能不是最重要的一个，因为对多数企业来说，有组织的放弃（organized abandonment）、有组织的改进（organized improvement）、利用成就（exploitation success）可能依次地进行更富有成效。而没有放弃、改进与利用等政策，没有哪个组织能有望成为成功的创新者。[①]

20 世纪 90 年代以来，组织再造工程、组织结构向横向组织模式的转换，以及全面质量管理工程的应用等世界范围内的流行趋势，通常会导致组织文化的显著变革。所有这些都需要员工对工作方式进行重新思考，组织必须注重公司基本文化价值和规范的变革，实行更多的员工参与和授权，以及改进共享的组织愿景。所以，当现代组织推行变革时，基本上是从其中一个系统入手，以该系统为变革的焦点，但必须顾及其他系统，以收整体变革之效。德鲁克（Drucker，1985）提出“系

---

① Peter F. Drucker. *Management challenges for the 21st century*. New York：Free Press，1999，Ch. 3.

统的创新……在于有目的、有组织地寻找变化，以及系统地分析这些变化可能为经济或社会创新提供的机遇。”①

（七）小结

尽管我们进行了许多努力，仍然可能没有罗列出德鲁克坐标的所有维度来解析它的结构。但是，我们相信德鲁克管理学看到的不同事物，这是因为德鲁克观察事物的维度，即他是借助于不同方向射来的光线来照亮他所见到的组织及其管理实践。

事实上，德鲁克的维度只是隐然存在于各种管理学评论之中。同样，这些维度也可能从德鲁克的著述、演讲、咨询实践与学术权威、媒体、大众等各个方面的关系中折射出来。德鲁克通常给人一个时刻保持警觉状态的印象，驳斥、揭穿各种各样的蒙蔽，永远不让似是而非的事物或约定俗成的观念带着走。

守望德鲁克的维度，让它深深地植入我们的意识中，用心灵与实践去感受管理学，这可以使我们在德鲁克管理学里沉潜往复，从容走来。

三、德鲁克坐标与维度的思想张力

20 世纪 90 年代以来，随着人类社会进入到知识经济时代，德鲁克管理学坐标与维度也随之发生了很大的变化，得到了长

---

① Peter F. Drucker. *Innovation and entrepreneurship*: *Practices and principle*. London: Heinemann, 1985, Ch. 2.

足的发展，并为管理学的发展带来了活力。德鲁克的管理学使人力、物质、技术、知识和信息通过关于它们之间相互关系的思想结合在一起，然后越过空间和时间。管理使知识发挥作用，将特定的空间和时间结成特定的知识创造知识的范式，向人们提供寻求人生意义、转换物质与技术的场所和舞台（locales and arenas）。这主要表现在以下几个方面：

1. 强调管理学基本假设和价值观随时代的发展而变化，发展了管理学过程哲学理论

德鲁克认为，管理理论与实践是建立在一系列基本假设之上的。这一系列基本假设是：以高层经理人的实践经验对研究对象，研究者首先明确阐述了自己的理论所持有的基本价值观和假设，确立一套概念框架和分析工具；然后通过对管理实践经验的比较研究，构建管理概念和理论；最后，通过管理实践来检验这个理论的有效性，以修正原有理论或发展出新的理论。德鲁克（Drucker，1999）认为："我们生活在一个意义深远的转型期，现在的管理学思想仍然沿用 20 世纪的那些基本假设，很少有人去注意它是不是'事实'……但实际上，它们都已经过时了，如果用不正确的假设去制定战略，那将不可避免地把组织引向不正确的轨道。"①

我们认为，德鲁克坐标与维度中一个最为重要的思想是强调管理理论与实践一系列基本假设是处于不断的变动过程之中

---

① Peter F. Drucker. *Management challenges for the 21st century.* New York：Harper Press，1999.

的，这就是说德鲁克坐标与维度坚持的是特定历史——社会维度（historic-social dimensions）的思想。德鲁克（Drucker，1993）认为，管理学面对的困难是，对处于不同时代的管理学不确定性的假设并非是恒久不变的。[①] 我们认为，探讨知识经济时代组织机构面临的各种复杂的组织及其管理问题，需要重新确立我们的世界观。德鲁克（Drucker，1993）指出："实际上，迄今为止只有很少的改变。当我刚开始研究它们时，大多数组织都有它们自己的方式经营。我们有许多新工具，但没有太多的新思想。"[②]

我们认为，德鲁克的管理学是一种过程思维的管理学，这就是强调和坚持组织及其管理过程就是实在，组织及其管理的实在就是过程。整个组织及其管理是由各种事件、各种实际存在物相互连接、相互包涵而形成的有机系统。整个组织及其管理是活生生的、有生命的机体，处于永恒的创造和进化过程之中。构成组织及其管理的基本单位不是所谓原初的物质或物质实体，而是由性质和关系所构成的"有机体"。有机体的根本特征是活动，活动表现为组织及其管理过程，组织及其管理过程则是构成有机体的各元素之间具有内在联系的、持续的创造过程，它表明一个机体可以转化为另一个机体，因而整个组织及其管理表现为一个生生不息的活动过程。按照过程哲学的思

---

① Peter F. Drucker. *Managing in turbulent times.* New York：Harper Business，1993.

② Peter F. Drucker. *Managing in turbulent times.* New York：Harper Business，1993.

想，实体和时间的存在形式是相对的，而不是绝对不变的。各实体和时间因素之间并非泾渭分明，毫无相干，而是在一定条件下可以相互转化的。

在我们看来，传统管理学范式缺乏的是一种过程哲学的思维，或者说缺少一种“过程理论”（process theory）。这种思维方式可以说明组织及其管理的发展是一个多方面的过程，在管理理论的发展过程中，并不存在唯一的绝对真理。然而，更重要的是，德鲁克过程哲学的思维将陈述管理理论的发展是与人的发展相互结合的过程。在我们看来，传统管理学思维方式把物质、资本等作为组织过程的基础将在知识经济时代不能成立，而知识将是组织运动的量子（quantum），也是一种不确定性的量子。从这一点出发，我们可以发现组织过程将是有目的性的，包括物质、资本和组织有机体内的个体行为都有与生俱来的目标。

德鲁克（Drucker，1998）认为，任何学科都有一种基本假设，不论是社会学科还是自然学科，它必须符合现实，这非常重要，尤其是社会科学的基本假设比自然科学的范式要重要得多……自然科学是探寻自然界的一般规律，而管理科学则是说明组织及其管理中的个别具体事物的联系，它具有不可重复性，也没有一般规律。因而在管理学研究中需要注重对个案的考察。社会领域没有像自然科学有的那种“自然规律”。因此，它服从于持续变化的支配。昨天的有效假设今天可能变得无效，而按着旧范式就可能把人引入歧途。① 与现代管理学主

---

① Peter F. Drucker. “The new paradigm in management”. *Forbes*, October 5 1998, 152 – 168.

流学者不同，德鲁克用叙事写法与主流范式的研究方法与风格唱反调。严格地说，德鲁克的理论思路和方法在于，如果在管理理论不同的研究中运用特定的社会维度（social dimensions）来分析、解释不同社会历史时期的具体管理问题。这种研究方法告诉管理学者，我们更需要的是在不同的语境下用不同的社会历史因子（social historic factor）来进行管理问题的衡量，不同的组织结构形式和管理方式可能更好（Mir and Wastson, 2000）。[①] 而利用这种历史语境分析，可以使管理学的研究者更好地理解历史的语境驱动性质，更容易把握新理论在新历史条件下得以出现的先决条件。

例如，德鲁克（Drucker, 1946）关于“自我管理的工厂社区”的理论就是基于“工业社会由企业和政府这两类组织构成”这一基本假设而提出的。[②] 但进入20世纪70年代以来，由于非营利组织的发展，其在后工业社会中扮演日益重要的角色承担了德鲁克原来认为应该由企业和政府分担的社会功能，所以现代社会的基本构成是“企业、政府和非营利组织”三种基本形态，它们分别承担不同的社会功能。

又如，德鲁克（Drucker, 1993）认为，知识已经取代了以往的劳力、自然资源及资金，成为现今企业的主要资源，也就是知识经济时代已经来临。这新时代会彻底改变原有的社会

---

① Raza Mir and Andrew Wastson. “Strategic management and philosophy of science: The cases for a constructivist methodology.” *Strategic Management Journal*, 2000, 21 (9): 941–953.

② Peter F. Drucker. *The concept of the corporation.* New York: Transaction Publishers, 1946.

结构，同时会创造新的政治形态。因此，管理学研究必须探讨知识社会的发展起源和其所带来的广泛影响，特别是对高科技企业所依赖的就是先进科技和知识工作者的影响。①

2. 强调知识管理和对知识工作者的管理是管理的基本问题，提出了知识经济时代管理员工的新思想

在面对“唯一不变的就是变化”的知识社会的时候，德鲁克坚持管理学研究的三个基本问题：即对组织的管理，对经理人员的管理和对工人的管理。在德鲁克早期的很多著作中，他将员工视为资源而不仅是成本，员工才能做出有价值的贡献。德鲁克（Drucker，1969）深刻地指出：“我们生活在一个知识时代，首要的资源是知识，而不是厂房、机器。知识工作者构成了这个时代的主要生产力。”德鲁克认为，知识工作者（knowledge workers）的崛起改变了规则，超越了工厂。跨越公司界限的实践社群常常比某个企业内部的关系更为强势。“知识工作者”一词是德鲁克（Drucker，1969）在1969年出版的《不连续的时代：变迁时代的指南》（The Age of Discontinuity：Guidelines to Our Changing Society）一书中发明的。“虽然知识工作者不是劳工，当然也不是无产阶级，但他也不是需要听指令的下属，相反，他运用自己的知识、判断，承担领导责任，并因此得到报酬。”② 德鲁克认为，今天的知识工作者需要成

① Peter F. Drucker. *Post capitalist society*. New York：Harper Business，1993.

② Peter F. Drucker. *The age of discontinuity：Guidelines to our changing society*. London：Heinemann，1969.

为自我管理的CEO。他解释说："知识工作者既不是老板也不是员工，更多的是处于二者之间的一种人力资源，应该发挥他们的聪明才智，也要更多地控制他们的职业生涯。"

德鲁克等待了近30年，直到狂热的"新经济"时代到来，知识工作者一词才广为人们接受。但他对现代雇员的描绘——更多地使用脑力而非体力，现在已是常理。沃顿商学院管理学教授约翰·保罗·迈克杜非（MacDuffie，1995）认为，德鲁克"很早就指出未来'知识工作者'的趋势，是非常有预见力的。"① 伦敦商学院管理学教授琳达·格拉顿（Gratton，2000）说，德鲁克的"这个短语成了俗语，多数企业也许不再用它了。"但"他转变了企业的焦点，并让企业明白，价值不是来自商品，而是来自知识资本。知识工作者的概念仍然存在，即使人们现在有了更具体的职位头衔，来描述他们的工作。"②

在《21世纪管理的挑战》一书中，德鲁克回到了这样一个主题："20世纪的公司，最有价值的资产是生产设备。而在21世纪，无论商业机构还是非商业机构，最有价值的资产将是知识工作者和他们的劳动生产率。"③ 德鲁克强调，知识工

① John Paul Macduffie. "Human Resource Bundles and Manufacturing Performance: Organizational Logic and Flexible Production Systems in the World Auto Industry." *Industrial and Labor Relations Review*, 1995, 48 (2): 197-221.

② Lynda Gratton. *Living strategy: Putting people at the heart of corporate purpose*. New York: Financial Times/ Prentice Hall, 2000.

③ Peter F. Drucker. *Management challenges for the 21st century*. New York: Harper Press, 1999.

作者的生产力主要依赖这群人的自觉与自律；让这群人有目标和愿景，专注于本分工作，同时具有追求完美的决心，应是发挥生产力的重要关键。因此，知识工作者通常强调自我管理，在现代组织中，这样的原则仍普遍被采用。尤其是知识的经济价值在组织中体现后，知识工作者更应发挥高度的自律心，不贪夺组织的利益。《哈佛商业评论》在《明天的热点问题》一文中评论到："彼得·德鲁克论述了管理的新范式如何改变和如何继续改变我们对管理实践和管理理论的基本认识。《21 世纪的管理挑战》不乏远见卓识和超前思维，它集丰富的知识、广泛的实践经验、深邃的洞察力、精辟的分析和拨云见雾般的常识于一身，这些都是德鲁克著作的精髓和'管理专业的里程碑'（landmarks of the managerial profession）。"① "归根到底，发达国家的经济繁荣和最后的存活，越来越要依赖这些知识工作者的生产率。"②

德鲁克强调，在知识社会，对知识再生产知识过程进行管理和对知识工作者进行管理是管理的基本问题，组织及其管理的基本任务应当是注重对知识的管理。在知识经济时代，知识超越工业经济时代的土地、资本、劳动力等生产要素，成为"第一生产要素"，知识的系统运用使知识具有创新知识的特性。与此相适应的是，员工队伍也从体力劳动者和一般文案员

---

① Peter F. Drucker. "Introduction：Tomorrow's 'Hot' Issues", in Peter Drucker on the Profession of Management (Harvard Business Review Book Series), Boston, Massachusetts：Harvard Business School Press, 1999.

② Peter F. Drucker. *Management challenges for the 21st century.* New York：Harper Press, 1999. 139.

工转为知识型工人。德鲁克（Drucker，1988）在《新型组织的出现》一文中指出，在知识工作者为主的组织中，知识存在于基层，存在于知识工作者的脑海里。这些知识工作者在基层从事不同的工作，自主管理和自主决策，这意味着组织权力的分散化，必然要求从传统的高度集权的“命令——控制型”组织结构转变为以知识员工为中心的扁平型的信息化组织结构。①

德鲁克（Drucker，1988）对传统的组织理论假设“整个机构是均匀一致的，因而整个企业都应采用相同的方式来组织”的观点进行了严厉的批判。他指出：“20 年后的典型大企业，其管理层将不及今天的一半，管理人员也不及今天的 1/3。在组织结构、管理对象和控制范围上，这些企业将和（20 世纪）50 年代以后崛起的、今天仍被教科书奉为经典的大制造业公司没有丝毫相似之处，而更接近于那些被现在的经理人员和管理学家所忽略的组织。在我脑海里，未来的典型企业应该被称为信息型组织（organization-based information）。”德鲁克认为，这些以知识为基础的企业组织，虽然也在生产和制造产品，但其组织形态和整个商业模式（business model）都将发生巨大变革。企业组织将更倾向于采用专家型的结构，“它（组织）以知识为基础，由各种各样的专家组成。这些专家根据来自同事、客户和上级的大量信息，自主决策、自我管理，其组织类型更像是医院或者交响乐队，而非典型的制造企业。”

① Peter F. Drucker. “The coming of new organizations.” *Harvard Business Review*, 1988, 66 (1/2): 45 - 53.

“传统部门的职责将发生巨大变化，主要负责标准维护、人员培训和工作分配，而不具体处理事务。”德鲁克在论文中强调了坚持以人为焦点，在此基础上加上信息化的扁平式组织结构的“以信息为基础的组织理论”，这种理论也可以称为注重人的自我实现的“柔性组织理论”（flexible organizational theory）。德鲁克强调：“企业，尤其是大型企业，将无可选择地以信息为基础……导致这种变化的还有经济学方面的原因，尤其是对大型企业的改造甚至重新创业。然而最终导致这种变化的还是信息技术。”德鲁克认为，这种以信息为基础的大型组织，将会“拥有更加‘扁平的’（flat）、等级更少的结构。”①

德鲁克（Drucker，1989）指出，知识社会的出现代表着人类社会发展史上一项史无前例的巨大变化，知识成为先进国家经济的资本，而知识工作者会决定社会价值与规范。② 在后现代组织中，管理原则、管理艺术、管理制度的游戏规则已经完全不同于从前，知识变成一种“权力话语”（a powerful discourse），它既能够再创造知识，又能够创造新的管理原则、管理艺术、管理制度。知识成了权力，形成一个新的约束、引导、控制模式。事实上，早在1959年德鲁克相信知识工作者终将取代蓝领工人成为工作场所的核心，企业必须是一个由平等者、同事和工作伙伴构成的组织，要求企业不能只是为了股

① Peter F. Drucker. “The coming of new organizations.” *Harvard Business Review*, 1988, 66 (1/2): 45 – 53.

② Peter F. Drucker. *The new realities: in government and politics, in economics and business, in society and world view.* New York: Harper Business, 1989.

东而管理企业——这一远见也日益为实践所证明。

应当看到，在20世纪90年代的经济衰退中，日本企业也不得不开始放弃德鲁克当年所支持的一些东西，比如终身雇佣制（the system of all lifetime employment）（Beatty，1999）。[①] 最后，德鲁克发现，在技术日新月异、市场竞争风云变幻的当今世界，企业的商业生命恐怕经常要短于个人的就业生涯。以日本为例，日本从20世纪90年代以来，长达十多年的景气低迷。然而，日本企业在战后最大特色的终身雇佣制，已经有结构性的改变。许多企业因为竞争的关系，难以给员工终身雇用的保障，甚至就业人口中有四分之一左右，是以短期派遣的方式雇用，明显地反映出就业市场的改变。因此，在新的历史时期，德鲁克提出了终身受雇能力（lifetime employability）这个概念：既然终身就业无从谈起，那么通过扩大教育来提高个人就业能力，就应是一项营造新生产力的基础性工作。[②] 对一般人来说，终身雇佣制即使政府与一些大企业可以提供，但以其追求终身雇佣制度，不如建立终身受雇能力更重要。这个趋势，不只在日本，在竞争多变的现代社会都免不了，而如何思考这个问题，已经是个人、企业与政府都要面对的问题。现在看来，人们对终身受雇能力的接受已远远超过了终身雇佣。

德鲁克强调，终身受雇能力是知识工作者永远立于不败之

---

① Jack Beatty. *The world according to Peter Drucker*. New York：Free Press，1999.

② Peter F. Drucker. *Peter F. Drucker on the profession of management* (Harvard Business Review Book Series). Harvard Business School Press，1998.

地的竞争优势。对个人来说，如果他的知识能力只能适用在一个特定的企业，他的受雇能力最狭窄。如果知识能力可以适用于一个产业，受雇机会就会扩大。当然，如果一个人的知识与能力可以适用于不同的行业，那这个人的受雇能力最广。所以，能够不断更新充实知识，对于一个人的受雇能力有直接的帮助。由于经济产业不断的变化，能够持续学习的人，自然就会有更好的就业能力，建立终身受雇的能力。终身受雇能力的建立要求一个人在知识与技能上的扩张，而缺乏学习的动机或诱因则是知识成长最大的障碍。当知识技能停滞时，结构性的失业随之增加。因此，社会需要提供诱因让个人愿意不断的学习。只要一个人愿意不断学习，增加就业能力，政府一方面可以透过税收，分享个人因为就业所带来的所得；另一方面，个人持续就业，政府社会福利的负担也可以降低。

在《纽约时报》专栏作家托马斯·弗里德曼（Friedman，2005）的一本畅销书《扁平的世界：21 世纪简明史》（The World Is Flat：A Brief History of the Twenty-first Century）中也强调，从“终身雇佣制”转型到“终身受雇能力”的经济体系，需要个人、企业与政府共同的责任。政府提供终身学习的诱因，企业鼓励员工参与学习，而个人努力积极的自我提升，透过这种合作方式，知识经济带来的成果才能社会分享，而减少知识鸿沟带来的所得落差。①

德鲁克建议知识工作者，不妨坐下来思考，回答以下两

① Thomas L. Friedman. *The world is flat*：*A brief history of the twenty-first century*. New York：Farrar，Straus and Giroux，April 2005.

个问题：（1）我需要学习什么，才能让知识符合工作所需？（2）关于我的知识领域，以及这些知识能够对组织和同事的工作有何帮助？他们必须知道、了解些什么？

在德鲁克的眼里，在未来社会中，知识工作者将会占到所有发达国家劳动力总量的五分之二。知识工作者是新“知本家”。知识将成为知识经济时代唯一的核心稀缺资源。这意味着在知识工作者群体的手中掌握着生产方式，同时又是传统意义上的资本家：通过手中的股票、养老基金和共同基金，他们实际拥有着知识社会的许多公司组织主要的所有权。知识工作者将自己视为与企业组织平等的“专业人士”，而不是传统意义上的“雇员”。知识社会是一个由不同资历的专业人士，而不是老板和雇员组成的社会。知识工作者以他们涉足的知识领域来建立自己的身份认同，他们在特定的机构中工作，但他们并不对这些机构有归属感。他们中的许多人对不同机构中从事同一种知识工作的人更有认同感，而不是对同一机构中从事不同知识工作的人有认同感。针对这种变化，彼得·德鲁克（Druker，1992）感慨地说道：“管理之道不在管人，而在管理知识。”①

在德鲁克看来，未来的社会是知识社会，未来组织都将充满着知识工作者。而知识工作者犹如游牧民族般地逐水草而居，热爱工作但不一定热爱组织，哪里有知识可以追逐，哪里可以享受成就感，就往哪里走。未来的人是独立而有个性的。

---

① Peter F. Drucker. *Managing for the future*: The 1990s and beyond. New York: Dutton, 1992.

劳动者身份的转变和员工工作性质的变化，要求组织必须寻求新的方法来激励和奖赏员工，提高必要的协作与信息沟通，并为员工的活动创造更好的条件。

德鲁克强调，知识工作者必须自我管理。知识工作者很可能比雇用他们的组织长寿。知识工作者的平均工作年限或许是50年，一家成功的企业，平均寿命只有30年。因此知识工作者一生至少必须换一次工作。这意味着，多数知识工作者必须自我管理，将自己放在能做出最大贡献的地方，也必须学会发展自我。我们必须知道何时要换工作、如何换工作，以及工作的方法与时机。德鲁克强调，这种自我管理是知识工作者因应社会变动的办法。

3. 德鲁克的管理学强调了在现代主义中萌生后现代精神

今天，人类社会已经进入知识经济时代，特别在企业组织管理领域内，正在经历一场自现代产业革命以来从来未经历过的极其深刻的变化。正如从传统农业社会向现代工业社会转化一样，正在出现的知识经济的新事物将会改变组织和个人职业生活中彼此作用的方式。旧的组织和管理方法不适宜解决知识经济时代出现的新问题。组织环境的演化和管理理论研究的结果产生了新的更为灵活的管理方法，这就需要运用新的理论范式去描述和表达管理和组织的概念。

德鲁克创立了现代管理学，但现代管理学却在后来的历史进程中遭到重重狙击。首先遭遇了管理学界内部持不同政见者非难，德鲁克就是其中持有强烈后现代思想的代表人物，可以这样说，管理学的后现代精神萌生于现代主义的范式中。最具讽刺意味的是，作为现代管理学奠基人的德鲁克，却是管理学现代主义主流范式的不同政见者。

对于管理学向后现代管理（postmodern management）的转变，德鲁克是最早察觉到这一时代大转折的管理学家之一。德鲁克（Drucker，1959）早在1959年就提出了“后现代世界”（postmodern world）的说法[①]，早于法国著名社会学家、巴黎高级商业研究学院（école des Hautes études Commerciales，简称HEC）教授阿莱恩·托雷恩（Touraine，1969）[②] 和美国著名社会学家、哈佛大学社会学教授丹尼尔·贝尔（Bell，1976）[③] 构建“后工业社会”概念之前。德鲁克（Drucker，1959）写到：“过去20年来，我们走过了某个未命名的里程碑，而在不知不觉当中挥别了‘现代’（指19世纪末到20世纪初），进入一个尚未命名的新时代。”“我们生活在一个正在转型的时代，一个前后时代相互交错的时代。此时，昨日的旧‘现代’虽继续充当表达思想的媒介、期望的标准及传达命令的工具，但已经不再行之有效地运作了；而正在发展的‘后现代’尚缺乏定义、表现方式和手段，但是它已有效地控制了我们的行动及决定这些行动有哪些影响力。”[④] 事实上，德鲁克在《未

---

① Peter F. Drucker. *Landmarks of tomorrow*: A report on the new “post-modern” world. New York: Harper and Row, 1959.

② Alain Touraine. *La société post-industrielle*. Paris: Deno? l-Gonthier, 1969.

③ Daniel Bell. *The coming of post-industrial society*. New York: Basic Books, 1976.

④ Peter F. Drucker. *Landmarks of tomorrow: A report on the new “post-modern” world*. New York: Harper and Row, 1959.

来的里程碑：关于新的后现代世界的报告》一书中就提出了知识劳动、知识工作者、知识社会和知识经济等全新概念。[①]

德鲁克（Drucker，1989）后来进一步指出："所有组织必须做好抛弃现在所做一切的准备。"必须通过（1）对所有活动的不断改进，（2）对成功事物的应用推广，（3）连续的组织革新等不断地进行学习，才能够在知识社会中生存发展下去。无论我们是否愿意，只要我们的企业仍在 21 世纪里从事商业活动，就必须做出改变，否则，必将走向灭亡。[②]

在德鲁克对现代管理学与后现代管理理论的论述中，包涵着两个表面上相矛盾的基本方面：一方面，德鲁克努力把后现代管理理论统一于现代管理学的整体之中，另一方面他又反对现代的整体性，主张用后现代的重写消解这个整体性。德鲁克（Drucker，1998）在《管理的新范式》一文中指出：无论在理论上，还是在实践中，（传统的）管理所涉及的是法定实体，是单独的企事业单位。传统的管理概念是建立在命令和控制的基础之上。新的时代已经宣告"命令和控制的终结"。未来的管理必须是在其管理范围内起作用的，而不仅仅是法定的管理。因此，"我们所需的是重新定义管理的范围。管理必须涵盖全过程"，即企业的"整个经济过程"，而不仅仅是企业法

---

① Peter F. Drucker. *Landmarks of tomorrow*: *A report on the new "post-modern" world*. New York: Harper and Row, 1959.

② Peter F. Drucker. *Innovation and entrepreneurship*: *Practices and principle*. London: Heinemann, 1989, Ch. 2.

律边界之内的经营过程。[①] 德鲁克（Drucker，1959）写到："我们已经不再了解这样的问题：改变本身到底是好是坏？一开始，我们先改变当时被人们视为规范的东西。在这个过程中，我们并不认为秩序被改变了……我们认为改变本身就是一种秩序。事实上，时至今日，我们唯一能够理解的秩序，是一个动态的、不断向前进的、一直在改变的秩序。"[②] 于是，对于德鲁克的"后现代世界"作为一个混合概念的有效性，人们就有可能提出质疑："要理解一个概念是如何从一种媒介转移到另一种媒介常常是困难的……不同的作家将后现代……理解为与各种的、有时甚至对立的政治立场有本质关联的东西。"[③] 而德鲁克（Drucker，1959）认为："在我看来，与其创造未来，不如设法多了解未来，与其凭想象，还不如据实描述。"[④]

在德鲁克的思维中，从过去转向可以期望的未来，就会站在"旁观者"的位置上评判发生在组织及其管理世界中的各种各样的、无穷尽的事物。虽然不能够为组织及其管理事物之谜提供最终的答案，但随时准备用不断更新的答案来回答可能

① Peter F. Drucker. "The new paradigm in management". *Forbes*, October 5 1998, 152 – 168.

② Peter F. Drucker. *Landmarks of tomorrow: A report on the new "post-modern" world*. New York: Harper and Row, 1959.

③ Janet Wolff. "Postmodern theory and feminist art practice". In Roy Boyne and Ali Rattansi, eds. *Postmodernism and society*. London: Macmillan, 1990, 192 – 193.

④ Peter F. Drucker. *Landmarks of tomorrow: A report on the new "post-modern" world*. New York: Harper and Row, 1959.

产生的问题。

德鲁克的管理学倡导把管理理论当作“话语”（discourse），这些话语因历史而变化，因语境而变化，它不可能超出语言之外从某一实体那里获得它的意义，它们之间是不可通约的（incommensurable）。管理理论并没有一个终极的基础，管理理论的概括，仅仅是人类管理活动历史的说明和人们对真理认识的逐步呈现，每一个方面只是具体发展阶段中的管理学特定话语。没有一个理论范式，也没有一批这样的理论范式可以称得上是终极性的。

德鲁克的管理学强调叙事的合理性。对管理学来说，论证性的表述和依靠逻辑性构筑的表述，都需要叙事作为一种天然的黏合基础。叙事本身就是管理学的人本性和精神价值的内在要求。德鲁克（Drucker，1959）呼吁，在后现代社会，应使人回归到精神价值上来。这里，德鲁克向我们展现了他强烈的宗教情怀：“必须重申人不单单是一种生物和心理存在，而且是一种精神存在；他是一种造物主所创造的生灵，以造物主为其存在的目的，并且受造物主的支配。”①

从根本上讲，德鲁克管理学强调的核心就在于把人们从现代理性范式的束缚中解放出来，使人们对理性教条有一个清醒的认识，不做理性教条的奴隶，作自己的主人，自己去分辨真假、善恶，而不受理性的束缚。从这个角度来，德鲁克的管理学强调的最大贡献在于扭转了我们的思维定式，拓展了我们的

① Peter F. Drucker. *Landmarks of tomorrow*: *A report on the new “post-modern” world*. New York: Harper and Row, 1959.

思维视野。

4. 德鲁克的管理学强调了对21世纪管理学的再造

德鲁克特别擅长从管理学的每一个观点或每一个体系内部找出自相矛盾的因素。这些自相矛盾之处一经暴露出来并孤立地看，就可以发现每一个体系都存在着对自身的反驳，每一种观点都是不完美的、不完整的、不一致的和不能够自成体系，而且带有一定程度的自我解构性。例如，管理科学学派强调对理性和追求效率，然而我们面对的一个巨大悖论是：被泰罗奉若神明的“科学管理”就是追求效率的原则所带来的物质利益，我们每天都在享受，但我们始终痛恨、抵制、反抗效率崇拜给所有劳动者所系上的心理锁链。这里，德鲁克的管理学给了我们一个重大的启发，在我们构筑一个理论体系时或我们试图用某种理论阐释某个领域的问题时，需要认识其中的矛盾因素，认识某些理路存在的问题。我们必须坦然承认，这些不仅存在，而且我们目前可能无力解决，我们无法为自己的理论提供绝对的不容置疑的证明。

管理学是一个极广的范畴，德鲁克（Drucker，1999）在《21世纪管理的挑战》一书中写到：“许多人一谈到管理，以为就是企业管理，其实不是。管理最早是用在非营利机构或非营利组织（non-profit organization）。”“因此我们很有必要大声疾呼，管理不等于企业管理，正如医学不等于妇产科一样。”①

① Peter F. Drucker. *Management challenges for the 21st century*. New York：Harper Press，1999.

但从企业组织层面看，管理学研究可以分为两个方面或两类基本问题来展开的：一是企业组织的活动方向问题；二是企业活动的组织问题。

令人诧异的是，对企业、大学、医院、军队、实验室或政府机构的各项工作进行协调，如此重要的工作人们竟然不知道他们无时无刻不在做的这种事就是“管理”，这情况就如我们无时无刻不在呼吸空气，却不觉得空气存在一样。首先指出这一“视而不见”的现象，并将这种活动发展为系统化的知识的，既不是弗雷德里克·温斯洛·泰罗，也不是亨利·法约尔，而是德鲁克。更具体地说，目前我们所了解的现代管理学的启蒙著作，是奠基于德鲁克于 1946 年所出版的《公司的概念》这本书。[①] 这本书的著作是基于德鲁克深入观察通用汽车公司这一企业机构的实际运作后，将其中的“管理”活动予以观察和分析，写成专著，从此才让世人对于管理活动获得一个全面而透彻的认识。由于这一缘故，无怪乎汤姆·彼得斯（Peters，1992）声称，在德鲁克之前并无管理学的存在。正是这本书建立了当时尚未为人所知且还没有人教授的“管理”学科，也开启了近 30 年的管理热潮（management boom）。[②]

作为当代西方影响最大的管理学家德鲁克在管理哲学、企业经营、管理原理、非营利组织的管理、组织结构、高层管理

---

① Peter F. Drucker. *The concept of the corporation*. New York：Transaction Publishers，1946.

② Tom J. Peters. *Liberation management*：*Necessary disorganization for the nanosecond nineties*. New York：Alfred P. Knopf，1992.

等方面都有较深的研究和独到的见解，所涉及的问题涵盖了两类基本问题。但是，这两类基本问题就其研究方法和理论范式所展现的特征是不同的。作为企业组织的活动方向问题，往往是企业经营问题和高层管理问题（当然也包括管理理念和经营哲学），属于组织的战略问题，具有非结构化的特征；而企业活动的组织问题，属于各项具体的管理职能问题及其结构的设计问题，具有结构化的特征。德鲁克研究的侧重点应该是前者，虽然他们对后者有所研究，但相比而言他研究的重点显然是企业组织的活动方向问题。

正因为如此，德鲁克强调对管理学的再造必须以个人再造为起点。德鲁克强调，仅仅是企业组织的再造是不够的，必须以个人再造为起点，实现企业组织的再造、社会的再造和政府的再造，即整个社会的全面再造。再造的目标很明确：个人再造主要是指知识工作者必须学会个人对自己职业生涯负责，并承担起社会责任。德鲁克坚信，只要西方文明本身还能生存下去，那么经理人员就始终的基本的和支配性的力量。德鲁克强调指出，工业化国家的经理人有责任向员工灌输这种个人再造的观念，将他们转变成社会的贡献者。企业组织必须通过再造克服持续成功的障碍。政府再造的目标是建立小而强的政府，社会再造的目标则是依靠非营利性组织重建社区。[①] 德鲁克（Drucker，1979）在多年后所写的自传《旁观者的历险》一书中说道："在我有关管理的全部作品中……我认为自己有关自

---

① Peter F. Drucker. *Post capitalist society*. New York：Harper Business，1993.

我管理型工厂社区的思想，以及有关负责任员工的思想，都是最重要、最原创的思想。”①

德鲁克生前的最后一篇论文是发表在《哈佛商业评论》2005年1－2月号上的“管理自我”（Managing oneself）。在该文中，德鲁克（Drucker，2005）再次强调，知识经济来临后的成功是属于那些知道自身能力、价值和如何才能做得最好的人们。但是，随着机会的如期来临，今天的企业却不能管理他们员工的职业生涯。知识工作者必须有效地变为他们自己的行政长官。知识工作者在组织中待得更长久，同时也是流动的，因而对管理自我的需要产生了一次革命。②

5. 德鲁克的管理学强调了知识社会必须注重非营利组织的管理

一般认为，现代意义上的非营利组织（Non-Profit Organization，NPO）出现于第二次世界大战前后。③ 与非营利组织类似的词汇还有“非政府组织”（non-governmental organization）、“公民社会组织”（civil society organization）、“第三部门”（the Third Sector）④ 等。这些词汇的含义大同小异，在一定意义上

① Peter F. Drucker. *Adventures of a bystander*. New York：John Wiley and Sons，1979.

② Peter F. Drucker. “Managing oneself”. *Harvard Business Review*，2005，83（1/2）：100－109.

③ 若井　晋〔ほか〕編．“学び・未来・NGO”，東京：新評論サイズ，2001，（4）：33－34。

④ 第三部门是指除政府机构和营利机构以外的一切社会组织的总和。在我国，第三部门又被称为非营利组织、非政府组织以及民间组织等。

和上述词汇是相通的，可互换使用。

非营利组织是指不以营利为目的的各种社会机构。在西方国家，慈善机构是早期非营利组织的典型代表。20 世纪 70 年代以来，各种社会服务机构（service institutions）广泛兴起，这些机构后来被称为非营利组织或非营利机构，它们和政府机构一起被称为公共部门。社会服务机构多种多样，包括大学、医院、慈善机构、行业协会和各种民间组织。德鲁克认为，现代社会的发展是一个多元化和民间（公民）社会的兴起。因此，在资本主义制度下会出现的就是更多元、更民主的社会，而在政府与企业组织这两个大部门之外，“第三部门”，亦即“民间非营利组织”终将快速崛起。

德鲁克（Drucker，1994）认为，与任何社会发展的历史阶段一样，知识社会并不是一个完美无缺的社会。知识社会必然会面对一系列的崭新问题，同时会产生大量的新型组织机构，这一切都将给管理者带来新的挑战。[①] 德鲁克关注的是在知识社会中传统的家庭和社区已难以承担越来越复杂的社会责任，究竟谁来关心和承担社会任务这个问题。在德鲁克看来，由政府来解决和由企业来承担社会责任这两种办法都不行。德鲁克认为，企业不能够做到的事情也许非营利组织能够做到，在解决知识社会的各种社会问题方面，非营利组织可能扮演更为重要的角色。按照美国约翰·霍普金斯大学莱斯特·萨拉蒙教授（Salamon，1993）关于非营利组织的定义，非营利组织

---

① Peter F. Drucker. *Crossover between the nonprofit and business sectors: Symposium report*. Tokyo, Japan: The Sasakawa Peace Foundation, 1994.

的特征有：（1）组织性；（2）非政府性；（3）非营利性；（4）自治性；（5）志愿性。[①] 在这一定义的5个特性中，非政府性和非营利性被公认为是非营利组织的基本特征，组织性被视为一个不言而喻的前提，这与德鲁克对非营利组织的概念基本一致。

德鲁克认为，非营利组织在运作方面会遇到许多困难和问题。非营利组织遇到的问题实际上就是管理问题，这些问题可以通过改善管理得到解决。德鲁克（Drucker，1978）在《非营利组织的管理工作》一文中提出："非营利组织还仅仅是一个新近出现的现象，但我们确实认为，非营利组织需要管理。"[②] 在此后20余年中，德鲁克致力于研究非营利组织的管理问题，发表多篇有广泛影响力的文章，并在1992年出版了《非营利组织管理》一书，对非营利组织的管理问题进行了全面总结。[③] 德鲁克（Drucker，1992）指出："40年前，对于非营利组织而言，管理还是一个'肮脏'的字眼。因为管理当时即意味着'商业'，非营利组织又以自己摆脱了商业主义的污秽，超脱了龌龊的'底线'（bottom line）[④] 束缚而感到自豪。现在，

---

① Laster M.？Salamon. *America's nonprofit sector.*？New York：The Foundation Center，1993

② Peter F. Drucker（1978）."Managing the non-profit organization." In Peter F. Drucker. The Changing World of the Executive. New York：Truman Valley Books，1982.

③ Peter F. Drucker. *Managing the non-profit organization：Principles and practices.* New York：Harper Business，1992.

④ "底线"（bottom line）是指企业损益表（The statement of income）的最下面一行，即税后利润或盈利。

大多数非营利组织都已经意识到，它们比商业机构更需要管理，原因恰恰是由于它们缺乏商业'底线'的束缚。当然，非营利组织致力于行善的宗旨没有改变，但是他们意识到善意代替不了组织和领导，代替不了责任、绩效和成果。若要取得这些要素，都离不开管理，而管理要从组织的使命出发。"①

德鲁克（Drucker，1978）指出，管理不是利润的附庸，而是所有组织的首要功能，而不论这个组织的目标是什么。"管理"是提高经营业绩的最有效手段，"利润"只不过是检验业绩的一个标准。所有组织都需要管理，当然也就都需要对组织目标负责的管理者。虽然不同组织管理者称谓不同，如在学校和医院他们被称为行政人员，在政府部门被称为高级公务员，但是他们所从事的工作性质是一样的。②

德鲁克强调，非营利组织必须有明确的使命，这是有效管理的基础。要想提高运作效率，一个组织首先必须确定衡量工作效率的标准。非营利组织既然也是利用社会资源为社会提供服务，理所当然应该考虑经济上的合理性，它也必须规定工作绩效及衡量标准。③ 虽然我们对非营利组织的发展抱持一定程度的乐观，但德鲁克却冷静地提醒到，这些愿景能否成真，关

---

① Peter F. Drucker. *Managing for the future*：*The 1990s and beyond.* New York：Dutton，1992.

② Peter F. Drucker（1978）．"Managing the non-profit organization." In Peter F. Drucker. The Changing World of the Executive. New York：Truman Valley Books，1982.

③ Peter F. Drucker. *Peter Drucker on the profession of management.*（Harvard Business Review Book Series），Boston，Massachusetts：Harvard Business School Press，1998.

键因素将是要让知识不仅拥有权力和财富，更要有责任和道德。他强调指出："知识分子必须负起责任，他如何接受这种责任，如何行使责任，将决定知识的未来，最后甚至可能决定知识是否有未来。"

德鲁克认为，非营利组织的管理可以成为营利组织学习的榜样。德鲁克一针见血地指出："我们的非营利组织正在成为美国管理方面的先驱。在战略和董事会的有效性这两个领域，他们正在从事绝大多数美国企业还停留在嘴上的活动。而且在最关键的领域，即调动知识工作者的积极性及提高其生产力方面，他们是真正的先驱者。他们制定的政策及其实践是企业界明天必须加以学习的东西。"①

6. 坚持"以问题为导向，以案例研究为基础"的研究路线，强调管理学的实践有效性

在德鲁克看来，管理学应当是从管理实践者们视角看到的世界，是对他们在变化的管理环境下的感觉所做出的响应，向他们提供价值系统（value system），用以解释现实、作为行动的基础和约束行为的伦理限制，赋予工作、财产、管理、效率、绩效、质量、卓越、创新和知识等管理概念意义。因此，管理学研究就必须坚持"以问题为导向，以案例研究为基础"的研究路线，这样才可以使管理学保持高度的实践有效性（Effectiveness）。

① Peter F. Drucker. *Peter Drucker on the profession of management.* (Harvard Business Review Book Series), Boston, Massachusetts: Harvard Business School Press, 1998.

德鲁克主张用一个比较不具有冒险性的或风险性较小的概念——理论的“经验适当性”（empirically adequacy）概念来代替真理，人们除了相信那些关于可观察的理论是适当的之外，其他方面统统都应当看作是信息知识而作为管理的参考。在德鲁克看来，管理学范式中的“知识”根本就不能称为“真理”，而是“信息知识”，它只有与特定文化背景下的具体管理问题相结合才具有知识和真理的特性；“事实”根本就不是“事实”，而是“迹象”，它是那些使用它们的人所赋予的意义。由于不同的人在不同的文化背景下对同样的“事实”赋予不同的意义，所以，管理学除了在“暂时稳定”和“在使用中不断构造”的意义存在之外①，一个不可避免的结果就是持续而长久的含义不明确。而正是在这一思想的支配下，德鲁克的方法论坚持“以问题为导向，以案例研究为基础”的研究路线，形成了与社会建构方法论不同的关于管理学知识发展的主张。

在这一点上，可以看到德鲁克给我们的启示，德鲁克迫使

---

① 托马斯·S. 库恩用的是“在使用中不断构造”说法，而组织行为学的主要代表人物美国哈佛大学教育学和组织行为学詹姆斯·B. 科南特讲座教授克里斯·阿吉里斯（Chris Argyris）用的是“使用中的理论”（Theories-in-use）这个词，二者具有异曲同工之妙。参见：What is the meaning of *Theories-in-use*? Theories-in-use are Theories of Action that can be inferred from the way individuals act. What people do is consistent with the Theory in use they hold, albeit inconsistent with their espoused Theories, on the basis that what people do is not accidental. Rather, individuals design their Actions and are responsible for the design. See Chris Argyris. *On Organizational Learning*. Oxford, Massachusetts: Blackwell, 1992, 216－217.

我们思考符号后面的东西，考察理论范式适用的社会人文环境条件，洞察我们语言的肤浅性和惰性，使我们注意到我们所使用的话语对我们所看到的组织及其管理世界所具有的影响，使我们注意到管理学从理论范式走向实践操作的递归条件和难度。

被称为企业英雄的英国帝国化学工业公司（Imperial Chemical Industries，ICI）前董事长约翰·哈维－琼斯（Harvey-Johns，1993）认为："困难在于永远也不会有一个万灵管理法来解决所有的问题，也没有一种无所不包的系统能使组织对付每种特殊情形和时刻……经理人员的技巧体现在熟知一切……并能选择适合于他的组织所面临的状况和时机的那套方法"。[①] 哈维－琼斯的这段话，对我们这些德鲁克的门徒来说，简直就是福音。

四、本章小结

德鲁克从来没有想过要设立门户和流派。当然，更重要的原因是"格格不入"的和特立独行的德鲁克坐标以及其中的那些维度早就已经决定了他绝不可能在任何门户和流派里面画地为牢。因此，德鲁克坐标是开放的、变动不居的，它随时准备接纳新的维度，考量新的东西，犹如婴儿的眼睛，总是等待

① John Harvey-Johns. *Managing to survive*. London：Heinemann，1993.

新的发现。

事实上，德鲁克坐标和维度的核心都是各种理论范式的基本假设。德鲁克（Drucker，1999）指出："社会科学对事实有其自成一体的基本假设。这套假设构成了这门科学的范式，管理学也是如此。在这个领域中的学者和实际工作者视这些基本假设为主题。同时这些假设也决定了对于这一领域关注的焦点，大体上决定了他们忽视或重视的部分。"①

在我们看来，德鲁克坐标和维度实质是管理思想在不同的历史时期、特别是在知识经济时代的再启蒙，德鲁克所主张的如消除传统权威的合法性、绝对的结构化管理原则和绝对真理并不存在、知识再生产知识、对知识工作者的管理和知识经济时代应当重新认识对知识工作者的劳动再培训等，都是与启蒙思想有关的。

我们认为，正是出于这个基本的理解，德鲁克思想在今天仍然未能得到整体性的处理和评价。断章取义和肤浅的"德鲁克语录"或"德鲁克生平介绍"式的德鲁克研究，并不足以构成德鲁克坐标和维度。在我们看来，问题并不在于是否建立"德鲁克坐标和维度"的学术视野，也不在于怎样建立"德鲁克坐标和维度"，而是在于我们是否错过了一个管理学认识论调整的契机。

随着德鲁克的逝世，在西方和中国的管理学界相继出现了对于德鲁克的关注，但是它尚未发展为对已有的管理学认识论

---

① Peter F. Drucker. *Management challenges for the 21st century*. New York：Harper Press，1999.

的调整。今天，与其说人们认识了德鲁克，毋宁说德鲁克的思想正在被收回到已有的管理学知识框架之中。这个框架，看似进化论的框架，它使得学者们误以为自己与德鲁克一样处于历史的最高点，可以居高临下地审视和点评前人的一切，包括德鲁克的一切，而不必考虑前人或德鲁克在历史进程中所做出的各种选择与决断。这个框架的缺陷，不仅仅导致了对德鲁克认识的概念化与意识形态化，更严重的是导致了现实认识的观念性。

管理学就是管理思想发展史，对德鲁克坐标和维度的认识方式总是与思考管理思想发展史的方式互为表里的。对德鲁克坐标和维度的认识不清楚，对现实的组织及其管理世界的认识同样也是不清楚的，其结果只能是固守那些不变的“德鲁克结论”。

阅读德鲁克的著述，我们会发现他的真知灼见并不表现为指点组织及其管理“应当如何”，并不表现为给管理实践开药方，而是表现为对组织及其管理变革和历史流动性的高度敏感。德鲁克试图给现代组织及其管理勾勒一个充满了不确定性因而又充满了转化契机的轮廓，并力求确认那些有可能使组织及其管理更具有理性的转化要素，这使得我们获得了得以观察复杂的组织及其管理进化的坐标和维度。

事实上，德鲁克坐标和维度与构建中国本土管理学发生关联，其重要的原因是“中国管理学”的发展的基本出发点需要置于德鲁克坐标和维度的脉络中进行考察。如果我们认为德鲁克坐标和维度是一个发展中国本土管理学的捷径，并且中国组织的管理不可避免地需要置于德鲁克坐标和维度中进行考察，那么德鲁克坐标和维度的一系列理念、一整套价值观念和历史发展的设定，就必定会成为中国管理学发展的参照系。

毋庸置疑，德鲁克坐标和维度和其意识形态工具塑造了我们对管理学的理解和对管理的分类形式。德鲁克坐标和维度潜移默化地把我们的生活变为学习有关对效率的追求、对人性的解放、对创新的赞许，或对组织及其管理效率低下的羞愧和愤恨等态度的培养。从这个意义上说，德鲁克坐标和维度是中国组织及其管理发展的“未竟的事业”，我们还需要补上这一课。我们认为，研究、借鉴德鲁克坐标和维度可以使我们得到启迪，使我们注意超越西方管理理论的现代性与后现代性，避免有关的矛盾与问题，这对中国的管理学学科体系建设和管理实践，又是很有理论价值与现实意义的。

第三章
德鲁克实践性管理思想解读

管理学缺少了管理实践就成了空中楼阁；管理实践缺少了管理学的理论阐释，不过是一幕幕的故事。建立在管理实践基础之上的德鲁克管理学，是管理实践与理论阐释交相辉映的管理学，是真正的概念化、理论化和充满时代精神的管理学。德鲁克实践性管理学理论，不仅仅是一种纯粹的思想，还提供了管理实践的现实问题的一种解决方案。也许这种解决，远远看来只是一时的权宜之计，或是一种冲动和一种象征，但是，却及时暴露了特定历史语境塑造特定形态的德鲁克管理思想的秘密所在。

一、德鲁克实践性管理思想概述

并非只是德鲁克才对管理实践充满激情，许多管理学家和管理实践者都有这种激情。但激情并不一定具有现实的实践意义，当充满激情的管理学著作变不成具有实践指导意义的时候，那种激情并不能有效地传递给管理实践者，而只能递归和自反（recursive and reflexive）给他自身，就像自恋狂那样。

（一）德鲁克实践性管理学著作概述

在管理学文献中，管理与管理理论的普遍主义原则（universal principle）是一个常见的假设。也就是说，管理理论提出的、表述的和预测的是一个稳定且普遍的抽象的管理世界。然而，管理理论如果有用，一定是既要随时适应所要顺应的特定文化背景和实践领域，同时又要在与其声称提出、表述和预测的现实关系上是递归和自反的关系，即能够重返实践。德鲁克的管理思想是能够重返实践的，它将一种实践意义的激情有效地传递给了管理实践者。他让“管理学”回到了日常生活场景，也让管理实践者在日常经验中发现了“管理学”。他的“管理学”把我们对日常生活最本质的感受呈现给我们，把那些原本就在我们眼前的真理重新传递给我们。

德鲁克并不缺少主流范式管理学家的理论功底和历史视野，甚至他的欧洲人文背景使他比其他管理学家更具良好的哲学基础，他与一般的管理学家不同之处在于他更注重实践，因而少了许多拘谨和多了几分底气，敢于尝试与创新，从而比其他管理学家有更多的选择与自由。他总是以自己的方式在一个崭新的领域磨炼和探索，施展身手，总结实践经验，伸张启蒙和给予理论解释。当然，德鲁克最为重要的一点在于作为一个管理学家的历史责任感、情结和兴趣，这在很大程度上决定了他对研究课题的选择、深入与拓展。实践情结（practice complex），让德鲁克写出了《管理的实践》（The Practice of Management）和《管理：任务、责任与实践》（Management：Tasks，Responsibilities，Practices）等一系列诸如此类的实践性极强的优秀作品。在具有强烈的理论感染力和对现实管理实践问题回应的同时，也成为这些管理实践领域的开篇之作或范本。

一般来说，德鲁克管理学著作可以分为两类，第一种是对新经验的全面阐释和整合，以使个体行动产生普遍意义。第二种是对组织及其管理案例的经验类推，也就是对组织及其管理案例从经验层面进行解构和评价。

德鲁克的第一类“管理学著作”，对新经验的全面阐释及其所产生的管理学意义，可以称之为“泛管理学著作”。这里的“泛”不是“泛泛而论”的“泛”，而恰恰是一种涉及更基础、更深层面、更具有思想性的管理学著作，也可以说是一种外延扩大了的管理学著作。因为它涉及思想自由和行动自由在管理实践领域的显现形态，以及管理实践者个人行动与组织秩序之间的紧张而复杂的关系。狭义的“管理学”总是忽略或删除这些行动所导致的经验，当然也包括各种狭义的“管理学”无法利用和使其显性化的经验和隐性知识。而且，被异化的管理学家和管理实践者对这种经验和隐性知识常常是视而不见，或者说对新经验的感受力坏死。

因此，激活某些经验，恢复人们行动自由的感官机能，是扩大管理实践领域的话语自由和行动自由的重要手段。事实上，新感受力和新经验的产生，本身就是一种具有管理学理论色彩和实践意义的事情。这一类著作，是德鲁克管理学全景式或百科全书式著作的主要内容，如《工业人的未来》《公司的概念》《管理的实践》和《管理：任务、责任与实践》等。

在德鲁克第一本管理学著作《工业人的未来》一书中，他率先提出管理的重要性，指出现代社会将是一个由组织构成的社会，企业组织终将会成为工业社会的主体，在组织及其管理体制中不但要实现管理的原则，也要兼顾个人的地位和功能。这时的德鲁克已经意识到，他研究的兴趣及写作的重心都专注在企业管理方面，而实践经验对他的理论构建具有非同寻常的意义，他深深地企盼能有机会到大企业亲身体验，以实践经验印证他的理论。

二战期间的 1942 年，德鲁克还是位于佛蒙特州本宁顿学院（Bennington College）的政治学与哲学教授。幸运之神的眷顾，当时他写的《工业人的未来》一书引起了通用汽车公司的传奇人物、通用汽车公司总裁小阿尔弗雷德·斯隆（Alfred P. Sloan，Jr）的注意。斯隆被这本书深深地折服，于是邀请德鲁克到通用汽车进行调研，聘请德鲁克为当时全世界最大企业——通用汽车公司的顾问，请他研究分析通用汽车的公司政策和组织结构。尽管有人警告德鲁克，这很可能毁了他的学术前程，但是他还是欣然接受了这个邀请。这一机会对德鲁克而言，如鱼得水、如鸟翔空，于是德鲁克以通用汽车为对象花了 18 个月进行研究，针对工业社会的政治、社会结构以及工业秩序进行全盘性的研究。通用汽车公司管理层的原意是让其研究公司现行运营状况以及公司未来的经营战略，但德鲁克却以社会学家的眼光，着力研究了一个企业组织与社会组织之间的关系，一个企业如何才能承担起应有的社会责任。换句话说，通用公司期望通过德鲁克的研究，发现更大利润实现的渠道和可能，而德鲁克却“将企业视为一种为了满足社会需求和需要而将人们集合起来的组织”。这是双方根本观念上的冲突。他于1946年将心得成果编辑为《公司的概念》一书出版，对大企业的组织与结构有详细而匠心独具的分析。德鲁克后来说到，当时就好像他单枪匹马开始了探索“黑暗的管理大陆”的旅程。这让他成为现代管理学的开创者。

《公司的概念》是第一本把“管理”视为承担特定工作与责任、履行组织特定功能的著作。该书的重要贡献还在于，德鲁克在该书中首次提出“组织”的概念，从而奠定了现代组织理论的基础。《公司的概念》成为第一个试图描写组织实际工作情况、挑战、问题和原则的著作。因此，德鲁克成为第一位企业管理咨询顾问。正如德鲁克（Drucker，1997）自己所称的那样：“《公司的概念》并不是一本关于‘工商业’的书，这是一本将组织、管理、工业社会融为一体的书。”尽管这一“自我评价”是德鲁克于50年后写下的，但却是其50年前写作本书的初衷。按照德鲁克的价值体系，在本书中所透视的企业，不过是一个社会组织而已。所以《公司的概念》应当作“一本关于大型组织的书来读。”① 德鲁克“首次尝试揭示了一

① Peter F. Drucker (1946). *The concept of the corporation.* New York: Transaction Publishers, 1997. Preface.

个组织实际上是如何运行的，它所面临的挑战、问题和它所遵循的基本原理。”所以，关于“组织与社会的关系”的研究，应该是由德鲁克发端的。

德鲁克在《公司的概念》一书中归纳出来的大型企业组织机构设置的“分权化”（decentralization）原则、“事业部”（group）原则是在广泛深入的调查研究基础上提出的，是实践的结晶，这仍将是21世纪企业组织设计的基本原则。德鲁克在这本书中所做的并非是纯粹的管理实践总结，而是一种介于管理实践与管理学理论之间的探讨。《公司的概念》所揭示的是作为社会系统，而非经济组织的汽车业巨人之谜。德鲁克在这里所关注的重点，并不是管理学家的个人才能、价值判断能力和论证形式的特点，而是他们介入管理实践的权力能力，或者说独特的管理实践经验对管理实践者行动能力的激活功能。

1954年，德鲁克出版了《管理的实践》一书，从而奠定了现代管理学的基础，使管理学成为一门独立学科（discipline），这是20世纪诸多学科发展中最为重大的一项。在英国，这本书被冠以新标题《大管理》（The Great Management）出版。而德鲁克的解释是“管理概念和公司随之被看作是大众化的崇美主义。”德鲁克（Drucker，1954）在该书的前言中开宗明义地说：“经理人是充满动力、到处赋予生命的角色，是所有组织中不可或缺的要素。”在该书1985年版的序言中，他把这本书称为第一部“将管理学作为一个整体，第一部尝试将管理学描述为一种独特功能、将管理描述为一项特殊工作、将担任经理人描述为一种独特责任”的书。几乎没有人会对这样的评价提出异议。可以这样说，这本现代管理学的奠基之作现在还是惊人地贴近时代。

《管理的实践》主要以通用汽车公司（GM）、通用电气公司（GE）、国际商用机器公司（IBM）、西尔斯公司（Sears）、切萨皮克－俄亥俄铁路公司（Chesapeake and Ohio Railroad）、美国研究所（Institute for American Studies）、美国邮政管理局（The United States Postal Service，USPS）为研究样本，德鲁克以“管理企业、管理经理人、管理员工和工作”三项管理的任务，作为贯穿整本书的主轴和精髓，并以市场营销、创新、人力资源、财务资源、实物资源、生产力、社会责任和利润需求等八个关键成果领域，以我们的经营（事业）是什么、我们的经营（事业）将是什么、我们的经营（事业）究竟应该是什么等三个经典的问句，以及必须考虑成果与绩效，这是企业存在的目的；必须考虑在企业内部共同工作的人形成的组织；必须考虑外在的社会，也就是企业的社会责任等三个管理必须要考虑的问题为其内涵。德鲁克强调人的理想性、价值观及判断力，成了组织绩效表现的关键资源；他以管理的本质切入——就经理人的角色、职务、功能的认知及其未来面临的挑战，有着精辟独到的见解，掀开了管理本质的神秘面纱，强调了实践的重要性。《管理的实践》是一本关于管理性质、原则和企业管理理论的框架性著作。《管理的实践》的根本目的在于通过对管理原则、责任和实践的研究，探索如何建立一个有效的管理机制和制度。在该书中，德鲁克以西尔斯公司为案例，确定出了我们的经营（事业）是什么？我们的经营（事业）将是什么？我们的经营（事业）究竟应该是什么？以及企业的目标、成果与生产的原则。德鲁克以福特汽车公司为案例，阐述了“目标管理与自我控制”的有效性管理，同时也呈现出组织精神（即企业文化）的完整性。

对德鲁克的成就，时任全球第二大纸业公司 Crown Zellerbach 副总裁的亚历山大·赫伦（Alexander R. Heron）在《周六评论》（Saturday Review）毫不吝惜地给予中肯的赞扬：“那些认真研读过《管理的实践》一书的读者，无不欣然接受德鲁克宣扬的观念，就像是重新获得信仰一样……其他数以百计提出管理论述的作者，都应该感激德鲁克。他可以让这些人的论文相继失色……就这么一本书，他赋予这些作者朝同一方向全力以赴的意义，（并）促使他们对管理这个新领域，持续产生浓厚的兴趣。”① 管理学教授马罗·古林（Mauro F. Guillen）指出：“在 20 世纪 40 年代，德鲁克第一个揭示了现代企业已经发展成为高度复杂的组织，并且提出了组织企业架构的最佳方法，使得公司能够更加高效地运转。在大型工业企业领域，他的著作最直接，最有启发性。从我个人的角度来看，他最应该被记住的一句话出自他 1954 年出版的《管理的实践》一书：‘无论各个经理人如何出色，一个糟糕的组织架构不可能产生

① 事实上，亚历山大·赫伦（Alexander R. Heron）在 1954 年出版的著作《没有销售，就没有工作》（No sale，No job）一书中，提出了与德鲁克《管理的实践》中相同的观点。这就是如果企业不创造顾客，就没有销售，员工也就没有工作。德鲁克《管理的实践》第二十四章“经济层面”中引用了亚历山大·赫伦观点。见：Alexander R. Heron. *No sale*, *No job*. New York：Harper & Brothers，1954.

出色的业绩。'"① 《商业周刊》也毫不吝惜地给予高度评价："很少有人以经理人从事的工作为主题提出书面评论……如今身为老师及顾问是德鲁克，却以《管理的实践》将这一领域一网打尽了。就像艺术与科学领域的许多先驱者，他们后面一定会有更多的追随者。但现在看起来，这本书无疑是这一领域最杰出的一部，而且这样的地位势必将维持一段很长的时间。"

德鲁克后来在总结自己对管理学的贡献时说："早在60年前，我就认识到管理已经成为组织社会的基本器官和功能；管理不仅是'企业管理'，而且是所有现代社会机构的管理器官，尽管管理一开始将注意力放在企业；我创建了管理这门学科；我围绕着人与权力、价值观、结构和方式来研究这一学科；尤其是围绕着责任。管理学科是把管理当作一门真正的综合艺术。"

1973年出版的《管理：任务、责任与实践》进一步丰富和发展了《管理的实践》提出的思想，成了管理学的百科全书。德鲁克认为，书中所囊括的全部内容都来源于实践，是管理实践中最核心的东西；书中的系统知识、方法和技术是有效的，都已经得到了实践的证明和管理实践者的肯定；书中也尝试着概括出许许多多的"条理化的未知领域"（organized ignorance），即我们已经认识到自己需要新知识，但尚未拥有这些新知识的领域。德鲁克认为，经理人最重要的责任在于创造绩效。"经理人必须对其所管理的机构提供方向，思考机构肩负

① Farewell, Peter Drucker: A tribute to an intellectual giant. Published: November 30, 2005 in Knowledge@ Wharton.

的使命，为机构设定目标，并为机构应达到的绩效统筹资源。有效性，也是经理人取得个人绩效与成就的首要要求。”德鲁克（Drucker，1973）一再告诫，经理人做出的每一个决策、采取的每一项行动，都必须同时考虑到眼前的需要和长远的需求。牺牲任何一方，都会危及企业发展。① 他强调：“管理是一种实践（practices），其本质不在于‘知’而在于‘行’；其验证不在于逻辑，而在于成果；它的唯一权威则是实践成效。因此，管理学是一种使命、一种实践的综合。”②

在《管理：任务、责任与实践》一书中，德鲁克对创业精神有全新的阐释，他的诠释并不局限于自行创业的中小企业，而是广义地把“市场营销”和“创新”看成创业功能，一个企业不论大小，不论是新创企业还是成熟的企业，必须在这两方面都有良好表现，才可说是具备了企业家精神。

德鲁克的第二类“管理学著作”，即对组织及其管理案例的经验类推，将现实状态与理想状态相对比，并指出这些经验的时代特性。这类经验类推的代表作品是《成果管理》《卓有成效的管理者》和《创新与企业家精神：实践与原理》等。或许还应该算上《德鲁克论亚洲：德鲁克与中内切的对话》和《21世纪管理的挑战》。

在德鲁克长期的企业管理咨询顾问的职业生涯期间，他的

---

① Peter F. Drucker. *Management*: *Tasks*, *responsibilities*, *practices*. New York: Harper and Row, 1973.

② Peter F. Drucker. *Management*: *Tasks*, *responsibilities*, *practices*. New York: Harper and Row, 1973.

观察与积累使他发现经理人怎样认识自己是一个非常重要的问题，这也是经理人能否成功的关键。事实上，德鲁克开始研究"卓有成效的管理者"可追溯到二战期间。多年后，他才将他所做的观察加以综合。1959 年，他的一位朋友、时任美国计划总局副局长的托马斯·莫利斯（Thomas D. Morris）[①] 曾邀请德鲁克为联邦政府高级官员作一次专题讲演，讲述关于管理者工作的成效性问题。那次讲演，德鲁克自认为是些浅显的道理，内容也是显而易见的平凡事实，可那些经验丰富的高官们却都认为是崭新的创见。此后，德鲁克对这一论题进行有计划的研究，诸如：什么是卓有成效的管理者所做而一般人所不做的，又有些什么是一般人常做而有效的管理者所不做的。对于一个类似于古希腊奥林匹斯山（Olympus）[②] 阿波罗（Apollo）

① 托马斯·D. 莫利斯（Thomas D. Morris），1959 年时任美国计划总局副局长，1961 年升任美国国防部部长助理（Assistant Secretary of Defense）。

② 奥林匹斯山（Olympus）是希腊神话的载体，而希腊神话是希腊艺术的土壤，希腊神话包含着人们对自然奥秘的理性思索，它蕴育着历史和哲学观念的萌芽。奥林匹斯山坐落在希腊北部，接近萨洛尼卡湾（Salonika Gulf），是塞萨利区（Thessaly）与马其顿区之间的分水岭。其米蒂卡斯峰，高 2917 米，是希腊全国最高峰。奥林匹斯山古希腊人尊奉为"神山"，他们认为奥林匹斯山位于希腊中心，而希腊又居地球的中心，于是奥林匹斯山也就是地球的中心。那些统治世界、主宰人类的诸神就居住在这座高山上。古希腊人信奉的诸神众多，包括有主神宙斯（zeus）、天后赫拉（Hera）、海神波塞冬（Poseidon）、智慧女神雅典娜（Athena）、太阳神阿波罗（Apollo）、月亮与狩猎女神阿尔忒尼斯（Artemis）、谷物女神德墨忒尔（Demeter）、火神赫淮斯托斯（Hephaestus）、战神阿雷斯（Ares）、众神使者与亡灵接引神赫尔墨斯（Hermes）、灶神或家室女神赫斯堤亚（Hestia），有时也包括酒神狄俄尼索斯（Dionysus）和英雄赫拉克里斯（Heracles）。

神殿石柱上刻着的“认识你自己”（know thyself）这样的睿智话语和哲学命题，德鲁克将其转化为经理人怎样认识你自己和怎样认识你自己的时间这样一个实践性命题和经理人的“座右铭”，这就是经理人在有限的时间里如何追求效率的问题。

1966年出版的书名饱含深意的《卓有成效的管理者》一书强调了对组织负有责任，能影响组织经营成果的人，就是经理人。德鲁克开宗明义地指出：“经理人的工作就是追求效率”。德鲁克（Drucker，1966）王婆卖瓜似地评价到，这是“第一本也仍然是唯一一本有关经理人或管理者需要有何种行为的书”。[①] 经理人的工作必须是卓有成效的，而卓有成效是可以学会的。如此一群平凡的人，就可以做出不平凡的事。德鲁克认为，没有一个有效经理人是天生的，他们之所以有效只是由于在实践中学会了一些有效的管理习惯。经理人的存在不是为了显示特权和高人一等，他没有光环与虚荣，他首先意味着“责任”，这个责任就以追求卓有成效为目标，致力于带领整个组织或者团队穿过不确定性的海洋走向成功的彼岸。[②]

事实上，在日益激烈的竞争环境下，每一位经理人都可能为自己能否胜任、能否有效而感到苦恼、担忧。德鲁克的忠告是：一开始就要做正确的事，而不是还过得去的事。“每个人到最后都会妥协，要是不知道什么是正确的事，就无法分辨什

① Peter F. Drucker. *The effective executive*. New York：Harper and Row, 1966.

② Peter F. Drucker. *The effective executive*. New York：Harper and Row, 1966.

么是正确的妥协，到最后往往就会做出错误的妥协。”①

德鲁克以他对管理的深刻理解和对实践经验的总结给每一位经理人提出了切实可行的建议：“重视目标和绩效，只做正确的事情”；“一次只做一件事情，并只做最重要的事情”；“经理人的贡献在于创造新思想、愿景和理念”；“注重高层经理人出色的绩效和正直的品格”；“经理人一定要知道增进沟通的重要性”；“记录和分析好自己的时间记录”；“把眼光集中在自己的贡献和价值上”；“充分发挥别人的长处”；“要事优先”；“善于做出有效的决策”。这些实践性极强的处方将推动每一个经理人走向卓有成效。德鲁克的这些表述看似平淡无奇，实质上需要有一定管理实践经验的管理学家才能提出来的，是实践经验的高度概括和总结。这些观点深入浅出，以力透纸背的深刻性总结了管理的成效性，真可谓是入木三分，一经反复咀嚼，更能体会到甘甜无比，回味无穷。

从严格的学术标准看，德鲁克的《卓有成效的管理者》算不上学术著作，最多只能算作是一种管理箴言（managerial maxims）。但它使管理回到了实践者的身边，将人们每天面临的问题进行归纳和总结，具有很高的应用价值和指导意义。尽管 40 年过去了，德鲁克的简约而平实的管理思想依然历久弥新，润泽后人。

在《成果管理》的前言中，德鲁克（Drucker，1964）旧瓶装新酒地说道：“这是一本教人们做什么事的书。它探讨的

---

① Peter F. Drucker. *The effective executive*. New York：Harper and Row，1966.

是任何企业为创造出经济绩效和经济成果而必须执行的经济任务。”“本书吸收了一位资深顾问的实践经验，他曾经在各类和各种规模的企业担任顾问。本书论述的所有观点都经过检验，而且现在还在真正的企业中得到了有效应用……本书讨论的是实践，而非理论。”①

案例的经验类推需要长期的观察与积累。早在 20 世纪 50 年代中期，德鲁克在纽约大学教授管理学的时候，他每个周末都和他的学生以及企业家一起研讨创新和企业家精神。德鲁克（Drucker，1985）回忆到：“那时，有两年时间，我在纽约大学研究生商学院主持一个研究小组，每周集会一次，就创新与企业家精神进行长时间的研讨。这个小组的成员包括一些刚刚开始创业的企业家，其中不乏成功人士；另外还包括现有机构（大部分规模较大）的中层管理人士。这些机构各不相同，其中包括两所大医院、IBM 公司、通用电气公司、一两家大银行、一家证券经纪公司、几家杂志和书籍出版公司、几家制药公司、一家全球性慈善组织、纽约天主教大主教管辖区以及长老会等。在那两年的时间里，这个研讨会所发展出来的概念和思想，都已由研究小组成员每周用他们自己机构中的亲身经历加以验证。我在随后长达 20 多年的顾问生涯中，继续对这些概念和思想加以验证、确认、提炼和完善。”② 德鲁克 1985 年

---

① Peter F. Drucker. *Managing for results: Economic tasks and risk-taking decision.* New York: Harper and Row Press, 1964.

② Peter F. Drucker. *Innovation and entrepreneurship: Practices and principle.* London: Heinemann, 1985. Preface.

出版的《创新与企业家精神：实践与原理》一书，就是他35年的管理学教学和企业咨询的经验结晶。在这本书中，我们可以清楚地看到，他不但继承了他老师熊彼特的创新理论，而且还把创新发展成为大众可以学习和实践的工具。

德鲁克在世纪转折之际献给读者的《21世纪管理的挑战》这部著作，利用了大量的经验数据和案例分析了21世纪头几十年间世界经济、社会和文化领域将会出现的几个主要趋势。这些趋势包括人口老龄化、知识工作者队伍的崛起、信息技术的普及和边缘化等，这些趋势将给管理理论与实践带来深刻的影响。德鲁克的预测，不仅是基于对欧洲印刷革命以来西方社会五百多年的历史经验的总结，而且也建立在自身五十多年来在欧美管理理论和实践前沿的亲身历练和经验的基础之上。

可以这样说，德鲁克的研究涉及非常广泛的领域，他在每一个时期的研究命题都与管理实践的需要密切相关，每一部著作的内容、体例和写作风格都根据现实实践需求和管理实践者理解的需要来精心剪裁和安排，以使管理实践者能够准确地把握和理解其精髓。

（二）实践效果是检验管理理论的真理标准

在现代管理学主流范式的研究中，虚构理论世界的建筑术首先是描述出未来的美好蓝图，然后再确定未来与现实实践的逻辑联系，现实的真实性要由未来蓝图进行筛选，现实的价值性就变成了泾渭分明的二元对立，一部分符合未来模型的变成了正值，另一部分自然成为负值。这里，会出现一个最大的问题，那就是理论能否能够重返实践。作为一个对生活充满激情的管理学家，德鲁克并不认同这种主流范式的研究。

从某种意义上说，德鲁克继承了英国经济学家、哲学家大卫·休谟（David Hume）的传统，强调只有实践才是产生真理的来源。德鲁克注重管理实践，强调在实践中感悟管理真谛。德鲁克指出："人类历史上所有曾经展现伟大精神的组织，都是借由实践而达成。美国最高法院可以让迂腐的政客转变为伟大的法官；美国海军陆战队和英国海军也借由实践，打造出著名的团队精神；世界上最成功的'幕僚机构'——耶稣会的精神也是基于有系统的实践。"①

德鲁克的管理学注重对企业运行中的实际现象进行剖析，强调通过实践为管理学发展提供新的方法论，而非削足适履的标准化条目或数学推导。他的研究强调了管理理论的实践性、递归性和自反性，指出管理理论要与人的理解相沟通，思想的传播应当与管理实践者的经验总结相联系，以配合他孜孜以求、拯世济事的古道热肠和智慧的芬芳。"管理是一门学科，这首先就意味着，经理人员付诸实践的是管理而非经济学、计量方法和行为科学。无论是经济学、计量方法还是行为科学都仅仅是经理人员的工具。但是，经理人员付诸实践的并非经济学，正好像一个医生付诸实践的并非验血那样。经理人员付诸实践的并非行为科学，正好像一位生物学家付诸实践的并非显微镜那样。经理人员付诸实践的并非计量方法，正好像一位律

① Peter F. Drucker. *The practice of management*. New York：Harper Press，1954.

师付诸实践的并非判例那样。经理人员付诸实践的是管理。”从这段话中我们就可以到德鲁克对管理学实践性的评价。

德鲁克所描述的是企业管理实践中存在的事实真相，这是建立在实践基础之上的，令我们感到震惊不仅仅是“事实”本身的魅力和价值，还有德鲁克强大的穿透管理真相的洞察力。德鲁克相信存在着一类与管理学虚构文本截然不同的“真实的”实践文本，管理学所孜孜以求的最高价值就是通过书写保存实践的“真实性”。管理学著作意味着“事实本身就是观点”，它也验证了德鲁克的一句名言：“管理就是实践”，这句话不仅体现在语言和文字中，更体现在管理学家的行动中。可以这样说，德鲁克的管理学是根植于管理现实上，而非纯粹抽象的原则和原理。如同在一九九七年三月十日《福布斯》（Forbes）杂志在一篇有关采访他的文章题目所称，他是“就事实论事”（Seeing Things as they Really Are）。[1]

跟上时代的步伐和参与社会实践，是德鲁克聪明过人的选择；有远见地审视时代的变革，是德鲁克大智慧的体现。德鲁克本质上是一个关注“社会实践问题”的思想家，具有揭示组织及其管理问题本质的思维力。他具有一个管理学家的历史责任感，同时有能力并有兴趣从纷杂的现象中发现关键命题，形成核心概念。这就是通过分析实践问题，发现其背后的东西来揭示组织及其管理的本质，为现代社会的发展指明方向。他

① Robert Lenzner and Stephen S. Johnson. “Seeing things as they really are.”（Interview with Peter F. Drucker）. Forbes, 10 March 1997, 159（5）: 122－128.

发现，现代社会是一个“组织的社会”，其运行是在“组织实体”之间进行的，而不是在“个人”之间进行的，这就成了“组织是社会的一个器官”的命题。推而广之，现代社会是由各类组织机构组成的，是一个所谓的“机构型社会”。组织机构是由“全体成员”共同构成的，而非由“各种生产资源要素”构成的；组织就是社会中的“一个社区”，组织成员就是社会公民，现代社会是一个所谓的“员工型社会”。

德鲁克关心组织及其管理的现实实践问题，这使他的管理学道路与传统管理学家并不一致。现代管理学的形式化倾向越来越严重，大部分管理学家难脱窠臼，而德鲁克则独具一格。从某种程度上说，德鲁克可能更接近社会科学的古典传统，即用平实的语言对公众讲话。这是亚当·斯密、大卫·休谟和卡尔·马克思的传统。德鲁克的语言文字功夫一流，早在德国《法兰克福纪事报》（Frankfurter General Anzerger）作为财经撰稿人时就练就了犀利和炉火纯青的文笔，自称是“新闻人”（journalist），自然明白管理学要想走得远，必须写得明白清楚。西方著名文化史大师、美国哥伦比亚大学罗塞斯历史讲座教授（Seth Low Professor of History）雅克·巴尔赞（Barzun，1968）① 这样评价到，德鲁克的著作是“难得一见的佳作，其结构铺陈如此完美，用字遣词如此流畅，让人阅读起来完全不

---

① 雅克·巴尔赞（Jacques Barzun，1907 – ），西方著名文化史大师，1907 年生于法国巴黎，1920 年随父抵美，进入哥伦比亚大学研读历史与法律。毕业后即留校执教，历任该校罗塞斯历史讲座教授，后曾任教务长、院长，同时为剑桥大学邱吉尔学院的荣誉研究员。雅克·巴尔赞以三十多部文化史和文化批评论著蜚声世界。

费力……每一页都是作者渊博学识与思想长期积累的结晶。”①

从《管理的实践》一书的写作开始，德鲁克非常关心管理学著作的实践作用，他常常会问这样的问题：这个概念的“金钱价值”是什么？他在其著作中轻视那些“只会为特定概念取好听的名字，并一味讨好读者”的管理学家。德鲁克强调，“效果”才是测试新概念最准确的标准，而且是唯一的标准。德鲁克反复在其著述中强调实用性的重要，这不仅成为他的招牌信条，更让他的管理学与实际第一线的经理人产生一种自然的亲和力。在直觉上，他对任何先验的世界观一向非常反感。但在他晚年的作品中这种观点开始有所修正。德鲁克认为，管理实践需要一个借助正确观念导向的外部世界来实现，而这个世界经历的每一个事件，都要受到来自不同角度观点的批判，从而使这个世界成为一个“不完美但还可以继续运作的”世界。

面向真实组织及其管理世界、用平实的语言写作以及深信实践效果是检验理论的真理标准，这让德鲁克离所谓的主流管理学越来越远。这表明德鲁克的实践理论，具有列宁所说的实践的品格，正如列宁所指出的那样：“实践高于（理论）的认识，因为它不但具有普遍性的品格，而且还具有直接现实性的品格。”② 普遍性的品格是实践与理论共同具有的，不仅理论

① Jacques Barzun. *The American university*：*How it runs*，*where it is going*. New York：Harper and Row 1968.

② 列宁．“哲学笔记”，载于《列宁全集》．第 55 卷，北京：人民出版社，1990 年，183 页。

具有普遍性的品格，实践也具有普遍性的品格。

毫无疑问，作为一个公共知识分子（public intellectual），德鲁克的思想是非常深刻的，这当然与德鲁克的个人经历有关。实际上，德鲁克关心组织及其管理的现实问题还受到凡勃伦作品的影响。德鲁克认为美国经济学家凡勃伦的经济学强调对人的复杂行为动机的把握，这需要通过加深对现实实践问题的认识才能更好地把握。从德鲁克“引导消费、创造顾客”理论对凡勃伦（Veblen，1899）《有闲阶级论》（The Theory of the Leisure Class）① 思路的传承来看，有一定的道理。德鲁克通过对技术发明、广告、促销等手段的观察，发现生产商的技术发明、广告、促销等使消费者出现迷失，最终成了生产商的俘虏，而是生产商在引导消费，自己创造了顾客。

（三）德鲁克的实践性管理思想扩大了管理学边界与影响力

德鲁克以丰富的人生阅历、洞烛入微的观察、匪夷所思的构思、鞭辟入里的剖析、旷世奇才般的文笔和一种极具个性的“管理学叙事写法”，将“管理学”概念的边界扩大了，比如感性经验中的管理学、语言符号体系中所建构的管理学、被理论所遮蔽的实践形式中或经验形式中的管理学，等。德鲁克（Drucker，1979）所追求的是能够让管理学成为“整个人类价值与行为，及整合社会秩序与求取知识的一种学科（discipline）”，一种“以经济学、心理学、数学、政治理论、历史

① Thorstein B. Veblen. *The theory of the leisure class*: *An economic study of institutions*. New York: Macmillan, 1899.

和哲学为主要内容而建构成的学问。简而言之，管理学就是大学的文科（liberal art）……”① 这样的管理学结果是揭穿那些隐藏在符号体系之中的种种管理学欺骗性，让狭义的主流范式的“管理学”权力边界缩小。德鲁克实践性管理学著作透过深邃而精妙的案例分析、经验类推与叙事史写法，产生了思想穿越时空的魅力。

可以这样说，德鲁克的研究涉及非常广泛的领域，他在每一个时期的研究命题都与管理实践的需要密切相关，每一部著作的内容、体例和写作风格都根据现实实践需求和管理实践者理解的需要来精心剪裁和安排，以使管理实践者能够准确地把握和理解其精髓。

在德鲁克看来，管理学文本受到不同时代的组织及其管理的重新塑造，文本的外在接受史（实践者的接受与检验）、诠释史和内在的诠释空间便可以成为管理学研究的对象。如果把实践看成是各种力量在组织及其管理中的相互角逐、竞争和施加影响的因素进行考量的话，那么，管理学追求和谐的诸多主题就可以统一在这个维度之下。

德鲁克最担心的是人们误解了他的思想，把他的著作看成是管理理论的经典著作，而非实践经验总结出来的管理学著作。他在《公司的概念》1997 年再版序言中，他（Drucker，1997）对经典著作调侃道：“所谓经典著作就是人人都知道，却很少人会有兴趣去读的著作，《公司的概念》的再版证明这

① Peter F. Drucker. *Adventures of a bystander* (autobiography). New York: Harper and Row, 1979.

部著作还没有沦为经典著作。”①

有些管理学家批评说德鲁克著作的文体界限十分模糊，以至于人们无法分清它们究竟是管理学著作，还是政治学、社会学或社会发展史著作。这事实上涉及对管理学边界的认识问题。应当这样说，德鲁克的管理学是广义的“管理学”，是将微观管理学置于宏观世界的管理学，而非主流学派的狭义的“管理学”。

严格地说，德鲁克的管理学，不是企业管理学，而是一种社会管理学。而在他看来，管理也并非一种技术性的操作手段，而是基于更深层的社会价值——“管理不仅是‘企业管理’……尽管管理一开始将注意力放在企业。”所以，从某种意义上说，德鲁克不是一个企业管理学家，而是一个富有社会责任感的社会思想家。他所有的洞察力，来自他对社会的广泛透视。因而不应将德鲁克的思想禁锢在一个小小企业或者组织的天地里来理解，而应放在社会背景下来透析。因为在德鲁克的眼中，企业不过是整个社会的一个组织单元而已，企业组织与社会组织之间的依存关系，表现为企业对社会的责任，企业的最终目标也要符合社会目标。有时看来，德鲁克的学说，不单单是拯救企业，甚至可以理解为一种“社会拯救”（social salvation）。

主流范式管理学承认，管理学知识产生的过程必然要受制于社会文化因素，但他们却认为知识作为知识，本身是与情景

---

① Peter F. Drucker（1946）. *The concept of the corporation.* New York: Transaction Publishers, 1997. Preface.

条件无涉的。这就是所谓“发现的情景”（context of discovery）与“辩护的情景”（context of justification）的分离。德鲁克（Drucker，1989）强调“实践先行”的思想。“知识分子和学者们倾向于‘观念先行’的看法。他们认为，是观念造就了政治、社会、经济和心理学领域的新现实。这种情形确实发生过，但仅仅是例外。一般而言，理论并不是先于实践的。理论的作用是将已经被证明的实践构建为体系。理论的作用也是将零星的事实和‘特例’，转化为‘规则’和‘系统’；只有这样，才能够将其转化为易于学习和教授的知识，转化为通用可行的原则。”①

强调“管理实践”，意味着对目前管理学研究过于“理论化”（to theorize）的反思。管理学研究中的所谓“理论化”，指的是在管理学理论研究领域内，由于受“自然科学研究方法”的影响，呈现出来的一种过于关注学术文本、图像或者符号的倾向：在这里，种种组织及其管理的图景，常常不知不觉间“迷失”在各种理论概念与范畴的浓雾之中。回到管理实践，则可以在一定意义上超越学术文本的迷雾，感受组织及其管理历史发生瞬间的震惊体验。

在我们看来，德鲁克管理学著作的最精妙之处恰恰表现在它的“情景”（context）或“语境性”（contextualization），这里的“情景”之意更主要包含了“生成”和演化之意。德鲁

---

① Peter F. Drucker. *The new realities: in government and politics, in economics and business, in society and world view*. New York: Harper and Row, Publishers, 1989.

克管理学著作强调的不是理性的光辉，而是历史语境性。德鲁克过人之处在于“发现的情景”和“辩护的情景”是不可分离的，所谓的管理学著作，在德鲁克那里是一个边界更广的范畴。在德鲁克的广义“管理学”看来，未来的世界正在由一批完全独立自主的个人创造，明天的社会将要如何发展，取决于今天的决策者，尤其是公司里的职业经理人，取决于他们的知识、洞察力和管理素质，所以德鲁克尤其关注公司里的决策者或者称之为管理精英。长久以来，德鲁克将其微观的管理研究集中到组织、目标管理、领导力、人力资源、创新制度、公司责任，这些研究无不是对公司决策者的根本思考。

（四）小结

德鲁克通过一种柔性叙事手法来虚拟一种叙事的整体性，最终指向的是管理实践的合法性。他“注重实用性且能够不断地发掘有价值的智慧”，使管理学这一智慧殿堂获得了更为重要的经验和宝贵的资产。在德鲁克这里，日常生活经验和管理实践经验全部被调动起来，与其说是在诠释事实，毋宁说在“存放”（deposit）事实，使管理学放弃自身高深莫测的理论色彩而向狭义的“管理学”构成了挑战。这正是管理理论发展中需要重点加以关注的问题。

在德鲁克一生的著述中，留下许多解决管理实践问题的名篇。它们之所以成为名篇，决定性的因素不完全在于它们的观点与结论，而在于它们提出解决实践问题的方式。德鲁克的理论前提是，管理实践本身就是人们思想建构的基础和前提，而不是先验的理论，也不是对事实的机械记录。那么，管理学文本可以作为“实践”来处理的话，它所展现的叙事空间和实践案例同样可以作为管理学场域来看待，管理学文本所营造的“普遍性实践”（亚里士多德语）① 不仅具有作为理论文本的“真实性”，同时还包含着影响阅读者对组织及其管理的看法和想象，具备着现实意义的“实践性”。

二、实践是管理学的灵魂

管理学是一门实践性极强的应用科学（applicable science），它注重将管理知识运用在一定实践中并解决某些具体的管理问题，同时也是一门经验科学（experiential science），它是人们实践经验的结晶，必须能够为经验所检验。**建立在管理实践基础之上的德鲁克管理学，其灵魂就是管理学家的实践意义责任感或介入管理实践活动的热情，强调了管理学知识，只有当它能够应用于实践，改变人们的生活，这种知识才会有价值。**

（一）管理学知识产生于实践和应用于实践

德鲁克深信，任何一种知识，只有当它能够应用于实践，

① 亚里士多德在《尼各马科伦理学》中提出，人的德性是通过实践行动（praxis）形成的。亚里士多德认为，我们首先通过实际地运用德性而获得德性——人通过做正义的事而成为正义的人，通过节制的行为成为节制的人。参见：亚里士多德著.《尼各马科伦理学》，苗力田译，北京：中国人民大学出版社，1999 年。

改变人们的生活，这种知识才会有价值。早在 1950 年，德鲁克就在《哈佛商业评论》上发表了题为“管理学必须实践管理”的论文。① 德鲁克深信，管理需要具体、有形而清楚的实践。在实际做法上必须强调优点，而非缺点；必须激发卓越的表现；必须说明组织的精神根植于道德，因此必须建立在诚实正直的品格上。②

在德鲁克看来，管理学著作的产生，与管理学家的实践意义责任感或介入管理实践活动的热情密切相关。让管理更科学，让管理更有人性，让管理更有实践性，让管理更有时代特征的实现，不可能在一种特殊“自我阉割”形式的抽象理论空间中完成，只有在与他人的关系中、在管理实践空间中才能完成。德鲁克（Drucker，1989）强调，不管是政府、大学、公司、工会还是教会的决策者，都必须将“已经发生的未来”纳入到当前的决策酝酿之中。为了做到这一点，对于那些已经发生但和他们当前的设想不吻合的事件，他们必须做到胸有成竹，因为正是这些事件造就了新的现实。③**加里·哈默尔和普拉哈拉德（Hamel and Prahalad，1994）在《竞争大未来》一书中评价到：“德鲁克**教授从未忽略这一事实：一种理论或概

① Peter F. Drucker. *On the profession of management.* Boston, Massachusetts: Harvard Business School Press, 1998.

② Peter F. Drucker. *The practice of management.* New York: Harper Press, 1954.

③ Peter F. Drucker. *The new realities: in government and politics, in economics and business, in society and world view.* New York: Harper and Row, Publishers, 1989.

念若要变得有用，最终必须变成经理人员的语言，融入他们行动的环境。”①

德鲁克认为，企业必须通过五个方面的实践，才能确保正确的精神贯彻于整个管理组织中：（1）必须建立很高的绩效标准，不能宽容差的或平庸的表现，而且必须根据绩效，给予奖励；（2）每个管理职位本身必须有价值，而不是升迁的踏板；（3）必须建立合理而公平的升迁制度；（4）管理章程中必须清楚说明谁有权制定事关管理者命运的重要决定，管理者必须有向高层申诉的途径；（5）在任命管理者时，必须很清楚诚实正直的品格是对管理者的绝对要求，是管理者原本就需具备的特质，不能期待他升上管理职位后才开始培养这种特质。②

德鲁克的管理理论隐含地反映出这样一个事实，主流范式的管理学家对管理实践热情的丧失，表现结果是管理实践空间的丧失和萎缩，实质上是管理学家敏锐思维和对现实问题的理论敏感性的丧失，最终将可能成为管理学家人性丧失、思维枯竭和才智萎缩的先兆。这种丧失会伴随着一种非常可怕的管理学家机能的丧失和萎缩，使管理学家丧失生存能力，失去作为一个理论家应有的价值。一般来说，这种丧失和萎缩是从实践常识的丧失开始的，接着就是激情、趣味、思维方式和价值判

① Gary Hamel and C. K. Prahalad. *Competing for the future: Breakthrough strategies for seizing control of your Industry and creating the markets of tomorrow.* Boston, Massachusetts: Harvard Business School Press, 1994. 3.

② Peter F. Drucker. *The practice of management.* New York: Harper Press, 1954.

断的丧失。德鲁克写到："理性主义自由派……总是知道什么是正确和心地善良，但是他就是没有办法实现这些理想。因为他不能为权力妥协，又不能放手争取……笔下义正词严，政治上却软弱无能。"但是，更可怕的现象是管理学家的管理实践领域越来越萎缩，从而导致管理实践激情和趣味的丧失、商谈对话能力的丧失、经验感受能力的丧失、理论分析机能的丧失和萎缩。这种机能一旦被毁坏，管理学家可能会成为自大狂或谎言家。而这正是管理学中各种谎言和伪科学大行其道的根源。于是，一种将行动自由、思想自由与实践经验的相关性连接在一起的管理学著作，显得尤为迫切。

德鲁克的管理学著作，甚至可以说整个写作生涯，都可以看作是对主流范式的管理学家因管理实践领域丧失而导致的商谈对话能力、经验感受能力丧失这一可怕现象的回应。在德鲁克看来，理论世界与现实世界是没有分别的。经理人对效率与人性的追求是与他们的生命意识联系在一起的。但实践知识具有一定的内隐性，对大多数管理学家来说，这种内隐性就变成了一种神秘性，因而很难与经理人进行对话。一方面，德鲁克是以管理学家的主体身份进入实践领域中的，但可贵的是他能够很好地深入到经理人生活的核心，准确地表达出经理人所要表达出的意思。另一方面，他固有的管理学家身份又能够使他顺畅地与其他的管理学家进行沟通，不存在经理人自话自说的情况。这种以他者的身份进行经理人实践的世界，却又能够摆脱他人眼光的局限，这得益于研究主体的置换。而主体的置换是建立在经验感知能力和平等对话基础上的，德鲁克的实践性管理理论可以说是成功对话的典范。

如何让管理学家和管理实践者恢复经验感知能力，如何激活新经验、批判旧经验的惰性和欺骗性，便成了一件具有理论和实践意义的工作。例如，《德鲁克论亚洲：德鲁克与中内切的对话》一书就是德鲁克与日本经团联副主席、创立并经营世界上最大、最成功食品零售商之一的大荣公司（Daiei Company）的日本企业家中内切（Isao Nakauchi）商谈对话的体现。德鲁克（Drucker，1997）在该书的序言中说："这些对话开始于我最近的一次访问日本，形式则是以书信和传真的方式进行的。本书中，中内切先生和我有着同样的关怀，但却用不同的方式来处理。""中内切先生和我都坚持理论和实践兼顾。理论告诉我们需要做些什么，实践则指引我们应该如何做。我们都很想提供给读者一些易于理解且可以产生实际效用的行动原则。当然，一定有读者读完本书后，心中仍存有疑惑。那是因为有些问题我们也还在思索答案。但是，我希望本书中的对话足够让读者对这个急遽变迁的世界有所了解，同时，也能成为读者自己行动、学习、改善、成长，甚至整个企业表现的有效指引。"①

德鲁克强调了实践是管理学的灵魂，并以现实世界与原始观念（指理论）吻合程度来检验理论的有效性。他把管理实践与社会学的地位、功能等概念与政治学的正当性概念结合起来，尝试着应用到经济层面，如企业组织、大规模生产的实

① Peter F. Drucker. *Drucker on Asia*: *A dialogue between Peter F. Drucker and Isao Nakauchi.* New York: Butterworth-Heinemann, 1997. Preface.

践中。

1994 年冬天，吉姆·柯林斯（Jim Collins）完成了他在管理学上的重要著作《基业长青》（Built to Last：Successful Habits of Visionary Companies）[1] 之后，第一件事就是驱车到加州的克莱蒙特去拜访德鲁克。时年 36 岁的柯林斯在管理学界还属于“无名小辈”，和 85 岁的德鲁克在一起的那一天，彻底改变了柯林斯对生活的看法。德鲁克在谈到管理学家的标准时，他说：“要问你能贡献什么，而非你能成就什么?”（Ask not what you can achieve but what you can contribute?）柯林斯认为那是德鲁克给他最令人印象深刻的训示之一。柯林斯临走之前，德鲁克告诉他：“走出去，使自己成为有用的人。”“把才华应用于实践之中——才能本身毫无用处。许多有才华的人一生碌碌无为，通常是因为他们把才华本身看作是一种结果。”[2]

德鲁克把做实际工作的人、第一线的经理人看得很重要。他说，经理人的工作必定是艰辛、枯燥的，而且往往是令人沮丧的。但恰恰是这些工作，推动了我们真实的社会和经济的发展。德鲁克非常强调经理人的边做变学（doing by learning），从实践中直接汲取经验。德鲁克（Drucker，1959）写到：“从事某种技艺可以让当事人直接汲取经验。然而，要把这项要素从教育中剔除（或更糟糕的是，仅把它当作一种文化装饰

① Jim Collins and Jerry I. Porras. *Built to last*：*Successful habits of visionary companies*. New York：Harper Business，1994.

② Jim Collins. *The daily Drucker*：*366 days of insight and motivation for getting the right things done*. New York：Harper Business，December，1994. Foreword.

品)，无疑违反了教育原理的反启蒙主义（obscurantism)，实行这样的教育制度，等于是把古希腊那些腐儒与势利小人的观点，偷偷地加在我们身上。”①

德鲁克以其深厚的人文素养，强调人的理想性、价值观及判断力是组织绩效表现的关键资源。因此，唯有找对人，摆对位置，从旁协助，才可能有“对”的成果。德鲁克对人总是以正面（用人之长）评价，对事则是以负面（高标准）评估，是各类组织唯一最高的指导原则。德鲁克（Drucker，1979）在其自传《旁观者的历险》中写到：“学生无从知道自己的长处是什么，因为学校并不鼓励他们朝这个方向去思考。我却有幸受教于懂得发掘学生长处的老师。我后来从事传道授业和咨询顾问的职业，第一件事就是寻找对方的长处。这可能是我最大的职业优势。”②

德鲁克认为，管理就是实践行动，管理学研究是实践行动的结果。他在《德鲁克文选》一书的序言中写到：“我的论文是‘行动启动器’（action starter)。因为管理不是哲学或理论，管理是行动。所有这些论文都是行动的结果”。③ 在德鲁克看来，管理实践行动先于甚或高于管理理论知识的产生，因此他极力主张向成功者学习，向成功的企业学习，向成功的经验学

① Peter F. Drucker. *Landmarks of tomorrow: A report on the new “post-modern” world.* New York: Harper and Row, 1959.

② Peter F. Drucker. *Adventures of a bystander* (autobiography). New York: Harper and Row, 1979.

③ Peter F. Drucker. *Selected essays of Peter F. Drucker.* Beijing: Mechanic Press, 1999.

习。而对实践经验的总结需要用积极向上的、正面的概念来表达：有效、优势、长处、未来、机会、成功等概念贯穿了德鲁克所有的著作，因为他深信研究成功经验而非失败经验更能够激起管理学家和经理人投身实践的激情和兴趣。德鲁克（Drucker，1979）在其自传《旁观者的历险》中强调："我发觉，至少我不必从错误中吸取教训，而是从成功经验中学习更多。"①

德鲁克承认，管理学的研究目标有其二重性，即唯知性目标和实用性目标。社会构建理论所强调的科学共同体关心管理学的唯知性目标一面，认为研究者是以旁观者和立法者的面目出现的。而德鲁克强调管理学的实践共同体，更关心管理学的实用性目标，他不满足于"知"而是追求"行"，即强调实践的有效性，因而德鲁克是以参与实践过程的参与者和旁观者的身份出现。所谓"参与"就是德鲁克所说的"改变人们的生活"。如何获得"参与者身份"呢？德鲁克取得的是通过对经理人的教育和管理咨询实现理论与实践的互动，即先验与经验的互动。正是增加了管理实践这个维度，德鲁克就可以从不同的角度来看组织及其管理问题，并进行多维度的反复思考。因此，德鲁克的著述，并不是像镜子般的反射实践问题，而是一种三棱镜似的折射实践问题。

从另一个角度看，管理实践中常常出现人们现在还暂时无法解答的问题，也没有成功的经验和失败的教训可以借鉴。这会使人们产生一种智力上的猎奇现象。智力上的猎奇往往是把

---

① Peter F. Drucker. *Adventures of a bystander* (autobiography). New York: Harper and Row, 1979.

问题作为科学发现的出发点，从而引发出一系列的想象或假设，促使人们思考和寻根究底。从德鲁克本人的研究课题来看，他的兴趣一直在不断地变化，他总是在追逐管理实践中的热点问题，这是一种智力上猎奇现象的表现。因为“在科学向我们提供的伟大视野背后，它引导我们猜测一些更伟大的东西。”① 管理实践问题的不断产生和不断解决，丰富了人类管理知识宝库。对整个社会运行机制的好奇和洞察，是德鲁克一切思想的源头。“我是以论述‘管理’而广为人知的。但在我撰写的 30 多本著作中，却有半数的著作不是论述‘管理’而是论述‘社会’和‘共同体’的。而且，我对管理的兴趣其实发源于我对‘社会’和‘共同体’的关注和兴趣。我的第一本著作（即《经济人的末日：极权主义的起源》）是早在第二次世界大战之前就写成并出版了，目的是要解释和说明欧洲社会的崩塌和瓦解。这种社会的崩塌导致了希特勒的出现，导致了极权主义，并最终导致了第二次世界大战。”2000 年时，德鲁克如是说。②

（二）介入管理实践活动必须有对经验的敏感性和问题导向的意识

德鲁克管理学著作说明，管理理论须由三个要素组成：（1）问题导向（problem orientation）、问题驱动（problem-driv-

① 彭加勒（Poincare）. 最后的沉思. 李醒民译，北京：商务印书馆，1995 年，119 – 120 页。

② 彼得·德鲁克. 社会的管理. 徐大建译，上海：上海财经大学出版社，2003 年，导言。

en）、问题辨析（problem formulation）与概念框架（conceptual schema）的提出；（2）说明各种组织及其管理学特性或变量间关系的一组命题（proposition）；（3）可供验证的背景。因此，理论须有充实的实践经验支持，缺少实践经验的理论犹如空中楼阁。

德鲁克管理学著作的基本立足点在于“经验阐释”。对经验的敏感和“问题导向”，是管理学家行动自由的基本前提，是理论命题产生的根源。否则，管理科学性、艺术性和人性的展开就毫无根据，或者说是只能使理论变得苍白无力，面目可憎。正如美国旧金山大学商学院乔治·奥迪奥恩教授（Odiorne，1974）所说：“学院的教授们在忙于推算数学模型和测量管理者两个眼珠间的距离时，德鲁克总是把注意力集中于管理者们真正在做的事情上，即管理实践上。”①

然而，从另一个视角来看，管理实践者虽然身处实践一线，但并不一定就能够发现问题所在，这有一个“只缘身在此山中”的问题。即管理实践者由于长期埋头拉车不看路，忽略了学习和与外界的交流，“经理们完全淹没在内部数据之中，而无视外部数据”，反而可能看不到管理实践中的问题所在，出现“灯下黑”的情况。在德鲁克早期著作中，他就对经理人往往过于投入工作，而对正在出现的机遇或威胁视而不见发出了警告，他（Drucker，1946）呼吁应当防止“苦思冥想中的经理人与世隔绝的现象”（the imaginative isolation of execu-

① George S. Odiorne. *Management and the activity trap.* New York：Harper & Row Publication，1974.

tive)。德鲁克建议经理人员应当参与一个非盈利性组织，增加与外界接触的机会，以防止出现“灯下黑”现象。德鲁克以他特有的冷幽默口吻说道：“大多数（经理人员）认为，如果他们和同行业另一家公司的副总裁一起打高尔夫球，他们就与外界有了接触。”①

德鲁克认为，得到外部信息的最佳途径是走出办公室，与顾客直接相处，就如通用汽车公司总裁小阿尔弗雷德·斯隆所做的那样。德鲁克在接受美国德克萨斯大学奥斯汀分校（University of Texas at Austin）汤姆·达文波特教授（Tom Davenport）专访时指出：“如果你等汇报，那总要耽误六个月。关于外部的信息过时很快，尤其是在技术纷繁复杂的今天，市场与分销渠道一周就会变化四次。你能得到外部信息的唯一方法就是走出去和顾客在一起，而不是和副总经理打高尔夫球。当销售人员度假两周时，你就应接管他或她的工作。这样至少你可以认识你的顾客。可是未成为你顾客的那一部分市场的75%的情况你仍不了解，但至少你知道一点情况。一位高技术公司明智的首席经理说：‘如果我想知道发生了什么事，我就去问我13岁的女儿。因为我成天待在办公室里，她比我了解得还多。’”②

德鲁克深信，理论命题应当来自管理实践，并经实践的验

① Peter F. Drucker. *The concept of the corporation*. New York: Transaction Publishers, 1946.

② Tom Davenport. “Interview with Peter Drucker.” *CIO Magazine*, September 15, 1997.

证。从这个意义上说，理论是灰色的，实践之树才是常青的。美国哈佛大学商学院教授西奥多·列维特（Levitt，1969）曾经说，经验来自我们做过的事，智慧来自我们做糟的事。[1] 只有来自管理实践的命题，并经过精心构造才能建立起新的理论大厦。德鲁克对企业、政府部门、非营利机构、非政府机构的深入了解，有时会让请他演讲的主办者脸上无光，甚至下不了台。因为他传授的是“经验”，而不是卖弄学术、浪得虚名的“原理”。

必须看到，由于实践经验所具有的离散性、散乱性和盲目性，使得它经常被某些利益集团的权力和管理学权威所异化，被狭义的管理学所利用，进而发生异化（alienation）。因此，对组织及其管理世界的认识，既要有对感性经验的敏感和机警，不被它所蒙蔽，又需要有对经验的进行重新审视和综合的能力。鲜活的故事、经理人的言谈、丰富多彩的案例、管理实践者的行动等，提供的正是激情、感性和经验，但它无法提供真正的、整体的道德知识和管理学知识，整体的知识需要理性的参与、论证和阐释。在更大范围内激活一种有待张扬的新经验，以及对旧经验和它所产生的实践意义的阐释，是德鲁克同时关注的一件事情的两面。实际上，德鲁克所做的工作主要是将管理者的实践经验整理出来，并发展为管理理论体系。美国著名管理思想史学家丹尼尔·雷恩（Wren，2004）在其所著的《管理思想的演变》一书中指出，“目标管理”就是德鲁克

---

① Theodore Levitt. *Marketing for business growth.* New York: McGraw-Hill, 1969.

总结通用电气公司的杰拉德·斯沃普（Gerard Swope）、通用汽车公司的阿尔弗雷德·斯隆、杜邦公司的皮埃尔·塞缪尔·杜邦（Pierre Samuel du Pont）和唐纳森·布朗（Donaldson Brown）等管理者实践经验的基础上提出来的。[①]

“问题意识”（problem sensitivity）是德鲁克管理学最突出的特征。每个时代都孕育、呈现新的问题，犹如年年新生之春草，湮没旧辙，负荷新履。真想管理理论能够“新足适新履”，就需要走进实践。这首先要提升面对实践问题的真诚和勇气，然后要寻求不同层次的多元对话，达成视界融合。这种“问题意识”给德鲁克的管理学带来了独特的价值。无论组织及其管理世界的下一场危机来自何处，德鲁克管理学都会提供有价值的背景知识。从这个视角看，面对组织及其管理世界和面对人生，德鲁克不仅仅是一个“旁观者”，更应当说是一个“入戏的旁观者”。

关注企业面临的一般性经营管理实践问题固然是管理学家的职责，但如果管理学家仅仅从企业经营实践的微观层次上，而不能从社会和时代所发生的根本性变化出发，对企业经营的外部环境中所出现的前所未有的变化做出敏锐的反应，那么他所培养的只能是“解决问题”的经理人，而非发现机会、把握机会，甚至创造机会的“企业家”。

德鲁克介入的问题是管理实践问题，但却是从经验的角度切入，是对经验的敏锐感受和重新阐释，其表述方式是一种建

① Daniel A. Wren. The evolution of management thought. 5th Edition, New York: John Wiley and Sons Inc., August 2004.

立在价值判断基础上的实践重写，使人们每天面对的管理实践真理重新回到人们的手中。他的介入使实践经验与成果联系起来，德鲁克的理论直接指向成果。管理是实践，意味着最重要的不是“知”，而是“行”，检验管理理论的正确与否，不是理论推导过程的科学严谨和数学逻辑的严密性，而是实践成果和业绩。德鲁克使管理学著作的面貌变得分析入木三分、力透纸背，犀利而亲切，鲜活而不失理性，尊重科学而不失人性的关怀，且与管理学家的思想自由和人数更为广泛的管理实践者的行动自由有了相关性，而不是为管理学阵营中的某种狭隘的管理学思想辩护。正如德鲁克的同事乔治·哈里斯（Harris，1993）所说，德鲁克“一向善于将抽象的理论还原为人们在日常工作生活中可以领悟到的思想观念。”① 在阅读德鲁克的著述中，人们将不断享受到这种思维的乐趣，这正是德鲁克所希望的。培根说过，知识就是力量，德鲁克则补充道，分享的知识才是有力量的。

德鲁克借助于管理实践和实践经验这面镜子，使他的管理学著作产生了一种独特的话语效果，使宏大的“管理学”概念在日常生活经验中图穷匕见，没有立锥之地。产生这种效果的秘诀一方面在于德鲁克用极不寻常的语句来描述他自己和他所做的事。“对社会生态学者而言，语言格外重要，语言本身就是社会生态学。语言不是‘沟通’，也不仅仅是‘信息’，而是事物的本质。语言将人性结合在一起，从而创造了社区、

---

① T. George Harris. “The post-capitalist executive: An interview with Peter F. Drucker.” *Harvard Business Review*, May/Jun 1993, 71 (5/6): 114 - 122.

信仰、宗教……社会生态学者不需要是‘伟大的’作家，但他们必须是受人尊敬的作家，必须是关怀人性的作家。”① 也就是说，独特的话语效果需要管理学家本人要受人尊敬和关怀人性；产生这种效果的秘诀另一方面在于其处处凸显一种对话的问题意识和介入问题的独特角度和言谈方式。德鲁克本人的研究主要是通过管理咨询这种方式来实现对话和介入实践问题的，在他年事已高时，仍然坚持参加管理咨询的卫星会议。对话和介入使德鲁克获得了“给人玫瑰，手留余香”的效果。他曾经告诉查尔斯·汉迪（Charles Handy）说：“对我来说，我靠倾听来学习”（I learn by listening, to myself）。他认为整理自己思想和理论的最好方法就是写作。他经常爱说的一句话就是：“写作是我的职业，咨询就是我的实验室”。

在德鲁克看来，能提出管理实践中遇到的问题并能解决这些问题，是管理学进步的标志。管理学应被看成是从问题到问题而进步的，随着这种进步，问题的深度也随之加深。管理学从实践问题开始，并通过实践问题的解决而进步。这种以问题为导向的模式给人以启迪，从而有所发现、构建出新的管理理论。可以这样说，实践问题就是管理学的土壤和管理理论产生的基础。有时人们对旧问题有了更好的理解时，新的问题往往随之而生。问题导向的逻辑告诉我们，只有提出问题才能分析问题与解决问题。有些管理学家由于缺少实践经验，面对新的实践课题往往显得茫然无知或者对现象熟视无睹，是不可能提

① Peter F. Drucker. “Reflections of a social ecologist.” *Society*, 1992, 32 (5/6): 57 - 64.

出问题来的，分析与解决问题也就无从谈起。

从管理实践角度看，获取感性经验的能力和对这些经验进行提升的功能更加复杂，这是对实践经验进行管理学解读的一个障碍，但德鲁克的长处恰好就在这里。德鲁克相信管理是人文科学，他的著作旁征博引，涉及艺术、文学、历史、哲学和宗教等诸多领域。他永远站在理论与实践的最前沿，为经理人指点迷津。他的洞见经常能帮助我们证实自己的直觉，他的信息处理容量大，涉猎广泛而判断通常很准，我们所能想到的，他都已经想到了，我们还没有弄清楚的，他已经想明白了，并给出了相应的预测、对策、建议和可能的教训。德鲁克把自己的观察和思考系统地、全面地写出来，不仅涉及所讨论的主题、关键之处和立论的基础，而且解释得极其透彻可信，文风令人惊叹地简单和清新，常常给人以拨开云雾见青天的感觉。反过来，人们会认为，在许多时候，现代管理学主流范式对管理理论和管理实践的"叙述"十分可疑，它与其说在重现一种实践经验，不如说在扭曲和改写实践经验。因为在这里人们看到的不再是一张张充满朝气和创造力的鲜活面孔，而是一连串冷冰冰的数学公式与符号。主流范式的管理学家违背了用管理实践者的标准和方法对这种"叙述"进行经验审视和解构的初衷，转而将各个要素公式化和符号化，并认为这是管理学研究的最重要职能。

从某种意义上说，主流范式的管理学著述的兴起结束了实践经验和组织及其管理案例口口相传的时代，大多数管理学著述被数学语言的论证、数据资料、计算机模拟和半虚构的故事所取代。这是德鲁克最不愿意看到的，也是让我们痛心疾首和羞愧难当的。主流范式的数学公式与符号缺少人的灵性的，它使“我们的工具偏向于计量和分析，我们有办法衡量成本，可是单靠这些工具，我们无法精确地计算出某一个公司士气高昂的员工所代表的价值，也不能算出某公司推销员为一个普通客户多跑一英里路所代表的价值。”（Peters and Waterman，1982）①

抽掉了人性和艺术性的管理学还是管理学吗？主流范式管理学简单的二分法是粗暴野蛮的，它为了维护现实或话语的权威，不惜将现实生活冷冻起来，以保持凝固不变；主流范式的研究空间是一个貌似科学的空间，实际上是只有理性这个单一维度的空间。在这里，人性的丰富性、可变性和复杂性、管理艺术的柔性和弹性消失得无影无踪。我们不禁要问：管理学还是一门人文科学吗？德鲁克认为，管理学的问题出在“我们已经过度依赖没有经过试验的定量分析、倾向对称而纯粹的正统模式、从假设而非经验去推理，而且从一个抽象到下一个抽象概念，离具体事物越来越远。我们正慢慢忘却柏拉图（Plato）在西方系统分析和系统思考之初教给我们的，就是对话集中于最美丽、动人的两个篇章——斐多斯（the Phaedrus）和克利多（the Krito）：少年的斐多斯和风烛残年的苏格拉底（Socrates）对话，苏格拉底就是在那天早晨离开人世的。我们学到，不经逻辑试验的经验不是‘严谨的修辞’，只是‘漫谈’；而

① Tom J. Peters and Robert H. Waterman, Jr. *In search of excellence*: *Lessons from America's best run companies*. New York: Harper and Row, 1982, 201.

没有经过经验试验的逻辑，不能算是‘逻辑’，而是‘荒谬’。”①

（三）管理实践是使管理学家获得自由的前提条件

管理实践是管理学家获得思想自由、行动自由和选择权的基本前提，思想自由、行动自由和选择权最终指向的是管理实践行动。人类在原始初民时代就从想干什么就干什么的“行动自由”中首先尝到了“自由和选择权”的滋味。

当行动自由遭到来自社会或自然的各种限制，或者说管理学家开始脱离实践、自我禁锢的时候，管理学家就开始从广阔而丰富多彩的组织及其管理世界撤退，撤退到狭小的、严谨的学术性解释学圈子（academically tight hermeneutic circle）或抽象的理论空间，进而开始寻找“自由”的替代品：如柏拉图对话式（seminar）的思想争辩、理论命题的虚构、抽象的数学公式或数学符号模拟。此时此刻，“自由”概念已经变得困难重重、意义不明。一方面，思想自由变成了行动自由的符号性替代物，仿佛是一次虚拟行动自由的“兵棋推演”（War Game）。另一方面，管理学家在逃避那种遭到自我禁锢的管理实践领域时，渐渐变得越来越抽象化，成了与管理实践者不相干的书斋式的梦呓，往往表现出一种讳疾忌医的“鸵鸟”心态和思维定式。这就是主张清心寡欲，鄙弃世俗的管理实践，

---

① Peter F. Drucker. *Adventures of a bystander* (autobiography). New York: Harper and Row, 1979.

极力倡导回归理性轨道“犬儒主义式”（cynicism）[①] 的科学主义管理学产生的根源。

从认识论角度看，与这种自我认知的缺失相关的，是一种盲目，即无视“世界能够从多角度观察，并能够用多种习语（idioms）来描述；或者说，无视这样一个事实，即尽管存在多重角度，多种习语，却不存在一个可用以观察或描述的世界。”[②]

---

① 犬儒（来自希腊文的 κύων，“狗”）犬儒主义（cynicism）是个外来词，是古希腊一个哲学学派，中文里本来没有现成的对应词汇，通常将它理解为讥诮嘲讽，愤世嫉俗，玩世不恭。犬儒主义是古希腊的一个哲学流派，其代表人物是西诺普的狄奥根尼（Diogenes of Sinope）。这个哲学学派主张清心寡欲，鄙弃俗世的荣华富贵，力倡回归自然（这使人想起老庄哲学，想起魏晋崇尚清谈的名士）。这种对世俗的全盘否定就变成了不知羞耻地充假正经。于是，愤世嫉俗就变成了学术上的玩世不恭。犬儒主义者对什么都看不惯，总是觉着别人注重实践非常世俗。愤世嫉俗总是理想主义的，而且是十分激烈的理想主义。玩世不恭则是彻底的非理想主义，彻底的无理想主义。偏偏是那些看上去最激烈的理想主义反倒很容易转变为彻底的无理想主义，其间原因何在？因为，许多愤世嫉俗的理想主义者在看待世界时缺少程度意识或曰分寸感，对他人缺少设身处地的同情的理解，不承认各种价值之间的紧张与冲突，这样，他们很容易把世界看成一片漆黑，由此便使自己陷入悲观失望，再进而怀疑和否认美好价值的存在，最终则是放弃理想放弃追求。“世界既是一场大荒谬、大玩笑，我亦唯有以荒谬和玩笑对待之。”理想主义者总是在现实中屡屡碰壁之后才变成犬儒的，但正如西德尼·哈里斯（Sydney J. Harris）所言：“犬儒不只是在过去饱尝辛酸，犬儒是对未来过早地失去希望。”说来颇具讽刺意味，早期的犬儒主义是坚持内在的美德和价值，鄙视外在的世俗的功利。可是到后来，犬儒一词正好变成了它的反面：只认外在的世俗的功利，否认内在的德性与价值。爱尔兰文学大师奥斯卡·王尔德（Oscar Wilde，1854－1900）说：“犬儒主义者对各种事物的价钱一清二楚，但是对它们的价值一无所知。”

② Alasdair MacIntyre. *Three rival versions of moral enquiry*：*Encyclopedia*，*genealogy*，*and tradition*. Notre Dame，Indiana：University of Notre Dame Press，1990. 32－33.

这种盲目性，实际上是在假定，把实践环节去掉以后，这个世界依然存在。

德鲁克的管理学著述反复说明一个观点：自由不是随心所欲，这是因为个人自由与他人自由是相关的。在管理学家介入处境中选择时，个人与他人就处于共在关系，他人和我一样也是自为存在，也有自由。个人把自由作为目标只有把他人自由设为条件才可能，也即个人自由应以不破坏他人的自由为前提。

管理实践是一种意识存在的前提条件，既可以看作是管理学思想赖以生存的现实，也可以看作是管理学思想试图修改的现实；管理实践一方面在“服从”管理学理论，另一方面也在“征服”管理学理论。但是，这一切都是在马克思所讲的“直接碰到的、既定的、从过去继承下来的条件”① 中实现的。这个“条件”，就是我们要寻绎的德鲁克管理思想的历史境遇。

在德鲁克看来，管理学家必须以高度的敏感觉察和分析时代变迁向社会提出的新的要求，并且以最快的速度向社会、向企业界报告他的发现，向一线的 CEO 们发出警报，提醒他们由于外部环境的变化，企业在竞争中可能遭遇的各种危机。曾经有一位美国公司的经理写信向德鲁克报告说，他的经理班子对德鲁克发表的每一篇论文都要进行反复的探讨，并总结本企业可以从中得到的教益。对于管理学家来说，恐怕再也没有比这更高的奖赏了，毫无疑问，坚持这种做法的绝不仅限于上面

---

① 马克思．马克思恩格斯选集．北京：人民文学出版社，1995 年，585 页。

提到的企业和它的经理班子。

事实上，自从20世纪40年代管理学学术研究兴起以来，德鲁克的文章从来都是企业界，特别是一线经理们关注的焦点和对比学习的标尺，他也因此而被誉为“美国公司CEO们的导师”。从解决经营管理实践问题和深化学术研究的角度来看，要想取得上述成就必须在本专业内做到以下三点：（1）正确地提出问题；（2）提出切实可行的解决之道；（3）与时俱进，在社会进步的背景下重复前两个步骤。

德鲁克在研究管理实践问题的时候，把人、企业和组织放在社会这个大环境中研究。因此，他能够高瞻远瞩，他的管理思想，不局限于企业，也不受某一个具体组织的局限。例如，类似于《21世纪的管理挑战》这样的著作讨论的问题，影响所及，远远超过管理的范围，也远远超出个人和德鲁克的事业生涯。德鲁克自己说得好：“这本书真正关注的是：我们社会的未来。”①

我一直认为，德鲁克的研究方法是社会实践方法，运用的是历史语境分析方法。在这一点上，可以说德鲁克受马克思、恩格斯和熊彼特等具有欧洲人文科学背景的学者影响较深。马克思和恩格斯是东西方学者公认的科学社会科学鼻祖，他们开创了社会科学研究的方法——社会实践方法。而德鲁克的老师、自称是马克思儿子的熊彼特也运用了马克思的历史社会方法。而他们的衣钵传人在当代就是德鲁克，或许这也是我喜欢

① Peter F. Drucker. *Innovation and Entrepreneurship*: *Practice and Principles*. New York: Harper and Row, 1985. Preface.

德鲁克的原因之一吧。德鲁克的研究方法完全同马克思等人一样，德鲁克在剖析资本主义管理的发展时，任何时候都是运用社会实践的观点、立场、方法来分析科学技术的发展，把科学技术看成是管理学发展的内在因素来考虑的。德鲁克同马克思、恩格斯和熊彼特一样，在他的许多著述中研究了科学技术，他的着眼点是考察科学技术与社会生产力、管理要素的变化，科学技术与社会进步及管理变革之间的关系。德鲁克对科学技术的研究表现出一种很强的社会实践观。德鲁克的范式就是认为科学技术就是一种在社会经济发展历史中起推动作用的革命力量，管理学的发生和发展从一开始就是由生产力所决定的，管理学在社会实践中的发生，在社会实践中形成，在社会实践中发展，它反过来又通过管理来配置各种劳动要素、配置知识（请注意德鲁克的知识配置原则，这是知识经济时代的一个最重要的原则）来推动社会生产力的发展，最终引起生产方面和管理制度的变革。可以这样说，德鲁克的社会实践方法为我们研究科学技术与管理、科学技术与生产、科学技术与管理中的各个要素等关系提供了一种方法论。因此，如果简单地将德鲁克归为经验主义学派之中，将其研究方法归纳到经验主义的方法论，是不全面的。应该说，德鲁克开创了管理学社会实践学派和社会实践的方法论。①

---

① 将德鲁克归为经验学派之中，将其研究方法归纳到经验主义的方法论，是不全面的。最早的分类来源于美国管理学评论家哈罗德·孔茨在1961年发表的论文《论管理理论丛林》，从此几乎所有研究德鲁克的论著都将其归为经验学派。本书一方面不同意将德鲁克归为经验学派之中，但为了照顾人们已经形成的习惯，在多数地方的讨论中，仍然将德鲁克归为经验学派之中。

这种研究方法无疑向现代管理学主流范式发起了挑战。这说明，在管理学领域里，即便没有绝对的唯一真理，也有一种对它的追问和商谈。商谈的前提是管理学意义上对权力平等的追求，以及学术意义上对差异性的尊重。这种权力平等表现为管理学家与管理实践者之间是平等的，可以进行有效的商谈；表现为管理学家追求的唯知性目标与管理实践者追求的实用性目标之间虽然存在差异性，但并不妨碍两者之间存在着密切的联系和协商对话。在这里，管理学家的思想自由和管理实践者的行动自由既受到制约，也得到释放。这才是思想自由或者理论研究摆脱个人自话自说的梦呓、转而追求实践意义的目的所在。德鲁克非常尊重他的读者与听众，甚至视他们为同样具备高度智慧与社会阅历的人。在德鲁克的文章和演讲中，他一律用“我们”取代“我”的说法，以便让他的读者与听众更容易地进入他的世界；德鲁克在演讲中，总是站着与听众进行沟通。德鲁克在80多岁高龄时，由于担心在圆弧形教室中有学生看不见他，一个上午坚持站着授课整整3小时，因为他认为他是在对“上帝”说话。

（四）小结

长期采访德鲁克的英国《金融时报》记者西蒙·伦敦（London，2005）在《伟大老人的激情性理论：彼得·德鲁克祭》一文中写到：“他不愿参与学术界的游戏。他拒绝在晦涩难懂的期刊上发表文章、不用冗余的数学填充论文，同时由于理解管理学需要广博的知识，他也不愿限制自己的视野。”①德鲁克所看中的是管理的实践，这才是管理学的灵魂与生命力所在。

德鲁克的实践性管理思想说明，管理学著作不是管理学家的说辞和抽象的论证。管理学家的说辞和抽象的论证有时候也会产生楚楚动人的效果，但它往往是将日常生活经验进行有限的歪曲性解释，将感性材料变成狭义管理学概念的作料，并且试图用诸如科学主义与人本主义的二元对立、系统理论、权变思想等二元互补的思维方式和价值判断取代管理实践者乃至人类的道德、真理和价值标准。而真正的管理学著作恰恰相反，它通过对组织及其管理世界感性经验及其符号体系的重新审视，不但要扒开那些遮蔽感性经验的虚伪幕帐，恢复人们对管理实践者经验的价值感知，而且还要恢复感性经验的原初活力，从而唤起管理实践者对行动自由的渴望，也就是将人们从抽象的理论空间拉回到管理实践领域。

三、管理实践具有强大的思想张力

管理理论如果要想成为指导企业的思想武器和解决问题的工具，必须具有实践基础和时代精神。在德鲁克看来，让管理更有人性，让管理更有效率，首要的问题是管理理论必须根植

---

① Simon London. “The grand old man of provocative theory: Obituary Peter Drucker.” *Financial Times*, 12 November 2005.

于实践的沃土，管理理论必须回归实践。这个道理看似简单明了，行动起来却很难。其核心就是管理学家应当、也必须把实践问题放在管理学研究的首位，这是管理学家义不容辞的责任，这本身就是对人灵魂的挑战。

（一）管理理论必须根植于实践的沃土

德鲁克管理思想的基本理念和理论来源于现实的管理实践，而不是抽象概念的堆砌。让管理学根植于实践的沃土，让管理学回归实践，这是德鲁克终身孜孜以求的目标。德鲁克（Drucker，1973）强调，管理理论的“唯一权威是实践成效（practice effectiveness）。因此，管理学是一种使命、一种实践的综合。”① 管理本质上是一种实践而不是一种科学和专业。任何热衷于将管理科学化或专业化的尝试，试图消除所有的波动、风险和不可知的措施也就是在消除自由、创新和成长。

德鲁克（Drucker，1999）强调了自然科学与社会科学的区别，反对把自然科学方法运用于管理学。他认为：“管理是一种自由的艺术”的理论。德鲁克（Drucker，1989）在《新现实：政府与政治、经济与企业、社会与世界》一书中清晰地解释了为什么称“管理”为一门“综合艺术”。他说，“管理被人们称之为是一门综合艺术——‘综合’是因为管理涉及基本原理、自我认知、智慧和领导力；‘艺术’是因为管理是

① Peter F. Drucker. *Management*: *Tasks*, *responsibilities*, *practices*. New York: Harper and Row, 1973.

实践和应用。"① 德鲁克（Drucker，1998）指出："自然科学是探寻自然界的一般规律，而管理学则是说明组织及其管理中的个别具体事物的联系，它具有不可重复性，也没有一般规律，因而在管理学研究中需要注重对个案的考察。社会领域没有像自然科学有的那种'自然规律'。因此，它服从于持续变化的支配。昨天的有效假设今天可能变得无效，而按着旧范式就可能把人引入歧途。"② 德鲁克（Drucker，1999）强调，管理学的主要方法是以描述性的历史方法说明组织及其管理现象，反对在管理学中运用自然科学的概括性规律方法。③ 德鲁克指出，应将管理学已有的理论放在一个新的历史背景下重新加以考察，并用描述性的历史唯物论的方法进行了新的诠释。

为了让管理学根植于实践的沃土，德鲁克认为应当加强对这种管理学案例和组织中发生的事件的研究，可以利用叙事逻辑和案例分析等传统研究手法，将管理实践者的经验加以总结，上升为管理的原则，然后用于教育和培训经理人。对 20 世纪重大的企业经营管理案例和事件，德鲁克是通过更直接诉诸感官的案例、故事来叙述的，因而时间、地点、人物和事件

---

① Peter F. Drucker. The new realities: in government and politics, in economics and business, in society and world view. New York: Harper Business, 1989.

② Peter F. Drucker. "The new paradigm in management" . *Forbes*, October 5 1998, 152 – 168.

③ Peter F. Drucker. *Management challenges for the 21st century*. New York: Harper Press, 1999. Ch. 1. 3 – 40.

的存在具有无须证明的合理性。让案例和故事来教育、培训和说服管理实践者，而无须用管理学家的个人权威性和合法性来压服管理实践者，从而可以为管理实践和管理学建构提供合法性辩护。

德鲁克（Drucker，1983）在《公司的概念》1983年版跋（Epilogue）中写到："我确实相信基本价值的存在，尤其是人类的基本价值。我认为只存在很少的基本问题。但是我不相信存在'一个正确的答案'（one right answer）。现有的答案很可能是错误的——至少如果不是其他方法都失败的话，人们也不会想到它们。但是，当我们检验管理政策和其他社会规律时，关键不是看它们是对是错，而是要看它们是否有效。我始终认为管理学不是神学的分支，它其实是一门临床学科（a clinical discipline）。在医疗实践中，对于临床医学的检验不在于治疗方法是否'科学'，而在于病人是否康复。在《公司的概念》出版8年以后，当我推出第一本系统的管理学著述时——现在仍然是全世界读得最多的管理学著作——我有意将书命名为《管理的实践》而不是《管理原理》，虽然我的出版商指出这个书名会严重减少本书被大学列为教科书的可能性。"①

管理学教授约翰·保罗·迈克杜菲（John Paul MacDuffie）在MBA核心课程"职场人事管理"的最后一天引用了德鲁克关于经理角色重要性的观点。这句话是："我希望美国的经理人，其实也是全世界的经理人，都能够继续领会我从第一天就

① Peter F. Drucker（1946）. *The concept of the corporation.* New York: Transaction Publishers, 1983. Epilogue.

开始说的话：管理远远不只是利用官职和特权，也不仅仅是‘做交易’。无论是从商业角度还是别的方面，管理都会影响到人以及他们的生活。管理实践值得我们最大限度的注意，需要进行认真的研究。”

对于管理学家参与管理实践，可以是深入企业进行调查研究（例如德鲁克对通用汽车公司和西尔斯公司的长期现场研究），也可以是通过管理咨询活动而获得实践经验。德鲁克（Drucker，1997）对日本企业家中内切说：“我不是一个理论家，但我透过每天咨询一些大型组织，观察它们所面临的契机和困难，得到相当多的实践经验。这些大型组织中，大部分是私人企业，其中也有医院、政府部门、博物馆和大学等的公众服务机构。它们遍布在世界各大洲。例如北美洲（加拿大和墨西哥）、拉丁美洲、欧洲、日本和东南亚。但不论如何，一个咨询顾问所能谈的，还是从每天的实践咨询经验出发。这种方法有优点，当然也有缺点。因此，我的观点可能比较像是一个旁观者。”① 德鲁克强调，对这种案例经验的审视和评价，不但需要逻辑，更需要敏锐而准确的感觉。在德鲁克看来，现代管理学主流范式已经很难向人们提供真相。这不是实践的错误，甚至也不是某个管理学期刊的错误，而是整个管理学界研究思维出了问题。借助于实践的经验材料，德鲁克想做的是将管理从狭义的“管理学”骗术中拯救出来，再将它重新置于实践领域的问题域之中去。

---

① Peter F. Drucker. *Drucker on Asia*：*A dialogue between Peter Drucker and Isao Nakauchi*. New York：Butterworth-Heinemann，1997.

让管理学根植于实践的沃土，犹如《圣经·马太福音》(Bible：Gospel of Matthew) 第十三章中的故事一样。耶稣对门徒讲到春天有一个农户，出去播种，有一些种子撒在了路旁，飞鸟来了就把它吃掉了；有一些种子落在非常浅的土里，虽然种子长得很快，但因为没有根，所以它就枯萎了；有的种子落在荆棘里面，荆棘长起来就把种子给挤住了；而有的种子落在肥沃的土地里，它长出来有 30 倍，60 倍，100 倍的。耶稣大声疾呼，凡是有耳朵的人请您听进去吧![①] 实践就是管理学成长的肥沃土地，只有通过实践才能使管理思想像播散的种子那样，在肥沃的土地里面成长、壮大、开花、结果。

让管理学根植于实践的沃土，使德鲁克的实践性管理思想成了西方企业界的“管理圣经”，看似简单明了，实践起来却很难，其核心就是在企业的实践中贯彻企业宗旨与使命的实现和强调经理人的责任，这本身就是对人的灵魂的挑战。表面上看，宗旨、使命和责任这组词对企业家而言，确实显得比较“虚”，因为从中看不出具体的操作路径和招数。但这种思维恰恰忽略了一点：管理大师的理论不能当作招数理解，并非所有的问题都能够用“见招拆招”的方法去解决，管理的最高境界是“无招胜有招”的思维方式。如果要想达到“无招胜有招”的境界，就必须克服内心的浮躁，细细地体会。德鲁克

---

① Scott Hahn and Anthony Thiselton. *The Gospel of Matthew, with Curtis Mitch*. San Francisco：Ignatius Press，2000.

（Drucker，1966）说："卓有成效虽然人人可学，但却无人可教。"① 德鲁克的这句话告诉我们可以学会做一个卓有成效的管理者或经理人，但不可以教会。

在德鲁克看来，在管理实践这样确凿无疑的"证据"面前，主流范式管理学理论最终将面临崩溃。德鲁克以其特有的冷幽默挖苦到："从凯恩斯医学院（Keynes'Medicine）毕业的学生，就像某些人仅从大师处取得处方，却未学会如何看诊一样，这种人最危险。"

德鲁克（Drucker，1993）强调，在管理实践的沃土中存在着"自我管理社群"（self-management community），他们是管理学知识创造的主体和管理模式的创造者。德鲁克非常重视管理实践中产生的隐性知识（tacit knowledge）。隐性知识是指未明言的知识，常常存在于可行动而未具备可明言的了解，有了解却无完整联结，懂得结论却无论证等认知状态下。隐性知识扮演构成性（constitutive）角色，也就是构成人们的经验认识的基础，成为情境释义（context paraphrase）的基础。人们可以通过实践获得隐性知识，诠释周遭的环境，进而建构出本身所要面对的环境现实，并产生相关的行动作为因应。按照德鲁克多年的挚友迈克尔·波兰尼（Polanyi，1966）解释，人们的现实世界行为在许多状况之下，往往所面对的是不可知、不确定的环境状态，之所以能产生适当的反应方式，常常就是被本身原来具有的知识所引导。波兰尼以暗室中杵拐杖走路的人

① Peter F. Drucker. *The effective executive*. New York：Harper and Row，1966.

如何领悟所谓“空间的位置概念”为例，通过盲人所持拐杖的感觉与认知来对所无法看见的空间进行主观的判断，因为地面对拐杖的震动传递，再经由拐杖对手所传达的感觉，让盲人内心进行对空间的描绘与理解，进而影响杵杖者的后续动作。[①] 而忽略隐性知识，将无法充分掌握人们构成其经验的过程与方式。德鲁克认为：“你没办法‘复制’或‘转移’经验。譬如你闻到一朵很香的玫瑰花，这样的经验是无法转移的；每个人都必须要自己去闻玫瑰。最大的挑战是如何通过组织的设计，有系统地提供精确的管理实践经验给年轻一辈的经理人，让他们得以从中得到启发，在实际管理中创造出属于他们自己的模式。对于工厂的员工或者公司行政人员，则是通过我过去6年一直在倡导的‘自我管理社群’，来达到自发动作、有效的组织运作。因此，经验是无法‘转移’的。”[②]

应当看到，在德鲁克逝世后的西方所有媒体盖棺定论的报道中，没有一家媒体将德鲁克称为学者（scholar），偶尔有称其为管理思想家（thinker），更多的则是大师（guru）或者先见之明者（visionary）。学者是德鲁克最为不耻甚至憎恨的头衔，这是他和学院派最格格不入的地方：德鲁克把学者看成是一股学究气，拘谨，过时，细碎，对实践前沿充耳不闻。而管理学者们也当然没有把德鲁克当作学者，看成自己人。甚至德

---

① Michael Polanyi. *The tacit dimension.* New York：Routledge & Kegan Paul.，1966.

② Peter F. Drucker. *Managing for the future*：*The* 1990*s and beyond.* New York：Truman Talley Books/Plume，1993.

鲁克在纽约大学教书时也被学者、教授们当成记者看待。

西蒙·伦敦（London，2005）评论到："对学院派而言，这意味着德鲁克的著作不够严谨。不错，他有着渊博的知识和敏锐的洞察力。但是，在他的著作中，何处用过抽样方法和统计回归呢？一位宁愿为报纸撰稿、也不愿在《国际运作与生产管理月刊》（International Journal of Operations and Production Management）上发表文章的人，让人如何能够严肃看待？学院派对其数十年的冷落，使德鲁克从未在哈佛大学、斯坦福大学、宾州大学沃顿商学院、西北大学凯洛格商学院或其他美国知名管理研究机构中担任过教职。"① 而德鲁克自己解释道："不，我是一个局外人（outsider），我是一个独行者（one-man show）。我总是做我自己的工作。"② 在我看来，德鲁克的工作就是使管理学根植于实践的沃土，这远比那些热衷于将管理科学化或专业化的尝试更有意义。

（二）管理理论必须回归实践

为了让管理学回归实践，德鲁克（Drucker，1990）给管理学家忠告是："你希望后人记住你什么？"这句话是德鲁克的经典问句之一。这句话将引导管理学家回归管理实践这个主战场，在这个血与火的战场中实现凤凰涅槃，自我更新，并督

① Simon London. "The grand old man of provocative theory: Obituary Peter Drucker." Financial Times, 12 November 2005.

② Richard Donkin. "Interview with Peter Drucker." *Financial Times*, 14 June 1996.

促管理学家把自己视为一个有作为的人。事实上，孔子的“告诸往而知来者”有点类似这句话。德鲁克一直牢记熊彼特告诉他父亲阿道夫·德鲁克（Adolph Drucker）的话：“长久来看，我的著作和思想都算不了什么。理论不值一哂，唯一重要的是触动人。我曾经让人省悟吗？那是我想要做的事情。悟性会持久，而理论不会。甚至这种省悟也会退化成几个微小的细节，情况就是如此。几个微小的细节给人们的生活带来意义，这才值得一提。”“一个人如果不能使别人的生活有所不同，那么他的一生也只能算是表现平平而已。”① 这就给德鲁克确立了衡量一个管理学家成就的标准：管理学家必须用他的理论使组织及其管理世界与过去有所不同，他的管理理论能够为组织及其管理带来改变，即管理理论必须回归实践。德鲁克认为，这是一个关系到人一生生存意义的严肃课题，需要穷其毕生之力去追寻答案。“我经常询问自己同样的问题……这个问题会引导我不断做自我更新——因为这样会强迫我把自己看成另外一个人，也就是我能‘变成’的那个人。”② 1997 年德鲁克在与日本企业家中内切对话时再次强调说：“我一直未曾忘记这段谈话。我学到了三件事：第一，人必须要问身后希望别人记得你什么？第二，人应该随着年龄而有所改变，不仅是个人的成熟程度要有所改变，同时也要随着世界的改变而改变。第三，

① Peter F. Drucker. *Adventures of a bystander* (autobiography). New York: Harper and Row, 1979.

② Peter F. Drucker. *Adventures of a bystander* (autobiography). New York: Harper and Row, 1979.

能让别人的生命变得有所不同，是一件值得后人记忆的事情。”①

德鲁克敏锐地感觉到，主流范式管理学家在缺乏一种对管理实践和管理学的整体背景全面了解的前提下建构的管理学是荒谬可笑的。只有让管理理论回归实践，才会在新的管理实践形式外衣包裹下产生一种新的经验体系，他隐含的命题是管理实践能够证明一个管理理论产生的经历，也能否定它的存在。

在德鲁克看来，主流范式管理学的论证和证明只能是展示和观赏，展示变成了纯数学语言的挑逗和数学公式的建模表演，以营造出一种虚幻的体验意识和空间感受，但却破坏了管理学的情感、艺术与人性。德鲁克非常欣赏卡尔·曼海姆（Karl Mannheim）的一句名言：“学者是在图书馆内了解思想而不是在实际环境中。书本向研究者展现了他无法直接接触的环境，因此书本就创造了一种错误的参与感，这是一种分享了他人生活却无需知晓其甘苦的幻觉。”② 在德鲁克看来，管理学家的符号世界源于现实世界，但符号世界并不能等同于现实世界。但作为符号世界的造物主，管理学家在意识中常常将符号世界幻想为现实世界，常常沉溺在抽象的符号世界而浑然不觉。两个世界之间的巨大落差使得他们在二者之间的生存状态发生了断裂和紧张，为了掩饰这种手足无措和紧张，只能展示一种纯数学语言的数学公式的建模表演，但这些管理学家所创

---

① Peter F. Drucker. *Drucker on Asia*：*A dialogue between Peter F. Drucker and Isao Nakauchi*. New York：Butterworth-Heinemann，1997. 152－153.

② 卡尔·曼海姆. 卡尔·曼海姆精粹. 徐彬译，南京：南京大学出版社，2002 年版，224－225 页。

造和传播的价值文化符号与管理实践的日常生活仅仅存在着一种象征或隐喻的关系。

德鲁克不但能够通过经验阐释揭穿管理学主流范式研究方法的欺骗术，更将这种欺骗术与现代性问题结合在一起。因此，这样一种“实践标准”仿佛是一把具有多棱角的利剑，同时将主流范式的管理学家、现代性的建构主义者、现代犬儒主义者、管理实践中的盲视者、后现代的解构主义者、冷嘲热讽者和心存侥幸的看客一一刺伤。对于实践空间的扩大而言，对于让管理学根植于实践的沃土而言，对于让管理学回归实践而言，对于唤起管理实践者新感受力而言，对于刺激管理学家行动自由而言，对于管理理论必须具备实践性和理性精神而言，没有什么比这更加有效了。在这一过程之中，德鲁克自始至终乃至终生都保持了一位管理学家敏锐的感受力和观察力，更保持了一位公众知识分子①的理性分析精神、学术良知和穿透谎言世界的力量。

在我们看来，让管理学回归实践的目的即在于“发现”或者“建构”管理学理论的历史原点，“恢复”管理学理论与组织及其管理现实发生“碰撞”“融会”或者“断裂”的关键时刻，即回到管理实践的现实处境之中来理解管理学理论。追寻组织及其管理思想与理论发生、转型的历史时刻，透视一种

---

① 从20世纪40年代开始，德鲁克被人描述成公众知识分子，这是因为他的学识涵盖历史、经济学、管理学、科技和社会各个方面，他在作品中会先引经据典，然后再切中要害。他结合了旧世界的谦恭有礼和新世界的直言不讳。

有影响的理论与现实问题之间的关系，深入解读各种管理学命题的历史意义和现实困境，这正是管理学现代性历程亟待解决的问题。

通过传道和咨询，德鲁克改变了无数企业的实践。单是在美国通用电气公司，他就引发过两次革命：一次是 20 世纪 50 年代，通用电气公司第四任董事长拉尔夫·科迪纳（Ralph Cordiner）① 推行的分权。通用电气公司 1956 年在坐落于哈得逊河谷（Hudson Valley）的纽约州奥思宁（Ossining，New York）一块 52 英亩的土地上建立了一个学院——美国第一个公司管理培训中心，这个有“美国企业界的哈佛”美誉的学院叫作克罗顿维尔（Crotonville），又称克劳顿村，这原本是一个默默无闻的地方，通用电气公司令它享誉全球。科迪纳感到，管理多角化公司必须比小阿尔弗雷德·斯隆的通用汽车模式有更多的简政放权和更多的自主性，但是如果经理们不能提高经营管理水平，放权就是一句空话。在克劳顿维尔公司管理培训中心起主要作用的是德鲁克。他被科迪纳请来以讲座而不是课程形式担任不定期的导师，而不是老师；另一次是 20 世纪 80 年代，韦尔奇开展的“数一数二”。

然而，作为“大师中的大师”德鲁克，却从来都不是学术界的主流。他从企业实践中分析和观察的经验研究方法，由

① 在拉尔夫·科迪纳（Ralph Cordiner）1950 - 1963n 年任通用电气公司 CEO 任期内，在通用电气公司规模迅速膨胀时开始了分权经营的努力，并极富创新的在董事长和总裁之间首创了首席执行官之职，通用电气公司开始有了 CEO 的头衔。

于缺乏模型和数据论证，被认为不够严谨，以至于美国商学院教授们尽管无法遮挡他的光辉，可仍然在说：“德鲁克是经典的，但是过时了。”西蒙·伦敦（London，2005）评论到：“然而，即便与学术界之间的嫌隙从未困扰过德鲁克（实际上，这对他的困扰超出了他所表现出的程度），但在客观中立的观察家看来，这种分歧的确令人费解。双方都宣称自己是在努力加深我们对组织的理解，并提供有益的观点，以改善组织的管理方式。但是，这位执拗任性的管理学通才的研究方法，与日臻完善的学术专业化截然相反。究竟谁是谁非？”①

在我们看来，让管理理论回归实践，德鲁克的“经验主义”路径与主流实验主义范式的“大胆假设”“小心求证”的路径是不同的。这背后有一个无法回避的理论问题，即管理的假设与预测，既关系到管理实践的偶然性，也关系到管理实践的确定性。德鲁克所叙述案例的偶然性，在他看来是说过去的管理实践具有无限的可能；主流实验主义范式却认为某个管理案例只是一个单一的事实，只有通过大量的实验才能验证它的确定性。要实验就必须进行“假设”，与“假设”相关的是“预测”。德鲁克和主流范式的管理学家都想知道管理实践初始条件一旦改变后的后果，德鲁克的方法是将经验上升为原则，回归实践，最终验证经验；而主流范式管理学家的方法是进行理性归纳，以便使管理学能够对未来的管理实际进行预测，以实现管理理论的“普适性”。

---

① Simon London. “The grand old man of provocative theory: Obituary Peter Drucker.” *Financial Times*, 12 November 2005.

我要强调的是，感受力、观察力和批判精神这两种素质是无法分离的，就像让管理学根植于实践的沃土和让管理学回归实践不可分离一样。合而为一，管理学理论感染力倍增；使之分离，功力全失。

（三）德鲁克的实践性管理思想正在得到学术界主流的认可

令人尴尬的是，德鲁克的智慧始终未被学术界主流认可。对此，德鲁克本人提供了一个富有洞见的解释：为了控制学术界，美国政府只向那些用数学公式写作的研究人员提供研究资金，自己这类深入实践的学者被拒之门外，顺理成章。

在我看来，德鲁克那种义无反顾的批判姿态总是会让人们想起中国的鲁迅。他们都是人格魅力卓尔不群者，都是善恶分明者，都是怀有救世气魄者、积极的时代批判者和社会拯救者，都是无所畏惧地向权势者说“不”的人，都是向人们说真话的人，在他们身上体现了公共知识分子极为珍贵的精神气质。当越来越多的知识分子变成了“专业人士”或“管理学家”，他们潇洒地穿行在市场、经理人和主流意识形态间时，他们当然不会喜欢德鲁克，正如他们不会喜欢鲁迅一样。因为有德鲁克存在，或者说有德鲁克的幽灵存在，他们在心理上无法在德鲁克主义面前抬起头来，他们会痛苦地抽搐着，却喊不出声来，集体失语，感到难堪、无地自容，甚至使他们根本无法正确地面对自己，他们的精神支柱也随之倾斜；他们在市场、经理人和媒体面前也无法理直气壮，他们在积累自己的精神资本和学术资本时也无法心安理得；他们既无法固守精神和品格、保证学术传统的纯正，又无法真正做到对社会、对管理实践者的负责。对他们来说，德鲁克不是他们的盟友，而是他们潜在的假想之敌。唯其如此，在德鲁克不被认可、受冷落和嘲讽的时候，解读、阐释和弘扬德鲁克主义就成了一件意义重大的事情。

对于管理学方法论，主流范式管理学家和德鲁克有完全不同的理解。对于主流范式管理学家来说，管理学方法论追求的是构建方法或研究方法的科学性，目的是使所构建管理理论更具有说服力、让人更容易解释和具有预测功能，他们关心的主要是各种学说如何构建、假设是否成立、论证过程是否可靠、数据是否真实。而对德鲁克来说，只要是在研究过程中凡是能提供有益帮助的科学方法，都会被认为是“有用的”的方法而得到重视和加以研究。德鲁克呼吁，管理学研究方法应当从效率和实践观念出发，关心实际成果在组织、技术和企业制度中所起的作用。管理实践者们有时轻视管理理论范式，是因为他们常常依赖于用以解释他们日常管理行为的是“常识”(common-sense)。事实上，当人们在运用这些常识的时候，实际上已经对其所处环境和他人的行为做出了一系列的假设。

实证主义者认为科学与非科学间存在一个明显的分界点。管理学虽然会借用常识的某些概念，但是常识里有许多松散的、不合逻辑、缺乏系统，以及偏误的部分，则应去除。管理学家尝试使用一套更具逻辑一致性、更精心思考焠炼出来的概念。而德鲁克对于常识比较持正面看法，认为常识可能是相当强而有活力的日常生活理论，广泛被平常人所使用。而且，常识是一种“前理解”，也是管理学研究所必要的基础。

德鲁克建议管理理论范式应当致力于对上述假设和常识进行考察，以便建立起关于组织和管理范式的知识库。这样，“常识”本身就上升为一个理论研究课题。不可否认，主流范式管理学在理性上具有很高的成就，但在管理实践中却不堪一击。虽然泰罗范式已经被抛弃，但这种纯理性特征依然残留在某些管理学研究和管理学家习惯思维之中。

有的管理学家表达出与德鲁克稍有不同的主张，他们大声疾呼管理学应当担起引导管理实践的责任（如 Donaldson，1992① 和 Beyer，1992②）。但也有管理学家表现出一种中庸的态度和权变思维的机智，他们看到的管理实践是一个自治空间。他们认为，实际的管理行动是实践者由抽象的管理知识推论出的合法化之物，这也是一种“可选择姻缘关系”（selective affinity），实践者拥有自己的主动选择。说与做之间并不存在必然的联系：管理意味着在具体处境下为行动寻求依据时的推演创造性（Astley，1985）。③ 斯科特·库克和约翰·希利·布朗（Cook & Brown，1999）从认识论的角度分析了组织知识（organizational knowledge）、组织知晓（organizational knowing）与实践（practice）三者间的差异与关系。通过实用

---

① Lex Donaldson. “The Weick stuff: Managing beyond games.” *Organization Science*, 1992, 3 (3): 461 -467.

② Janice M. Beyer. “Metaphors, misunderstanding, and mischief: A commentary.” *Organization Science*, 1992, 3 (3): 315 -319.

③ W. Graham Astley. “Administrative science as socially constructed truth.” *Administrative Science Quarterly*, 1985, 30 (4): 497 -513.

主义的辨证推论，库克和布朗认为，组织知识是一种主权认识论（epistemology of possession）概念，属于静态的工具性思考，按照特质可以分类为显性知识（explicit）与隐性知识（tacit）两种，而对应的储存载体可以是个人（individual）或是团体（group），组织知识是组织知晓的工具。而组织知晓是一种实践认识论（epistemology of practice）概念，属于动态的行动（action）与实践（practice）思考。组织知晓是行动者对社会世界（social world）与实体世界（physical world）的一种互动认知与关系（relation）；而实践（practice）则是个体行动者与群体真实工作（real work）间的协调活动，实践是在特定组织或群体情境（context）中所形成的，是镶嵌在情境中的有意义行动（action）。[①] 在我们看来，知晓促使行动者使用知识来与世界进行互动，所以知晓与知识存在一种动态、相互衍生的过程。组织知晓是组织内的行动者应用组织知识于真实的组织环境与世界中，来执行特定组织工作。而当行动者在执行任务时，其与组织情境的各式互动过程所产生的一系列有意义活动就是实践。

我们认为，在我们理解其他事物的过程中，德鲁克所说的“常识”是作为一种典型的思维推理方式在帮助我们理解和认识世界，“常识”也教会我们待人处世，取得成功。德鲁克思想的一项重要特点是强调深度描绘（thick description），简单

---

① Scott D. N. Cook and John Seely Brown. “Bridging epistemologies: The generative dance between organizational knowledge and organizational knowing.” *Organization Science*, July-August 1999, 10 (4): 381－400.

说就是强调意义网的把握。深度描绘原则强调对研究的现象进行整体性的、情境化的、动态的描述。要描述得详尽、细密，力图把读者带到现场，使其产生身临其境之感，使读者对于现象的发展过程产生理所当然的感觉。换言之，使读者能在设身处地的心理状态下能充分理解事情如何发展与为何如此。因此，德鲁克思想的表述通常包含经验的脉络、管理经验的意向与意义（而非仅独立的意向或状况）以及所显现的过程性经验。德国社会学家马克斯·韦伯（Weber，1958）曾指出，人是被悬挂在意义网上的动物。[①] 诚哉斯言，实不欺我，天下之人，无不在网上。这个意义网是主观构造的，深度描绘则将这个意义网加以显现。正如奥地利现象学社会学家阿尔弗雷德·舒茨（Schutz，1970）所指出的那样，我们意念中的“常识”已经因而成为被研究的对象。[②]

我们认为，管理学一方面有一个自治且连贯的（autonomous and coherent）管理实践空间，另一方面还有一个连贯又自治的（coherent and autonomous）管理知识空间。然而，虽然管理实践者们应用不同的管理学概念已经变成为带有范式性质的“框架”或“象征”。但是，我们不得不看到，由于对管理学学术型范式不理解或不同的理解，这些管理理论的学术关怀却仍然隔离于实践者。

① Max Weber. “Science as a vocation.” *From Max Weber: Essays in sociology*. Edited and Translated by H. H. Gerth and C Wright Mills. New York: Oxford University Press, 1958. 280.

② Alfred Schutz. *On phenomenology and social relations: Selected writings*. Chicago: University of Chicago Press, 1970.

这种现象事实上已经引起一些有良知管理学家的关注。美国斯坦福大学商学院（Stanford Graduate School of Business）教授杰弗里·普费弗和华盛顿大学（University of Washington）的克里斯蒂娜·方（Pfeffer & Fong，2002）指出，学习者如何将管理书籍的理论概念内化为本身知识，进而应用于外在实践，而不产生理论与实践无法衔接的现象？每年 1700 本管理书籍在研读后真正产生形成解决实践问题的管理智慧？一年数十亿的管理训练课程真正为员工提升了实践的智慧与能力？如果美国的管理学院无法解决上述问题，就会使 MBA 学历丧失作为特殊成就标志的价值。① 2005 年，德鲁克多年的挚友、美国南加州大学马歇尔商学院教授沃伦·本尼斯和詹姆斯·奥图尔（Bennis and O'Toole，2005）在《哈佛商业评论》（HBR）上撰文呼吁美国商学院改革。他们指出："商学院正在使自己不合时宜"，"由于招募和擢升那些在专业学术期刊上发表文章的人，商学院正催生这样一个教职员工队伍：他们主要的职业理想就是献身于科学研究。"他们尖锐地批评到："现在的管理学终身教授可能从未真正涉足一家企业——除了作为该企业的消费者。"② 而德鲁克 1996 年在接受美国财经记者理查德·唐金（Donkin，1996）的采访时，德鲁克以他特有的挖苦口吻说道："美国的商学院建立了还不到一个世纪，就已经在培养受

① Jeffrey P. Pfeffer and Christina T. Fong. "The end of business schools? Less success than meets the eye." *Academy of Management Learning and Education*, September 2002, 1 (1): 78 – 95.

② Warren Bennis and James O'Toole. "How business schools lost their way." *Harvard Business Review*, May 2005, 83 (5/6): 96 – 104.

过良好教育的职员了。”这时的德鲁克仍然不会忘记调侃和批评哈佛大学[①]，“只有现在，在我已经很老的时候，这家学府才肯接受我。”[②]

事实上，呼吁美国商学院改革的远不止本尼斯和奥图尔。长期以来，加拿大麦基尔大学（McGill University）的亨利·明兹伯格（Henry Mintzberg）、斯坦福大学商学院的杰弗里·普费弗（Jeffrey Pfeffer）等人就一直在批评美国管理学教学与研究脱离实践的现象。明兹伯格（Mintzberg，2005）在《管理者而非MBA》一书的《导言》中说：“对没有任何管理经验的人传授管理学，好比对一个除自己就从未见过第二个人的人谈心理学一样荒谬。”“总之，让我们要看到管理学的真面目，使之在实践中成长，才是我们管理教育的最终目的。”[③]

现在，一些教育界的权威人士也加入了批评者的行列，其中包括西北大学凯洛格商学院（Kellogg Business School）院长迪帕克·詹恩（Dipak Jain）、斯坦福大学商学院（Stanford's Graduate School of Business）院长罗伯特·乔斯（Robert Joss）、伦敦商学院（London Business School）院长劳拉·泰森（Laura

---

① 德鲁克曾经一度希望能够到哈佛商学院任教，但最终他还是拒绝了哈佛商学院的邀请，主要原因是当时哈佛商学院院长制定了一项规定——教职员工每星期最多只能做一次咨询工作。这与德鲁克渴望多参与管理实践有矛盾，因而哈佛商学院的邀请被德鲁克拒绝。

② Richard Donkin. “Interview with Peter Drucker.” *Financial Times*, 14 June 1996.

③ Henry Mintzberg. Managers not MBAs: A hard look at the soft practice of managing and management development. Berrett-Koehler Publishers, Inc., 2005. Introduce.

Tyson）和耶鲁大学商学院院长杰弗里·加尔滕（Jeffrey Garten）。“少数思想开明的商学院院长已经开始宣扬（管理学）整合思想、跨学科研究和实践出真知的信条。确实，（管理学）实用主义正在重新崛起。”① 美国管理学家、管理思想史学家和美国大卫－罗斯－博伊德大学管理学教授丹尼尔·雷恩（Wren，2004）博士在最新版的《管理思想的演进》一书中称德鲁克为管理实践的宗师。他高度评价了德鲁克的工作，并希望德鲁克的实践性管理思想能够在促使学术界摆脱僵化，缩小管理理论与实践之间的差距。②

四、德鲁克管理学能够赋予中国管理学实践特色

今天，中国管理学家和管理实践者之所以关注德鲁克，一个重要的原因在于中国工业文明的进程脱离早期粗放式的工业社会，开始发生根本性的变化——向现代工业社会迅速进发。一个公司制的社会、一个公司制国家形态的迅速形成，新社会模式的日渐清晰，新组织的不断形成以及旧组织变革的剧烈要求……都使我们面临着许多从未有过的考验和挑战。在这样一个时期，去重新认识德鲁克，去实践德鲁克从实践中观察总结出来的一系列理论，

① Simon London. “The grand old man of provocative theory：Obituary Peter Drucker.” *Financial Times*, 12 November 2005.

② Daniel A. Wren. The evolution of management thought. 5th Edition, New York：John Wiley and Sons Inc., August 2004.

并在我们的实践中加以验证，有着显而易见的价值。

学习德鲁克管理学，可以不断赋予中国管理学鲜明的实践特色、民族特色和时代特色，这对中国管理学的发展与自主创新能力的提升具有重大理论意义和实践意义。从某种意义上说，中国管理现代化的过程，就是不断赋予中国管理学实践特色、民族特色、时代特色的过程。今天，中国管理学界正在大力倡导管理实践与理论的自主创新，这可以说是德鲁克管理学中国化的最新成果，其一个突出特点就是既坚持了现代管理学具有普适性的基本原则，又根据我国实际和时代特征赋予其鲜明的中国特色。我们要在发展中国特色管理学的伟大实践中，继续推进实践基础上的理论创新，不断开拓管理学中国本土化的新境界，就必须立足中国国情，坚持与时俱进，不断赋予中国管理学鲜明的实践特色、民族特色、时代特色。

我们认为，德鲁克管理学赋予中国管理学实践特色主要体现在以下几个方面：

第一，按照德鲁克管理学坚持实践第一的观点，我们要善于对最鲜活的实践经验做出理论概括，善于用创新的理论指导新的实践，不断赋予中国管理学鲜明的实践特色。管理学是实践的科学，实践的观点是中国管理学首要的基本观点。管理学从诞生之日起，其生命力最深刻的根源和动力就在于管理理论存在于实践之中。离开了中国企业改革的伟大社会实践和管理的创新，中国管理学将成为无源之水、无本之木。从这个意义上说，积极参与中国企业改革的伟大社会实践和发展中国管理学自主创新能力，这是中国管理学走向复兴、独立于世界之林的必由之路，也是我们不断推进现代管理学中国化的实践源泉。这一伟大实践中不断涌现的各种先进典型和成功经验，蕴涵着丰富的思想养分。我们要善于从丰富多彩的实践活动中、从火热的社会生活中、从企业家和管理者的创造中汲取营养，善于把企业家和管理者创造的新鲜经验升华为理论成果，在实践中不断丰富中国管理学科学理论的内涵。正确的管理理论不仅来自于实践，而且接受实践检验并随着实践的发展而发展。我们既要从实践发展的需要出发，对西方管理学的科学原理和科学精神进行准确地把握和运用，又要结合新的实践，在回答和解决实际问题中推进理论创新。要坚持把对西方管理理论的跟踪学习和自主创新研究同推动我国企业改革与管理实践中重大现实问题的解决结合起来，同解决中国管理学家的实践能力和自主创新能力结合起来，同指导企业改革与管理实践工作结合起来，努力使管理理论成果更好地转化为企业治理和经营管理的方针政策，转化为企业家和管理者的自觉行动，用发展着的德鲁克主义指导新的实践。

第二，德鲁克管理学强调坚持立足本国国情，注意从中国传统文化中汲取智慧和养分，不断赋予当代中国管理学鲜明的民族特色。管理学是对世界历史发展规律和趋势的科学把握，具有普遍指导意义。但这一理论只有同具有不同人文特征的各个民族、各个国家和各个企业的具体管理实际相结合，才能发挥应有的指导作用。管理学要在中国大地上生根发芽、开花结果，就必须充分考虑现实国情需要与文化的特殊性，使之体现中国气派和中国风格。要坚持从实际出发，把管理学基本原理同中国国情结合起来，着眼于解决中国建设和改革中面临的具体经营与管理问题，通过总结中国企业家和管理者在实践中积累的独创性经验，为实现中国管理现代化提供科学理论指导。这需要我们注意从中国优秀文化传统中汲取营养，把管理学与中华民族的文化特质、思维模式、价值取向、行为方式结合起来，使之与中国文化融为一体，创造出体现时代要求又具民族特色的价值追求和价值遵循。德鲁克管理学，赋予中国管理学鲜明的民族特色，决不意味着要置身于世界进步潮流之外，相反必须密切关注西方管理理论与实践的发展趋势，重视从世界与中国的双重维度去观察、思考和解决问题，善于吸收西方管理理论中科学、进步的合理成分。

第三，德鲁克管理学强调坚持与时俱进，深入研究回答中国企业改革和管理实践中的重大现实问题，不断赋予中国管理学鲜明的时代特色。与时俱进是德鲁克管理学的本质特征。时代在变化，实践在前进。对变化了的时代和实践做出科学准确的判断和分析，使理论符合实际情况，并指导新的实践，是时代赋予中国管理学的使命和重任。每个时代都有属于它自己的问题，中国管理学的时代特色，就体现为对现实管理课题的回应和对时代精神的把握，并不断推动管理理论与实践前进。当今中国企业改革发展和管理创新正进入关键时期，新情况、新问题层出不穷，一系列新的实践课题需要我们研究回答，一系列新的实践经验需要我们概括提炼为管理理论，中国企业家和管理者关心的热点难点问题需要我们解疑释惑。德鲁克管理学强调，中国管理学必须把时代要求摆在十分突出的位置，坚持解放思想、实事求是、与时俱进，把中国管理学同时代发展、时代特征结合起来，在正确认识和把握中国企业改革发展和管理创新的历史进程基础上解决时代课题，不断开辟中国管理学的广阔空间。

对于中国的管理学家来说，德鲁克的实践性管理思想告诉我们，中国管理学家必须走出书斋，走出自己精心构筑的理论象牙塔，奔向实践，奔向国民经济建设的主战场，认真总结20年来改革开放的新经验和“中国制造”模式赖以产生的实践基础，中国管理学的理论形态才能从单一性和封闭性走向多元化和开放性，通过实践创新来激发理论创新的活力。德鲁克在寄语中国管理实践者和中国管理学家时说道：“中国经济改革和企业管理取得了巨大的成功，一定有很多值得总结的东西。管理实践总是领先于理论。要总结中国企业的特征一定要从实践入手。”“目前中国面临的最大需求和面临的最好的机遇，应该说是快速培养卓有成效的管理者或经理人。我的著作以及我本人能对这一伟大的事业有所贡献，为此，我深感骄傲和荣幸。在今日中国乃至全世界，没有什么事业比这更重要。”由于受中国企业的迅速增长所鼓舞，德鲁克在1999年曾经这样发问“2005年最畅销的管理书籍会以《中国式管理的秘密》为书名吗？”遗憾的是，到今天中国式管理并没有风靡全球，还有待于我们去不断地实践与发掘。

德鲁克实践性管理思想的真知灼见不但影响着美国管理实践者，同时也深刻影响了中国管理实践者。海尔集团首席执行官张瑞敏在谈到德鲁克实践性管理思想对实践的指导作用时，深有体会地说：《卓有成效的管理者》这本书“我更是爱不释手，不知读了多少遍，常读常新。”“书中没有晦涩深奥难懂的理论，有的只是来自现实生活中的案例，诠释的却是鲜活的思想。德鲁克先生就像是你的一位同事，虽然与你面对相同的现实，却从不同的视角说出了你不曾想、更不曾想到的新理念。”“尤其是面对变幻莫测的市场和全球化竞争的困惑时，总能从书中得到新的启示。”①

张瑞敏根据企业的实际，创造了“日清”工作法，即“日事日毕，日清日高”，将每项工作的目标落实到每人、每天，形成“事事有人管，人人都管事”的氛围，大到一台设备，小到一块玻璃，都有人负责。每天下班前要根据目标对工作完成的情况“日清”，而日清的结果又与其本人的奖罚激励挂钩，这样便形成了目标、日清、激励三者间的闭环优化和良性循环。使这个厂于 1988 年在行业中以劣势小厂的地位战胜许多优势大厂，摘取了中国冰箱史上的第一枚金牌。“这枚金牌要归功于‘日清’工作法，更要归功于德鲁克先生。”张瑞敏如是说。②

五、本章小结

读德鲁克的著作，就是解读德鲁克。管理学本来就是并非

① 张瑞敏．“推荐序一”．载于德鲁克《卓有成效的管理者》，北京：机械工业出版社，2005 年 6 月。

② 张瑞敏．“推荐序一”．载于德鲁克《卓有成效的管理者》，北京：机械工业出版社，2005 年 6 月。

专供管理学家把玩的“阳春白雪”。德鲁克的著作因其强烈的时代特征和“飞入寻常百姓家”的实践意义更亲切可人，带有温暖的气息和人性的关怀。

德鲁克的管理学理论贡献，更应该看作是实践性贡献。因为德鲁克从不居高临下式地说教，他有别于晦涩理论家的语言，他情节般展开的叙述，他众多创建中透视出的实践辩证法，使我们要读懂他的著述并不难。德鲁克的实践性管理学著述，识力既精，趋向不惑，深入浅出，清楚明白，优游不迫，非常好读，文体上显示出20世纪欧洲绅士特有的优雅气质与流洒风度。德鲁克实际上是在用思想的利刃，切割着现实的困惑，所以读来既深邃，却又十分亲切。

事实上，优秀理论以具体实践情况为基础的。在波士顿大学保罗·卡莱尔和哈佛大学商学院教授克莱顿·克里斯滕森（Carlile and Christensen，2005）合著的论文中，他们指出：“许多被称为管理理论的理论，未能通过这种考验。研究人员没有仔细分类，就从观察跳到了假设。要么他们没有下功夫寻找反证，就从相互关系跳到了因果关系。结果怎样呢？这些理论要么就是错误的，要么是基于危险的一知半解基础上，因为它们都未能充分研究X导致Y的情况。”[①] 对德鲁克来说，优秀的理论总是以具体实践情况为基础的，正如西方谚语所说：“好的理论也绝对是实践性理论”（There is nothing so practical

---

① Paul Carlile and Christensen, Clayton. “The Cycles of Theory Building in Management Research.” Harvard Business School Working Paper, No. 05 - 057, 2005.

as a good theory)。

德鲁克的实践性管理思想没有告诉经理人如何迅速、容易地赚钱，而是告诉我们，做一个有效经理人必须学习和实践，学习和实践是一种挑战，既是挑战自己的目标，又是应对市场的挑战，这就会有学习和实践的动力和压力，就会使我们去思考。德鲁克不会给我们提供一成不变的管理模式，而实际上这样的管理模式也并不存在。如果我们不去思索管理实践背后隐含的问题是什么，不去探索创新的路径，而是企图找一个捷径，等待别人教给自己一个现成的理论或模式，那你一定与卓有成效无缘。如同禅宗里的一句话，“借来的火，点不亮自己的心灵”。德鲁克所告诉我们的只不过是一种思想，而不是一种模式，是方法论而不是方法，这就是将自己的思想经历用通俗的语言总结出来，以使那些力求靠近德鲁克思想的人更易于接受。《大师的轨迹：探索德鲁克的世界》一书的作者杰克·贝蒂（Beatty，1998）认为：“德鲁克教的是洞察力，一种看事物的角度，而不是一大堆现状分析。”他永远不给答案，只是“教人如何尽力思考”。[①]**德鲁克始终认为，问问题是他的工作，为问题找答案则是经理人的责任。针对企业遭遇的问题，他从不给 CEO 们一个明确精准的解答，而是通过提问的过程，揭露那些隐而不见、阻碍企业绩效的议题。**

① Jack Beatty. *The world according to Peter F. Drucker*. London：Simon and Schuster Inc. , 1998. 162.

第四章 德鲁克经营思想解读

德鲁克经营思想或事业理论是管理学理论体系中最为璀璨的一颗明珠，对企业经营战略理论的发展起到了极大的推动作用。本章分析了德鲁克经营思想对企业经营实质的揭示，探讨了德鲁克对公司战略理论发展和商业模式研究的贡献，并分析了德鲁克关于企业经营的基本假设问题。

在德鲁克长期的咨询实践活动中，他常常会问客户一个“长期而根本的问题”——经营问题，其目的在于协助客户厘清该公司的经营理论，使他们更能以“明确、简单、清晰、具体”可操作的一套经营理论，而获得实质的助益与成果。严格意义上说，德鲁克经营思想或事业理论主要集中体现在1954年出版的《管理的实践》、1964年出版的《成果管理》、1994年发表在《哈佛商业评论》的论文《经营理论》和1999年出版的《21世纪的管理挑战》第二章“战略——新的必然趋势”等著述中。这些著述比较零散，人们理解和把握起来往往难度较大。但如果抓住一个主线条就比较容易把握，这就是解决营利性企业的经营问题必须以企业的宗旨为出发点和归属点。

一、企业经营实质就是引导消费、创造顾客

德鲁克在其划时代的著作《管理的实践》中，回答了企业经营实质是什么这一带有哲学命题的问题。德鲁克认为，顾客是企业得以生存的基础，企业的目的是创造顾客（the purpose of a business is to create a customer），任何组织如果没有经营（business）或经营只是其业务的一部分，则不能称之为企业。[①] 德鲁克强调："企业存在的目的只有一个：创造顾客（There is only one valid definition of business purpose：to create a customer）。市场既不是上帝创造的，也不是自然或经济力量创造的，市场是企业家创造出来的。需求在时间上可能会先于产品或服务，顾客也许会像饥荒中的人们盼望食品一样迫不及待。但是，这只不过是理论上的需求，只有当企业家用自己的工作将它转变为有效需求之后，才会产生一个现实的顾客和现实的市场。"企业的存在目的在于"引导消费、创造顾客"，

---

① 德鲁克因其创造顾客理论（create customers）被国际管理委员会（The International Management Council，IMC）授予"威尔伯·麦克菲勒奖"（Wilbur M. McFeely Award）。后来获得这一奖项的管理学家有肯尼斯·布兰查德（Kenneth H. Blanchard）、威廉·爱德华兹·戴明（William Edwards Deming）、李·艾柯卡（Lee Iacocca）、汤姆·彼得斯（Tom J. Peters）和斯蒂芬·科维（Stephen Covey）等人。

因此，“企业的基本职能只有两个：市场营销和创造革新”（the business enterprise has two, and only these two, basic functions: marketing and innovation），其他工作都是“成本”（all the rest are ‘costs’）。其中，市场营销的目的在于充分了解顾客，将其潜在需求转化为实际需求，并提供相应的产品与服务。创造革新则是赋予人力、物力创造更大财富的任务，用超越过去的方法满足顾客需求。①

应当这样说，德鲁克得出企业经营实质就是“引导消费、创造顾客”这一结论是与马克思、熊彼特的思想有关。

长期以来，市场经济和企业经营被一种概念所控制，即市场与厂商是被竞争这只“看不见的手”（the invisible hand）牵着走的，其思想基础就是市场需求决定企业生产。但是，提出企业经营实质就是“引导消费、创造顾客”，是因为这种思想潮流的基础是生产决定消费。生产力的改善是经常性的，而不是暂时性的，因为企业面临的革新压力也是经常性的。马克思的生产决定消费和熊彼特的“创造性破坏”（creative destruction），表明市场与厂商也受到了一种不断增长的需求和生产技术的发展的引导。在德鲁克看来，对一个企业而言，企业想生产什么并不是最重要的，最重要的是顾客想要什么、需要什么？顾客的认知价值决定企业的一切。

从实质上看，德鲁克关于企业经营就是“引导消费、创造顾客”是与马克思关于商品生产的价值与使用价值之间的矛盾和生

---

① Peter F. Drucker. *The practice of management*. New York: Harper and Row Press, 1954, ch. 5.

产决定消费的论述一脉相通的。回答企业经营就是“引导消费、创造顾客”这一命题应从企业的目的出发，从分析商品生产的基本矛盾入手才能破解。企业存在的目的一方面是要尽可能地满足社会的需要，也就是要追求使用价值；另一方面又要谋求最大的经济效益，也就是要追求利润。这两方面是有矛盾的，这就是马克思所说的商品生产中价值与使用价值的矛盾。在商品生产中，这二者在什么方向、什么程度上、什么条件下统一、结合起来，在很大程度上反映了企业组织生存和发展的能力。

按照马克思主义生产决定消费的观点，企业应当主动地、能动性地去适应市场，而不是被动地、消极地去适应市场，适应顾客的需要。因此，商品生产基本矛盾的主要方面是生产，而不是消费，引导消费、创造顾客就是要去抓企业经营的主动性、能动性和预见性，充分发挥生产对消费的支配和决定作用。

这个观点来自于马克思，德鲁克的老师、自称是马克思儿子的奥地利经济学派代表性人物熊彼特也持这样的观点，德鲁克说得更干脆，即“引导消费、创造顾客”。德鲁克认为：“如果你没有顾客，你就没有企业”。德鲁克认为，顾客不是在购买某一种“产品”，而是购买需求的满意度，利润只是企业经营活动的结果和好坏的检验标准，而不是企业存在的目的，企业存在的真正目的是创造顾客。所以，管理者的任务和责任就是要打破环境对企业的制约，采取各种创新活动设法满足顾客需求，实现企业经营业绩。① 例如，美国宝洁公司首席

① Peter F. Drucker. *The practice of management*. New York：Harper and Row Press，1954，ch. 5.

执行官迪克·雅格（Durk Jager）在1999年推出了“组织2005”的主动变革计划，计划用长达6年时间、耗费19亿美元来努力改善公司状况。其主要内容为通过创新快速开发新产品，通过大规模的组织变革来结束官僚主义作风。实质上，这个计划就是进行企业文化创新计划。迪克·雅格认为：“衡量企业的生命力就要看组织是否具有活力——就是人们铲除障碍、挑战传统观念、努力达到看起来无法达到的目标和重新定位市场的能力。”在一次与宝洁公司高级管理者的非正式头脑风暴会议中，德鲁克认为：“这是一个令人印象深刻的方案，但我很不满意。我觉得我只吃到了餐前的开胃食品，因为虽然它注重产品和技术，却还欠缺一个因素……我称之为态度。对于像宝洁这样的公司来说，在今后10年或15年里最大的机会和威胁是人口统计特征、消费者细分和分销渠道的变化，这需要全新的客户群，但我没看到方案中提到这些。”德鲁克的意思明确表示出“消费者才是企业真正的老板”。德鲁克补充说：“你们还是由内而外地看问题，看到的是昨天的情况。当你们由外而内地看问题时，就会发现不是宝洁公司发生了变化，而是环境发生了变化。”

哈佛大学商学院教授西奥多·列维特（Levitt，1983）非常赞同德鲁克的观点。他认为：“许多公司简单地认为企业的目的就是赚钱，但事实证明这种说法毫无实质性的意义，就像说生活的目的就是吃饭一样。”[①] 麻省理工学院斯隆管理学院

① Theodore Levitt. *The Marketing imagination.* New York：Free Press，1983.

高级讲师芭芭拉？邦德博士（Bund，2006）认为：“关于这一点，德鲁克的意思不是‘告诉顾客做什么’，”“我经常引用德鲁克的另一句话：‘企业拿了钱不是用来改造顾客的，而是用来满足顾客需求的’。”“你做的每件事，都应该有明确的顾客因素，”邦德博士表示，“对顾客了解得再多也不为过，顾客善变，很难对付。但你必须坚持不懈地了解顾客，改进你的‘顾客图’（customer pictures），而且要在内部传达。”邦德博士举了一个例子：“特易购（Tesco，英国超市集团）在这方面就做得非常出色，它做什么都先想着顾客，这是一条纪律，也是德鲁克20年前谈到的东西。”①

质量管理专家约瑟夫·朱兰在《管理的突破》一书中表达了与德鲁克类似的观点，朱兰（Juran，1964）认为：“从广义上讲，质量计划包括改进产品与生产流程以满足顾客的需求所必需的程序。说得明白一些，质量计划包括以下基本的活动：（1）辨别顾客和他们的需求；（2）发展适应顾客需求的产品；（3）发展出可以生产该产品的程序。”② 就连德鲁克的“论敌”爱德华兹·戴明博士（Deming，1988）也认为：“商业利益来自于一直与你做生意的顾客，他们夸赞你的产品与服务，而你为他们带来友谊。”③

---

① Barbara E. Bund. *The outside-in corporation*：*How to build a customer-centric organization for breakthrough results*. New York：McGraw-Hill，2006.

② Joseph Juran. *Managerial breakthrough*：*A new concept of the manager's job*. New York：McGraw-Hill，1964.

③ William Edwards Deming. *Out of the crisis*：*Is the US treasury crossing into moral hazard*. Cambridge，Massachusetts：Cambridge University Press，1988.

哈佛大学商学院教授奎因·米尔斯（Mills，1991）评价说："德鲁克的主要兴趣在于怎样成功地管理一个制造业、运输或者零售业的企业。除了如何管理员工，德鲁克认为对于企业，最重要的就是顾客，企业最先应该考虑的不是自己作为一个组织，而是顾客，这是所有企业和组织的基石。""他对这一点理解得非常好。他非常善于确认首要和原则的东西，对企业要有顾客的定义也是开一代风气先河。"[①] 美国宾州大学沃顿商学院营销系主任斯蒂芬·霍奇（Stephen J. Hoch）把德鲁克形容为"管理学大师中的沃伦·巴菲特（Warren Buffett）。他对管理和营销的分析总是精练并且切中要点。他从来不刻意讨好读者或使用那些时髦的字眼，而是通过直截了当的推理和表述明确的想法，来传递一系列信息。德鲁克以下这段论述至今仍是营销学的精髓：'营销的目的是让销售成为多余的步骤……它要非常了解顾客，使产品或者服务非常适合顾客，从而实现自我销售。在理想的状况下，营销应该让顾客做好购买的准备。'"[②] 美国宾州大学沃顿商学院营销学教授戴维·鲁伯斯坦（David J. Reibstein）认为："德鲁克对经营领域的每一个方面及其在社会中的角色都有非常深刻的见解。德鲁克认为企业中最有价值的资产就是人。总的来说，他被视为管理学之父，但是我也把他当作营销学之父。他说，经营的作用就是创

---

① D. Quinn Mills. *Rebirth of the corporation.* New York: John Wiley and Sons, 1991.

② Farewell, Peter Drucker: A tribute to an intellectual giant. Published: November 30, 2005 in Knowledge@ Wharton.

造顾客。他总是强调要重视顾客，理解他们最重视的东西。我想有许多学科都想推崇他为‘该学科之父’。在超过65年的时间里，他一直在贡献自己的作品，而他的思想永远都领先于我们的时代。”①

在我们看来，德鲁克的“引导消费、创造顾客”是一个全新的思考模式，他强调的不是让企业目光向内，关注自己的公司制造什么，而是强调企业理解价值的出发点，就是必须用客户的眼光观察周围的一切。这种新视角经过德鲁克和西奥多·列维特等人的倡导，已经成为著名的营销观念（marketing mindset），那是一种“感觉—反应”的模式（sensory-responsivity model）。“引导消费、创造顾客”从客户需求出发，从客户愿意支付款项的数额出发。这两方面的内容决定了企业应该生产什么，企业应该用多大代价生产。这种视角的转换完全是革命性的，这种转换在管理学上的意义，如同发现世界原来并非一个平面那样重要。

德鲁克的观点说明，企业应当积极地去引导消费，吸收更多的订单，满足社会需要。德鲁克用了大量的事例说明，真正决定一个企业是一个什么样的企业，决定企业应该生产经营什么、生产经营多少，决定企业有无存在的价值和发展前途的，不是企业的利润动机，而是社会或顾客的需要。德鲁克指出：“任何一个企业面临的问题不是利润的最大化，而是获取足够

① Farewell, Peter Drucker: A tribute to an intellectual giant. Published: November 30, 2005 in Knowledge@ Wharton.

的利润以抵偿经济活动中随时可能发生的风险。”①

德鲁克用大量的事例说明了在客观环境不断变化的过程中，经常保持企业活动与市场、顾客需要之间的平衡或动态均衡，这是企业生存和发展的最根本性条件。可以这样说，在经济学和管理学界，德鲁克是提出这种思想的第一人。

德鲁克强调，顾客决定了企业是什么。德鲁克对企业的独特见解是，要想知道企业是什么，必须从理解企业为什么而存在开始。企业的目的必须存在于企业本身之外。事实上，企业的目的必须存在于社会之中，因为企业是社会的一部分。企业的目的只有一个适当的定义：创造顾客。这句话含有这样的意思：企业是为了企业以外的那些需要它的产品和服务的社会上的人群而产生、存在、和发展的，并不是为了照顾投资人和在企业中工作的人们的愿望或利益而存在的。因为只有顾客，通过其对商品或服务的购买，才使经济资源转化为财富，物品转化为商品。企业想生产什么并非十分重要。顾客想买什么，什么是他们的认知价值，那才是决定性的。他们决定着企业是什么，企业生产什么，企业是否会兴旺。在德鲁克的眼中，顾客是一种产品和服务的最终使用者。顾客不是在购买某一种“产品”，而是购买需求的满意度。企业必须使所有的顾客在“我们的经营是什么?”这个问题的回答中感到满意。“人们购买的不是产品，而是用来解决问题的方案，这样的营销想象力帮

---

① Peter F. Drucker. *The practice of management.* New York: Harper and Row Press, 1954, ch. 5.

助人们透过表象，看到营销的内涵。”（Levitt，1983）[①]

但是，德鲁克并没有停止他的脚步，他用社会历史发展的动态观点进一步论证了这一问题。德鲁克指出，从长远的、本质的、发展变化的和竞争的观点看问题，企业组织中的任何一项生产经营活动，只有同“引导消费、创造顾客”密切联系和结合时，才能具有明确的目标、丰富的内容、丰硕的成果和旺盛的生命力。德鲁克运用了西尔斯（Sears）等企业的案例充分地论证了这一点；一个企业，只有当它坚定不移地把引导消费、创造顾客当作自己的宗旨、使命或首要任务时，才会摆脱困境，走上光明的康庄大道。德鲁克运用了通用汽车公司（GM）的事例说明了这一点。

德鲁克的伟大，不仅在于他的原创性思想，更在于他开出的针对性极强的药方。德鲁克认为，为了引导消费、创造顾客，企业及其所属部门、经营单位，都要在各项活动中十分注意市场营销和创造革新，都要十分注意各种财富和资源的有效利用。即要把加强企业的经营管理问题，放在头等重要的地位，提到重要的议事日程上来（德鲁克在他的许多著作中继续发挥了这个思想）。德鲁克在《管理的实践》一书中写到：“市场营销不是一种易变的东西，从消费者的角度看，它就是企业的全部意义。”[②] 随着市场的成熟与越来越具有竞争性，

---

① Theodore Levitt. *The Marketing imagination*. New York：Free Press，1983.

② Peter F. Drucker. *The practice of management*. New York：Harper and Row Press，1954，ch. 5.

市场营销已经成为大多数人所接受的一个重要的观念。

需要强调的是，在德鲁克看来，组织只是一种实现企业宗旨、使命和目标的工具。德鲁克认为："组织并不是为了自己而存在的（企业是组织的一种形式）。组织只是一种工具：每一个组织都是用以执行某种社会功能的社会机构，对于组织而言，光是求生存是不够的。这是它与生物体很大的不同。组织的目标，是对个人和社会做某种贡献。因此，其功能的考验，都是来自外在。这也是它与生物体不一样的地方。"① 但是，只有市场营销一项还不能构成一个企业。在静态经济中，不存在所谓的"企业"，更不存在所谓的"企业家"。静态社会中的"中间商"只是一个收取佣金的"经纪人"或不创造任何价值的投机者。企业只存在于一个发展的经济之中。企业是使经济成长、发展和变革的一种特殊社会器官。因此，企业的第二项职能就是创新，即提供更好更多的产品和服务。需要强调的是，创新不同于发明。创新是一种经济上的术语，而非技术术语。非技术性的创新——社会创新或经济创新——与技术创新至少是同样重要的（Drucker，1985）。②

这里，我们终于看清楚了，德鲁克主张的市场营销、创造革新、各种财富和资源的有效利用的目的只有一个，那就是实现企业组织的宗旨、使命，而不仅仅是利润。而宗旨、使命就

---

① Peter F. Drucker. *The practice of management.* New York：Harper and Row Press，1954，ch. 5.

② Peter F. Drucker. *Innovation and entrepreneurship*：*Practices and principle.* London：Heinemann，1985，Ch. 2.

是在哲学层次上回答“企业为什么而存在”的问题。在《管理：任务、责任与实践》一书中，德鲁克（Drucker，1973）认为，关于企业的宗旨和企业使命，我们应该只集中在一项课题上来发挥，那就是“顾客”；应该由顾客来决定企业是什么。因为只有顾客，通过其对商品或服务的购买，才使经济资源转化为财富，物品转化为商品。①

美国惠普公司（Hewllet-Packard，HP）创始人之一戴维·帕卡德（Packard，1995）在其所著的《惠普之路》一书中对企业存在目的的诠释，就是对德鲁克经营理论的最好赞赏："公司为什么存在，也就是说，我们为什么要办公司呢？我想许多人错误地认为，办公司就是为了赚钱。虽然赚钱是公司的重要成果之一，但是我们必须进行更深一步的研究，我们必然会得出如下结论，即一些人走到一起，并以我们所说的公司形式存在，以便能够集体地成就一番单靠个人力量不能成就的事业，即为社会做出贡献。"②

发动“引导消费、创造顾客”这场“经营观念革命”的是哈佛大学商学院教授西奥多·列维特。列维特（Levitt，1960）在《哈佛商业评论》上发表的经典论文《营销近视症》一文中指出：“管理当局必须把自己视为创造顾客、提供超值

① Peter F. Drucker. *Management*: *Tasks*, *responsibilities*, *practices.* New York: Harper and Row, 1973.

② David Packard. *The Hewllet-Packard way*: *How bill Hewlett and I built our company* (Collins Business Essentials). New York: Collins, 1995.

满意的人，而不是产品的制造者。”[①] 这表明，企业市场经营中优先考虑的应是创造顾客，而不是简单地生产产品。列维特（Levitt，1960）还指出，有些行业在困难期间衰退的原因在于它们所重视的是“产品”，而不是“顾客需要”。要知道任何产品都只是满足一个持久需要的现有手段。一旦有更好的产品出现，它便会被取代。[②] 列维特（Levitt，1975）在《哈佛商业评论》上发表的《营销近视症 1975 年：评语回顾》一文中写到：“‘营销近视’与其说是一篇学术文章，不如说它是一个宣言。它也不是一种新思想——彼得·德鲁克、约翰·麦基特里克（John B. Mckitterick）[③]、罗·艾尔德森（Wroe Alderson）[④]、

---

① Theodore Levitt. “Marketing myopia.” *Harvard Business Review*, 1960, 38（7/8）: 45 – 56.

② Theodore Levitt. “Marketing myopia” . *Harvard Business Review*, 1960, 38（7/8）: 45 – 56.

③ 美国通用电气公司（General Electric Company）的约翰·麦基特里克（John B. Mckitterick）1957 年提出的“市场营销观念”（Marketing Concept）得到市场营销理论界的普遍认同。见：John B. Mckitterick. “What is the marketing management concept?” In*The frontiers of marketing thought and science*. Ed. Frank M. Bass. Chicago, Illinois: American Marketing Association, 1957. 71 – 82.

④ 市场营销职能主义学派代表性人物罗·艾尔德森（Wroe Alderson, 1898 – 1965）提出了供应和需求的异质性（Heterogeneity）的观念，即企业通过增加产品种类，为消费者提供更多的方便，可以获得区别优势，这可以说是市场细分思想的先驱，由此推动了市场营销观念的发展。见：Wroe Alderson. *Marketing behavior and executive action: A functionalist, approach to marketing theory*. Homewood, Illinois Richard D. Irwin, Inc. 1957.

约翰·霍华德（John Howard）① 和内尔·鲍顿（Neil H. Borden）② 都对于营销观念做了最初的综合工作。然而，我的方法更多涉及企业经营政策的本质。”③

北爱尔兰欧斯特大学（The University of Ulster）市场营销学教授及美国西北大学客座教授斯蒂芬·布朗（Brown，2001）教授指出，企业不要去服务需求，而应当去创造需求。他认为，顾客根本不知道自己需要什么，现在不知道，将来也不会知道。因此，亦步亦趋地跟着顾客走的企业，产品必然难有创新，市场会因而变成一潭死水，企业也别想有什么大出息了。在他看来，顾客绝对不希望企业对他们顶礼膜拜，他们宁愿被

---

① 约翰·霍华德（John Howard）提出买方行为理论（The theory of buyer behavior），推动了市场营销观念的发展。见：John A. Howard and Jagdish N. Sheth. *The theory of buyer behavior*. New York：Appleton-Century-Crofts，1969.

② 美国广告大师内尔·鲍顿（Neil H. Borden，1895－1980）提出了市场营销组合（Marketing Mix）的概念，由此推动了市场营销观念的发展。鲍顿原创市场营销组合要素表，后來被其他学者重新组编和使用。其中在市场营销文献中最受推崇的架构是由美国密西根大学教授杰罗姆·麦卡锡（E. Jerome McCarthy）所提出的市场营销4P：Product（产品）、Pricing（价格）、Place（渠道）和Promotion（推广）。见：Neil H. Borden. “The concept of the marketing mix.” *Journal of Advertising Research*，1964，4（2），2－7.

③ Theodore Levitt. “Marketing myopia 1975：Retrospective commentary.” *Harvard Business Review*，1975，53（9/10）：26－48.

戏弄、被精巧奇特又不易满足的欲望折磨（tease）①。美国战略管理学家加里·哈默尔和普拉哈拉德（Hamel and Prahalad, 1994）也曾在《竞争大未来》一书中提到，企业要生存和发展，就必须比顾客走得更远些，因为顾客一般是缺乏远见的。② 所以说，企业不能仅仅是跟着顾客响应市场营销，更应该领着顾客去创造市场营销，这样才能拥有持续发展的动力。英特尔公司前总裁安德鲁·格鲁夫（Grove，1995）一针见血地指出："客户不一定知道他们的真正需求，我们得影响他们、教育他们、创造需求！"③ 日本索尼公司（Sony）董事长盛田

① 布朗教授的折磨（Tease）这个单词分别代表五个单词或五个原则的首字母，即 tricksterism、entertainment、amplification、secrecy、exclusivity。花招（tricksterism）原则指的是开发不同凡响、具有创意的市场营销策略，并且不排除采用一些小小的骗术，藉以达到"用不能接受的手段达成被接受的结果"。娱乐性（entertainment）原则是指市场营销应该使消费者在购物时得到消遣、快乐。强化（amplification）原则就是对重要的事物来点神秘感就可以达到强化的作用，另外也可以透过奇思妙想、甚至对他人的冒犯以及制造一种对法律约束蛮不在乎的特质达到强化！神秘感（secrecy）原则是强调给自己的产品和服务加上传奇的光环，因为激发了顾客的好奇心也就激发了需求。排他性（exclusivity）原则是要求企业要有与众不同的产品和服务，这样你就可以控制供应量，延迟消费者需求的满足（注意，可不是不满足），而不必像主流市场营销学要求的那样，保证消费者需求的最便捷和最大程度满足。见：Stephen? W. Brown. "Torment your customers (They'll love it)". Harvard Business Review, 2001, 79 (9/10): 82-88.

② Gary Hamel and C. K. Prahalad. *Competing for the future: Breakthrough strategies for seizing control of your industry and creating the markets of tomorrow*. Boston, Massachusetts: Harvard Business School Press, 1994.

③ Andrew S. Grove. *Only the paranoid survive: How to exploit the crisis points that challenge every company*. New York: Doubleday, 1996.

昭夫①（Morita et al.，1986）说道："公众不知道什么是可能，而我们知道。"②

美国质量管理专家约瑟夫·朱兰（Juran，1964）认为，德鲁克的"引导消费、创造顾客"可以通过"一张地图……一些不可更改的、按顺序排好的步骤"来实现。它们是：（1）辨别谁是顾客；（2）判定这些顾客的需求是什么；（3）用我们的语言表达他们的需求；（4）发展与这些需求相呼应的产品；（5）使产品尽可能地完善，满足我们及顾客的要求；（6）发展可以生产该产品的程序；（7）使程序尽可能地完善；（8）证明在操作条件下，程序可以生产出该产品；（9）把程序转化为操作力量。③

今天组织中最重要的观念仍然是为顾客提供组织的优质的产品和服务。对后现代组织而言，最重要的是必须达到顾客的需要和具有竞争性的价格，使消费者满意将是未来企业组织成功的关键。用英国管理学家哈克任斯基（Huczynski，1996）的话说："企业唯一的目标就是把顾客作为上帝，为满足他们

---

① 盛田昭夫（Akito Morita，1921－1999），著名日本企业家，日本索尼公司创始人之一，他和技术专家井深大在第二次世界大战结束后创建了索尼公司。并在1957年开发出世界上第一台便携式录音机，1960年又生产出世界上第一台晶体管电视机。著作有：Akito Morita，Edwin M. Reingold and Mitsuko Shimonura. *Made in Japan*：*Akito Morita and Sony*. New York：Dutton Press，1986.

② Akio Morita，Edwin M. Reingold and Mitsuko Shimomura. *Made in Japan*：*Akio Morita and the Sony corporation*. New York：Dutton，1986.

③ Joseph Juran. *Managerial breakthrough*：*A new concept of the manager's job*. New York：McGraw-Hill，1964.

的需要去与其他企业竞争。”① 企业组织不能仅从表面接受这个哲学，而是要将其作为经营决策的主要驱动力；不是简单地将顾客要求结合到企业新产品或服务开发过程中，而是要将满足顾客的需求作为企业所有活动的基本原则，愿意并有能力将顾客置于组织活动的中心。美国管理学家普拉哈拉德和美国密西根大学教授拉马斯瓦密（Prahalad and Ramaswamy，2004）相信，顾客是一个重要的技术来源，他们称此技术为核心能力（competence），所以组织必须把顾客纳入组织系统。“认清消费者是核心能力的来源，”这“会强迫经理人撒下一张更大的网。现在组织的核心能力，与整个系统可使用的集体知识息息相关，整个系统则是一个包括传统供应商、制造者、合伙人、投资者和顾客的延伸网络。”②

德鲁克在日本的多次讲演中宣传了他的这一思想，日本企业家是德鲁克经营思想忠实的崇拜者和实践者。日本索尼公司就是遵循德鲁克的这一思想，从引导消费、创造顾客入手（顾客并没有提出这种需求，而是生产决定消费），开发了世界上第一部随身听（Walkman），成功地引领了世界的消费潮流。日本著名企业家，日本索尼公司创始人之一盛田昭夫（Morita et al.，1986）对此说道：“我相信没有任何市场调查能告诉我

① Anrzel A. Huczynski. *Management gurus：What makes them and how to become one.* London：International Thomson Business Press，1996.

② C. K. Prahalad and Venkat Ramaswamy. “The customer as collaborator”. *Business Today*，February 29，2004.

们它将会取得成功。”①

日本企业家认为，在战后日本经济发展中有三位美国管理学家发挥了重要作用，其中一位就是彼得·德鲁克②，他教给了日本企业家一种全新的经营思想，给日本企业带来了经营与管理思想的革命；另外两位是质量管理专家约瑟夫·朱兰（Joseph Juran）和爱德华兹·戴明博士（William Edwards Deming），他们向日本企业传授了质量管理的思想和方法，为日本企业带来了现场管理革命。他们因此被日本天皇授予二等圣宝勋章（Second Order Medal of Sacred Treasure）③。而德鲁克本人认为，战后日本经济起飞有三位美国导师：第一位导师是美国银行家约瑟夫·道奇（Joseph M. Dodge），道奇计划（The

---

① Akio Morita, Edwin M. Reingold and Mitsuko Shimomura. *Made in Japan: Akio Morita and the Sony corporation.* New York: Dutton, 1986.

② 1966年6月24日，日本裕仁天皇授予彼得·德鲁克三等圣宝勋章（Third Order Medal of Sacred Treasure），以感谢他对日本社会经济发展所做出的贡献。

③ 1960年，日本裕仁天皇授予爱德华兹·戴明博士二等圣宝勋章（Second Order Medal of Sacred Treasure），他是第一位获此殊荣的美国人。得奖事由上写着：“日本人民把日本产业得以重生，及日制收音机及零件、半导体、照像机、双筒望远镜、缝纫机等成功地行销全球，归功于戴明博士在此的所作所为。”1981年，日本裕仁天皇授予约瑟夫·朱兰（Joseph Juran）二等圣宝勋章（Second Order Medal of Sacred Treasure），以奖励他“为了发展日本质量管理和促进日美两国友谊作出的长期贡献”。

Dodge Plan)[①] 之道奇也，他教导日本人要发展经济，首先是稳定货币金融，将日元与美元汇率固定于 360 日元等于 1 美元；第二位导师是爱德华兹·戴明博士，全面质量管理之父也。德鲁克说，质量管理是美国人发明的，但完美运用、臻于化境的却是日本人；第三位导师就是德鲁克自己。他教会了日本人如何思考战略和实施目标管理。德鲁克对日本文化精神和艺术亦是情有独钟，有精深而独到的研究，七十岁时被荣聘为东京大学研究日本艺术文化的教授，引以为傲。[②]

日本管理学家大前研一（Ohmae，1982）认为，日本企业竞争战略的运作过程及精义来源于德鲁克的思想。日本企业把顾客列为战略制定的中心和公司价值观的关键组成部分，而在西方企业的战略计划过程和公司价值观中，顾客的作用非常明显地受到冷落。“在任何企业战略的构架过程中，必须考虑到三个主要参与者：公司自身（corporation），顾客（customer）和竞争者（competition）。这‘战略 3C’中的每一个都是一个

---

① 道奇计划是指美国底特律银行家约瑟夫·道奇（Joseph M. Dodge，1890 - 1964）于 1949 年 2 月作为美国总统特使兼占领军总司令部财政顾问，来到日本所推行的经济安定计划。他通过编制日本 1949 年度财政预算、努力实现“超平衡”、停止复兴金融公库贷款业务、提高征税率等措施，推行财政紧缩政策，来安定日本经济。

② 德鲁克 25 岁时就与日本艺术结缘。1934 年德鲁克在伦敦弗里德伯格公司（Freedberg & Co.）工作时，在一次偶然的机会中接触到了日本艺术。德鲁克惊讶地发现日本艺术与西方艺术大异其趣，从而对日本艺术和日本文化产生了浓厚的兴趣，并长期进行研究，并曾在美国加利福尼亚州立理工大学波莫纳分校（California State Polytechnic University，Pomona）兼任了 6 年日本艺术课程教授。1979 年德鲁克 70 岁时被特聘为东京大学研究日本艺术文化的教授。

有着自己利益和目标的实体。我们将它们统称为‘战略三角’，”日本企业之所以在世界各地商业竞争中取得空前的成功，实有赖于德鲁克经营思想演化出来的日本企业家的独特战略思考模式，日本企业家“有一套独特的思维模式，潜心思考公司、顾客和竞争者之间处于动态的相互作用，从而发展出全套指导行动的具体目标和计划。”①

大前研一总结的日本企业经营招数看起来简单，但充满哲理、实用性和引导消费、创造顾客的思想。这就是：(1) 精力集中在成功的关键因素（key factors for success，KFSs）上，强化企业的经营职能性差异（intensity functional differentiation）。集中稀有的宝贵资源重点出击，使之用于某一关键性的经营职能（business function），是此项战略的核心指导思想。“取得巨大成功最有效、最快捷的方法就是及早将主要资源集中于单个关键的战略性职能上，从而快速跃到排头位置，”大前研一说道：“今天所有行业的领头羊，无一例外，都是通过大胆运用KFS 战略，开始踏上成功之路。”一家企业，即使其人力、物力与竞争对手相差无几，也可获得竞争优势，办法就是事先确定什么是提高市场占有率及盈利能力的成功的关键要素，然后明智地将资源重新调度分配，借以改进在该成功要素方面的表现；(2) 利用对手的弱点（exploit competitor，s weakness）。企业应尽量看准对手的弱点，乘虚而入，才有建立竞争优势的机会，获得相对优越性。当所有的竞争者都在 KFS 上展开竞争

① Kenichi Ohmae. *The mind of the strategist*: *The art of Japanese business*. New York: Free Press, 1982.

时，一个企业应在竞争条件下挖掘可能的差异。比如，它可以通过运用科技或销售网络，从而避免与对手的直接对抗。当然，要清楚掌握对手的弱点，企业务必将自己的产品与竞争对手的产品做出一个详尽的比较，这样做可以提供线索，为企业定价和成本构成方面奠定下竞争优势的基础；（3）不断问为什么（ask“why-whys”）。一种看似非常简单，但却极其有效的办法是不断地问：为什么？特别是一些普遍为人接受的产品设计及生产运作概念，更值得质疑。只要不厌其烦地多问为什么，我们就一定可以发掘更多打破常规，价值非凡的意念，并把这些意念应用到生产、市场营销和工程设计上来，必然会为企业带来竞争优势。一个企业想要战胜一个身强力壮、严阵以待的竞争对手，通常唯一可行的办法就是降低现行 KFS 的价值，改变竞争环境——即引进新的 KFS，改变游戏规则；（4）为使用者寻求最大利益（maximize user benefit）。越能为用户带来更大利益的产品，在市场上越受欢迎，越有竞争力，这是不容置疑的。不过，限于资源，企业无法在每一个细节上都考虑到用户的最大利益；企业所能做到的，是如何在某些客观条件的限制之下，选择若干个具有战略性的设计变量，作为奋斗目标。因此，优秀的企业家善于运用战略自由度。大前研一在这里指的是企业将精力集中在某些“竞争对手尚未碰过”的领域里的创新。

二、德鲁克的思想奠定了战略管理理论

事实上，早在 1954 年，德鲁克（Drucker，1954）就在《管理的实践》一书中就讨论了企业经营战略问题，他提出了企业经营战略的三个基本问题：（1）我们的经营业务是什么（What is our business）？（2）谁是我们的顾客（Who is the customer）？（3）顾客主张的价值的什么（What does the customer consider value）？这里，德鲁克对企业组织存在的理由和本质给出了具有启发性的简明解释："组织本身并不是目的，它只是实现商业运营和商业成就的手段。组织结构是一种不可或缺的工具，错误的结构则会严重地损害商业运营，甚至会毁掉一家公司……讨论组织结构时必须考虑的第一个问题是我们的经营业务是什么和它应该是什么？组织结构设计的目标就是在 5 年，10 年和 15 年的时间里，使经营目标都有可能得以实现。"① 由此，确定了企业经营理论的思想核心，并为整个战略管理理论的发展打下了坚实的基础。

《美国银行家》（The American Banker）杂志评论到，德鲁克的三个基本问题，第一个问题"看起来很简单，却很少有人提及；看起来答案很容易，却很少人认真回答过。"然而，经理人忽视第一个问题就是"当今各行各业在商场上失利最大的

① Peter F. Drucker. *The practice of management.* New York：Harper and Row Press，1954，ch. 5.

一个原因。”查尔斯·汉迪（Handy，2002）在《企业的宗旨是什么?》一文中写到：“企业活动的宗旨不仅仅是为了获得利润，而且应是在获取利润之后能办更多、更好的事情。”①

德鲁克（Drucker，1985）认为，企业外部环境的任何一种变动都导致企业不得不重新地问“我们的经营业务是什么?”企业永远不要停止问自己。“市场和产业结构的变化同样是一个重要的创新机遇。在产业结构中，变革需要产业内的每一个成员都有创业精神。它需要每个人重新问自己：‘我们的经营是什么?’当然每个人的回答都会不一样，但其中却可能会有新的答案。那些大型、垄断性的制造商与供货商，享受了多年的成功，处于无人能及的地位，傲慢得不可一世。最初，它们并不把新来的企业放在眼里，认为它们毫无实力，甚至把它们仅仅看成是业余水平。但是，当新企业抢走了它越来越多的业务而想反击的时候，就变得非常困难了。”②

在我们看来，如果一个企业回答不了这三个看似“简单的问题”企业就无法实现自己使命、宗旨和目标。这必须回答“我们将从事何种经营业务（What will our business be）?”和“我们想要从事何种经营业务（What should our business be）?”这几个问句，这是企业经营的主旨所在。

德鲁克举出一个实例，证明这几个问句的确曾发挥过无比

① Charles B. Handy. “What's a business for?” *Harvard Business Review*, December 2002, 80 (11/12): 49 – 55.

② Peter F. Drucker. *Innovation and entrepreneurship: Practices and principle*. London: Heinemann, 1985, Ch. 2.

的威力。20 世纪初，美国电报电话公司（AT & T）的创始人西奥多·维尔（Theodore N. Vail，1945 – 1920）就借助于这些问句挽救了濒临崩溃的公司。首先，维尔问自己德鲁克提出的第一个问题："我们现在从事何种经营?"传统的回答是"本公司是从事销售、装设电话及收取电话费用的公司"。但是，维尔放弃了这个标准的答案，因为他担心他所拥有的"天然独占性资源"最终将迫使公司走向公开上市之路。就像欧洲各国与加拿大一样。于是，维尔重新为 AT & T 定位，将公司使命说明书（mission statement）改为："我们从事的是服务业的经营"。由于公司使命的改变，公司必须以提供顾客服务作为主要的业务，这就需要从服务业的角度来培训员工。此外，AT & T 开始编制预算，成立著名的贝尔实验室（Bell Labs），持续投入改进服务与产品创新研究，在广告与公共关系方面特别强调公司提供优质服务。德鲁克认为，公司使命的改变必然导致公司目标的改变。他说："公司使命清楚界定后，维尔发现，服务绩效必须取代盈利率，成为公司全公司经理人与员工成绩的新标准。"① 在20 世纪20 年代，美国电报电话公司为自己的组织规定的使命是"让每一个美国家庭和公司都装上电话"，在这一使命的激励下，公司积极调动资源，在长达 30 年的时间里取得了伟大的成就。

为了回答德鲁克"我们的经营业务是什么"这一问题，美国哈佛大学教授德雷克·阿贝尔（Abell，1980）在他的《定

① Peter F. Drucker. *The practice of management.* New York: Harper and Row Press, 1954, ch. 5.

义经营业务：战略规划的起点》一书中认为，传统的产品/市场二维度定义经营业务的方法存在许多不足，阿贝尔认为企业经营的核心是顾客，而非企业；企业经营是顾客满意过程，而非产品生产过程（It is customer satisfying process not goods producing process）。他提出要用顾客需求（customer need）、顾客群体（customer group）和技术（technology）来定义经营业务。他建议公司应当从三维度定义架构（The Three Dimensional Business Definition framework）来定义自己的经营业务：公司经营业务满足哪一类顾客（who，为哪一类顾客服务）、满足什么样的顾客需求（what，顾客需求是什么）、满足这些需求所需的技术、知识或独特竞争力（how，需求如何满足）。①

在10年后，德鲁克将他的三个基本问题上升为企业的经营战略（business strategy）问题。德鲁克（Drucker，1964）在《成果管理》一书中进一步发展了他这个思想，总结为企业具体经营中的四个基本问题：（1）谁是我们的顾客？（2）顾客重视的价值是什么？（3）我们怎么从这项经营中赚钱？（4）我们以适当的成本向顾客提供价值的内在经济逻辑是什么？②

应当说，《成果管理》在1964年出版时，人们对企业是什么？经营管理做什么工作？组织如何运作？普遍缺乏系统认识。因此这本书针对这些看似简单，其实难于回答的问题，系

① Derek F. Abell. *Defining the business: the starting point of strategic planning*. Englewood Cliffs, New Jersey: Prentice-Hall, 1980, Ch. 3.

② Peter F. Drucker. *Managing for results: Economic tasks and risk-taking decision*. New York: Harper and Row Press, 1964.

统地介绍企业经营管理的基本核心观念。德鲁克的写作功力，极擅长将复杂的现象用浅显的一般用词来加以说明。《成果管理》的超越时空价值在于，这本书作为对企业经营管理基本观念系统地介绍，没有一本书比这本书更适合了。德鲁克认为，企业经营最基本的问题是一个"什么是企业"问题。企业的经营不外乎是顾客与产品、营业收入与成本、资源与知识、机会与成本、决策与分析、战略与结构等问题，但这些问题都涉及企业经营的最基本问题。由德鲁克娓娓道来，变成浅显易懂，人人可学会企业经营。

严格地说，《成果管理》这本书与德鲁克的其他著作比较起来，缺少新的创见，其重心是理论家们认为比较世俗的管理实践问题，观点简明扼要，提纲挈领，而且是德鲁克著作中唯一附有图表的著作。德鲁克认为："这个书名确认了这本书的前提：企业存在的目的就是要在社会、商场及经济体系中产生绩效。"①

《基业长青》一书的作者、美国管理学家吉姆·科林斯在《德鲁克日志》一书的序言中写到，德鲁克1964年的著作《成果管理》划时代地论述了"公司战略"的原则，以至于出版商都觉得这一概念过于前卫，劝说他放弃《经营战略》（Business Strategy）这一书名，而改用《成果管理》这一名称，因为出版社认为"战略"对于当时的企业而言，完全是一个全

① Peter F. Drucker. *Managing for results*: *Economic tasks and risk-taking decision*. New York: Harper and Row Press, 1964.

新陌生的名词。① 可以这样说，《成果管理》确定了公司战略的基本理论和原则，用德鲁克自己的话说，这是“第一本确实是现在我们称作战略的书”。②

事实上，在德鲁克之前，不少管理学家并不懂得公司战略和战略管理是什么东西，更不说知道它们所必需的条件是什么。英国伦敦商学院战略与国际管理教授康士坦丁诺斯·马基德斯（Markides，2004）谈到这一点时说到，《经济学家》杂志曾经宣称说：“没有人真正晓得战略是什么”（nobody really knows what strategy is）。但令人泄气的是，没有管理学家会承认他们是无知的。③

美国管理学家古普塔等人（Gupta & Govindarajan，1984）认为，德鲁克以战略分类方案为研究基础，注重对战略模式、战略地位、战略使命等不同战略变量的研究，力图加以整合。④ 德鲁克将经理人做出的战略选择（strategic choice）称作是他们的关键影响之所在。这并不否定环境约束的存在，正是在这种约束条件下，经理人做出的战略选择才得以发挥作用、

---

① Peter F. Drucker. *The daily Drucker*: 366 *days of insight and motivation for getting the right things done.* New York: Harper Business, October 2004. Forward By James C. Collins.

② Peter F. Drucker. *Managing for results*: *Economic tasks and risk-taking decision.* New York: Harper and Row Press, 1964.

③ Constantinos Costas Markides. " What is strategy and how do you know if you have one?" *Business Strategy Review*, June 2004, 15 (2): 5 -12.

④ Anil K. Gupta and Vijay Govindarajan. “Business unit strategy, managerial characteristics, and business unit effectiveness at strategy implementation.” *Academy of Management Journal*, 1984, 27 (1): 25 -41.

充满活力。

在《成果管理》一书中，德鲁克开宗明义就提出了经营管理的原则。他认为，企业的任务在追求经营效能（effectiveness，成果、结果、绩效）；为追求成果，企业应往外看；管理者的任务是经济任务，是追求经营效能，而经营效能应自企业外部追求，因为经营效能来自外部的机会，不是解决内部的问题。因此，资源的投入也应用于利用机会，而非用于做昨日的事；由外部环境的角度看企业经营，所有事务都会落伍而被淘汰，今日的市场领导者也会领导地位不保。德鲁克强调，企业经营的本质，就是企业经营应重视结果，应注重生产力，应注意未来的机会，相反的，多数企业只重视是否能够发生交易，只找容易的事做，且常只注意过去的问题。这些观点是德鲁克一贯的思想，本来就是企业经营的根本假设，企业就理所当然地应该采用这种观点来经营，以求成果。

在《成果管理》一书中，德鲁克在第六章花了整整一章讲顾客，叫“顾客就是企业”（The customer is the business）。德鲁克认为，企业应当从顾客的角度思考企业经营、企业要能清楚自己的顾客是谁、顾客购买的是满足，而非产品、经营是由顾客、市场或产品的特定用途来构成。德鲁克的分析显示出他已经跳出一般的思考窠臼，德鲁克特别提出，企业同时要问谁不是顾客？谁不买我们的产品？他们向其他经营者买些什么、谁不是竞争者等的问题。德鲁克分析了市场现实，分析了顾客为什么购买等。顾客购买的不是某一个具体的产品，而是这个产品给他带来的价值。对企业来说，这可能是产品，而对于顾客，是这个产品带给他的功效、带给他的满意度。这也称为顾客的认知价值。由于各个顾客认知的“价值”各异，市场才可能细分，所以才有市场的高低端之分。只有顾客觉得“值”了，才会掏钱去买你的产品。否则，不管企业怎么说它的产品多么好，质量多高，价格又多么公道，如果顾客觉得“不值”，他还是不会掏钱购买。对顾客说来，企业的成功与否和他没有任何关系。德鲁克的智慧在于，分析顾客的行为可以了解自己的顾客，同时分析非顾客也可进一步了解自己的顾客。美国德克萨斯农工大学 Mays 商学院（Texas A & M University's Mays Business School）市场营销学教授列昂纳德·贝利（Berry，1998）认为，“顾客就是企业”的观点是他见过的所有书中最具影响力的一章。而这一思想对菲利普·科特勒（Philip Kotler）1967 年的经典著作《营销管理》（Marketing Management）① 的形成产生了强有力的影响。② 菲利普·科特勒（Philip Kotler，1972）将其总结为：“承诺引来顾客，满意保住顾客。承诺可以通过营销手段传达给顾客，但顾客的满意只有通过全企业的共同努力才能获得。”③ 美国密歇根大学商学院教授普拉哈拉德和文卡特·拉马斯瓦密（Prahalad and Ramaswamy，2004）在《竞争的未来：与消费者一同创造独特价

---

① Philip Kotler. *Marketing management*. Englewood Cliffs, New Jersey: Prentice-Hall, 1967.

② Leonard L. Berry. “Learning to write, writing to learn.” *Journal of Marketing*, April 1998, 62 (2): 123 – 125.

③ Philip Kotler. “A generic the concept of marketing.” *Journal of Marketing*, April 1972, 36 (4): 46 – 54.

值》（The future of competition：Co-creating unique value with customers）一书中进一步发展了德鲁克的思想，他们指出，为了对形成消费者行为的力量做出反应，公司或许需要与消费者结成伙伴关系。只有让公司客户和消费者参与产品的改变，企业领导人才能逃脱其产品与众不同之处仅在于价格的陷阱。①

在《成果管理》一书中，德鲁克关注的不是如何分析环境，而是如何利用机会发展改进经营绩效的战略。他揭示了改善企业经营效能（effectiveness）的三个路径（approach）。德鲁克认为，经营管理千头万绪，但提纲挈领，经理人有三个着眼点：一是由现有市场、知识、资源建造理想的企业；二是机会的最大利用，利用现有资源以追求最大的机会和经济成果；三是资源利用的最大化，以利用各种可能机会。德鲁克各举实例加以说明。套用现代管理的术语，第一个路径是建立一个经营管理架构，以追求资源与市场的最佳组合。例如，通用汽车、IBM 就属这类；第二个路径是追求开发市场的综合效能，针对同一市场或顾客，提供各式各样各样产品。如宝洁（P & G）、沃尔玛（Wal-Mart）可以是代表；第三种路径是开发科技的综合效能，针对同一科技或共同能力，提供不同产品给不同市场。3M 是其中的代表。

---

① CK·普拉哈拉德（CK Prahalad）与文卡特·拉马斯瓦米（Venkat Ramaswamy）于 2004 年出版的《未来的竞争：与消费者一同创造独特价值》（The future of competition），该书专门探讨了共同创造价值的问题。C. K. Prahalad and Venkat Ramaswamy. *The future of competition：Co-creating unique value with customers*. Boston，Massachusetts：Harvard Business School Press，2004.

德鲁克（Drucker，1964）认为，运气、机遇和意外都会影响企业，就像影响人一样。但是，仅有运气还是无法成就一个企业的。唯有那些能够系统地寻找并挖掘潜力的企业，才能够经营事业兴旺，蒸蒸日上。德鲁克强调，卓有效能的企业应该善于区别问题与机会，企业主管人应当把工作中心放在发掘机会上，而不是解决问题；应该争取企业经营获得市场的领导地位，或保持已经获得的优势地位。一个企业在应对挑战和机遇方面无论作了多么精心的准备，它离理想中的绩效目标总还有很大的差距。企业的潜力往往比已经发挥出的能力要大得多。德鲁克强调，机遇不会主动找你，而是在“你找到它的地方等你”。企业所面临的威胁和自身的缺陷正预示着开发潜力的方向。如果能将这些问题转化为机遇，企业就会得到令人惊讶的收获。看待机遇，必须要将它和企业过去的经历对照考虑，和过去的得失对照考虑。有时，为了实现这些转变，仅仅需要经理人改变自己的态度即可。以下三个问题可以帮助企业开发自己的潜力：（1）使企业变得脆弱的缺陷在哪？（2）企业的不平衡之处何在？（3）我们在害怕什么？企业的威胁又是什么？怎样才能将它们转化为机遇？德鲁克的处方是：企业应该回答以上三个问题，从而向理想的绩效目标靠近。①

德鲁克一再提醒经理人应注意一些“商场中的现实课题——‘外部’对企业的需求，经理人应当视为‘当然’，视为恒久不变的常数，以及视为对自己那里的挑战。”德鲁克详

① Peter F. Drucker. *Managing for results*: *Economic tasks and risk-taking decision*. New York: Harper and Row Press, 1964.

细列举了八个他认为是重要的现实课题：（1）资源与绩效存在于组织外部，而非组织内部。知识是“一项世界性的资源”，存在于组织外部，这意味着任何有助于企业建立竞争优势的先进科技，其进展速度快到了稍纵即逝的地步。顾客也在组织外部，“决定企业绩效好坏的，不是组织内部的任何人，也不是组织能够加以控制的任何内在因素”；（2）绩效来自发掘机会，而非解决问题。“你只能期待解决问题能让组织恢复正常状态”，机会却有赖人们去发掘；（3）要想争取高绩效，经理人一定要把资源投注于机会，而非问题；（4）“经济绩效”是特定市场领导者的专利，没有小厂商的份。“除非公司……取得领导地位，否则其经营、产品和服务，只能在市场上扮演陪衬者的角色……”；（5）企业获得优势的市场领导地位很难，长期维持这种市场领导地位更难。“企业经常在市场领导者与跟随者之间摆荡”。企业主管必须在问题发生的初期立即察觉，并加以改善；同时切勿忘了应当继续发掘机会；（6）“现存的东西会逐渐老化”。过去制定的决策、政策和战略，应当不断检讨更新，目的是让它们能够继续应付新的挑战；（7）现存的东西可能摆错了位置。组织最初投入10%的努力，可能为组织贡献90%的绩效。这意味着企业多用了90%的力量，却没有什么收获；管理当局应当考虑将这些力量运用到其他用途上；（8）集中全力追求经济绩效。企业组织通常仅仅只能在少数领导获得成就。管理当局应当留意不要让力量分散，应集中全部资源，设法牢牢掌握那些“具有决定性的机会。"[①]

在我们看来，德鲁克在《成果管理》这本书已经注意到战略管理中的几个关键问题，而其他经济学家和管理学家对这些问题的揭示，却是若干年以后的事情了。德鲁克在这里想我们展现了他非同凡响的敏锐和思维：

（1）德鲁克所说的资源与知识存在于组织外部，实质上就是英国著名经济学家阿尔弗雷德·马歇尔（Marshall，1890）所说的"外部经济"（external economy）概念。"外部经济"与"内部经济"（internal economy）是马歇尔提出的两个重要概念。内部经济是有赖于从事工业的个别企业的资源、组织和经营效率的经济；而外部经济是有赖于这类产业的"一般发达的经济"。马歇尔认为，外部经济是非常重要的，"这种经济往往因许多性质相似的小企业集中在特定的地方——即通常所说的工业地区分布——而获得"。[②] 这事实上是说专门人才、专门机械、原材料提供、运输便利及技术扩散等"一般发达的经济"所造成的"外部经济"促使小企业的集聚从而形成小企业集群或模块化集群。而德鲁克是第一个认识"外部经济"概念并将其运用于企业战略的管理学家，而现在最时髦的组织间合作网络理论追求的正是如何从组织外部获得资源与知识；

（2）从组织外部获得资源与知识，必然会使组织产生外

---

① Peter F. Drucker. *Managing for results*：*Economic tasks and risk-taking decision*. New York：Harper and Row Press，1964.

② Alfred Marshall. *Principles of Economics*：*An introductory volume*. London：Macmillan，1890. 284.

部依赖性，正是因为环境的不确定性和在缺乏足够的资源的情况下，组织可能会追求更多的资源，以保障自己的利益，减少和避免环境变化的冲击。这就是资源依赖理论的主要观点。可以认定资源依赖理论关于可持续的竞争优势来源于审慎的理性管理的选择、选择性资源的积累和配置、战略性的产业要素和要素市场的不完善①来源于德鲁克的思想；

（3）德鲁克所说的绩效存在于组织外部，实质上是强调企业组织可以通过发展外部关系而选取和获得有价值的、稀缺性资源，企业组织可以拥有的其他企业或者竞争对手没有的知识和生产要素。这些知识和生产要素在自然状态下亦称为资源的异质性，它们决定着企业之间的不同市场状态，这种要素或资源的异质性也说明企业的资源禀赋（endowment）不同。因而，企业经济租金的差异就是竞争和企业的不同资源禀赋的产物。德鲁克强调了这样的资源供给而产生的经济租金形式和竞争优势，这种组织绩效就是异质性资源的“李嘉图租金”（Ricardian rents）和“李嘉图优势”（Ricardian advantages）。② 这正是20 世纪 90 年代战略管理理论中资源依赖观（resource-based view）的思想；

（4）德鲁克的重大创新性观念在于区别问题和机会，他在许多著作中不断地向那些忙于解决各种问题、只懂得让组

① Jeffrey P. Pfeffer. *Organizations and organizational theory*. Boston, Massachusetts: Pitman, 1982.

② Margaret A. Peteraf. “The cornerstones of competitive advantage: A Resource-based view.” *Strategic Management Journal*, 1993, 14 (3): 179 – 191.

织顺利“运转”的经理人宣传他的这个主张。他所说的机会和发掘机会在战略管理后来的理论建构中给予了肯尼斯·安德鲁斯（Kenneth R. Andrews）和海因茨·韦里克（Heinz Weihrich）极大的启示，后来发展为“竞争环境的认知程度”（level of understanding competition）分析。在区别问题和机会这个过程中，可以发现发展的机会往往潜藏于问题当中；

（5）德鲁克对市场的分析精辟之至，对于市场观念的发展具有极强的指导作用。“对于市场来说，任何产品或公司都是微不足道的。最贵和畅销的产品甚至只是沧海一粟。如果顾客对它没多大兴趣，那么它再贵、再畅销也无济于事。顾客同样也不怎么把任何一个公司或任何一个行业放在心上。市场上没有社会保障、没有论资排辈、没有老龄伤残退休金。市场是一个残酷无情的雇主，甚至最忠实的仆人也会被它解雇，而且没有一分钱的遣散费。”① 认识到这一点，有助于理解为什么许多知名的优秀公司领导人常常表现出谦卑而非盛气凌人的姿态。

美国著名战略管理学家伊戈尔·安索夫（Ansoff，1965）首先对德鲁克的基本问题进行了结构性的规范，他在其《公司战略》一书的序言中指出，撰写该书的目的是为了：“发展一系列有实用价值的理论和程序，使经理人能用之以经营……商

① Peter F. Drucker. *Managing for results*: *Economic tasks and risk-taking decision*. New York: Harper and Row Press, 1964.

业公司可凭此而有了实用的方法来做出战略的决策。"① 安索夫所据以发展和主张的概念却又非常之简单和清晰，使人易于接受。这个概念就是：在进行战略规划时，企业管理者应先行了解其所处的位置，以及为了达到其目标所必须做的事（to find out the gap between where you are now and where you want to be）。这就是安索夫有名的差距分析（gap analysis）。战略管理研究的中心问题是差距分析，即弄清我们所处的位置，界定我们的目标，明确为实现这些目标而必须采取的行动。这就需要回答我们现在身处何处？我们正在走向何处？我们想要走向何处？这是进行战略分析的基点，而对这三个问题的顺序回答就可以把我们引向战略性规划的主旨所在。

安索夫（Ansoff，1979）在其名著《战略管理》一书中指出，企业为什么而存在？为了创造价值、为了永续而存在；企业，就是在努力创造能满足顾客需求的价值；企业存在之目的在于永续。任何一个组织遭遇到生死存亡的时刻，一定会尽力寻求生存下去的战略。② 安索夫进一步指出，一个企业组织内部的权力结构的类型以及由此产生的战略领导形式对企业战略突击的选择和企业完成选定的突击战略的能力都有相当大的影响。③ 这里，我们清楚地看到，安索夫所说的战略性规划的主旨和战略突击的选择实质上是企业战略管理的核心问题。安索

---

① H. Igor Ansoff. *Corporate strategy: An analytical approach to business policy for growth and expansion.* New York: McGraw-Hill, 1965.

② H. Igor Ansoff. *Strategic management.* New York: Halsted Press, 1979.

③ H. Igor Ansoff. *Strategic management.* New York: Halsted Press, 1979.

夫（Ansoff，1965）对战略管理的一大贡献是将企业战略分为公司总体战略（corporate strategy）和经营战略（business strategy）两大类型。在这里，战略性规划的主旨和战略突击的选择包含的公司总体战略决定企业该进入哪种类型的经营业务，而经营战略则在企业进入某种类型的经营业务以后，决定在这一领域里进行竞争与运行的方式和方法。①

对于安索夫的战略性规划，德鲁克（Drucker，1982）认为，这个"战略性规划不是魔术箱，不是组合起一大堆的技巧。战略性规划应该是一种分析性的思维，应该是将各项资源用于行动的承诺。结合对组织未来的认识来系统化地制定企业当前的决策，系统化地组织执行这些决策所需的工作，并有组织的、系统性的反馈这些决策的成果与预期比照的评价。战略性决策制定者所面对的并不是'组织未来要做些什么'的问题，而是'为了不确定性的未来，我们今天要做好怎样的准备?'决策制定者所面对的也不是'未来会发生什么'的问题，而是'在我们当前的思想与行动中，我们要构建怎样的未来？我们要考虑这样做需要多长的时间跨度？当前我们又该怎样利用这些信息做出理性的决策?'"② 米勒等人（Miller，kets de Vries & Toulouse，1982）评价到，德鲁克实质上强调了CEO心理层面的因素对企业战略决策的影响，CEO的变动性、控制

---

① H. Igor Ansoff. *Corporate strategy*：*An analytic approach to business policy for growth and expansion*. New York：McGraw-Hill Book Company，1965.

② Peter F. Drucker. *Managing in a time of great change*. New York：Truman Talley Books/Dutton，1982.

能力、成就需求等人格特质与企业创新有密切的关系。①

对德鲁克战略管理的基本问题，肯尼斯·安德鲁斯（Andrews，1970）的 SWOT 模式框架进行了回答。安德鲁斯发展了战略分析工具——SWOT 模式框架（即优势、劣势、机会和威胁分析）用于对德鲁克基本问题的回答，强调了组织的能力和环境分析作为战略管理过程中的一个基本部分。② 海因茨·韦里克（Weihrich，1982）进一步提出，战略性规划应该将内部的优势（strengths）、劣势（weakness）与外部的机会（opportunities）、威胁（threats）等相互配对，利用最大的优势和机会、最小的劣势与威胁，以界定出所在的位置，进而拟定出适当的因应对策。③ 虽然 SWOT 框架因其对影响组织经营发展和前进增长主要问题的关注而受到称赞，但是过于简单化地采用 SWOT 活动可能导致破坏性的后果。有学者指出，尽管 SWOT 分析不排斥复杂的分析，但在实际中却常常没有进行，它常常被用来仅仅关注于公司的编制列表而很少考虑对于他们的公司什么才是最重要的。④ 按照复杂性科学的思维逻辑，今天的管理学强调的是不仅仅将 SWOT 用为一个静态的分析工

---

① Danny Miller, Manfred Kets de Vries, and Jean-Marie Toulouse. "Top executive locus of control and its relationship to strategy-making, structure and environment." *Academy of Management Journal*, 1982, 25 (2): 237 – 253.

② Kenneth R. Andrews. *The concept of corporate strategy*. Homewood Illinois: Richard D. Irwin, Inc., 1970.

③ Heinz Weihrich. "The SWOT matrix: A tool for situational analysis." *Long Range planning*, 1982, 15 (2): 54 – 66.

④ David W. Pickton and Sheila Wright. "What's SWOT in strategic analysis?". *Strategic Change*, 1998, 7 (3/4): 101 – 109.

具，而且应将其作为管理过程的一种动态的部分。从 20 世纪 90 年代以来，动态能力方法（Dynamic Capabilities，简称 DCA）成为战略分析的主流。DCA 的基本方法是把一个组织看作是一个相互作用和相互关联的能够充分获得技术和资源的过程。[①] 由此，我们可以清楚地看到德鲁克战略思想对整个战略管理理论的发展所做出的开创性贡献了。

今天，无论是资源依赖理论，还是核心竞争力理论，仍然没有跳出德鲁克战略思想，它们只是德鲁克战略思想在新的历史时期对经营战略思想的深化而已。

随着新经济与互联网的兴起，有关商业模式研究的出发点仍然来自于德鲁克战略管理理论的基本问题。由此，我们可以清楚地看到德鲁克战略思想对整个战略管理理论的发展所做出的开创性贡献了。管理咨询顾问、《哈佛商业评论》编辑琼·马格丽塔（Magretta，2002）认为，一个好的商业模式应当能够回答彼得·德鲁克企业经营的四个最基本的老问题。按照马格丽塔的观点，一个健全的商业模式由三个要素组成：即精确描绘的角色、合理的动机及开启内在价值的计划。她这里所指的角色是指参与企业经营的各方，包括生产企业、顾客、供应商、分销商等；动机是指各方参与经营的意图和需求；价值是指参与经营的各方，特别是顾客的偏好和利益，其内在的经济逻辑是以适当的成本向顾客提供价值并使企业赚钱。琼·马格

---

① David J. Teece, Richard P. Rumelt, Giovanni Dosi, and Sidney G. Winter. "Understanding corporate coherence: Theory and evidence." *Journal of Economic Behavior and Organization*, 1994, 23 (1): 1 –30.

丽塔把创造一个新的商业模式形象地称为“很像是写一个新故事”。①

三、企业经营理论的核心是基本假设

1994年，德鲁克发表在《哈佛商业评论》的论文《经营理论》（The theory of the business）获得了“麦肯锡奖”（McKinsey Award）。

就我已经阅读过的德鲁克著作来说，作为经验管理学家的德鲁克在他的研究中并不轻易应用“哲学”和“理论”这些词，在德鲁克看来，“哲学”和“理论”这些词太大了。但德鲁克认为目标管理和自我控制却可以恰当地叫作一种哲学。它适用于各种层次和职能的经理人，适用于大大小小的各种组织；而经营理论可以称为一种理论，因为它是一个企业建立以及进行商业运作的基础假设条件。

德鲁克（Drucker，1994）认为，一个清晰明确、前后一致、目的明确并且独具特色的经营理论，无论是对一个企业组织还是一个非营利性机构，都是无比强大的。德鲁克认为，约翰·戴维森·洛克菲勒（John Davison Rockefeller，1839－1937）早在19世纪末期就发现并应用了把生产经营活动集中在一个公司内以降低“交易成本”，尤其是交通成本这一经营

① Joan Magretta. “Why business models matter.” *Harvard Business Review*, 2002, 80（5）: 86－92.

理论。洛克菲勒看到，把勘探、生产、运输、精炼、销售纳入一个公司体系中，运用权威关系指导企业资源的运用可以最大限度地提高石油生产的效率并降低成本。基于降低交易成本的经营理论，他建立了标准石油托拉斯（Standard Oil Trust），这可能是商业史上赢利最多的大企业。①

今天，面对激烈的市场竞争，尤其对于那些拥有多年成功经验的大公司而言，企业经营理论，即企业“如何运作”问题正日益成为挑战的中心。这就要求人们必须将企业经营理论作为一种基本工具，融入于我们的工作和战略思维之中。例如，当大公司在经历了多年的高速增长之后，往往会出现突然的停滞，甚至衰退。这样的例子在企业界里可谓比比皆是。人们的最初反应往往是企业的僵化、官僚主义，甚至员工的怠惰等。治疗的方法则是战略规则、重组、团队激励等。

德鲁克在分析上述问题时独辟蹊径，提出了他的经营理论。一个企业在相当长的时间里能够顺利地成长，在很大程度上得益于它所独具的经营理论。它以企业自觉的使命为核心，包括对市场环境的基本假设以及实现使命的一般手段。成功的经营理论将把企业提升为行业发展的领头人和主导者。然而，当经营理论实现后，这类企业往往却会迷失方向，做出有悖于时势的行为。德鲁克用大量的事例说明了企业出现危机的根源并不是经营管理不善，甚至也并非存在明显的管理错误。事实上，在大多数情况下，人们所作所为是正确的，但却又毫无收

---

① Peter F. Drucker. “The theory of the business.” *Harvard Business Review*, 1994, 72 (9/10): 95 - 104.

获。这一明显矛盾的根源何在呢？人们努力进行工作，但又一无所获，我们应当怎样解释这一悖论呢？例如，当 AT & T 在 20 世纪 50 年代完成了“让每一个美国家庭和公司都装上电话”这一使命之后，公司却开始陷入危机，其原因既非官僚主义，也非技术优势的丧失。这些说法固然并非空穴来风，但却不足以解释公司遭受的挫折，关键的问题是未能调整和提出新的经营理论，公司不能适应变化了的外部环境，而对外部环境变化的敏锐反应却是任何一个公司取得成功的先决条件。今天，这种危机同样潜伏在像微软公司这样的处于经营巅峰的企业中。我们都知道微软的口号是“让每个办公室和每个家庭的桌上都摆上一台电脑”，这一口号正是取自 AT & T 20 世纪 20 年代为自己规定的使命。当这一目标正在迅速接近时，微软公司如何调整自己的经营理论将是关系到企业长远发展的关键举措。

德鲁克（Drucker，1994）认为，其弊端的症结在于，作为一个企业建立以及商业运作的那些基础假设条件已经不再适合当今的现实。这些假设决定一个企业的运作方式，指导其经营策略的制定，定义了该企业存在和发展的根本目的。它们应该包含有市场，包含有顾客或是竞争者，以及他们的价值观念或处世之道。它们应和科技及其发展息息相关，与公司的优势以及缺点密切相连，它们指导着一个公司如何去争取利润。因此，企业经营理论的核心问题是基本假设的确定问题。①

---

① Peter F. Drucker. “The theory of the business.” *Harvard Business Review*, 1994, 72 (9/10): 95 – 104.

德鲁克在论文《经营理论》中为这种情况开了两个药方，第一个就是主动放弃；第二个是追随自己的顾客。美国通用电气公司（GE）的选择与德鲁克的理论不谋而合。通用电气是道琼斯工业指数发布以来硕果仅存的成分股，在其强悍的 CEO 杰克·韦尔奇的领导下，已经进入了历史上最成功的时期，但他们居安思危，未雨绸缪，引入了新的经营理论。现在，整个公司正在为电子商务时代的到来进行准备和调整。韦尔奇由于不遗余力地推动他的巨型企业转向电子商务时代而获赠 E-Jack 的雅号。事实上，对照德鲁克的论文和 GE 的行动，CEO 们不难悟出自己的企业目前处于什么位置，甚至连工作的流程都可以设计出来。德鲁克谈论的仿佛是最一般的情况，但我们几乎可以毫无障碍将它引申到自己的企业，并且知道应该怎样操作。这正是一位卓越的管理学家独特魅力之所在。

在德鲁克看来，市场状态均衡是相对的，非均衡是绝对的。作为一个企业家，对付非均衡市场状态手中的唯一武器就是创新。正如德鲁克（Drucker，1985）在其著作《创新与企业家精神：实践与原理》一书中所说的那样，创新是企业家的特定工具。他们利用创新改变现实，作为开创其他不同企业或服务项目的机遇。① 从某种意义上说，德鲁克经营理论的实质说明经济系统从未达到均衡，这就对新古典经济学中举足轻重的均衡理论提出了质疑。在这一点上，德鲁克完全赞同美国经济学家索尔斯坦·邦德·凡勃伦（Thorstein Bunde Veblen，

① Peter F. Drucker. *Innovation and entrepreneurship: Practices and principle*. London: Heinemann, 1985, Ch. 2.

1857－1929）的观点："均衡并不存在，经济总是处于变动之中。所谓均衡只不过是那些生活在幻想世界中的经济学家们的白日梦。"① 在德鲁克看来，凡勃伦没有看到经济制度走向均衡的趋势，他看到的是毫无止境的动荡。因而凡勃伦认为，任何关于经济是如何达到均衡的分析都是不科学的。与新古典均衡分析的方法相反，凡勃伦明确主张了一种关于变迁过程的分析方法，相比于新古典经济学的均衡观而言，这一方面带有明显得进化论色彩。在我们看来，非均衡状态可以被描述为一部分潜在市场参与者相互无知的状况，这种相互无知体现为信息的分散化和信息的不对称。正是由于相互无知才导致未被发掘而对经济当事人有利的市场机会的存在，而这种机会不能持久的存在下去，它迟早会被发现。经济演化的动力源泉，是微观经济主体，或企业家个人的选择行为，归根结底是人类的智力和理性推动着经济的演化。博弈均衡是微观个体依据最大化原则做出选择，并且相互博弈而最终得到的结果。演化就是经济从一个博弈均衡到非均衡，再到另一个博弈均衡这样一个不断反复的过程。因此演化的方向，就是由现在的经济状态，指向由所有的经济个体的优化选择行为所确定的一个博弈均衡。一系列的这种发现构成了市场趋向均衡的进程。

德鲁克（Drucker，1994）认为，一个企业经营理论应该由三部分基本假设组成：（1）企业对所处环境的假设。德鲁

---

① Todd G. Buchholz and Martin Feldstein. *New ideas from dead economists: An introduction to modern economic thought.* London and New York: Penguin Group, 2003. 165.

克认为，这应该包括关于公司组织结构、市场定位的假设以及关于顾客和产品科学技术的假设。（2）企业对自身根本目标的假设。（3）企业实现预定目标的优势和能力所在。德鲁克强调："每个企业都必须思考'经营理论'，即组织赖以建立其运作和行动的假设，以及组织决定什么事情不做的假设。"①

德鲁克的伟大在于，他希望培养的是发现机会、把握机会，甚至创造机会的"企业家"。管理学家的职责不仅仅要关注企业面临的一般性经营问题的变化，但如果管理学家仅仅从企业经营的微观层次上，而不能从社会和时代所发生的根本性变化出发，对企业经营的外部环境中所出现的前所未有的变化做出敏锐的反应，那么管理学家所培养的只能是"解决问题"的经理而不是发现机会、把握机会，甚至创造机会的"企业家"。作为"企业家的导师"的德鲁克，他以高度的敏感觉察和分析时代变迁向社会提出的新的要求，并且以最快的速度向社会、向企业界报告他的发现，向一线的 CEO 们发出警报，提醒他们由于外部环境的变化，企业在竞争中可能遭遇的各种危机。

IBM 也是德鲁克列举的一个例子。从计算机开始出现，IBM 就坚信，计算机一定会飞速发展。未来将会与中央工作站和大型主机联系在一起，终端用户将会通过这些大型机连接在一起。20 世纪 50 年代，当时的世界主要计算机生产厂商尤尼

---

① Peter F. Drucker. "The theory of the business." *Harvard Business Review*, 1994, 72 (9/10): 95 – 104.

瓦克公司（Univac）推出了第一台通用计算机的机器原型。当时所有早期的设计都是单一目的的机器。IBM 自己的两台计算机分别设计于 20 世纪 30 年代末和 1946 年，仅仅用于天文学计算。它在 1950 年设计的机器是要安装在加拿大北极地区的防空预警系统的，其目的也仅有一个，那就是早点儿认出敌机。当 IBM 得知当时的世界主要计算机生产厂商美国莱明顿·兰德公司（Remington-Rand Corporation）由约翰·莫契利教授（John Mauchly，1907－1980）和助手普雷斯佩·艾克特（J. Presper Eckert，1919－1995）研制的“尤尼瓦克 I 型”（Universal Automatic Computer I，UNIVAC-I）[①] 的设计后，IBM 的副总裁和总裁的长子小托马斯·约翰·沃森（Thomas Watson Jr.）[②] 亲自登门拜访了莫契利教授和他的助手艾克特。IBM 立即放弃了它开发先进的单一目的机器的战略，转而安排它的最

---

① 1951 年当时的世界主要计算机生产厂商美国莱明顿·兰德公司（Remington Rand）为美国人口统计局设计制造了 UNIVAC I 计算机（Universal Automatic Computer），这是第一部大量生产的商用数字计算机。它使用 5000 个电子真空管，内部储存器可储存一千个 12 位数字，各以 100 条水根继电器 Mercury Relay 来储存，输入机器有打字机与磁带机。1950 年初期共造了 48 部。1952 年被用来预测艾森豪威尔总统大选工作。1954 年美国通用电气公司开始将它用作商业用途。

② 小托马斯·约翰·沃森（Thomas John Watson Jr，1914－1994）于 1956 年在其父大托马斯·约翰·沃森（Thomas John Watson senior，1874－1956）去世后成为 IBM 首席执行官，他成功地把 IBM 带入技术时代，并在 IBM 制订和实践了价值观和文化怎样才能成为一个完整的组织。他于 1970 年退休，之后出任美国驻苏联大使。1987 年，小托马斯·沃森被美国《财富》杂志评为“历史上最成功的资本家”。著作有 Thomas Watson Jr. *A Business and Its Beliefs: The Ideas that Helped Build IBM.* New York: McGraw-Hill Book Co., Inc., 1963.

优秀的工程师专攻尤尼瓦克的设计，进一步完善它，并在1952年研制出第一台可供生产（而不是手工制作）和服务的IBM702型通用计算机。1953年4月7日，IBM正式对外发布自己的第一台电子计算机IBM701。并邀请了科学大师冯·诺依曼（Von Neumann，1903－1957）、晶体管物理学家威廉·肖克利（William B. Shockley，1910－1989）和原子物理学家罗伯特·奥本海默（J. Robert Oppenheimer，1904－1967）等人共150名各界名人出席揭幕仪式，为自己的第一台计算机宣传。3年后，IBM推出了中型计算机IBM650，以低廉的价格和优异的性能在市场中获得了极大的成功。至此，IBM成为世界计算机主导厂商和计算机工业标准制订者。但是，帮助IBM在1950年取得优势的同样假设在30年后却证明是无效的。所幸的是，IBM很快接受了个人电脑的现实，而不像很多大型企业一样犯有不可救药的“大企业病”。面对着刚冒头的个人电脑，它的决策和行动却很像是一个“船小好调头”的小公司。几乎是一夜之间，IBM把那些业已证明并经过时间考验的政策、规则和规定都放在一边，立即设立了不是一个而是两个互相竞争的开发小组，设计甚至更为简单的个人电脑。两年后，IBM成为世界最大的个人电脑制造商，并由它来制订行业标准。IBM在50年代和80年代做出了两次重大调整。都是因为IBM所处的环境已经与它对环境的设想完全不符了，环境发生了巨大的变化。因此，公司也必须做出调整。原来公司所赖以生存和发展的那些假设已经完全变化了，公司的经营理论也必须随之改变。这就是德鲁克的经营理论。

对于德鲁克企业环境假设的认识，管理学家已经发展出一种新的权变理论。在企业经营中我们常遇到的问题是企业究竟是选择适应环境，还是创造环境？这是一个企业经营的重大问题，非常值得人们思考。麦肯锡咨询公司高级管理顾问休·库特尼（Courtney，2001）认为，当今全球化、数字化和资本市场的高度流动性，是当今企业成长环境的基本特点。这些特点决定了企业面临着越来越大的不确定性，也改写着商业机会和风险的定义。他建议，决策者需要深刻理解企业面临的不确定性的程度和本质。只有这样，他们才能提出更丰富的可行方案，做出更好的选择。适应环境的企业会接受既定的产业结构和行为方式。当市场稳定时，环境适应者努力在现有的产业结构中，界定出具有防御能力的定位；当高度不确定性出现时，他们就试图快速反应，识别并捕捉到市场变化中的新机会。①

对于德鲁克企业对自身根本目标的假设，美国斯坦福大学教授詹姆斯·柯林斯和杰瑞·波拉斯（Collins and Porras，1994）在《基业长青》一书中在德鲁克研究的基础上提出了愿景学说，并把宗旨（purpose）、使命（mission）和愿景（vision）称为组织的总体目标。② 德鲁克（Drucker，1989）强调："每一个企业都要认同共同的目标和价值观。没有认同就没有企业，只有乌合之众。企业必须有简单、明了、一致的目

---

① Hugh Courtney. *Foresight*: *Crafting strategy in an uncertain world* Boston, Massachusetts: Harvard Business School Press, December 2001.

② James C. Collins and Jerry I. Porras. *Built to last*: *Successful habits of visionary companies*. New York: HarperCollins, 1994.

标。组织的任务必须够清楚、够大，这样才能达成共识。把任务具体化的目标必须清楚、公开，而且还要不断地重新肯定。管理的第一要务是思考和设定这些目标和价值观，还要为这些目标和价值观设下范例。”① 德鲁克本人也认为，无论是营利组织和非营利组织必须有明确的宗旨和使命，这是有效管理的基础。要想提高运作效率，一个组织首先必须确定衡量工作效率的标准。对企业而言，利润是最重要的衡量指标，企业在管理方面的成功在很大程度上是因为它们有这个明确的评价标准。非营利组织既然也是利用社会资源为社会提供服务，理所当然应该考虑经济上的合理性，它也必须规定工作绩效及衡量标准。②

对于企业实现预定目标的优势和能力的假设，德鲁克（Drucker，1985）发展了一套战略定位理论（strategic positioning）。他认为，根据企业自身优势和能力进行战略定位可以有以下几方面好处：（1）开发从技术到销售的全套系统，然后占领该领域，把持整个上下游市场。1886 年，美国奥柏林学院（Oberlin College）化学系的一个 23 岁的青年学生查尔斯·马丁·霍尔（Charles Martin Hall，1863 – 1914）成功地发明了用电解法从铝矾土中提炼铝的方法——铝还原工艺后，美国铝业公司开始制造锅、盆等产品，直接参与制造和销售，它

---

① Peter F. Drucker. The new realities: in government and politics, in economics and business, in society and world view. New York: Harper Business, 1989.

② 彼得·德鲁克. 非营利机构的管理工作. 王喜六等译. 上海：上海译文出版社，1999 年。

创造的市场反过来抑制了潜在竞争对手。（2）只把握住一个关键部分，但这部分一定对自己的竞争有利。如杜邦公司（Eleuthere Irenee du Pont de Nemours and Company）发明尼龙（nylon）并没控制尼龙销售市场，而是创造了使用尼龙的妇女裤袜和内衣消费市场、汽车轮胎市场等。它把尼龙提供给加工商。（3）把握住具有关键、核心竞争力的战略位置。把握住一个产品的核心技术才能在竞争中立于不败之地，至少在早期不被淘汰。如美国可口可乐公司的配方、英特尔的芯片技术等都是这样，而其他外围产品、技术和制造则可以外包出去。①

对于德鲁克企业实现预定目标的优势和能力的假设，已经发展出一套核心竞争能力理论。德鲁克强调，企业应当认清自身能够确保实现预定目标的优势（核心能力）所在，这需要把核心价值观和核心能力区别开，核心能力是战略上的概念，用于界定企业的能力——你最擅长做什么；而价值观把握的是企业的支持与主张，以及企业存在的理由与依据。C. K. 普拉哈拉德和加里·哈默尔（Prahalad and Hamel，1990）强调企业核心能力的重要作用。所谓核心能力，就是所有能力中最核心、最根本的部分，它可以通过向外辐射，作用于其他各种能力，影响着其它能力的发挥和效果。一般说来，核心能力具有如下特征：（1）核心能力可以使企业进入各种相关市场参与竞争；（2）核心能力能够使企业具有一定程度的竞争优势；（3）核心能力应当不会轻易地被竞争对手所模仿。核心能力

① Peter F. Drucker. *Innovation and entrepreneurship*: *Practices and principle*. London: Heinemann, 1985, Ch. 2.

理论认为，现代市场竞争与其说是基于产品的竞争，不如说是基于核心能力的竞争。

我们认为，德鲁克经营思想强调管理理论与实践一系列基本假设是处于不断的变动过程之中的，这就是说德鲁克经营思想坚持的是特定历史——社会维度（historic-social dimensions）的思想。德鲁克（Drucker，1998）认为，企业经营服从于持续变化的支配。昨天的有效假设今天可能变得无效，而按照旧范式就可能把人引入歧途。①

德鲁克（Drucker，1994）强调，企业经营理论并非是永不磨灭的教条，它仅仅是一种假设，一种关于不断变化着的社会、市场、顾客以及科学技术的假设。正因为如此，能够自如变化也应成为经营理论不可分割的一部分。当某一经营理论已经显示即将过时的征兆时，人们应该开始去重新思考，去发现更能反映现实的关于环境、目标以及竞争优势的假设，而这一行为的前提条件是承认现实超越历史的残酷性，承认我们曾经与之共同成长和发展的一切的一切，都已经不复存在了。② 事实证明，无论经营理论如何变化，使消费者满意都将是未来企业成功的关键。西奥多·列维特（Levitt，1997）就这一问题说道："如果你没有在为客户着想，你就没在思考。"他认为："我们不能以想当然的态度看待'成长'——事实上，从来没

---

① Peter F. Drucker. "The new paradigm in management." Forbes, October 5 1998, 152 - 168.

② Peter F. Drucker. "The theory of the business." *Harvard Business Review*, 1994, 72 (9/10): 95 - 104.

有所谓的成长行业这样的东西，只有顾客需要，而顾客的需要随时都可能改变。”①

不少的管理学家进一步发展了德鲁克的基本假设。查尔斯·汉迪（Handy，1995）在其名著《空雨衣》一书中曾提到过他的研究：“组织应假设他们现在的战略在两到三年内一定会被替代，现在的产品周期要比以前的更短。麦肯锡咨询公司的理查德·福斯特（Richard J. Foster）为了发现那些一直是成功的企业，在 18 年的时间里研究了 208 个公司。这些公司中，只有 3 个公司在 18 年的时间里一直保持成功。53% 的公司的纪录无法维持两年以上的经营。”② 他们强调德鲁克基本假设相互协调的关键是企业核心价值观和企业的宗旨。这一点也许是卓越企业确保多年成功最主要的优势所在，核心价值观和组织的宗旨可以使公司关于市场以及最佳生产过程的假设配合得可谓天衣无缝。企业应以核心价值观和组织文化为增强竞争优势的工具，这一观点是很重要的。因为只有组织文化是不易被别人模仿的，也不可能轻易地移植，可以维持较长的时间，因而可以使企业组织的竞争优势得以延续（Barney，1986）。③

美国战略管理学家加里·哈默尔进一步发展了德鲁克的经

---

① Theodore Levitt（1983）. *The Marketing imagination.* New Expanded Edition, New York：Free Press, September 1997.

② Charles B. Handy. *The Empty raincoat：Making sense of the future.* London：Century Press, 1995.

③ Jay B. Barney. “Organizational culture：Can it be a source of sustained competitive advantage?”. *Academy of Management Review*, 1986, 11（3）：656－665.

营理论，他（Hamel，2000）在《激活革命》（Leading the Revolution）一书中提出一个经营模式（business model），指出创新是永远的赢家！激活未来经济革命的战略因子将转移到以“创新”（innovative）为主轴，知识经济时代的研发创新必须培养承诺（involvement）、智力（intelligence）、远见（insight）与整合（integration）等思维，重新建构经营模式。加里·哈默尔强调，打造美国硅谷的精神是“i”，而不是“e”，是创新能力（innovation）与丰富的想象力（imagination），而非仅靠电子商务（e-business）。观念创新在经营管理中更重要更有效，它要优先于开发新产品和采用新技术。而企业中的每一个员工都是创新主体，“与高级经理人一样，企业中每一个普通员工都有可能对企业的命运产生影响。应当由关心企业未来的人领导企业进行彻底变革。”①

四、本章小结

德鲁克（Drucker，1999）认为，成功的经营都是经过这样的过程创建起来的，成功的经营不是运气或是计划的产物。它是由那些有能力把握住与自己的长处相符的机遇的人们创造

① Gary Hamel. *Leading the revolution*. Boston，Massachusetts：Harvard Business School Press，2000.

出来的。[1] 当企业明确了自己的长处和工作风格以后，企业就可以寻求适当的机遇了。这项工作需要企业利用自己的长处和优势，与企业的工作风格相适合，并与企业高层领导人的个人价值体系相一致。加里·哈默尔（Hamel，2000）说："与高级经理人一样，企业中每一个普通员工都有可能对企业的命运产生影响。应当由关心企业未来的人领导企业进行彻底变革。"[2]

企业首先要决定企业自己应该应当做出什么贡献，这可以帮助企业将知识转化成行动。企业认为企业应该做出什么贡献？换言之，企业可以为自己的组织做些什么？回答这些问题有助于企业分析机遇，从而把握住那为数不多的适当机遇。当这样的机遇出现的时候，如果适合企业和企业自己的工作方式，那么企业最好抓住它们。这要求企业考虑到具体情况的需要，企业所潜在的最大贡献，以及企业所必须创造的成果。

德鲁克告诉我们，成功的经营就是寻求机遇，而这些机遇就是那些能够将企业的长处得以施展，且与企业的工作风格和价值观相一致的机遇。《哈佛商业评论》曾有过这样的评价："在这个令人眼花缭乱的商业世界里，一个个商业精英们因为通晓德鲁克的著作而走上经理岗位，他们中的大多数都渴望成为杰克·韦尔奇（Jack Welch）那样的超级总裁，同时又为了

---

① Peter F. Drucker. *Management challenges for the 21st century*. New York: Harper Press, 1999.

② Gary Hamel. *Leading the revolution*. Boston, Massachusetts: Harvard Business School Press, 2000.

在股票市场上获得沃伦·巴菲特（Warren Buffett）的青睐而变得战战兢兢。”①

德鲁克同时也告诉我们，成功的经营就是不断创新。在一个稳定的时代，不断创新是高风险的作为；但在一个剧变的时代，不断创新是求生存和发展的手段，守旧才是高风险的行为。传统的管理学教科书中，绝大部分的内容是要教学生妥当安稳地经营好一个组织，只是简单地来谈“战略变革和创新”，因为“不断创新”几乎代表着对现状的否定。德鲁克告诉我们的是在风云变幻的商界应该如何通过不断地创新来增强自身的竞争力，而战略计划仅仅只是应变的基础，企业经营的精髓是主动地改变自己以改变战略形势，而不是被动地让改变了的形势来改变自己。

可以这样说，德鲁克经营思想向人们展示了他非凡的预见力。套用一句老话，对管理学研究者而言，挑战就是找到彼得·德鲁克说得还不够好的地方。② 这种说法一点也不夸张，从我第一次读他的书就发现了这一点。

① Quoted by Joseph H. Boyett, Jimmie T. Boyett. *The guru guide: The best ideas of the top management thinkers.* New York: John Wiley and Sons Inc., 1997.

② Simon London. “The grand old man of provocative theory: Obituary Peter F. Drucker.” *Financial Times*, 12 November, 2005.

第五章
德鲁克的目标管理理论

目标管理理论是德鲁克的“招牌菜”，是现代管理学理论体系中最为璀璨的一颗明珠，也是德鲁克与众多现代管理学主流范式管理学家共同参与建构和发展的一个管理理论。在德鲁克的管理学中，目标管理也是唯一一个被德鲁克称为是“哲学”的管理理论。可以这样说，就像科学管理之于弗雷德里克·温斯洛·泰罗，科层制之于马克斯·韦伯，需求层次之于亚伯拉罕·马斯洛，决策之于赫伯特·西蒙，战略之于迈克尔·波特，市场营销之于菲利普·科特勒，目标管理是德鲁克作为管理学家的灵异之物，同时也是打开德鲁克管理思想之库的一把钥匙，是他心灵深处缱绻与风流的源泉。在人类进入知识经济时代的今天，重新认识和评价这一理论具有强烈的现实意义。本章分析了目标管理理论的意义和内核，讨论了目标管理所引发的论争，并说明了目标管理理论对中国管理实践的重要意义。

一、目标管理理论概述

从某种意义上说，目标管理（Management By Objectives，简称为 MBO）是德鲁克所发明的最重要、最有影响的概念，并已成为现代管理学理论体系的重要组成部分。

德鲁克对目标管理这一概念做了精辟的解释：“所谓目标管理，就是管理目标，也是依据目标进行的管理。”① 德鲁克认为，任何企业必须形成一个真正的整体。企业每个成员所做的贡献各不相同，但是，他们都必须为着一个共同的目标做贡献。他们的努力必须全都朝着同一方向，他们的贡献都必须融成一体，产生出一种整体的业绩——没有隔阂，没有冲突，没有不必要的重复劳动。目标管理的精髓是需要共同的责任感，依靠团队合作。

“经理人应以其客观职责为基础”，这是德鲁克从福特汽车公司濒临破产倒闭边缘的案例中得到的答案。在管理福特汽车公司时，亨利·福特（Henry Ford，1863－1947）② 原本想不用职业经理人，结果公司差一点垮掉，已经接近破产的边缘。这位老先生想靠一己之力来管理这家营业收入高达数十亿美元

① Peter F. Drucker. *The practice of management.* New York：Harper Press，1954，129.

② 亨利·福特（Henry Ford，1863－1947），美国汽车工程师与企业家，福特汽车公司的建立者。他也是世界上第一位使用流水线大批量生产汽车的人。

的大型企业。他派出“私人侦探”专门负责监督各级主管；一有迹象显示他们想做出如何决策，这些“私人侦探”立即把这一情报向亨利·福特汇报。后来亨利·福特的孙子亨利·福特二世（Henry Ford II，1917－1987）接管了公司的经营管理大权，并在第二次世界大战之后对公司进行了大规模的重组，在公司内部发动了一次管理革命，“淘汰了经理人是老板的代理人的老观念……取而代之的是管理者应以其客观职责为基础，树立应有的权威。”① 福特二世聘请通用汽车公司本迪克斯分公司（Bendix）高级经理人员欧内斯特·布里奇（Ernest R. Breech）担任首席执行官，两人一致同意以德鲁克《公司的概念》一书的思想为蓝本重整福特汽车。

经理人必须实施目标管理，这是德鲁克给经理人的忠告。德鲁克指出，组织活动中一定要避免“活动陷阱”（activity trap），不能只顾低头拉车，而不抬头看路，最终忘了自己的目标。德鲁克认为，管理的原则是能让个人充分地发挥特长，凝聚共同的愿景和一致的努力方向，建立团队合作，调和个人目标和共同福祉的原则。德鲁克指出：“企业的宗旨和任务必须转化为目标，经理人必须通过这些目标对下级进行领导并以此来保证企业总目标的完成。”“没有方向一致的分目标来指导个人的工作，则企业的规模越大、人员越多时，发生冲突和浪费的可能性就越大。每个企业经理人员或工人的分目标就是企业总目标对他的要求，同时也是他对企业总目标的贡献。只有

① Peter F. Drucker. *The practice of management*. New York：Harper Press，1954，128.

每个企业经理人员或工人都完成了企业的分目标，整个企业总目标才有完成的希望。企业经理人对下级进行考核和奖惩也是依据这些分目标。”他还指出：“……地区经理人员的目标应该用他和他的地区销售力量对销售部必做的贡献来说明；工程项目工程师工作的目标应该用他、他的技术人员和绘图员对工程部做出的贡献来说明……这要求每一位经理人员亲自提出或确定他的部门目标。当然高一级的管理部门必须保留批准或不批准这些项目的权力。但是，提出目标则是经理人员的责任，实际上这是他的主要责任。”德鲁克认为：“只有这样的目标考核，才会激发起经理人员的积极性，不是因为有人叫他做某些事，或是说服他做某些事，而是因为他的任务的目标需要做某些事（岗位职责）；他付诸行动，不是因为有人要他这样做，而是因为他自己决定他必须这样做——他像一个自由人那样行事。”①

德鲁克（Drucker，1954）认为：“目标管理和自我控制是唯一能够做到这点的管理原则。”目标管理一方面强调管理的目标导向，德鲁克认为“每个职务都要朝着整个企业的目标，才能有所成就。特别是，每个经理人员必须以整个企业的成功为中心。经理人员预期取得的成就必须朝着企业成就目标的方向。他的成果由他对企业成就所做的贡献来衡量。”另一方面，德鲁克强调目标管理的内部控制，即在管理中员工的自我控制，德鲁克指出：“（目标管理）能让追求共同福祉成为每位

① Peter F. Drucker. *The practice of management*. New York: Harper Press, 1954, 128 - 129.

经理人的目标，以更严格、更精确和更有效的内部控制取代外部控制。”①

实质上，德鲁克把目标管理理论称为是“管理哲学”，是因为这一理论来源于古希腊传统文化。被基督徒和犹太教徒同样视作圣典的书《出埃及记》（The Book of Exodus）中的一个故事给了德鲁克很大的启发。这个故事说摩西（Moses）在率领老百姓逃出埃及前往迦南（Canaan）的路上，对处理老百姓的怨言感到了厌倦，于是停下来倾听其岳父、米甸祭司叶忒罗（Jethro, the priest of Midian）的忠告：“你这样做不好。这样必定会使你和这些老百姓都感到疲惫，因为事情很重大，你独自一人处理不了。现在你要听我的话，我为你出个主意，愿上帝与你同在：你要替百姓到神面前，把案件向神奏告；并要用律例和法度训导他们，为他们指示当行的道、当作的事。你还要从百姓中拣选一些有才能的人，也就是那些对神敬畏、诚实无妄、拒贪不义之财的人，派他们当千夫长、百夫长、五十夫长、十夫长管理百姓（But select capable men from all the people-men who fear God, trustworthy men who hate dishonest gain-and appoint them as officials over thousands, hundreds, fifties and tens）。关于百姓的一般事情就让他们随时处置，也就是大事都要呈到你这里，而小事则由他们自己解决。这样，你就可以轻省些，他们也可以同当此任。如果你按照我说的去做，上帝也吩咐你

① Peter F. Drucker. *The practice of management*. New York: Harper Press, 1954. 128 – 129.

这样去做，那你就能受得住，百姓们也都能安居乐业。”① 摩西听从了叶忒罗的话，设计出了直线型组织，把最重要的战略管理从日常事务管理中分离出来，并且进一步分摊了责任，或进一步把任务分派给了下属。他的下属则按照例外管理原则（Management by exceptions）只向摩西报告一些重大事件。

可以这样说，许多古希腊哲学家对组织和优秀领导素质等问题的认识和研究所形成的西方古典管理理念和哲学精髓的思想，对德鲁克的影响很大，它们已经深深地影响到德鲁克对组织和管理方式的看法。古希腊时期形成的目的论（Teleology）哲学思想是产生目标定位（Goal Position）思想方法的源泉，这种目标定位思想就是德鲁克目标管理理论和领导理论的精髓，它表现在目标管理、编制预算、战略规划以及许多其他以目标为导向的活动中。

我们发现，真正的目标管理应该是寻求企业目标与个人目标的结合点，而一旦找到了这样一个目标，员工就被自我激励和自我管理。由此可以说，真正的目标管理就是自我管理，在这种情况下，每一个知识工作者都是“经理人”。德鲁克所言就是目标管理的基本理论依据，虽然这里讲的是企业，但适用于一切社会组织。② 在《不连续的时代：变迁时代的指南》

---

① 见：《出埃及记》，第十八章。

② 2002 年 7 月 9 日，美国总统乔治·沃克·布什（George Walker Bush）宣布彼得·德鲁克成为当年的“总统自由勋章”（Presidential Medal of Freedom）的获得者，这是美国公民所能获得的最高荣誉。乔治·布什说：“彼得·德鲁克是世界管理理论的开拓者，并率先提出私有化、目标管理和分权化（Decentralization）的概念。”

(The age of discontinuity：Guidelines to our changing society) 一书中，德鲁克 (Drucker，1969) 强调：“对于每一个组织而言，其目标界定越明确，它的生命力就越强；组织的绩效评价标准和尺度越多，它的行动就越有效能；组织越是严格地将权威性置于绩效的判定基础之上，它就越具有合法性。”“我们通过组织的成果来认识组织”——这或许可以称得上新型组织化多元社会的基本准则。①

美国旧金山大学 (University of San Francisco) 商学院教授理查德·巴布柯克 (Babcock，1981) 指出，目标管理这一概念具有伟大的波兰天文学家、日心说的创立者、近代天文学的奠基人尼古拉·哥白尼 (Nicolaus Copernicus，1473 - 1543) “日心说” (Heliocentric Model) 般的突破性效应：“德鲁克注重管理行为的结果而不是对行为的监控，这是一个重大的贡献。因为它把管理的整个重点从工作努力——即输入，转移到生产率——即输出上来。”② 美国南卫理公会大学 (Southern Methodist University) 商学院教授理查德·布斯科克 (Buskirk，1976) 认为，目标管理是划时代的思想革命，“德鲁克重视管理行为的结果，而非监督活动本身，对日后经理人把管理中心

---

① Peter F. Drucker. *The age of discontinuity*：*Guidelines to our changing society*. New York：Harper and Row，1969.

② Richard D. Babcock. “MBO as a management system”. Proceedings：International Management by Objectives Conference，Washington，DC，1981，159 - 162.

从努力工作转移至生产力（产出）方面，有极大的贡献。”[①] 美国管理学家约翰·塔兰特（Tarrant，1976）在其所著的《德鲁克：创造企业社会的人》一书中详细阐述了德鲁克的社会、经济与管理理论的哲学基础。塔兰特认为，目标管理是“今天管理界的主流概念。有太多的人认为，这是德鲁克所提出的最重要及影响最深远的一个概念。”[②] 美国管理学家斯蒂芬·罗宾斯认为：“实际上，它（目标管理）是首先由彼得·德鲁克在四十多年前作为一种运用目标激励而不是控制人的方法提出的。”[③] 英国《经济学家》杂志评论到：“在提出新观念时，德鲁克遭遇到的障碍，也许就是他最大的成功，因为一旦克服了这些障碍，如今人们反而普遍认同他的观念。”[④] 我们认为，目标管理是德鲁克提出的一种为了使管理能够真正达到预期的效果及实现企业目标而在企业管理过程中采用的一种以自我控制为主导思想，结果导向、过程激励的管理方法。

在德鲁克之后，许多管理学家就目标管理理论的完善和发展做出了贡献。他们是乔治·奥迪奥恩（George S. Odiorne）[⑤]、

---

① Richard Hobart Buskirk. *Handbook of managerial tactics.* Boston, Massachusetts: Cahners Books, 1976.

② John J. Tarrant. *Drucker: The man who invented corporate society.* Boston, Massachusetts: Cahners Books, 1976.

③ ［美］斯蒂芬·F. 罗宾斯．组织行为学．(第七版)，北京：中国人民大学出版社，2004 年 6 月。

④ The Economist. “Good guru guide: Show me to your leader.” *Economist*, Dec. 25, 1993 – Jan. 7, 1994.

⑤ George S. Odiorne. *Management by objectives: A system of managerial leadership.* Marshfield, Massachusetts: Pitman Press, 1965.

道格拉斯·麦克雷戈（Douglas M. McGregor，1906－1964）①、伦西斯·利克特（Rensis Likert，1903－1981）②、维克多·弗鲁姆（Victor H. Vroom）③、爱德华·卡尔·施莱（Edward Carl Schleh）④、威廉·雷定（William J. Reddin）⑤、海因茨·韦里克（Heinz Weihrich）⑥、安东尼·雷亚（Anthony P. Raia）⑦ 和英国管理学家约翰·威廉·汉伯（John William Humble）⑧ 等数十位管

---

① Douglas M. McGregor. "An uneasy look at performance appraisal." *Harvard Business Review*, 1957, 35 (5/6): 89－94.

② Rensis Likert. *New patterns of management.* New York: McGraw-Hill, 1961.

③ Victor H. Vroom. *Work and motivation.* Malabar, Florida: Robert E. Krieger Publishing Company, 1982.

④ 美国经营管理顾问爱德华·卡尔·施莱（Edward Carl Schleh）在《成果的管理》（Management by Results）一书中，将德鲁克目标管理理论的思想体系予以具体化。施莱认为，无论任何经营机制，都必须以某种形式来表示出其成果对该企业的宗旨和目标所能够给予的良好影响。施莱所指的成果就是"期望的结果"（Expected Results），其意义与德鲁克的"目标"相同。见：Edward Carl Schleh. *Management in results: The dynamics of profitable management.* New York: McGraw-Hill, 1961.

⑤ William J. Reddin. *Managerial effectiveness.* New York: McGraw Hill, 1970.

⑥ Heinz Weihrich. "Effective management by objectives through the grid." in George S. Odiorne, Heinz Weihrich and Jack Mendleson. *Executive skills: A management by objectives approach.* Dubuque, Iowa: Dubuque: William C. Brown Company Publishers, January 1980. 145－153.

⑦ Anthony P. Raia. "Goal setting and self control." *Journal of Management Studies*, February 1965, 2 (9): 34－53. Anthony P. Raia. "A second look at management goals and controls." *California Management Review*, Summer 1966, 8 (4): 49－58.

⑧ John William Humble. *Improving business results.* Maidenhead, England: McGraw-Hill, 1968. John William Humble. *Management by objectives in action.* London, New York: McGraw-Hill, 1970.

理学家。

美国管理心理学家道格拉斯·麦克雷戈（McGregor, 1957）表达了与德鲁克类似的观点。他认为，要求经理人员对下属的个人价值做出评论，这是对上帝的嘲弄，只有在预定的目标基础上进行评论，才能刺激下属的积极性。[①] 麦克雷戈的Y理论主张“个人目标与组织目标的融合”，这样，企业信念通过有效的经营机制，转化为员工的信念；企业借助于经常性的创新试验，培植员工的敬业精神。麦克雷戈认为，基于Y理论假设的管理就应该是“一个创造机会、发掘潜力、消除障碍、鼓励成长、提供指导的过程，这就是彼得·德鲁克所谓的‘目标管理’。”[②] 麦克雷戈强调，应当利用目标管理来帮助绩效评估（performance appraisal）。

对德鲁克目标管理哲学进行完善和发展的是美国旧金山大学商学院的乔治·奥迪奥恩（George S. Odiorne）教授。奥迪奥恩（Odiorne, 1965）提出：“简言之，目标管理可以被描述为如下一个过程：通过这个过程，一个组织的上级经理人员和下级经理人员共同确定该组织的共同目标，根据对每一个人所预期的结果来规定他的主要责任范围（major areas of responsibility），以及利用这些指标来指导这个部门的活动和评价它的

① Douglas M. McGregor. “An uneasy look at performance appraisal.” *Harvard Business Review*, 1957, 35 (5/6): 89 – 94.

② Douglas M. McGregor. “The human Side of enterprise.” In Adventure in Thought and Action, Proceedings of the Fifth Anniversary Convocation of the M. I. T. School of Industrial Management, June 1957, 23 ~ 30; also (in condensed form) in *The Management Review*, 1957, 46 (11): 22 ~ 28.

每一个成员组成的贡献。”①

这里，奥迪奥恩丰富了德鲁克的思想：（1）强调目标管理适用于一切组织，无论是企业组织还是非企业组织。因此，任何组织的运作要求各项工作都必须以整个组织的目标为导向；尤其是每个经理人员必须注重组织整体的成果，他个人的成果是由他对组织成就所做出的贡献来衡量的。经理人必须知道组织要求和期望于他的是些什么贡献。否则，经理人可能会搞错方向，浪费精力。（2）强调目标管理是一个过程，是管理的出发点和最终点。这些目标应该始终以企业的总目标为依据。即使对装配线上的工长，也应该要求他以公司的总目标和制造部门的目标为依据来制定自己的目标。公司可能非常之大，以致个别工长的生产工作同公司的总产出之间似乎有着天文数字般的距离。但工长还是应该把自己的注意力放在公司的总目标上，并用他的单位对整体做出的贡献来表述本单位的成果。如果一位经理人及其单位不能对明显影响企业的繁荣和存在的任何一个领域做出贡献，那就应该把这一事实明确地指出来。这对于促使每一个职能部门和专业充分发挥技能，以及防止各不同职能部门和专业建立独立王国并互相妒忌，都是必需的。这对于防止过分强调某一关键领域也是必需的。（3）主张下级和上级对下级的重要责任范围以及什么是可以接受的成绩水平取得一致意见。上级必须知道对下级的期待是什么；而下级必须知道自己对什么结果负责。每一位经理人，上至大老

---

① George S. Odiorne. *Management by objectives: A system of managerial leadership*. Marshfield, Massachusetts: Pitman Press, 1965, 26.

板，下至生产工长或主管办事员，都必须明确其目标。否则，一定会产生混乱。这些目标必须规定该人所管理的单位应达到的成就，必须规定他和他的单位在帮助其他单位实现其目标时应做出什么贡献，还应规定他在实现自己的目标时能期望其他单位给予什么贡献。换言之，从一开始就应把重点放在团队配合和团队成果上。

美国管理学家戴尔·麦康基（MacConkey，1967）认为："目标管理就是一种业务管理计划和考核方法，使每一位管理人员或主管都按照其应达成的目标与成果，订立其一年内或一定期间内具体确实的工作内容与进度；待时期届满，以原定目标衡量实际的成果。"① 他认为，目标管理强调：（1）共同认识并相互了解；（2）团队意识；（3）以民主方式推进管理工作。

美国明尼苏达大学教授斯蒂芬·卡罗尔和佛罗里达大学教授小亨利·托西（Carroll & Tosi，1973）认为，目标管理应与绩效评估制度（Performance Appraisal System，PAS）相结合，他们的实证研究结果显示绩效水平与员工的满意报酬之间有极高的正相关关系。② 美国南加州大学马歇尔商学院教授爱德华·劳勒（Lawler，1973）在其研究中得到结论："最有效的

① Dale D. MacConkey. *How to manage by results.* New York：American Management Association，1967.

② Stephen J. Carroll & Henry L. Tosi，JR. "Improving management by objectives：A diagnostic change program." *California Management Review*，1973，16（1）：57－66.

激励绩效制度就是与薪酬（compensation）有关的目标管理制度”。①

海因茨·韦里克（Weihrich，1976）认为，就动态面而言，“目标管理乃是要求主管、下属及同僚间必须互动的一种过程，包括领导、有效的激励、开放的沟通、决策和绩效评估。”②

美国心理学家弗雷德里克·赫兹伯格的研究得出了与德鲁克目标管理理论类似的结果。赫兹伯格认为，人际关系学派主张的人际关系训练（interpersonal relationship training）、敏感性训练（sensitivity training）等方法对员工的激励程度是十分有限的。赫兹伯格提出了著名的双因素理论（Two Factors Theory），论证了最有力的激励因素（motivation factor）是以工作为中心的，即激励因素与工作本身、个人的工作成就、工作责任感、通过工作获得的晋升和承认等都有直接关系；保健因素（hygiene factor）则是工作本身以外的，而且是更多地与工作的外部环境有关联。赫兹伯格主张通过工作内容丰富化（job enrichment）来解决过度分工的缺陷，从而激励工人更加努力工作。③

相对于其他的管理理论，目标管理有以下几个鲜明特点：

---

① Edward E. Lawler, III. *Motivation in work organizations.* Monterey, California: Brooks/Cole, 1973.

② Heinz Weihrich. “MBO: Appraisal with transactional analysis.” *Personnel Journal*, 1976, 55 (4): 173-175,

③ Frederick Herzberg, Bernard Mausner, and Barbara Snyderman. *The motivation to work.* New York: Wiley, 1959.

第一，目标管理的一个鲜明特点是运用了行为科学理论。美国著名心理学家、行为科学家麦克雷戈（McGregor，1957）认为，目标管理试图将管理的重点从寻找弱点转移到绩效分析（performance analysis）上来，以区分人的能力和潜力。他相信，要实现这种转移，首先，要使下属在重要任务目标上与上司的认识一致；然后，为了实现这些目标，个体需要开发短期绩效目标和行为方案，从而可以自我衡量绩效。下属可以和监督人员讨论他们的自我评估结果，开发一套新的目标和方案。这种方式的重点在于共同的理解和取得绩效，监督人员的角色从评判者变成了协助者，从而减少了角色冲突和混沌的局面。其次，目标管理减少了角色的混淆，它使得目标设定实现更多的参与和互动，增加责任之间的沟通，保证个体和组织目标的清晰和实现。①

德鲁克在他的研究中并不轻易应用“哲学”这个词，这个词太大了。但目标管理和自我控制却可以恰当地叫作一种管理哲学。它适用于各种层次和职能的经理人，适用于大大小小的各种组织。它把客观的需要转化成为个人的目标，通过自我控制（self-control）取得成就。这是真正的自由。在我们看来，这个“哲学”的来自著名宗教改革家、德国威丁堡大学圣经科教授马丁·路德（Martin Luther，1483－1546）的一句名言：“在这个世界上所做的每一件事都是抱着希望而做的”，走向成功的过程就是一个自我激励的过程。作为一个虔诚路德派教

① Douglas M. McGregor. “An uneasy look at performance appraisal.” *Harvard Business Review*, 1957, 35 (5/6): 89－94.

徒的德鲁克认为，许多人都希望证明自己是有价值的，基督教文明最美好的结果，就是它所造就的美好人生。或许德鲁克希望像《新约·马太福音》第7章中所说那样：“凭着他们的果子，就可以认出他们来”。①

具体所运用的行为科学理论主要有两个方面：自我控制（self-control）和参与式管理（participative management）。

德鲁克认为：“目标管理的主要贡献在于，我们能够以自我控制的管理方式来取代强制式的管理。”英国管理学家约翰·威廉·汉伯（Humble，1970）认为：目标管理乃是一种强调参与式管理的管理制度。② 目标管理可以把客观需要转化成为个人的目标，通过自我控制取得成就。这是真正的自由。目标管理的最大好处在于它使经理人员能够控制他们自己的成绩。这种自我控制可成为更强烈的动力，推动他尽自己最大力量把工作做好。在目标管理体系中，每个人都可以通过比较实际结果和目标来评估自己的绩效，以便做进一步改善。这就是自我控制的原则。

不可否认，德鲁克的自我控制原则推动了授权制（Empowerment）的发展。所谓的授权就是赋予组织成员更多的自

---

① 语出《新约·马太福音》：“凭着他们的果子，就可以认出他们来。荆棘上岂能摘葡萄呢？蒺藜里岂能摘无花果呢？这样，凡好树都结好果子；惟独坏树结坏果子。好树不能结坏果子，坏树不能结好果子。凡不结好果子的树，就砍下来丢在火里。所以，凭着他们的果子，就可以认出他们来。”

② John William Humble. *Improving business results.* Maidenhead, England: McGraw-Hill, 1968. John William Humble. *Management by objectives in action.* London, New York: McGraw-Hill, 1970.

主权，以增进组织成员的专业知识与技能。强调自我控制就是使自我授权感（self-empower）增强。美国哈佛大学商学院教授露萨贝丝·墨思·坎特（Kanter，1983）认为，所谓授权就是给予组织中处于弱势的人权利，以减少组织成员的无力感所造成的组织反功能，如士气低落、目标位移（good displacement）等。[①] 加拿大麦基尔大学（McGill University）管理学院的杰伊·康格和雷宾德拉·凯南格（Conger and Kanungo，1988）认为，授权可视为提升组织成员内在工作动机的必要条件，因此透过授权可以检视组织中造成成员无力感的因素，且运用组织正式的运作过程及非正式的协调技巧，提升组织成员对自我效能感（self-efficacy）的认知，进而促使组织产生活力、动力和创造力。[②] 美国海军研究生院教授肯尼斯·托马斯等人（Thomas and Velthouse，1990）则认为，授权可以提升个体本身内在工作动机的过程。为此领导者应多鼓励组织成员，并塑造一个积极合作互信的组织氛围，激发个人内在动机且促使组织成长。[③] 南希·佛伊（Foy，1994）认为，授权是使个人获得力量，并促使其意见获得重视，而影响与自己有关的决定或计划，而在工作场合中运用经验改进自己的表现，进而改

---

① Rosabeth Moss Kanter. *The change masters: Corporate entrepreneurs at work*. New York: Simon and Schuster, 1983.

② Jay A. Conger and Rabindra N. Kanungo. "The empowerment process: Integrating theory and practice." *Academy of Management Review*, 1988, 13 (3): 471 -482.

③ Kenneth W. Thomas and Betty A. Velthouse. "Cognitive elements of empowerment: An 'interpretive' model of intrinsic task motivation." *Academy of Management Review*, 1990, 15 (4): 666 - 681.

善组织的表现。① 授权是使权力重组和解放，使成员充分发挥其专业知识与技能，并激发其工作动机的过程（Blanchard，Carlos and Randolph，1995）。② 肯尼斯·布兰查德等人（Blanchard，1997）强调，授权并非仅仅是给予权力，而是释放人们早已具有的知识、能力等，使其充分表现在工作上。③ 教育管理学家保拉·肖特等人（Short and Greer，1997）认为，授权可以使组织成员能够建立起自我成长及解决问题能力的过程。④

个人绩效还可以由上级和下属定期共同评估，有利于采取必要的行动。上下级间的沟通因此会得到改善，双方的困难和期待也会更清晰。《大师的轨迹：探索德鲁克的世界》一书的作者杰克·贝蒂（Beatty，1998）指出："从根本上讲，目标管理的一个重要假设是把经理的工作由监控下属变成给下属设定客观的标准和目标，让他们靠自己的积极性去完成。这些共同的衡量标准，反过来又使得被管理的经理用目标和自我控制

---

① Nancy Foy. *Empowering people at work.* London：Gower Publishing Limited, 1994.

② Kenneth H. Blanchard, John P. Carlos, Alan Randolph. The three keys to empowerment：Release the power within people for astonishing results. New York：Berrett-Koehler Publishers, 1995.

③ Kenneth H. Blanchard and Michael Oconnor. *Administracion por valores.* New York：Berrett-Koehler Publishers, 1997.

④ Paula M. Short and John T. Greer. *Leadership in empowered schools：Themes from innovative efforts.* Merrill Pub Co. , 1997.

来管理。”[①] 奥迪奥恩（Odiorne，1984）认为，目标管理的优点在于实行“参与式管理”，经过上下结合的方式反复协商、综合平衡定下来的目标更具有动员性和激励性，有利于目标的实现。[②] 密执安大学伦西斯·利克特教授（Likert，1961）在《管理新模式》一书中认为，“群体参与式”的管理方式是最有效的参与性方式。采取这种方式的主管人员对下属在一切事务上都抱有充分的信心和信任，总是从下属获取设想和意见，并且积极地加以采纳；对于确定目标和评价实现目标所取得的进展方面，组织群体参与其事，在此基础上给予物质奖赏；更多地从事上下之间与同事之间的沟通；鼓励各级组织做出决策，或者本人作为群体成员同他们的下属一起工作。利克特认为只有参与式的民主领导才能实现真正有效的领导，才能正确地为组织设定目标和有效地达到目标。[③]

第二，目标管理的中心思想是引导经理人从重视流程、管理制度等细节问题到重视组织的目标，目标管理达到目的的手段是通过使用过程激励的方法实现的。德鲁克注重管理行为的结果而不是对行为的监控，这是一个重大的贡献，因为它把管理的整个重点从工作努力——即输入，转移到生产率——即输出上来。（1）每一位经理人，都必须明确其目标。这些目标应

---

① Jack Beatty. *The world according to Peter F. Drucker*. London: Simon and Schuster Inc., 1998. 162.

② George S. Odiorne. *The human side of management: Management by integration and self-control*. Lexington, Massachusetts: Heath, 1984.

③ Rensis Likert. *New patterns of management*. New York: McGraw-Hill, 1961.

该始终以企业的总目标为依据。制定自己的目标，是每一个经理人的责任，并且是其首要责任。（2）目标管理的主要贡献之一就是它使得我们能用自我控制的管理来代替由别人统治的管理。（3）目标管理把客观的需要转化成为个人的目标，通过自我控制取得成就。德鲁克认为："只有这样的目标考核，才会激发起经理人员的积极性，不是因为有人叫他做某些事，或是说服他做某些事，而是因为他的任务的目标需要做某些事（岗位职责）；他付诸行动，不是因为有人要他这样做，而是因为他自己决定他必须这样做——他像一个自由人那样行事。"①

第三，目标管理强调高层、中层、基层经理人职责的不同。目标管理的核心是，每一位经理人的工作目标，应该用他对自己所属的更高一级单位的成功做出的贡献来规定。高一级的管理当局当然必须保留是否批准下级制定的目标的权力。但是，制定自己的目标，却是每一个经理人的责任，并且是其首要责任。它还意味着每一位经理人应该认真地参与他所属的上一级单位目标的制定工作。做一个经理人就意味着承担责任。德鲁克（Drucker，1954）指出："每位经理人必须自行发展和设定单位的目标。当然高层经理人仍然需要保留对目标的同意权，但发展出这些目标则是经理人的职责所在。""企业的宗旨和任务必须转化为目标，经理人必须通过这些目标对下级进

① Peter F. Drucker. *The practice of management*. New York：Harper Press，1954.

行领导并以此来保证企业总目标的完成。”[①] 在高层经理人控制目标的前提下，操作层面的经理人可以“发展目标”但不能逾越高层对管理的终极控制。与德鲁克致力于讨论整体目标的必要性及其内容不同，爱德华·卡尔·施莱（Schleh，1961）重点结合整体目标着重讨论如何制定个人目标、制定什么样的目标才能激发个人动机这些问题上，即制定个人目标的方法及内容上。[②]

第四，目标管理既来源于组织管理理论，又推动了组织管理理论的发展。美国莱文森领导力咨询公司（Levinson Institute）创始人、心理学家哈里·莱文森（Levinson，1972）认为，目标管理起源于两个不同的背景：组织理论和组织发展理论。他认为，目标管理的组织理论根源来自于彼得·德鲁克和乔治·奥迪奥恩；目标管理的组织发展理论根源来自于道格拉斯·麦克雷戈，他强调了目标管理定性的特征以及在发展和提高人的能动性方面的应用。[③]

经过许多管理学者的努力和实践，总结了目标管理的实施情况。爱德华·卡尔·施莱（Schleh，1961）和威廉·雷定（Reddin，1970）将这些管理学家的观点综合起来，成为目标

---

① Peter F. Drucker. *The practice of management*. New York：Harper Press，1954.

② Edward Carl Schleh. *Management in results：The dynamics of profitable management*. New York：McGraw-Hill，1961.

③ Harry H. Levinson. “Management by objectives：A critique”. *Training and Development Journal*，1972，26（4）：410－425.

管理的指导方针和目标管理计划的六个步骤：①

（1）任务团队参与。在目标管理的第一步，主要的任务团队成员确定所有的团队和个人目标，并提出实现目标的行为方案。如果这一步省略了，或是目标不清晰，那么目标管理的效果就会被极大地削弱。

（2）上下级共同制定目标，员工参与决策（participative decision making）。一旦任务团队所有的目标和责任都确定下来了，就要关注工作任务和个体所负的职责。任务团队的成员与组织中的其他角色相比，具有更大的独立性，因此他们的角色任务也都是很清晰的。

（3）共同制定实现目标的行动计划。和下属共同开发完成目标的行动方案，不论是在小组会议中还是进行协商的时候。行动方案应该反映下属而不是监督人员的个人风格。

（4）制定成功的绩效标准（performance criteria）或是准绳。这个标准就是组织认为员工应该实现的绩效期望值（performance expectation）。在这一点上，上下级共同制定目标达成的标准——不单单局限于简单的可测数据或是质量数据。共同制定标准的另一个更重要的原因是确保上下级都能理解任务的含义和下属的真正期望。他们常常发现，他们的理解并不一样。下属和上级可能在某个具体的任务上达成一致，但是，在讨论到怎样衡量成功的时候，就会发现彼此的沟通并不清楚。

---

① Edward Carl Schleh. *Management in results*: *The dynamics of profitable management*. New York: McGraw-Hill, 1961; William J. Reddin. *Managerial effectiveness*. New York: McGraw Hill Book Company, 1970.

在整个目标管理的过程中，取得对于成功标准的共同看法和观点是最重要的。

（5）回顾和再循环。经理人员定期地审查团队或个人的任务完成情况。这个检查程序分三个步骤。首先，下属开始这个领先回顾的过程，讨论已经取得的成就和面临的困境。然后，上级开始讨论未来的行动计划和目标。最后，在制定完行动方案之后，开展一个更普遍的讨论，包括下属的追求和其他因素。在这最后一个阶段，常常会进行大量的培训和咨询。

（6）保存记录。在许多目标管理项目中，关于目标、标准、准绳、授权和期限的文件都要提交给第三方。虽然这些证据不是直接的，但是当第三方，比如更高的管理层或是人事部门定期检查这些文件时，似乎作为一项组织发展措施的目标管理项目就会受到阻碍。经验显示，当这些文件正规化地流转时，它们难以反映公开的、诚实的上下级或团队之间的交流。它们常常并不是为了加深第三方的印象，而是为了与制度化的规则一致。①

① E. F. Huse and E. Kay. “Improving employee productivity through work planning”. In *The personnel job in a changing world*. ed. By J. W. Blood. New York：American Management Association，1964，301 –315.

二、目标管理理论所引发的论争

可以这样说，目标管理是德鲁克被其他管理学家误解最深的管理概念之一，正如 IBM **高级研究员**、管理**咨询师**迪安·斯皮泽**博士**（Spitzer，2007）所说："再没有比目标管理更加饱受争议的话题了"。① 美国目标管理专家戴尔·麦康基（MacConkey，1975）在所著《非营利组织的目标管理》（MBO for nonprofit organizations）一书中认为："目标这个词，早在圣经时代已经为管理人员所熟知和应用，但是作为管理制度的基础，是在德鲁克明确提出这个概念（1954 年）后大约过了二十多年，才成为现实。正像我们推行全面质量管理（TQC）、目标管理、开展 QC 小组活动那样，十年过去了，但形式主义的怪圈仍然在制约着部分人的行为。因此，我们还不能说一切都成功了。"② 伦敦商学院组织行为学副教授琳达?格拉顿（Gratton，2000）评论到，目标管理"这个概念已完全植根于每个组织中，尽管目前目标管理或许更多是受数据驱使，这并

① Dean R. Spitzer. *Transforming performance measurement*：*Rethinking the way we measure and drive organizational success*. New York：American Management Association，2007.

② Dale D. MacConkey. *MBO for nonprofit organizations*. New York：Amacom，1975.

非德鲁克当初想看到的。”①

美国著名心理学家亚伯拉罕·马斯洛率先批评了德鲁克的假设。马斯洛对德鲁克的“有责任心的工人”很感兴趣，他1962年夏天在南加州一家电子公司——非线性系统公司里对有责任心的工人理论进行了实验检验，结果失败了。马斯洛（Maslow，1968）指出，目标管理基于“有责任心的工人”的假设，实际上隐含了“每个人都是成熟的人”这样一个心理学命题。马斯洛证明现实生活中只有少数人在心智上符合“成熟”的标准，所以要求每个工人成为“责任心工人”是违背了人的基本特性的。② 马斯洛（Maslow，1965）在《良好精神状态的管理》一书中认为：“德鲁克谈论了太多有关‘责任’的问题，喜欢人们负责任；同时引入许多实例来证明，和以前比较起来，愿意多负一点责任的员工，他们的工作表现反而更好。对于在德鲁克心目中那些人格较成熟及心理健康的人，当然会出现上述结果。然而，我们必须指出，并非所有的人都属于这种类型……很明显，我们必须比德鲁克观察得更透彻……只有少部分员工属于这一类型。”③

马斯洛指出，个性的多样性是客观存在的，不能牺牲个人特性去迁就社会特性，不能将管理制度建立在“每个人都是具

---

① Lynda Gratton. *Living strategy*: *Putting people at the heart of corporate purpose*. New York: Financial Times/ Prentice Hall, 2000.

② Abraham Harold Maslow (1968). *Toward a psychology of being*. 3rd Edition, New York: Harper and Row, November 1998.

③ Abraham Harold Maslow. *Eupsychian management*. Homewood, Illinois: Irwin and Dorsey, December 1965.

有责任心的人”这种假设基础之上，它不能赋予所有的工人不应承担也不能承担的心理压力。因此，“有责任心的工人”（responsible workers）的概念太过完美了，德鲁克所倡导的目标管理是一种“理想管理”。然而，这个世界上还有更多的工人，他们现在更需要的是被人尊重，甚至仅仅需要的是活下去。这种情况下，用泰罗的“科学管理”或者再加上点梅奥的“行为激励”来对他们进行管理或许更为有效。马斯洛（Maslow，1968）批评道：“如果我们有一些进化良好的人类能够成长，并且很急切地要求成长，那么在这样的地方，德鲁克的管理原理就好像很不错。这些原理是有用处的，可是，也只能在人类发展的顶层才有效。”这是因为德鲁克天然地假定这些人已经满足了各种较低层次的需求，而能够激励他们的只能是自我实现这个最高层次的需求。马斯洛甚至认为，在德鲁克那套管理思想中暗含着 36 个基本的假定，而他的那些管理原则事实上“可能起作用的只是那些相对健康的人、相对坚强的人、相对优雅和善良的人，有德行的人。”① 马斯洛（Maslow，1998）认为，德鲁克的管理思想主要存在这样两个问题，“一个是他轻视了选择合适的个体来实现他的管理原则的必要性；另一个是他忽视了邪恶的存在，病态的存在，还有一些人身上普遍的恶劣性的存在。”②这里，最具讽刺意味的是，作为管理

① Abraham Harold Maslow（1968）. *Toward a psychology of being.* 3rd Edition, New York: Harper and Row, November 1998.

② Abraham Harold Maslow. *Maslow on management.* New York: Wiley, 1998.

学家的德鲁克曾经劝慰管理人员不必成为心理学家，但他自己却成为心理学家批评的对象。

美国心理学家哈里·莱文森（Levinson，1970）在《哈佛商业评论》上发表了名为《目标管理：从谁的目标着手?》（Management By Whose Objective?）一文，他认为，目标管理的最大问题在于没有考虑员工的动机。莱文森认为，目标管理过分强调客观性和量化指标，而忽视了人性因素的作用。公司在设定目标时从未考虑过个人的需求和愿望，它没有意识到如果组织的目标只是一些强制性的选择，而与人们心中的梦想、愿望及个人抱负无关的话，那这些目标就不会对个人产生强大的激励力量。公司想当然地认为，员工加入公司，就是以公司的任务和利益为先，个人需求和抱负可以抛在一边，而忽视了这么一个事实：员工工作也是为了满足自己的心理需要。[①] 莱文森领导力咨询公司首席执行官盖里·克莱恩斯博士（Dr. Gerry Kraines）部分赞同哈里·莱文森的反对意见，他尤其担心目标与奖励之间的联系。“如果经理人将薪酬与员工是否达标联系起来，并试图以此引导员工的工作，就会产生对立关系，”他说道：“坚持将回报最小化的做法符合员工的利益。那种回报最大化的做法催生贪婪，鼓励员工与制度进行‘博弈’。”

被誉为美国企业“质量革命”之父的质量管理专家、德鲁克在纽约大学工作时的同事爱德华兹·戴明博士对目标管理怀有很深的敌意。戴明（Deming，1988）指出，目标管理与他

① Harry H. Levinson. “Management by whose objectives?” *Harvard Business Review*, 1970, 48 (7/8): 125 – 134.

所倡导的全面质量管理在理念上是相抵触的：目标管理为目标导向，而非过程导向，仅注重结果，全面质量管理正好强调必须注重对全过程的管理和控制；目标管理强调业绩和成果，不注重工具，不强调达成结果所采取的手段。这与他倡导的质量管理观念有很多冲突的地方。戴明强调，一个组织可以用任何手段达到所需要的任何目标，这是一种短视行为，并不能够使组织的管理水平真正地提高。戴明认为，一个组织可以透过任何工具，在短期内达成它想要的任何目标。撰写戴明博士自传的安德烈·嘉伯尔（Gabor，1992）在《探索质量的人：带给美国质量革命的爱德华兹·戴明》一书中引述了戴明博士对目标管理的评价。戴明博士认为，企业是一个为了实现目标而组织起来的系统，就像一辆汽车，它的发动机和传动系统决定了它的速度，要想提高极限速度，只有改进系统，而奖惩驾驶员只会损坏汽车。该书结尾综合戴明的观点，指出一家公司“大可更动账面数字，或卖掉一个体质最健全的经营单位”，让公司财务报表出现利润。①

戴明把德鲁克的目标称为“定额”（quotas），他批评说：“定额是改进质量与提升生产力的一大障碍。我还没有见过任何一家公司在确定定额时，会同时建立一套帮助员工改善工作方法的系统。”戴明认为，目标管理可能导致对数字化目标的追求，而数字化目标就是定量考核，比如今年要比去年增长8%。这听起来很科学，其实人们往往忽略了一个重要的核心

① Andrea Gabor. *The man who discovered quality*: *How William Edwards Deming brought the quality revolution to America.* New York: Penguin, 1992.

问题：用什么方法来核定数字？为了完成“数字”，人们学会了扭曲真相和作假。每个人都会想尽办法达到分配到手的目标（配额），但却并不对由此造成的损失负责。美国银行曾经制定了目标绩效考核制度，以发放贷款的数额考评贷款员的表现，表现最好的员工可以获得超过表现中等者收入50%的奖励。结果，这个银行的贷款员完成了贷款数额，美国银行也得到了大批的坏账。我们不能责怪这些银行职员，他的生计要靠完成每月配额才能维持。戴明挖苦地说，目标管理只会产生那些“只看表面数字的经理”（visible number only manager，简称VNO manager）。戴明认为：**（1）销售定额违反客观规律；（2）生产定额是不断改进的巨大障碍；（3）改变对待人的方式态度，用信任代替控制；（4）公司规章制度要针对95%可信任的员工。**他建议，必须**取消定额管理和目标管理**（eliminate numerical quotas for the work force and eliminate management by objectives），**用建立领导力**（institute leadership）**来代替。要消除打击员工工作情感的考评**（remove barriers that rob the hourly worker of his right to pride of workmanship. remove barriers that rod people in management and in engineering of the irright to pride of workmanship）。**管理人员的责任必须从单纯的数字目标转化到质量。这意味着要废除年度个人目标或排名绩效考核和目标管理。**①

戴明还认为，人们在实施目标管理时，许多公司往往需要

① William Edwards Deming. *Out of the crisis*. Cambridge, Massachusetts: Cambridge University Press, 1988.

进行目标细分以便使目标落实，即把总目标划分为各组成部分或各部门的具体目标。但实践中似乎所有分目标的总和，就是总目标。如果企业的总目标就是各个部门分目标的简单相加，那么采取目标管理的方法，对企业总目标的实现并没有任何积极的意义。戴明列举了一个著名的案例来说明目标管理的荒唐：纽约交通警察局（New York Transportation Police Department，简称 NYTPD）有一段时间连续出现错误和非法逮捕事件，无辜的人被指控犯有重罪，其中绝大多数是黑人和墨西哥后裔。事件曝光后发现一个分局的 4 名警察要对这些错误负有主要责任，这 4 名警察全部被停职接受调查。奇怪的是，调查结果显示：这 4 名警察是该分局表现最佳的警察，原来这个分局实行的是目标管理法，警察的工作成绩、表彰、提升是靠逮捕数量，尤其是重罪和性骚扰罪逮捕数量来决定的。警察中的白人种族主义分子，乘机滥用权力，一举两得，用非法残忍的手段迫害少数族裔，还得到了分局的认可奖赏，但他们对社会和警察局造成了巨大的损害，民众尤其是少数族裔对警察和执法人员失去了信心，抗议活动造成了族群对立和社会动荡。戴明挖苦地把目标管理比喻为“交通警察每天都要开出一定数量的交通违规罚款单（tickets）。”[①] 事实上，戴明的这个案例并不能说这是目标管理的错，而是一些组织引入目标管理方法没有取得预期的成功，是由于对成果领域的错误定义。

---

① William Edwards Deming. *Out of the crisis*. Cambridge, Massachusetts: Cambridge University Press, 1988.

在戴明的追随者眼里，丰田管理体系（Toyota System）的精益生产方式（lean production）远胜于目标管理。丰田的精益化管理就是以戴明管理哲学为核心，以优化统一的系统和过程为手段，用最少的时间和资源消耗，生产出高质量的产品。日本质量管理和统计法权威专家田口玄一（Genichi Taguchi）博士进一步发展了戴明的理论，把全面质量管理推进到了设计阶段，创立了强劲设计（robust engineering）和实验设计法（design of experiment），这已经成为世界一流企业获得有竞争力的有效方法。当今制造工业广泛使用的科学方法，如失效模式及效应分析（Potential Failure Mode and Effects Analysis），错误检验设计法（Mistake Proofing Product Design）和设计产品的制造/装配设计（Design for Manufacturability /Assembly）等，都与丰田管理体系有关。使用这些方法的目的，就是要尽量把问题解决在设计阶段。这些都是戴明博士和田口玄一博士的管理理念，即发现只能容忍浪费；预防才能避免浪费。丰田汽车公司的创始人、日本汽车工业的先驱者丰田喜一郎（Kiichiro Toyota）说："没有一天我不想戴明博士对丰田的意义，戴明是我们管理的核心，日本欠他很多。"

美国质量管理咨询专家拉菲尔·阿克雅（Aguayo，1990）在他的《质量管理鼻祖：戴明博士》一书中带有讽刺的语气说道："彼得·德鲁克，著名的管理学者，管理咨询专家，十分积极地倡导一个绩效考核系统，该系统被德鲁克称为'目标管理'。"在阿克雅的眼里，目标管理是那些在现实世界中把公司做跨了的管理方式的代名词。阿克雅认为，戴明的告诫十分明确：绩效考核（performance appraisal），不管称它为管理控制或什么其他名字，包括目标管理在内，是唯一对今日美国管理最具有破坏性的力量。美国可以出口任何东西，就是不能出口美国现在的管理方法（意指目标管理），至少不能出口到友好的国家。① 另一位戴明的追随者，美国管理咨询顾问彼得·斯科尔特斯（Scholtes，1998）在他的《戴明领导手册》（The Leader's Handbooks）一书中写到："目标管理法多少只能算是'心想事成'的梦想清单，无异于我们儿时圣诞节前或生日时的祝愿。老板这么说，'我有些心愿，现在你要负责将它们实现'。"②

戴明及其追随者列举出来的案例都是日本企业的案例，现存实例就是丰田公司，但唯独没有美国公司和中国公司的案例。这说明戴明的管理思想仅仅只在日本取得了成功。其主要有两个原因：一是在二战后日本正处在绝望之中并希望进行任何方面的尝试，这是戴明体系能够在日本推行的一个重要原因；二是戴明关于团队与责任共享的观点深深地触动了日本文化的神经。戴明所强调的团队而非个人成绩的观点使日本人能够分享创意与责任，并促进年功序列制（the system of year added wage）与终身雇佣制（the system of all life employment）的发展。这是一种西方人认为难以预期、更难以理解和接受的思

---

① Rafael Aguayo. *Dr. Deming*: *The American who taught the Japanese about quality*. New York: Carol Publishing Group, October 1990.

② Peter R. Scholtes. *The Leader's handbook*: *A guide to inspiring your people and managing the daily workflow advice for leaders in the new millennium*. New York: McGraw-Hill, 1998.

想。在戴明努力把质量管理问题从工厂车间转移到每个经理人的议事日程上的过程中，戴明把它重新创造成一种管理哲学，这就是著名的戴明体系或戴明 14 点（Deming's Fourteen Points）①，而对某些人来说，戴明体系就是生命。戴明体系**可谓良药苦口，因为他对经理们提出了更高的要求，要改变自己，甚至要改头换脑**。然而，英国自由记者克里斯多弗·瑞德（Reed，1994）在为戴明所写的讣告中说："不幸的是，整个戴明体系通过定义的方式来坚持它将解决所有的问题。"② 这就彻底地揭开了戴明体系的谜底，那就是管理咨询顾问借戴明

① 戴明体系也称为戴明 14 条转变管理的原则（The fourteen points for the transformation of management）。主要内容为：（1）持之以恒地改进产品和服务（Create constancy of purpose for improvement of product and service）；（2）采用新的观念（Adopt the new philosophy）；（3）停止依靠大规模检查去获得质量（Cease dependence on mass inspection）；（4）结束只以价格为基础的采购习惯（End the practice of awarding business on the basis of price tag alone）；（5）持之以恒地改进生产和服务系统（Improve constantly and forever the system of production and service）；（6）实行岗位职能培训（Institute training on the job）；（7）建立领导力（Institute leadership）来管理企业；（8）排除恐惧（Drive out fear），使每一个员工都可以为公司有效的工作；（9）打破部门之间的障碍（Break down barriers between staff areas）；（10）取消对员工的标语训词和告诫（Eliminate slogans，exhortations，and targets for the work force）；（11）取消定额管理和目标管理（Eliminate numerical quotas for the work force. Eliminate management by objectives），用领导力来代替；（12）消除打击员工工作情感的考评（Remove barriers that rob the hourly worker of his right to pride of workmanship. Remove barriers that rod people in management and in engineering of the irright to pride of workmanship）；（13）鼓励学习和自我提高（Encourage education and self-improvement for everyone）；（14）采取行动实现转变（Take action to accomplish the transformation）。

② Christopher Reed，Observer，9 Jan 1994.

体系在卖万能灵药。

在我们看来，德鲁克的目标管理与戴明及其追随者之争，实质上是在企业实践中是否实施绩效考核（performance appraisal）之争。包括德鲁克在内赞同进行绩效考核的人士认为，全面与客观的绩效考核会改进与提升员工的表现水平；通过上司与下属之间定期的面谈，员工从而得到工作的反馈意见，增进个人对组织整体机构目标的理解，察觉个人学习与改进的需要。“绩效考核”背后的假设是雇员工作的环境是稳定的和可实现由自我控制而产生的结果、个人对整体的贡献能清楚地与其它员工分析量度、量度的标准是合理与可实现的等。哈佛大学教授罗伯特·埃克尔斯（Eccles，1991）针对戴明的“汽车系统论”，针锋相对地指出绩效考核就像汽车的方向盘，能够实时把握企业、团队和个人的前进方向，使其不至于偏离企业的发展初衷。[①] 人力资源研究专家彼得·博西奥（Boxall，1996）指出，缺乏有效的绩效考核，薪资、激励、晋升、培训等活动就失去了依据。[②]

反对进行绩效考核的代表性人物彼得·斯科尔特斯（Scholtes，1998）认为，“绩效考核”里面有不少假设是站立不住的。在传统科层制组织架构中，推行“绩效考核”就是权力支配的管理手段，背后的心态是对员工表现的不信任，理

---

① Robert G. Eccles. “The performance measurement manifesto.” *Harvard Business Review*, 1991, 69 (1/2): 96 – 109.

② Peter F. Boxall. “The strategic HRM debate and the resource-based view of the firm.” *Human Resource Management Journal*, 1996, 6 (3): 59 – 74.

想地认为通过客观的衡量绩效值就能赏罚分明、知人善用。绩效考核的最大问题在于会损害组织系统内自发的力量，迷信采用外部赏罚诱导就可推动员工向前奋进。① 斯科尔特斯还引用了纽约一家公关公司的总裁蒂莫西·谢尔哈特（Schellhardt，1996）所做绩效考核系统的研究，指出90%以上企业的绩效考核是失败的。如果工商界对“绩效考核”的**效能**存有疑虑，企业领袖不经过细心考虑就盲目引入目标管理，只会给企业带来灾难性的后遗症！② 另一位美国管理咨询顾问弗雷德·尼科尔斯（Nickols，1997）将行为（behavior）和绩效（performance）进行了区分，认为行为是指一种活动（activities），而绩效是指活动的结果（outcomes），二者之间最本质区别在于手段与目的、活动与结果的区别。尼科尔斯同样认为绩效考核弊多于利：增加员工情绪的困扰（如绩效考核前后的忧虑、抑郁、压力感等）、打击士气与工作动机、过分强调个人多于整体、看重目标多于过程、只看短暂而忽略长远视野、制度化现存的价值与偏见、增加惧怕而减少员工之间的信任等。③

我们认为，“有责任心的工人”一直是德鲁克终身追寻和研究的目标，从他第一本管理学著作《公司的概念》开始，

---

① Peter R. Scholtes. *The Leader's handbook: A guide to inspiring your people and managing the daily workflow advice for leaders in the new millennium.* New York: McGraw-Hill, 1998.

② Timothy D. Schellhardt. "Annual agony: It's time to evaluate your work, and all involved are groaning." *The Wall Street Journal*, November 19, 1996, pp A1/A5.

③ Fred Nickols. "Don't redesign your company's performance appraisal system, scrap it!". *Corporate University Review*, 1997, May/June, 54 – 59.

德鲁克一生追求企业应该培养“有管理能力”的、“有责任心的工人”（responsible workers）和一个“自我管理的工厂社区”（self-governing plant community）。在《新社会：对工业秩序的剖析》一书中，德鲁克（Drucker，1950）提出：工人要做的是以经理的姿态来看待工厂。只有这样，他才能认识到自己的职责。① 在《后资本主义社会》一书中，德鲁克（Drucker，1993）回顾到：“40 年前，我想工厂社区将在工作场所中出现，在 1942 年的《工业人的未来》、1950 年的《新社会：对工业秩序的剖析》和 1954 年的《管理的实践》中，我称之为赋予个人地位、作用和自治责任的地方。这正是日本曾经在相当程度上实现的事情。但即使在日本，工厂社区也不会在今后很长时间里发挥作用。至少对知识工作者来说是如此，日本工厂社区与其说是建立于归属感之上，不如说是建立于害怕被工厂社区抛弃的恐惧之上。工厂社区在西方则从未扎根。我仍然坚持认为，雇员必须拥有最低限度的责任和自治。个人尤其是知识工作者，需要富有意义的社会生活。”②

德鲁克希望以亚里士多德式的“责任”取代暴君式统治，作为促使员工努力工作的动机。这需要将管理权力下放，让员工能够达到自我控制的境界，就向高层经理人对中层经理人授权一样。德鲁克 1996 年在接受财经记者理查德 · 唐金

① Peter F. Drucker. *The new society: The anatomy of industrial order.* New York: Harper Press, 1950.

② Peter F. Drucker. *Post-capitalist society.* New York: Harper Business, 1993. 170 – 180

(Donkin, 1996) 的采访时，德鲁克以严厉的语气说道："不管员工想不想承担责任，公司都应该要求他们承担责任。"德鲁克在阐释目标管理的意义和重要性时说到，目标管理"它仅仅是一个管理工具，绝不是治疗管理疾病的灵丹妙药。目标管理只是当你真正知道自己目标时，才会发挥作用。不幸的是，90% 的情况下，你并不知道自己的目标是什么。"①

我们认为，马斯洛所说德鲁克忽视了一些人身上普遍的邪恶存在，病态存在，由此得到的推论就是工人没有"责任心"，没有自信心和不敢承担责任，这就是马斯洛在他心理学中多次讲到的具有"约拿情结"（Jonah complex）的人。"约拿情结"是马斯洛从《圣经》人物约拿（Jonah）引申出的情绪状态，它反映了人在认知方面的一种"对自身伟大之处的恐惧"，并导致人们不敢去做自己能做得很好的事，甚至逃避发掘自己的潜力。在日常生活中，约拿情结可能表现为缺少上进心，或称"伪愚"（pseudo-stupidity）②。马斯洛本人多次强调管理就是要把人从"约拿情结"中解救出来，做一个自信的人，做一个勇于做好事情的人。而这样的人，首先就是德鲁克所说的"有责任心的工人"。由此看来，马斯洛是以自己的矛，在攻自己的盾。

事实上，"有责任心的工人"就是马斯洛的超越性动机状

① Richard Donkin. "Interview with Peter Drucker." *Financial Times*, 14 June 1996.

② "伪愚"（Pseudo-stupidity）是马斯洛创造的一个心理学术语，它是指一种认知方面的病态，它是约拿情结（Jonah complex）的一种表现。其特征是对自身智力的一种抵制或否定。

态（meta-motivation）。这是一种渴求存在价值，如真理、正义完满的动机状态。这是自我实现者（self-actualized person）的主要动机状态。人的责任，它所满足的是一种超越性需求（meta-needs）。马斯洛（Maslow，1954）认为，超越性需求就是人们天生的除基本需求满足后，仍然有一种存在性价值的需求，它虽然不强烈，但如果失去，就会导致超越性精神疾病（meta-pathologies）或灵魂病态。①

在我们看来，德鲁克“有责任心的工人”的假设，反映了他一贯的思想：人不仅想要工作，想要从工作中得到成就感，他们更需要工作。德鲁克对工作动机解决方案是授权给员工的“超我”（superego），促使员工自行对抗那些不当的观念和行为。也就是说，让员工承担适当的工作责任，是要让他们了解，他们并不是整天都很认真地做事，而且大多数员工都是如此。德鲁克（Drucker，1966）在《卓有成效的管理者》一书中强调，不论是最高主管、经理人的上司或经理人本人，甚至员工，都应该管理自己。“对于员工自己负责的工作，经理人无需称赞或责备他们。他们自己知道该怎么做。”② 杰克·贝蒂（Beatty，1998）认为，德鲁克对工人提出了太高的要求。他指出：“‘有责任心的工人’这个概念牺牲了工人去迁就社

① Abraham H. Maslow. *Motivation and Personality*. New York：Harper and Row，1954.

② Peter F. Drucker. *The effective executive*. New York：Harper and Row，1966.

会特性，它给工作赋予它不能或许不应承担的存在主义的压力。”①

对于戴明及其追随者对德鲁克目标管理的批评，我们认为是不公平的。德鲁克推广目标管理的本意，是想与泰罗的“监督式管理”做明显的区别，扬弃泰罗的“科学管理”。从这个视角看，德鲁克和戴明的目标是相同的，都是想从管理中剔除“监督式管理”，把人们从泰罗的科学管理中解放出来，从而建立起一个非独裁的、能够充分发挥员工积极性、主动性和创造性的工作环境和管理方式。员工只有在这样的环境和管理方式中工作，戴明所倡导的质量保障体系才能实现。需要强调的是，德鲁克的目标管理是用来代替“监督式管理”的，而非替代过程管理，戴明担心用目标管理替代过程管理，是戴明过于敏感了。我们认为，目标管理重在突出员工的自我控制，而非监督式管理。但严格地说，目标管理是基于控制导向的组织管理范式，对于知识经济时代运转速度加快的团队有不适应的问题（Scott and Einstein，2001）②，同时也对以知识员工为基础的组织有不相适应的方面（Brockner，2006）③。德鲁克（Drucker，1999）在《知识员工的生产力：最大的挑战》一文

---

① Jack Beatty. *The world according to Peter F. Drucker*. London：Simon and Schuster Inc.，1998. 162.

② Susanne G Scott，and Waltei O Einstein. “Strategic performance appraisal in team-based organizations：One size does not fit all.” *Academy of Management Executive*，2001，15 (2)：107 – 116.

③ Joel Brockner. “Why it's so hard to be fair.” *Harvard Business Review*，2006，84 (3)：122 – 129.

中就严肃指出，现实生活中的组织冲突大多源于员工的工作自主要求与组织不合时宜的控制之间的对立。[①] 这说明，在知识经济时代目标管理还存在着如何发展的问题。

严格地说，盖里·克莱恩斯博士（Gerry Kraines）对目标管理的评价是公正的。他强调在目标管理运用方面应当与每一个公司的具体实践相结合，美国通用电气公司（GE）就是很好的榜样。通用电气一开始采纳了目标管理，但之后成功地改造了它。瑞典管理学家斯文－爱里克·斯卓斯特朗（Sjostrand，1997）在《管理的两面性》一书中一针见血地指出，管理学具有很强的“亚努斯情结”（Janus complex），即两面性，理性行为和非理性行为往往很难兼顾。[②] 而这一点在绩效考核与评价中表现得尤为突出。

美国通用电气公司（General Electric，简称 GE）前总裁、首席执行官杰克·韦尔奇（Jack Welch）的“通用革命”（GE Revolution）中的一个简单原则就是：GE 收购任何企业，被收购方必须证明与 GE 现在的产品或服务有很好的互补性，这样才可以构建 GE 的模块化簇群。GE 改造后的目标管理是如果 GE 认定某一模块化组织的产品不具备某个方面的核心竞争能力，而且该模块化组织可用的资源也不充足的话，该组织就会被“选择出去”，而重新收购能力更强的企业组合进入模块化

---

① Peter F. Drucker. “Knowledge-worker productivity: The biggest challenge.” *California Management Review*, 1999, 41 (2): 79－94.

② Sven-Erik Sjostrand. *The two faces of management: The Janus factor*. London: International Thomson Business Press, 1997.

簇群。只有少数的模块化组织被 GE“选择进来”得以长期的生存，GE“选择进来”的模块化组织一定是竞争力在该行业领域中居前两位的公司。杰克·韦尔奇的目标管理强调了 GE“必须居全行业领先”的思想，以提高 GE 所有业务的门槛。GE 的目标管理就是做行业的第一、第二。他公开宣扬，他的唯一目标就是让 GE 成为世界上最具竞争力的企业。

在韦尔奇近 20 年的 CEO 职业生涯中，GE 卖掉了 100 多亿美元的资产，收购了数百亿美元的资产来重新构建自己极具竞争力的模块化簇群，使 GE 实现了从一个年迈的工业制造商向一个增长潜力巨大、经营灵活的服务提供商的转型。例如，GE 资本基金（GE Capital Bonds）这个模块化簇群基本上是通过收购来组建的，但它作为 GE 金融服务的重要载体，2002 年为 GE 贡献了 40% 以上的利润。杰克·韦尔奇后来回忆说，1980 年，他就任美国通用电气公司 CEO，他做的第一件事是去拜访德鲁克，德鲁克问了他的一个问题：如果你不在现在的经营领域之中，你会进入这个经营领域吗？韦尔奇深受启迪。GE 当时是一个多元化的公司，公司经营状况良好，然而韦尔奇却断然采取了“数一数二”战略对 GE 进行了大刀阔斧的改革，砍掉了不能在市场占据“数一数二”地位的业务单位。① 韦尔奇在接受《财富》杂志采访时说：实现目标“是因为他们想得到升华。他们想努力工作，想获得提升和期权。但是，他们还想为一家不同凡响、能为世界做出重大贡献的公司工

① Jack Welch and John A. Byrne. *Straight from the gut.* New York：Warner Business Books，September 11，2001.

作。”2005年11月，杰克·韦尔奇在接受《洛杉矶时报》(Los Angeles Times) 采访时，讲述了他与德鲁克的一次简短对话，这次对话导致了他重新思考通用电气的战略方案。“德鲁克说，‘如果你现在没有加入这个经营领域，你今天会加入吗？如果不会，你会怎么处理？’简单，对吧？却无比有力。”“‘中子杰克’(Neutron Jack)① 本身，就是对目标管理的字面回应——当杰克·韦尔奇开始关注员工如何增加价值超越目标时，通用电气要么在其经营领域的市场上数一数二，要么就退出。”杰克·韦尔奇说道：“他们就不再是《蝇王》(Lord of the Flies)② 式的相互倾轧组织了，他们最大限度利用了目标管理。”“我对通用电气公司的核心理念，就是来自彼得·德鲁克。”③ 杰克？韦尔奇说：“全世界都知道彼得·德鲁克是20

① 自从在1981年接下掌管通用电气以来，通用电气公司前首席执行官杰克？韦尔奇 (Jack Welch) 已把这家年营业收入270多亿美元以生产制造为主的工业集团，转变成为一家年营业收入1，800多亿美元的多元化集团。杰克？韦尔奇同时也退出包括半导体在内等通用电气无法主控的事业，并且因为大规模裁员而被“Fortune”杂志封为中子杰克 (Neutron Jack)，是美国过去20年来备受争议的CEO。从1981年到1999年韦尔奇担任GE公司CEO的20年间，通用电气公司股票的市值从120亿美元上升到4，920亿美元，而韦尔奇创造GE神话的第一个核心思想就来自于德鲁克。

② 1983年诺贝尔文学奖得主、英国小说家威廉·戈尔丁 (William Golding, 1911 - 1994) 的《蝇王》(Lord of the Flies) 反映了一个冷酷的儿童世界，说明人性中与生俱来的邪恶颠覆了儿童乌托邦的神话。在书中，拉尔夫 (Ralph) 问佩吉 (Piggy)：“是什么使得这一切变得如此混乱不堪呢？”(What makes things break up like they do?) 对此，作者戈尔丁自己的解释为：造成孤岛上社会崩溃的原因不是别的，正是人性中与生俱来的邪恶。

③ Quoted by Stefan Stern. “A proselytiser for the human side of business.” *The Financial Express*, December 05, 2005.

世纪最伟大的管理思想家”（The world knows he was the greatest management thinker of the last century）。[①]

三、目标管理理论对中国管理实践的重要意义

20 世纪 80 年代初，美国企业受到日本企业的挑战，生产力和创新力明显下降。日本企业的异军突起使不少学者对日本式管理模式产生了兴趣，不少学者对日本企业与美国企业进行了比较研究。1980 年，美国国家广播公司（National Broadcasting Company，NBC）播放了一位电视制作人梅森女士制作的一个纪录片“日本能，为什么美国不能?”（If Japan Can，Why Can't We?）节目，解释了戴明在丰田生产体系（Toyota system）改进而来的精益化制造/工程管理（lean manufacturing/engineering）中所扮演的角色，使戴明和丰田生产体系在美国一夜成名。美国产业界普遍认为：“戴明是日本经济奇迹背后的驱动力。”从这时开始，包括福特汽车公司在内的不少美国企业抛弃了目标管理，转而采用丰田生产体系。而在此时，我国企业正在大规模地推广目标管理，并在此之后的岁月中取得了辉煌的成绩。

我国从 20 世纪 80 年代初引进目标管理，现已在许多企业及其他社会组织中应用，并取得了明显的成效。目标管理是以

① Gautam Ghosh. “Why Peter Drucker's ideas still matter: The man who invented management.” *Business Week Cover Story*, November 28, 2005.

“目标”作为组织管理一切活动的出发点、归宿点和手段，贯穿于一切活动的始终。它要求在一切活动开始之前，首先确定目标，一切活动的进行要以目标为导向，一切活动的结果要以目标的完成程度来评价，充分发挥“目标”在组织激励机制和约束机制形成中的积极作用。我国推广目标管理的应用范围很广，不仅适合工商企业组织，在学校、医院、政府机构等非营利性机构中也可推广。

可以这样说，目标管理诞生在美国，却兴盛于中国。这就产生一个巨大的悖论：目标管理不能拯救美国企业，但却使中国企业的管理水平得到了长足的进步。

我们认为，目标管理在中国企业的成功，是与中国传统文化的基因有密切的关系的。目标管理不但在中国生根发芽，而且还形成了独特的中国式目标管理。

（1）中国传统文化具有强烈的人本主义色彩，这与目标管理隐含的“有责任心的工人”的假设是相通的。儒家文化向来被视为正统的传统文化，儒家文化强调以“以人为本、以德为先、人为为人”的“三为”思想，其“诚、信、和”的实质内涵和孟子的“性善说”，与德鲁克的有责任心的工人并无根本性的区别。目标管理一引入中国，其“有责任心的工人”的假设是与儒家思想相通的，从一开始就表现为一种人性的召唤，在人们心中激起了强烈的归属感和认同感。

（2）中国传统文化中的道家文化主张“无为而治”，因而在我国企业实践中缺乏目标、定额、限额、计量和原始记录等，管理的基础工作非常薄弱，实际工作中面临着泰罗所说

“如何有效地衡量工人合理劳动量”的问题。这说明我国企业还需要补上“科学管理”这一课。目标管理一引入中国，对我国企业的上述问题具有极强的针对性，目标管理和绩效考核极大地推动了我国企业基础工作的完善。今天，管理基础工作的完善已经成为改进质量、提高管理水平与提升生产力的一个重要的手段和方法。从某种意义上说，目标管理更好地体现了《庄子·天道》篇关于“君无为而臣有为”的主张，予民自由，予民自治，则天下会自组织出社会秩序来，无须由上而下行使权力以维持秩序，这反映了企业领导者高屋建瓴地制定企业战略目标的管理思想。

（3）中国几千年封建制度所形成的以人伦关系为核心的组织内互动法则，让自然形成的自组织在金字塔式科层制结构的理性系统中有了生存的空间，已经转化为人们的一种责任感和使命感，有力地推动了目标管理在我国组织中的实施。加拿大管理学家明兹伯格指出：“机械式组织（即科层制组织）的一个显著特征——对控制的热衷，控制思想自始至终贯穿在整个组织阶层中。”在目标管理中，德鲁克引导组织控制从经理人控制向员工自我控制的转变。“德鲁克用圣贤式的‘责任心’标准来代替失业危机感、思想操纵，以及秒表控制式的独裁等，这些管理工人和工作的方法。从本质上讲，这意味着把管理经理时所用的自我控制方法推广到基层。”① 目标管理既是一种有效的控制手段，提高了管理控制的质量，又加强了人

① 亨利·明兹伯格．明兹伯格论管理——洞悉我们奇特的组织世界．北京：中国劳动社会保障出版社，2004 年，118 页。

性化管理，帮助经理人进一步凝聚了员工。

（4）中国人非常强调“家”的概念，中国人在“家”中是集体主义的，而在“家”之外就不是集体主义的。目标管理强调目标分解与自我控制，这就使人们可以围绕着目标来构建一个拟似的“家”，目标使人们凝聚成一个整体，这样的基层组织和团队具有强烈的集体主义的荣誉感和归属感，会产生较高的工作绩效，拟似的“家”构成的团队具有自组织的特性与活力。因此，目标管理有一种“裂土封侯式”的激励作用，目标营造了一种集体主义的“情境中心”[①]，推动了团队的建设，目标鼓励了自组织的动机，目标带来荣誉感、归属感、自我利益和自我实现，就会产生强大的工作积极性、创造性与活力。

（5）目标管理与我国企业所崇尚的全面管理有着天然的联系。已故的我国著名管理学家蒋一苇教授认为，全面计划管理、全面质量管理、全面经济核算、全面人事劳动管理等“四全”管理是中国式管理的核心内容。[②] 而这些方面的工作可以与目标管理有机地结合在一起。

我国推广目标管理不仅应用于工商企业组织，在学校、医院、政府机构等非营利性机构中也广泛推广。目标管理在我国已经逐步形成了制度，并同其他管理方法和制度结合起来，创造出了不少经验。这些经验主要有：

---

① 许烺光．文化人类学新论．台北：台北联经出版社，1983 年。

② 蒋一苇主编．中国社会主义工业企业管理研究．北京：经济管理出版社，1988 年。

（1）将组织的目标和组织的方针结合起来，发展成为“方针目标管理”。组织的方针是指导组织行为的总则，它是建立目标、选择战略和实施的基本框架。用方针来指导组织目标的制定以及战略的选择和实施，有助于目标的实现。

（2）将目标管理同组织的责任制、行政领导人的任期目标责任制结合起来。按目标来管理，使组织有了明确的目标导向，有利于进一步强化责任制。

（3）将目标管理同计划管理、质量管理、经济核算等项工作组合起来，使各项管理工作可以围绕着目标来展开，有明确的方向和具体行动的指南，有利于促进计划工作质量的提高，完善质量保证体系，加强经济核算。

（4）将目标管理与劳动人事管理结合起来，有利于加强劳动纪律，更好地体现责、权、利相结合和按劳分配的原则，使对员工的奖惩及工资奖金分配有了更为科学的标准。①

（5）目标管理与科学发展观结合，强调目标管理的生命力在于不断地质疑目标，这是中国式目标管理在新世纪所表现出来的特色。不断对目标提出质疑从根本上说是试图把握不断变化的社会需求。目标管理是一个有机的过程，它的运行原则是导向具体目标的自我控制。通过个人的发展最终求得组织的平衡发展。个人在组织既保留了自己的尊严和自由，但同时又要向组织履行职责。所有这些最终将有助于创造一个自由和人道的社会。

---

① 罗珉．现代管理学．（第二版），成都：西南财经大学出版社，2004年，117－118页。

四、本章小结

可以这样说，目标管理是德鲁克对管理学所做出的最大贡献。传统管理理论是以管理技巧为中心、以原则为中心或者以职能为中心，它带来的结果仿佛是先天存在一整套管理职能能够运用到各种组织中。德鲁克首先意识到任务对管理行为的影响，首先有任务才有管理，任务决定管理。德鲁克认为，传统科学管理学派偏于以工作为中心，忽视人的一面；而行为科学又偏于以人为中心，忽视了同工作相结合。目标管理则结合以工作为中心和以人为中心的管理方法，使员工发现工作的兴趣和价值，从工作中满足其自我实现的需要，同时，企业的目标也因员工的自我实现而实现，这样就把工作和人性二者统一起来了。德鲁克的伟大在于他可以从历史哲学的视角来研究组织及其管理问题，可以从“二元对立”中抽身而出，目标管理追求的恰好是这种二重奏相互融合产生的和声。

在人类即将进入新世纪之时，德鲁克（Drucker，1999）再次强调了目标管理的重要作用。德鲁克指出：“企业越来越需要采取管理‘合作者’的方法管理‘雇员’，而合作关系（partnership）的定义也指出，在地位上，所有合作者都是平等的。合作关系的定义还指出，不能向合作者发号施令，他们需要被说服……我们或许不得不完全推翻‘对人的管理’的定义。它可能不是指‘管理雇员的工作’。‘以绩效为目标的管理’应是理论与实践的出发点。出发点应放在对结果的定义上，这与交响乐团的指挥和橄榄球教练的出发点是成绩一样，有异曲同工之效。”①

在我们看来，戴明及其追随者对德鲁克目标管理断章取义式地阅读，当然可以给德鲁克理论提供不少的把柄，使得一些不明真相的学者攻其一点，不及其余。事实上，无论在西方还是中国，知识训练还没有提供有效地处理德鲁克思想的理想手段。毕竟，假如管理学理论被同时分裂为几组对立的要素，那么，恐怕出问题的不是这个被割裂的对象本身，而是我们的认识论本身。

我们认为，目标管理对我国组织管理水平的提高，特别是对中国企业生产力的提升和促进作用是有目共睹。组织创新和管理创新是组织管理中永恒的主题，随着组织的发展和管理的进步，经理人需要克服目标管理在组织管理中的思维惯性，在组织的发展过程中不断地运用新的维度空间对目标管理在组织中的适用性进行分析，与时俱进地发展目标管理的理论与方法。

---

① Peter F. Drucker. *Management challenges for the 21st century*. New York：Harper Press，1999. 17 – 18.

第六章
德鲁克管理学
方法论解读

德鲁克管理学方法论是管理学理论体系中最为璀璨的一颗明珠。在我们阅读德鲁克的著作和学习他博大精深的管理思想的时候，重新认识和评价德鲁克管理思想和方法论具有强烈的现实意义。我始终坚信，内涵丰富的德鲁克管理学方法论，还没有得到充分的发掘，有待我们这些后来者在构建知识经济时代的管理学中加以充分的利用；德鲁克的管理学方法论将永远留在了管理学存量知识体系之中，其思想方法和理论洞见仍将在知识经济时代发挥着重要的作用。

一、德鲁克管理学方法论产生的背景

在管理学研究分类中，一般把德鲁克称为经验主义学派的代表人物。“经验主义”一词来源于希腊文的“empeiria”，意思是指经验。管理学经验主义（empiricism）或经理主义（managerialism）是指所有的管理知识（推理和逻辑除外）都是来自于经验，这种经验是我们通过感官体会到的东西。根据这种观点，管理理论来源于我们所经历的实践，管理研究应当由经验推动，而非推测或简单的推理。这个思想可以追溯到13世纪英国伟大的思想家奥康姆的威廉（William of Ockham，约1285－1349）。他甚至假定人类所有的知识都来自真实世界的感觉经验，并通过直觉认知而产生。17世纪的英国哲学家弗朗西斯·培根（Francis Bacon，1561－1626）曾经讨论过人们由于没有遵循实践经验而出现的谬误（idols）问题。①

管理学经验主义学派或经理主义学派（the school of empiricism or the school of managerialism）的产生可追溯到德鲁克在20世纪50年代出版的著作《管理的实践》一书，但从严格意义上说，对德鲁克的方法论进行评述是一件极为困难的事情。一方面，是由于德鲁克的著作风格独特，著述涉及面广，内容丰富，许多学院派的管理学者很难从总体角度加以把握；另一方面可能是德鲁克在研究基础上采用的是本体论和实在论的方法论，评价德鲁克的方法论势必回答构建管理理论的社会建构论与本体论和实在论的方法论之争问题。

经验主义学派这个名称最早出现在美国管理学评论家哈罗德·孔茨的著名论文《论管理理论丛林》（The Management

① Francis Bacon (1620). Novum organum (New Method). London: Longmans, 1964.

Theory of Jungle）中，他把德鲁克等人称为经验主义学派或案例法（The empirical or ‘case’ approach）。孔茨认为，经验主义学派或案例法是通过案例研究经验，鉴别成败的因素。孔茨承认经验主义学派或案例法对管理理论和管理实践的发展做出了重要贡献，但孔茨（Koontz，1961）指出："没有人能否认对过去的管理经验或过去的管理工作‘是怎样做的’进行分析的重要性。未来情况与过去完全相同是不可能的。"①

经过20年左右，1980年哈罗德·孔茨（Koontz，1980）在另一篇论文《再论管理理论丛林》中认为，经过时间的发展，管理理论的丛林更深，并发展成为11个不同的理论派系。而德鲁克掌门的"经验主义学派"首当其冲。经验主义学派强调应该从企业管理的实际经验，而不是从一般原理出发来进行管理学研究。通过总结优秀企业的成功经验、剖析平庸企业的失败教训，企业经理人可以从中学到有用的东西，进而提高自己的管理水平。②

德鲁克以他"特立独行"的勇气，剖析现实、直指灵魂的犀利，成为经验主义学派的领军人物。德鲁克的方法论可以概括为"以问题为导向，以案例为基础"的研究风格，而正是这一风格，成了当今以哈佛大学商学院为代表的"案例教学法"的奠基石。

---

① Harold Koontz. "Management theory of jungle". *Academy of Management Journal*, 1961, 3 (4): 174－188.

② Harold Koontz. "The management theory of jungle revised". *Academy of Management Journal*, 1980, 5 (2): 175－187.

实际上，德鲁克所运用的范式是一种诠释型范式（interpretive paradigm）。它是运用直觉判断和个人洞察力获取知识的思辨方法，它着重个人的主观感受，认为社会现象实际上为个人主观经验。因此，以个人的感官和良知来研究事物，着重社会所创造出来的实体（socially constructed reality），探讨个人的主观经历、表现出来的意义和语言解释等。这种观点所分析的对象为组织内的记号和现象，并认为不需要寻找实际存在的客观组织法则，因为根本没有这么一回事情，描述范式（descriptive paradigm）起着某种表达或表现作用。所以，这种角度会着重探讨个人的内心世界、认知方法，以及大家所构建的实体。

但是，德鲁克的诠释型范式就与学院派管理学者所推崇的实证主义范式格格不入了，自然不会得到学院派人士的喜欢，他们会批评诠释型范式的研究缺乏哲学上的根，认为如果按照德鲁克的研究进行下去，会使管理学不能从哲学的根上成长起来。①

可以这样说，管理学自20世纪初期从诞生起，基本上是沿着结构主义和实证主义的传承发展的。在其早期创立人弗雷德里克·温斯洛·泰罗那里，管理学这门学科以自然科学为楷模，试图发现组织构成和变迁的某种普遍规律性，力求对社会组织达到客观性和真理性的认识，最终的目标是使管理研究成

① Richard P. Rumelt, Dan Schendel and David J. Teece. "Strategic management and economics". *Strategic Management Journal*, Winter special issue, 1991, 12 (WI): 5－29.

为一门科学，即“管理学”。可以说，管理学近一个世纪的发展历程基本上以实证主义为主线，其间虽然引起过一次次关于这门学科性质的论辩，但那些对立的观点和视角始终没能改变管理学的初衷。

事实上，管理学诞生于美国，美国管理学以其鲜明的实用性并以应用研究为主要方向把这门学科推向了新的发展阶段。美国管理学的几个理论流派代表了实证主义管理学所达到的最高成就：以古典管理学家泰罗倡导的以科学调查为指导原则的研究思想，是长期在西方管理理论研究中占主导地位的管理理论构建方法；以管理科学学派为代表的科学调查方法和统计技术上的探讨为管理学研究的规范化提供了标准；以数理学派为首的数量模型研究的成就成为规范管理学的典范；而以系统理论为核心的系统学派在理论上的建树，则把结构职能主义（structural functionalism）推上战后西方管理学方法论的主流地位。系统理论具有大而无当的“巨型理论”（grand theory）性质，因而难以在事实经验上加以验证，由于这一研究方法在概念上的复杂性，经理人员很难在实际操作中加以应用，并提高组织的效率；开放式系统法没有指明影响组织内部活动的主要变量，也未能够识别出影响组织运作的环境要素。

严格意义上说，德鲁克的研究风格，来源于《系统杂志》（后来更名为《商业周刊》Business Week）的出版商阿奇·肖（Arch W. Shaw）。阿奇·肖在1911年应哈佛大学商学院首任院长、经济学家埃德文·盖伊（Edwin F. Gay）之邀第一次在哈佛大学商学院讲授《经营方针》课程，并在1912年提出了以市场为导向的经营观念。① 哈佛大学商学院当时开设这门课的目的是想从高层经理人的视角帮助学生整合各门具体管理职能课程中所学到的知识。为此，阿奇·肖邀请了大批公司的总裁参与了这门课的教学，让他们与学生一起讨论应该怎样解决这些问题，使学生知道公司高层经理人所面临的最关键性问题。② 其他的哈佛商学院的一些教授（如：Arch W. Shaw，Ralph Star Bulter，John B. Swirniy，Malvin T. Copeland，C. Roland Christensen，George Albert Smith，Jr.，James E. Hagerty and Edmund P. Learned 等）对企业总经理的工作进行了分析，企图得出企业竞争优势的评估方法。他们认为，企业总经理做出的决策对企业的业绩产生重大影响，总经理是对企业的环境做出分析、对企业的强项和弱项有充分了解、对选择企业实现最大价值战略等负有重大责任的个体。尽管总经理可以选择众多的下属经理来帮助他实现企业的战略，但总经理的质量是衡量一个企业业绩的主要标志。高质量的总经理被认为是企业力量的象征，而低质量的总经理被认为是企

① 阿奇·肖被后人称为市场营销学鼻祖，1912年，阿奇·肖在《经济学杂志》上发表了题为《关于市场分配的若干问题》的论文。三年之后，肖对这篇文章进行了修改和补充，出版了一本不满100页的小册子，强调了以市场为导向的经营观念。见：Arch W. Shaw. "Some problems in market distribution." *Quarterly Journal of Economics*, August 1912, 26 (8): 706 – 765.

② Cynthia A. Montgomery. "Of diamonds and rust: A new look at resources". in Cynthia A. Montgomery, eds. *Resource-based and evolutionary theories of the firm.* Boston, Massachusetts: Kluwer-Academic Publishers, 1995, 251 – 268.

业虚弱的象征。

与传统经验管理（experiential management）和因袭式管理（conventional management）相比，由于人们知识的有限性，预感、经验、因袭的知识和非理性方法的局限性，诠释型范式在强调经验归纳的概括作用的同时，增加了演绎成分的重要性，这就导致这一研究范式一方面带有“抽象的经验主义”（abstracted empiricism）性质，另一方面又表现为整体论的职能主义（holistic functionalism）。

正是这种研究问题的方法，给德鲁克极大的影响，从而形成了德鲁克的研究集中于高层经理人所面临的最关键性问题及其应对措施，从高层经理人的实践中归纳提炼具有普遍意义的管理原则的研究方法。1950 年，德鲁克受聘担任纽约大学的管理学教授，成为世界上第一个获得这一职位并教授这样一门学科的人。四年以后，德鲁克出版了《管理的实践》一书，将经验主义学派的研究推向了一个新的高度。该书主要以通用汽车、通用电气、IBM、西尔斯、俄亥俄铁路公司、美国研究所、美国邮政管理局为研究样本，来考察企业的目的和经理人的实践活动。

在德鲁克的影响和带动下，经验主义学派获得了迅速发展。小阿尔弗雷德·斯隆先生在通用汽车公司退休以后，回顾了自己的职业生涯，于 1963 年出版了《我在通用汽车公司的岁月》（My Years with General Motors）一书，一时间也成为职业经理人的必读之作。该学派的另外一位代表人物德裔美国管理学家欧内斯特·戴尔（Ernest Dale，1917－1996）[①] 在考察了美国杜邦公司（Eleuthere Irenee du Pont de Nemours and Company）、通用汽车公司（GM）、国民钢铁公司（National Steel Corporation）和威斯汀豪斯电气公司（Westing-House Electric Corporation）的成功管理经验之后，于1960年出版了《伟大的组织者》（Great Organizers）一书，总结了这些企业成功的奥秘。威廉·纽曼和柯伯·沃伦（Newman and Warren，1967）的《管理过程：战略、行动与结果》（The Process of Management：Strategy，Action，Results）中论述了最佳领导风格的配合应该仔细考虑：（1）进行领导活动的环境；（2）被领导人；

---

① 德裔美国管理学家欧内斯特·戴尔（Ernest Dale，1917－1996），1917年出生于德国北部的海港城市汉堡（Hamburg）。30年代，他在英国的剑桥大学攻读经济学，获得工商管理学士学位（Business Administration，BA）。之后他又继续研究生学习，获得文科硕士学位（Master of Art，MA）。戴尔在拿到了剑桥大学的硕士学位之后，来到传统色彩更为浓厚的美国耶鲁大学（Yale University），继续攻读经济学硕士，并再次获得文科硕士学位。1950年，戴尔获得耶鲁大学的哲学博士学位（PHD），专业是经济学。1950年到1964年间，戴尔先后去康奈尔大学（Cornell University）和哥伦比亚大学（Columbia University）任教，讲授工商管理课程。在康大和哥大的任职期间，戴尔也像其他的管理学教授那样，在公司兼职当顾问，或者担任董事会成员。在这一期间，他曾担任杜邦公司（Du Pont）、国际商业机器公司（IBM）、好利获得公司（Olivetti）、雷诺公司（Renault）和联合利华公司（Unilever）的顾问，并且是普强药厂（Upjohn）和托尔斯泰基金会（Tolstoy Foundation）的董事会成员。1960年，戴尔出版了他的两本成名作：独著的《伟大的组织者》（The Great Organizers）和与厄威克（Lyndall F. Urwick）合著的《组织中的参谋工作》（Staff in Organization）。1964年，戴尔跳槽到享有现代MBA发源地之誉的宾夕法尼亚大学沃顿商学院（Wharton School）任教，任管理学教授，直至退休。1996年8月16日，79岁的戴尔因脑动脉瘤（Cerebral Aneurysm）在曼哈顿（Manhattan）去世。

(3) 领导人本身的个人特性。并区分了恒定的和非恒定的两类领导概念，恒定的概念有：友谊和信任；非恒定的概念有：运用参与、分享公司信息、在遵守公司计划与传统上的可宽容程度及管理的严密程度。认为领导风格应该是谨慎地既顺应于领导人，也顺应于被领导者及环境。①

诠释型范式是当代西方管理理论在科学哲学影响下出现的一股强劲思潮，其主要关注点是组织和管理的认识问题，试图在弥合传统的实证主义管理学与理解的管理学之间对立的基础上，致力创建本体论和实在论的方法论。

诠释型范式管理学方法论有以下特点：

①管理学诠释型范式摒弃了古典实证主义管理学的一些粗俗看法，不再把自然科学及其方法看作是管理学理论赖以存在的基础，而把它们视为管理学研究必不可少的工具。

②管理学诠释型范式依然保持着自然主义的风格，强调社会行动者和有机体论的基本观点。

③在强调经验材料的重要性的基础上，开始重视科学方法论的研究，主张范式的创新和革命，力图使管理学的方法论范式实现多元化，进而将管理学的理论概念同经验的操作概念联系在一起，实现理论知识体系和逻辑——方法论手段相统一的目的。

④提倡实证范式与多元化范式并非相互对立，而是同一事

---

① William H. Newman and E. Kirby Warren. *The process of management*: *Strategy*, *action*, *results*. 2nd ed. Englewood Cliffs, New Jersey: Prentice-Hall, 1967. 603 - 604.

物的一分为二，认为人类的行为和组织的行为从来都是多层面的，自然科学的实证方法不一定是惟一的研究方法。

诠释型范式这一总称包括各种不同的取向，其中最重要的当属经验研究法或案例研究法，又被称为经理主义（managerialism）。由于他们突出强调研究和传授实际经验，所以被称为经验法、案例法或经验主义学派。① 经验主义学派的代表人物有：彼得·德鲁克、欧内斯特·戴尔、小阿尔弗雷德·斯隆和威廉·纽曼（William H. Newman）等人。

在管理学领域中，案例研究法（case study）是质性研究（qualitative research）② 中经常使用的方法之一。案例研究法的优点是可以补足在管理学研究领域中经常以理论验证、假设验证为目的（theory- testing/hypothesis-testing）的量化研究方法的局限，而改以理论建构（theory building）为标志的探索式研究。这种以理论建构为目标的研究方法特别适用在当今复杂的商业情境（business contexts）与动态技术（dynamic technology）下，因为许多现代商业互动行为已很难以单纯的因果关系来推论（因为其可能为互为因果）。

---

① 罗珉．管理理论的新发展．成都：西南财经大学出版社，2003 年，84 页。

② 质性研究是与“量化研究”（Quantitative research）相对应的另一种科学研究方法。最常用的质性研究方法包括：访谈法（interview）或深度访谈法（in-depth interview）、观察法（observation）、案例研究法（case study）、焦点小组座谈会或焦点团体讨论（focus group Interview / focus group discussion）、文献法等资料搜集的方法。此外，民族志（ethnography）、历史研究、扎根理论（grounded theory）方法、叙事分析（narrative analysis）、行动研究、多元方法等综合性的研究法也常会被包括在内。

质性案例研究法，又可以分为以追求普遍性原则的实证主义范式与强调情境关系的诠释型范式。诠释型范式认为，要了解一个组织及其管理现象的“真实关系”，而非其他条件不变下的“社会真空关系”（social vacuum relation），必须从包含法规、社会认知与社会规范的整体的社会情境（social context）来进行观察。以技术为例，管理学研究者不仅要了解各种技术的优劣，或是各种技术的差异性，但这些都只是表层结构关系（surface structure），不足以解释出现组织及其管理效率差异背后真正的复杂原因；真正影响组织及其管理技术导入的深层结构关系（deeper structure）还应当包括工人的心态、知识、工作能力、社群关系、机构压力等社会规范与关系等情境差异，我们必须借由对这些深层结构的探讨与剖析，才能真正了解组织及其管理技术采用所面对的真正问题。因此，德鲁克的研究特别突显出质性研究的重要性。

以德鲁克为代表的诠释型范式认为，管理学是一种针对人类主观知识（objectivist knowledge）的探讨。管理学与自然科学不同，管理学知识会因社会情境（social context）、组织情境（organizational context）、关系情境（relational context）和行动者的不同，而会有不同的诠释。因此，诠释型范式认为，管理学知识没有完全的绝对变量关系，取而代之的是一种相对的情境（context-dependent）关系。其原因在于人存在着主观认知上的差异，因而对同一个事实（object），会因为外在的情境（context）、情境中主角的身份、角色、所拥有的知识而有不同的意义（meanings）与认知（cognition）的诠释。诠释质性研究是以一种整体观（holistic）的情境思考来进行管理学的研究，其希望借由案例的深入观察与诠释过程，能将案例的社会情境与错综复杂的动态关系进行描述，呈现出独特的案例张力（Dyer and Wilkins，1991）①。

在德鲁克看来，经理人对他们所理解的理论，并没有作这样或那样严格的规定，相反，理论通常是在一种含义更为宽泛和模糊的状态下被使用的。因此，管理学“理论”往往被理解为思索、推测或理想这样的一些概念，有时甚至成了不切实际的代名词。② 美国北卡罗莱纳州立大学（University of North Carolina，Chapel Hill，USA）教育管理学教授英格利什（English，1992）认为，理论并不仅仅局限于实证主义、行为主义、结构主义之下的僵化理解，理论还应包括其他的一些东西，像观念、概念、断言、假设、视角及观点的集合都可以说是理论。③

二、德鲁克管理学方法论的特点

在管理学研究中，涉及人的价值观和偏好的领域以及发现

---

① W. Gibb Dyer，Jr.，and Alan L. Wilkins. “Better stories，not better constructs，to generate better theory：a rejoinder to Eisenhardt.” *Academy of Management Review*，1991，16（3）：613－619.

② Daniel E. Griffiths（ed.）. *Behavioral science and educational administration*. Chicago，Illinois：The University of Chicago Press，1964.

③ Fenwick W. English. *Educational administration*：*The human science*. New York：HarperCollins Publishers Inc.，1992.

新知识的过程，以逻辑思维和实证研究为主的方法论范式却往往无能为力。因此，除了实证主义范式这种主流的观点之外，德鲁克主张运用直觉判断和个人洞察力，着重个人的主观感受来获取知识。德鲁克认为，管理学就是研究管理经验，认为通过对经理人员在个别情况下成功的和失败的经验教训的研究，会使人们懂得在将来相应的情况下如何运用有效的方法解决管理问题。因此，德鲁克把对管理理论的研究放在对实际管理工作者的管理经验教训的研究上，强调从企业管理的实际经验而不是从一般原理出发来进行研究，强调用比较的方法来研究和概括管理经验。德鲁克认为，社会现象实际上为个人主观经验。

在我们看来，德鲁克对管理学方法论的贡献可以概括为以下几个方面：

（1）德鲁克的经验研究批评了传统管理学不假思索地采取偏重于狭窄的归纳法的实证主义方式，他们直接调查个体的理解、他/她的行为和经历。从自己的经验出发来解释这个世界，从管理学者自己作为股东和行动主义者而不是被动的旁观者的立场，在复杂的动态的关系中不断地形成和再造我们的未来。在德鲁克看来，组织及其管理世界是管理学者被迫与它产生联系的世界，管理学者被迫成为这个世界的一部分；管理学者应当适应并成为这个世界的一分子，从而形成一个不同于现代管理学者所认识的理性的、客观化的语境世界。

相对于实证主义的取向，德鲁克的研究与诠释取向更具有选择的亲近性。德鲁克强调研究的关注焦点是“人”的世界。

人的“主体性”成为最被关心的部分，而关心主体性便是关心意义的建构。因此，德鲁克的研究过程是一个“理解”的历程。意义诠释也就成为德鲁克的最重要目的，也就是德鲁克思想最值得去发展的维度。

作为经验主义学派的开山鼻祖，德鲁克像一个灯塔那样指引后来者继续前行。德鲁克注重管理实践，强调在实践中感悟管理真谛。除了在通用汽车公司担任顾问以外，他还出任克莱斯勒公司、IBM 公司等大企业的管理顾问，并在美国一家金融集团中担任经济学家。1945 年，德鲁克又一次领世界潮流之先，他创办了自己任董事长的德鲁克管理咨询公司。在德鲁克的亲力亲为之下，经验主义学派开创并形成了重视案例研究的传统。在德鲁克看来，组织及其管理世界是管理学者被迫与它产生联系的世界，管理学者被迫成为这个世界的一部分；管理学者应当适应并成为这个世界的一分子，从而形成一个不同于学院派的管理学者所认识的理性的、客观化的语境世界。德鲁克的观点是，管理学既不是一门艺术也不是一门科学，而是一种实务或实践（practice），其成就是以管理结果来衡量，而不是以学术奖励。所有管理都涉及创新。[①] 德鲁克（Drucker, 1989）在《新现实：政府与政治、经济与企业、社会与世界》（The New Realities: in Government and Politics, in Economics and Business, in Society and World View）一书中指出：“管理是一门综合艺术，涉及基本原理、自我认知、智慧和领导力；艺术

---

① Peter F. Drucker. *The practice of management.* New York: Harper Press, 1954.

是因为管理是实践和应用。”[①]

（2）德鲁克强调了自然科学与社会科学的区别，反对把自然科学方法运用于管理科学。德鲁克认为自然科学是探寻自然界的一般规律，而管理科学则是说明组织及其管理中的个别具体事物的联系，它具有不可重复性，也没有一般规律。因而在管理学研究中需要注重对个案的考察。例如，经验主义学派学者、德鲁克推崇备至的通用汽车公司总经理小阿尔弗雷德·斯隆（Sloan，1963）在1963年出版的《我在通用汽车公司的岁月》就反映了他在通用汽车公司管理的实践，从而提出了M型组织具有先天的效率优先性的观点。[②] 德鲁克在《旁观者的历险》一书中以“斯隆的专业风采”为题，花了近60页的篇幅对斯隆的管理风格做了详细的描述。[③]

德鲁克认为，关于人的现象极不同于自然现象，所以自然科学与社会科学之间并没有一致的研究逻辑。德鲁克强调行动者会赋予行动以主观意义，研究者必须把握此主观意义，以此为基础建构知识。并且，研究者可能“理解”主观意义。

德鲁克强调：“管理学是一门学科，这首先就意味着，经理人员付诸实践的是管理而不是经济学，不是计量方法，不是

---

① Peter F. Drucker. The new realities: in government and politics, in economics and business, in society and world view. New York: Harper Business, 1989.

② Alfred P. Sloan Jr. *My Years with General Motors*. New York: Doubleday, 1963.

③ Peter F. Drucker. *Adventures of a bystander*. New York: John Wiley and Sons, 1979.

行为科学。无论是经济学、计量方法还是行为科学都只是经理人员的工具。但是，经理人员付诸实践的并不是经济学，正好像一个医生付诸实践的并不是验血那样。经理人员付诸实践的并不是行为科学，正好像一位生物学家付诸实践的并不是显微镜那样。经理人员付诸实践的并不是计量方法，正好像一位律师付诸实践的并不是判例那样。经理人员付诸实践的是管理学。"①

（3）德鲁克的方法论认为，组织是由个人组成的，组织活动由个人行动所决定，个人行动由个人动机、行为规范和价值关系决定。德鲁克（Drucker，1942）认为，人在本质上的不完美是分权原则的根本依据，自由主义意味着个人必须做出选择并对选择导致的结果负起责任。通过改善管理，现代企业可以在遵循和发扬社会的基本价值观的前提下持续发展。② 德鲁克主张，管理学首先要研究个人行为动机与组织规范，反对实证主义管理学把组织及其管理活动看成是一些无个性的社会事实或组织结构的相互作用。

管理学实证主义者认为，管理学研究的终极目的就在于发现人类行为的法则，方能控制或预测。知识被视为工具，以满足人类的欲望，并且用来控制自然与社会环境。一旦人们发现支配人类生活的法则，就可用来改变社会关系、改进做事方

---

① Peter F. Drucker. *Managing for the future*: *The* 1990*s and beyond*. New York: Penguin, 1992.

② Peter F. Drucker. *The future of industrial man*. New York: John Day, 1942.

法，并且预测外来事物。而德鲁克则强调要了解与描述行动的主观意义，并且重视组织及其管理事物的独特性，甚至以掌握此独特性为知识的重要旨趣。可以这样说，德鲁克的研究最适合用来展现组织及其管理世界的形貌。对德鲁克而言，组织及其管理研究的目的是在发展对组织及其管理生活的了解，以及发现他们在自然状况下的人们如何建构意义。德鲁克想知道，对被研究者而言，什么是有意义的、什么是他们所关切的，或者个人如何经验日常生活。研究者借助于了解认识某个特殊的组织及其管理背景，从局内人的角度来审视这个情境。

（4）德鲁克的方法论认为，管理学的研究方法应该着重于分析社会组织整体的因素，找出它的成分，说明组织整体与构成成分的关系。在分析各社会组织有机体时强调作分类研究，说明其个别的功能，反对实证主义把管理学研究归结为只对各种组织及其管理现象作整体说明。德鲁克的《管理的实践》（The Practice of Management）首次出版是在1954年，在该书1985年版的序言中，他认为应当"将管理学作为一个整体，尝试将管理学描述为一种独特功能、将管理描述为一项特殊工作、将担任经理人描述为一种独特责任。"① 德鲁克在不同的研究中运用特定的社会维度（social dimensions）来分析、解释不同社会历史时期的具体管理问题。

德鲁克习惯于从社会构建的宏观高度去透视微观，去分析一个组织的变化，分析组织管理的来龙去脉。从这个角度讲，

① Peter F. Drucker（1954）. *The practice of management*. New York: Harper Press, 1985. Preface.

理解德鲁克又是不容易的。我们必须学会调整自己的视角，像德鲁克一样去研究和看待问题。这是靠近德鲁克唯一需要关注的角度。德鲁克在剖析资本主义管理的发展时，任何时候都是运用社会实践的观点、立场、方法来分析科学技术的发展，把科学技术看成是管理学发展的内在因素来考虑的。德鲁克的观点就是认为科学技术就是一种在社会经济发展历史中起推动作用的革命力量，管理科学的发生和发展从一开始就是由生产所决定的，管理科学在社会实践中的发生，在社会实践中形成，在社会实践中发展，它反过来又通过管理来配置各种劳动要素、配置知识来推动社会生产力的发展，最终引起生产方面和管理制度的变革。可以这样说，德鲁克的社会实践方法为我们研究科学技术与管理、科学技术与生产、科学技术与管理中的各个要素等关系提供了一种方法论。例如，德鲁克 1976 年在其经典之作《管理的实践》的再版前言中写到，管理是一种源自美国社会的产物。这是因为“management”这个字纯粹是源自美国社会的产物，它几乎无法译成其他文字而仍然保存其原汁原味，令人诧异的是，甚至无法译成英式英文（British English），更不要说中文或日文了。就其在美国现实的社会网络中，管理代表任何机构中一类最为基本而重要活动；由于这类活动的结果，一个机构才有实质的存在。① 在德鲁克看来，“因为管理是要把人整合起来从事共同的事业，所以管理是深深奠基在文化之上。在美国、英国、德国、日本和巴西，管理

① Peter F. Drucker. *The practice of management.* New York: Harper and Row Press, 1976. Preface, 3.

人员的任务都是一样，可是这些国家的管理人员如何把任务做好却有很大的不同。所以，发展中国家的管理人员所面对的一个基本挑战是，在自己的传统、历史和文化中找出能发展管理的素材。其实，为什么日本的经济成功而印度却相对落后，主要原因就是日本的管理人员可以把外来的管理观念移植到本国的文化里成长。”[①]

（5）德鲁克的方法论认为，管理科学的主要方法是以描述性的实践智慧说明组织及其管理现象，反对在管理科学中运用自然科学的概括性规律方法。[②] 例如，在德鲁克的研究中有大量的理论来源于早期经济学家的理论。德鲁克最有名的关于企业经营就是“引导消费、创造顾客”[③] 的定义，是来源于马克思关于商品生产的价值与使用价值之间的矛盾和生产决定消费的论述；又如，德鲁克指出的企业的根本目标是创造财富，而不只是为了控制成本。[④] 而这一理论是来源于约瑟夫·熊彼特（Schumpeter，1939）的创新理论[⑤]和理查德·坎蒂隆

---

① Peter F. Drucker. *The new realities: in government and politics, in economics and business, in society and world view.* New York: Harper Business, 1989.

② Peter F. Drucker. *Management challenges for the 21st century. New York: Harper Press*, 1999. *Ch.* 1. 3 – 40.

③ Peter F. Drucker. *The practice of management.* New York: Harper and Row Press, 1954, ch. 5.

④ Peter F. Drucker. *Management challenges for the 21st century.* New York: Harper Press, 1999.

⑤ Joseph Alois Schumpeter. *Business cycles: A theoretical, historical and statistical analysis of the capitalist process.* Vols. 2, New York: McGraw Hill, 1939.

（Richard Cantillon，1687 - 1734）的商业理论。[1] 但是，德鲁克都将这些理论放在一个新的历史背景下重新加以考察，并用描述性的历史唯物论的方法进行了新的诠释。

作为现代管理学启蒙叙事的最著名作家，德鲁克运用得最多、也是最精彩的当数经验类推法。晚近以来，自然科学的方法被越来越多地引入现代管理学研究中。平心而论，自然科学方法着实拓宽了管理学研究的深度与科学性，但它们也侵蚀了管理学的人文科学性质，使其出现了自然科学化的趋势。当前诸多管理学著述之所以面目可憎，就在于不同程度地放弃了案例研究法和经验类推法，相应地也放弃了最能够体现经验类推方法的叙事史写法。归根到底，自然科学的研究方法强化了管理学的科学性，但却牺牲了其人文性和艺术性。将活生生的组织及其管理的现实，完全看成是冷冰冰的生物标本。我们借助于自然科学的显微镜可以观察到组织及其管理的微观世界，却捕捉不到组织及其管理发展的历史神韵和风采。在管理学家们一致推崇的德鲁克最重要的两本著作《管理的实践》和《管理：任务、责任与实践》中，就充分展现了德鲁克闲庭信步式的经验类推方法的叙事史写法所描绘的组织及其管理发展的历史神韵和风采。

德鲁克研究有意义的组织及其管理行动，而不只是外在的、可客观观察的人类行为。组织及其管理是人们附上主观意义的行动，是带有目的或意图的活动。研究者必须将行动者的

---

① Richard Cantillon. An essay on commerce in general Richard Cantillon.（1755）. Translated by Henry Higgs, New York: Augustus Kelley, 1964.

理由以及行动的组织及其管理脉络纳入考虑。他们认为，人类行为很少具有原本固有的意义，是在人群互动的过程中获得它的意义。那些人共享一个意义系统，使他们能把人类行动诠释成某个具有组织及其管理关联的暗语或行动。在德鲁克看来，关于意义的陈述，显然不是数字所能充分传达的。它必然要依赖叙述，而且要通过脉络的呈现，才能将意义展现。所以，德鲁克的研究，自然对于计量研究不是那么信赖，而对于主观研究方法觉得较为亲近。

在我们看来，德鲁克追求的实践智慧是一种“说不清”的智慧，或者说是一种不能够“完全”说清楚的智慧。这里所谓的“清楚”，是指管理科学学派运用自然科学的概括性规律方法所追求的一种精确化、计量化的清楚。事实上，在亚里士多德看来，实践智慧所面对的乃是现实生活之中变动不居的纷扰人事，因此归根结底，实践智慧乃是一种生活智慧。这就决定了实践智慧既无可能、也无必要把一切都弄得一清二楚。甚至可以说，实践智慧所追求的清楚乃是一种“模糊”的清楚，而其妙处又恰恰在于这一“模糊”之中。这也正是德国哲学家马丁·海德格尔（Martin Heidegger，1889－1976）在《存在与时间》（Sein und Zeit）中所揭示的一个基本路向：在生存（existenz）的最为基础的层面上，是无法也不能精确化、计量化的。① 这也正是理解德鲁克的“寻视”“领会”“操心”等关键词的关键所在。德鲁克的实践智慧所指向的，恰恰是这

① Martin Heidegger. Sein und Zeit. EA Niemeyer, Halle/Saale 1927.

些基础的层面。因此，实践智慧乃是一种“说不清”的智慧，这样，实践之路就拥有了存在的合法性。

（6）德鲁克的方法论认为，考察管理主体的认识能力是主要的认识方法，而实证主义的所谓客观事实是由管理主体的认识能力产生的，管理科学知识是主观的和相对的。例如，德鲁克在《管理的新范式》一文中强烈反对学院派管理学赖以生存的基础——思辨哲学（Speculative Philosophy），他所倡导的代替真理的理论的“经验适当性”（empirically adequacy）概念和康德的“知识的先验形式条件”（condition of Kant's a prior interpretative knowledge）原则上并无实质性的区别①，德鲁克所倡导的“知识的先验形式条件”只是就构成认识和知识的形式条件而言的，认为这种形式条件是先验的，并非指认识和知识的内容（观念）是先验的。所谓先验的意思指“可能性的条件”（condition of possibilities）。这就是德鲁克方法论的“先验形式”（condition of prior）与管理科学学派的“天赋观念论”（the rationality of connatural conception）最重要的不同。

管理科学学派认为，对德鲁克提出的关于事实的疑问始终应当由管理学理论去回答。但问题在于，管理学方法论探讨这个问题就是为了回答这样的问题：管理学理论为什么是可靠的？知识为什么是可以信赖的？选择管理学理论框架时，我们应当以什么样的原则或准则为标准？等等。在德鲁克看来，人的主体性是重构管理学的理论基础，主体性思想

① Peter F. Drucker. “The new paradigm in management”. *Forbes*, October 5, 1998.

是对机械论的批评和突破。主体性强调管理学的属人之本性。但这种“属人之本性”具有二重性：它既展现了人的自由，又可能成为人的自由的新的桎梏。因此，组织及其管理世界的这种人的主体性与客观实在性的对立统一关系是重构客观性观念的基础。

在德鲁克看来，现代管理学实质是管理思想在不同的历史时期、特别是在知识经济时代的再启蒙，他所主张的如绝对的结构化管理原则和真理并不存在、对知识工作者的管理和知识经济时代应当重新认识对知识工作者的劳动再培训等，都是与启蒙思想有关的。例如，德鲁克在《公司的概念》一书中将斯隆在通用汽车公司创造的分权化组织进行总结和理论化以来，分权组织几乎成为美国大公司的组织模式。但是，随着实践的发展，这一模式的局限性日益清楚地显现出来。这一模式是针对有特定产品线和明确市场范围的制造业设计的，它对于钢铁冶炼和石油化工企业等连续流程处理型行业这种一个流程生产多种产品，各种产品的市场范围又相互重叠的行业，就不合适。另外，分权化模式合适于已有业务的管理，而对创新任务不合适。因此，德鲁克认为，分权化可以对最高管理层提供指导原则，而对新出现的任务团队（task force team）、模拟分权化（simulated decentralization）及系统结构（systems organization）等组织形式，仅仅依靠分权化未必合适。[①]

（7）德鲁克的方法论认为，管理学研究的一个关键概念

① Peter F. Drucker. *Management*: *Tasks responsibilities practices.* New York: Harper and Row, 1973. 29.

是管理空间（managerial margin），这是德鲁克在批评和反对权变理论的过程中促成了自己新的发展出来的一个概念。权变理论（contingency theory）或称情境决定理论（situational theory）认为，普遍适用的管理原则根本不存在。相反，在管理方法、组织形式和环境因素之间，恰当的管理方法决定了管理的效能。在权变理论中，适应环境的灵活性、战略眼光和应付变化的能力是最为重要的。当然，这一观点适用于外部环境发生急剧变化的时期。德鲁克认为，经理人在运用权变理论时可能会感觉到，这会使他们陷于一种“一事归一事”（everything-depends-on-everything）的迷圈中，而没有必要去探寻什么是基本的东西、事物之间是怎样联系的、如何分析大量的情况以及怎样在管理丛林中定位。在德鲁克看来，在一些管理场合下，环境因素非常严峻，以至于没有留下多少能让管理活动施加影响的管理空间。如在经济萧条时期，至少在短期内，市场因素就可能没有留下多少能让管理活动发挥作用的余地。但是，在其他一些场合下，管理却是决定性的因素。德鲁克主张，经理人要对环境因素进行评估，这样，管理活动就能以最为理想的方式捕捉住机会，以利用好能够施加影响的管理空间，而不会因分散时间和精力而得不偿失。在德鲁克看来，极端情境决定论者好像在为失败主义脸上贴金。而管理学就是要让人们看到了人及其愿望能够改变世界的希望。建立在经验基础上的研究表明，经理人从事的是具体工作。德鲁克强调了 CEO 心理层面的因素对企业战略决策的影响，CEO 的变动性、控制能力、成就需求等人格特质与企业创新有密切的关系（Miller，Kets de

Vries and Toulouse，1982）[①]。德鲁克以战略分类为研究基础，注重对战略模式、战略地位、战略使命等不同战略变量的研究，力图加以整合（Gupta and Govindarajan，1984）[②]。当然，德鲁克的理论也不是伟人理论（great man theory）的翻版和复兴。相反，德鲁克将经理人做出的战略选择（strategic select）称作是他们的关键影响之所在。环境约束是存在的，但是，正是在这种约束条件下，管理中的战略选择才发挥作用、充满活力。

在我们看来，德鲁克的方法论只不过是在知识经济时代的历史条件下，用现代管理学或者说是自管理启蒙运动以来的"现代管理学范式"本身中的人文主义因素，反对或调和其中的科学主义因素而已，倡导基于知识和知识工作者的"管理的新范式"。德鲁克所否定的是把学院派管理学看作是绝对真理的化身，但没有否定学院派管理学作为现实管理世界的一种读解（尽管这种读解可能是理性的）；德鲁克所否定的是学院派管理学在现代社会中的特权和霸权，但没有否定学院派管理学的生存权；德鲁克所否定的是当今学院派管理学界所通行的构建管理理论范式的纯粹理性和抽象研究方法，但没有否定学院派管理学理论范式在未来管理实践中的建设性作用；德鲁克所

---

① Danny Miller, Manfred Kets de Vries, and Jean-Marie Toulouse. "Top executive locus of control and its relationship to strategy-making, structure and environment." *Academy of Management Journal*, 1982, 25 (2): 237-253.

② Anil K. Gupta and Vijay Govindarajan. "Business unit strategy, managerial characteristics, and business unit effectiveness at strategy implementation." *Academy of Management Journal*, 1984, 27 (1): 25-41.

否定的是学院派的“管理学是纯粹理性的、客观的”的观点，但没有否定学院派管理学在特定文化背景下的作用。

三、德鲁克管理学方法论的哲学基础

德鲁克是我们这个商业文明时代的道德学家和管理哲学家。德鲁克的管理哲学作为现代管理理论的内在基础与超越，以其本体论、实在论和存在主义思想为世人所称道。随着时间的推移，管理哲学的“德鲁克特色”将会显现得更加清晰与持久。人们会越来越清楚，德鲁克的管理哲学既是我们时代的管理哲学，也是对这个时代的诊断与判决。

（一）德鲁克的存在主义哲学观

事实上，德鲁克的管理哲学思想有着较强烈的存在主义（Existentialism）① 的色彩，强调个人、独立自主和主观经验。德鲁克存在主义的基本特征是：宣称经理人或管理者是管理学的根本，“管理就是人”“管理是有关人的艺术”“组织及其管理存在先于本质”是德鲁克管理学的最基本命题。

这里德鲁克所说的“存在”是指没有任何本质的、纯粹的主观性，经理人、经理人或知识工作者就是这样的存在；先

① 存在主义一词的拉丁文 existentia，意为存在、生存、实存。存在主义哲学论述的不是抽象的意识、概念、本质的传统哲学，而是注重存在，注重人生。但也不是指人的现实存在，而是指精神的存在。

是有纯粹的主观性（即人）存在，然后才说明自身，即由它自由地选择和创造自己的本质；这种自由（选择的自由）是绝对的；因此，人是绝对自由的，“人就是自由”；“存在”是不断的超越。存在先于本质的思想，集中地表明了人的存在是主观性的，人是自为的，按照自己的愿望和意志去设计自己、决定自己。主观性的意义在于：自己选择，自己造就。这又意味着人的存在是自由或“人就是自由”。

与存在主义哲学宣扬人是被“抛入这世界的”，人“无家可归”（homeless），人的本质是充满畏惧、寂寞、痛苦等不同，德鲁克一方面继承了存在主义哲学的“人是哲学的根本”，“哲学就是人学”和“存在先于本质”的思想，另一方面又采取了一种非同寻常的视角，描述了人们应当怎样把人类精神层次的东西与商业结合在一起：“人们把死亡产生的后果做系统的整理，借以规避死亡。人寿保险恐怕是19世纪形而上学最重要的一个制度了。人寿保险推广‘分散风险’的观念，很明显地传达了业者的企图：希望人类视死亡为人生里程中的一个事件，而非终结。”德鲁克宣扬人的生命与死亡都有意义，死亡是人现实的本质特征，人要懂得为死而活。对德鲁克自己而言，被夺去生命与时间只有文字才能够再现（representation）而使其永存；对于生命的意义，文字能进行不断的探索与表达，并将其凝集升华为结晶。德鲁克常说：“写作是我的职业，咨询是我的实验室。”正因为如此，德鲁克的作品得以超越通俗意义的是非褒贬，最终超越自我，而在更广泛的意义是代表人性，得以升华至非凡。

在德鲁克看来，管理学研究中自然科学的方法对社会生活的渗透，又使人们受到机械的控制和管理，人被平均化、整体化，个人的独立性和自主创造性被泯灭，“被异化了”成为人们的共同感觉。所有这一切，都已经不能用传统社会进步和人生观来说明和解释，失去了生存的精神支柱而感到空虚和惶惑不安的人们，需要重新思考生存的目的和意义。

德鲁克回忆到，他对存在主义的认识始于1919年，那年他在健身房结识普福利格勒神父（Father Pfliegler），开始认识宗教。普福利格勒神父提出了一个重要的存在主义问题，即“你希望人们记住你的什么?”“如果你到了50岁还回答不出你是一个有作为的人这个问题，就算是浪费了生命。”“我一直拿这个问题来问自己，这是一个能够使你不断更新自己的问题——因为它促使你把自己看作一个不同的人，看作你能成为的那种人。”①

就德鲁克的家庭来说，全家人信奉“路德主义”（Lutheranism）教派②，德鲁克本人是在路德教自由气氛下长大的，一向不受宗教教条的约束，“已经‘自由’到圣诞节时仅以一棵圣诞树作为装饰，复活节仅聆听几首约翰·塞巴斯蒂安·巴赫（Johann Sebastian Bach）的圣诞节清唱剧（Christmas Orato-

① Peter F. Drucker. *Managing the nonprofit organization*: *Principles and practices*. New York: Harper Collins, 1990.

② 路德教派由德国天主教奥斯定修会的一位神父马丁·路德创立，主张人只靠信德即可成义得救，不需行任何善工。

rio)[1] 的地步。”后来，德鲁克接受存在主义的哲学思想是他在德国汉堡一家专门出口五金产品到印度的贸易公司担任实习职员时，无意间阅读了丹麦哲学家索伦·克尔凯廓尔（Sōren Kierkegaard，1813－1855）[2] 所写的《恐惧与战栗》（Fear and Trembling）[3]。在《恐惧与战栗》一书中，克尔凯廓尔借圣经中的故事，论述了信仰和牺牲的观念。德鲁克回忆到，“我立刻就知道，我的人生观改变了。”作为存在主义先驱的克尔凯

---

① 《圣诞节清唱剧》是德国作曲家约翰·塞巴斯蒂安·巴赫（Johann Sebastian Bach，1685－1750）1734 年在莱比锡市立教堂创作的，为独唱、合唱队及管弦乐队而作。巴赫的《圣诞节清唱剧》是“巴洛克的圣诞音乐”的代表，又叫《圣诞神曲》。巴赫称此曲为《基督诞生时节清唱剧》，这部“清唱剧”实际上是六部康塔塔（Cantatas）的合集，由皮坎德和巴赫本人根据《圣经》中的耶稣诞生的内容撰词，于圣诞节期间分 6 天演出，专门为从圣诞节到主显节（1 月 6 日）的礼拜仪式而作（分别在圣诞节当天、第二天、第三天、元旦、元旦后的第一个星期天以及主显节上演出），后又改为分两天或一天演唱。是巴赫一生创作的 5 套康塔塔年集的一部分。歌词主要选取了路加福音和马太福音关于耶稣降生的段落，同时也填入了一些世俗的歌词。其中第四首康塔塔的序曲采用了牧歌形式。

② 丹麦哲学家索伦·克尔凯郭尔（Sōren Kierkegaard，1813－1855）尽管是 19 世纪的哲学家，但可以称为 20 世纪存在主义之父。克尔凯郭尔的主要著作有《非此则彼》（Either/Or）、《恐惧与颤栗》（Fear and Trembling）、《焦虑的概念》（The Concept of Anxiety）、《致死的疾病》（Sickness unto Death）等。克尔凯郭尔所思考的问题，很多后来都出现在马丁·海德格尔等人的著作中。从某种意义上说，他的思想成为后现代思想所强调观点的先导。德里达曾写过阐释克尔凯郭尔《恐惧与战栗》一书的文章。见：Jacques Derrida. *The gift of death.* Translated by David Willis，Chicago，Illinois：University of Chicago Press，1995.

③ Sōren Kierkegaard. Fear and trembling. Series：Cambridge texts in the history of philosophy. Edited by C. Stephen Evans and Sylvia Walsh. Oxford：Oxford University Press，2006.

廓尔反对德国古典唯心主义辩证法哲学家黑格尔（Georg Wilhelm Friedrich Hegel, 1770 – 1831）的泛演化逻辑理论，认为真理即主观性，哲学应以上帝为依归，研究的是个人存在。

德鲁克认为，克尔凯廓尔所关心的是一个 19 世纪人们普遍关注的核心问题："个人的存在何以可能？（How is human existence possible?）"然而，这个问题到 20 世纪已经转换为社会科学研究必须面对的基本问题："社会何以可能？（How is society possible?）"法国社会学家埃米尔·迪尔凯姆[①]（Durkheim, 1893）在《社会分工论》一书中明确提出："为什么个人越变得自主，他就会越来越依赖社会？为什么在个人不断膨胀的同时，他与社会的联系却越加紧密？"[②] 这是一种介于个人与社会，个人自由与社会秩序之间的两难问题。德国社会学家和哲学家盖奥尔格·齐美尔（Simmel, 1910）更是以《社会何以可能？》作为论文题目，探讨了这一问题。齐美尔认为，由于人是社会人，所以我们不再能够用康德的那套方法，让理性人脱离他所在的那个社会，处在那个社会之外，来为社会建立秩序。人只能投入到这个社会，去理解这个社会。但是这样一来就变成了，世界是通过一群理性人的交往建构起来的一个完全

---

① 埃米尔·迪尔凯姆（Emile Durkheim, 1858 – 1917），又译为涂尔干。法国著名社会学家，社会学的学科奠基人之一，他与卡尔·马克思、马克斯·韦伯被后人尊称为社会学的三大巨人。

② Emile Durkheim（1893）. *The division of labor in society.* Translated by George Simpson. New York: The Free Press, 1933.

不同于自然科学方式的解答。[1]

几年之后，德鲁克撰写了一篇哲学论文，题目是《论不流行的克尔凯廓尔》（The Unfashionable Kierkegaard）。德鲁克回忆到："除了论述克尔凯廓尔的那一篇论文外，我所有的著作都是在关怀这个世界。"德鲁克在论文中认为，克尔凯廓尔同时代人受他的实际影响并不大，但克尔凯廓尔对20世纪的影响却极为深远。克尔凯廓尔是一个信奉宗教的哲学家，也是致力于对宗教进行哲学复述的思想家，他的伟大贡献在于对黑格尔哲学体系的解构。在德鲁克看来，20世纪初期的流行答案强调了社会存在，而忽视个人存在。克尔凯廓尔认为人只能存在于个体的精神生活与社会对公民的要求所产生的紧张之中，这种紧张状态最终使他近乎疯狂。[2] 齐美尔（Simmel，1910）认为，为了承认其他个体是真实的，他必须把他自己呈现（presentation）给其他个人，让其他的个人来认识他自己，认识他是一个与其他人平等的主体。所以这是一件非常艰难的事情。正是在这样一个社会个体之间相互认知的过程中才有了所谓社会化过程。这样一个社会认知的过程通常是被利益关系覆盖着的，很难追究一个理性的个体在其他理性个体的意识或者说头脑中被作为纯粹的、没有利害关系的个人加以认知的一个过程。在齐美尔看来，社会同时是由个人社会存在与个人存在

---

① Georg Simmel. "How is society possible?" *American Journal of Sociology*, 1910, 16 (3): 372 – 391.

② Peter F. Drucker (1933). "The unfashionable Kierkegaard." in The new markets and other essays. New York: Heinemann, 1971.

所组成，而且社会存在与个人存在还是使得社会成为可能的先验条件之一。① 德鲁克尝试的答案是：现代社会是一个“组织的社会”，在个人与社会中间需要借助于组织这个器官和管理来协调，以减轻个人存在与社会存在之间的张力，从而抑制社会动荡产生的根源。② 可以这样说，这是德鲁克唯一一篇哲学论文，也是他自认为最满意的一篇论文。

德鲁克的存在主义哲学思想，对他后来的研究产生了极大的影响。例如，20 世纪中期美国社会严重的劳资矛盾或阶级矛盾，这是所有其他人看到的“事实”。在马克思主义者看来，不论资本主义国家采取怎样的手段对劳资关系进行调节，只要资本主义制度存在，资产阶级和工人阶级的矛盾和斗争就不可能消除。在泰罗主义者看来，推行科学管理的目标就是提高劳动生产率，把“经济大饼”做大才能够解决劳资矛盾。但在德鲁克看来，应当超越事情的表象，看到矛盾的本质：劳资矛盾就是个人与组织之间的矛盾，是个人与社会矛盾在工业社会的新表现。因而德鲁克宣称，公司可以创造属于它们自己的有力世界，而且有其不凡的使命，这就是通过公司这个“连接市场机制与民主政治的桥梁”能够由垄断资本主义自发地演变为所谓的“人民资本主义”（people capitalism）或“社会资本主义”（social capitalism），能够根本消除剥削和劳资矛盾。

---

① Georg Simmel. “How is society possible?” *American Journal of Sociology*, 1910, 16 (3): 372 - 391.

② Peter F. Drucker (1933). “The unfashionable Kierkegaard.” in The New Markets and Other Essays. New York: Heinemann, 1971.

自由企业社会的历史本质不仅在于“政治家只有一条路可走，即运用政治、经济手段使自由企业体系正常运转”，而且在于“公民首先必须被企业雇用，才能成为真正的公民”，“大型企业必须实现社会的基本承诺和信仰……让社会成员的价值得到体现。”①

德鲁克是一个非常务实的人，他认为组织及其管理的实践与现实存在比什么都重要。在这个方面，德鲁克的存在主义表现出本体论认识论的特点。在德鲁克看来，如果管理实践者在看“管理理论”时有何心得，大可不必担心理解得有所偏差、有所片面而羞于出口和羞于实践。其实，管理学家对管理实践者的看法的关心程度，绝不亚于反过来的情况。原因显而易见，如果没有管理实践者的理解，管理学家也就不存在了。德鲁克（Drucker，1982）说：“我从来不关注未来的事情。我不相信未来，我向窗外看。我关注那些已经发生了的事情，那些已经发生过，但还未来得及产生后果的事情，还没有被大家感知和认识的事情。”“未来的大趋势要求我们怎么做，我就怎么做。”②

德鲁克似乎有意让我们去认知时代、历史层面的管理，他（Drucker，1982）在《巨变时代的管理》一书中指出：“帮助今天的管理者在不同以往的明天到来前做好准备，实际上也是

---

① Peter F. Drucker *The concept of the corporation*. New York: Transaction Publishers, 1946.

② Peter F. Drucker. *Managing in a time of great change*. New York: Truman Talley Books/Dutton, 1982.

让这样的明天成为属于他们的未来。"[①] 克尔凯廓尔认为在历史问题上，我们只能获得相对的确定性；[②] 德鲁克认为，在对组织及其管理的认识上，人们只能获得相对真理。他的这个思想在他晚年的著述中反映得尤为明显。德鲁克（Drucker，1982）指出："世界已经发生不可逆转的变革，50 年前管理领域默认的假设、规律和惯例遭到质疑和挑战，经理人必须思考和利用已经发生的变革。"[③]

德鲁克对社会动荡的破坏性深怀警惕，他认为虽然变革是不可避免的，但变革的方式却是可以选择。变革可能是暴风骤雨般地来临，也可能以连续的、和平的方式进行，究竟以何种形式释放变革的巨大能量取决于一个社会对创新的态度和创新的能力。如果一个社会处于不断的创新之中，那么它将可能维持稳定和繁荣。如果一个社会缺乏自我更新的能力，变革的巨大能量就会积累起来，有朝一日爆发为剧烈的动荡。

德鲁克的存在主义哲学观对管理学方法论的重要贡献有两个方面：一是把管理学解释学从方法论、认识论的领域转移到本体论的领域，建立了一种本体论解释学，即"此在的解释学"。所谓的"此在的解释学"认为传统的管理学方法论忽视了对人类生命的意义，缺乏本体论。德鲁克所说的存在有两

---

① Peter F. Drucker. *Managing in a time of great change*. New York：Truman Talley Books/Dutton，1982.

② Sōren Kierkegaard. *Concluding unscientific postscript*. Princeton，New Jersey：Princeton University Press，1941. 25.

③ Peter F. Drucker. *Managing in a time of great change*. New York：Truman Talley Books/Dutton，1982.

种：第一是固定物，即组织及其管理世界；第二是此在（人）。此在与存在为理解关系，此在的现象学即解释学，解释即人的存在方式，此在通过询问和理解使存在生成意义；二是通过实践性管理思想把解释学（hermeneutics）与现象学（phenomenology）连接起来，建立了一种现象学解释学。这种现象学解释学排斥中介的因素，把直接的把握或这个意义上的直观看作是一切知识的来源和检验一切知识的最终标准；这种现象学解释学在经验的事实的基础上要求通过直观来获取本质洞察，即获得对本质因素以及在它们之间的本质关系的把握。

（二）克尔凯廓尔对德鲁克人生观的影响

克尔凯廓尔对德鲁克人生观影响最大的是他的“主体性真理论”。克尔凯廓尔将真理分为“客观真理”和“主体真理”两类，这两类真理都各适合自己的领域，各具自己的意义。“客观真理”见于自然科学、历史、数学等学科的研究中。至于其他学科领域，只要它的首要目标是尽可能精确地认识和理解某个客体，在其中也可见到客观真理。正如“客观真理”这个概念的字面所表明的那样，它的重点是在被认知的对象上，而主体对认知活动的干涉，须尽量降到最低。

克尔凯廓尔认为：“当真理问题以过程方式提出时，反思（reflection）就客观地指向真理，真理被当成与认知者相联系的客观对象。反思的重点不在于认知者与真理的关系，而在于这一问题：即与认知者相联系的是否是真理。只有与认知者相联系的是真理，主观才可算处于真理之中。”①

德鲁克在他的研究中多次言明他并不想否定“客观真理论”对于自然科学领域的适用性，他在他的著述中像克尔凯廓尔声称的一样，一直强调尊重“科学边界的神圣安全”。② 但是，将客观真理论延伸到生存问题时，真正的问题就出现了。德鲁克认为黑格尔的“存在系统”（existential system）是不能成立的。德鲁克认为，现代管理学主流范式的客观方法涉及克尔凯廓尔所说的“渐进过程”（gradual process），在这一过程中，人们不断地收集更多的材料，越来越接近客观对象的真实与确切的描述。但这仅仅是接近而已。在《巨变时代的管理》一书中，通过梳理管理领域一些已经发生的事件，德鲁克开始质疑或甚至号召挑战和摒弃过去 40 年中一直行之有效的和因此自然而然被世人认为是理所当然的假设、规律和惯例。

克尔凯廓尔对德鲁克研究方法的影响表现在以客体为真理的中心转变到以主体为真理的中心，这种转变是管理学研究中的一种革命性转变。德鲁克完全接受了克尔凯廓尔主观方法与客观方法的观点，“当真理以主观的方式提出时，反思（reflection）就主观地指向个体关系的本质；只要这种关系形式处于真理之中，个人也就处于真理之中，哪怕与个体相联系，凑

① Sōren Kierkegaard. *Concluding unscientific postscript.* Princeton, New Jersey: Princeton University Press, 1941. 178.

② Sōren Kierkegaard. *Concluding unscientific postscript.* Princeton, New Jersey: Princeton University Press, 1941. 135.

巧并不为真。”① 在德鲁克看来，这不仅是对客观确定性的超越，也是对它的背离。而更高的真理是蕴藏在主观方法之中，这需要人们从实践去找寻和认识。这是因为现代管理学主流范式崇拜的是方法，崇拜的仅仅是数学建模的方法，而不是对组织及其管理实际问题的解决。主体性真理不是简单地由于反对客观真理才出现，然后又超越客观真理。主体性真理实际上是反对客观确定性的。真理的悖论性在于它能够唤起人必有的内在激情。

如果说客观真理包含有“渐进过程”，即与真理越来越靠近的过程，在主体性真理中，由于客观确定性缺失，就需要克尔凯廓尔在其他语境中所说的“跳跃”（leap），但这里指的是“据有过程”（appropriation process）：“充满激情的内向性构成了据有过程，被这种过程牢牢把握的客观不确定性就是真理，这的存在的个体所能够得到的最高真理。”② 这说明，组织及其管理存在先于本质。因此，管理学首先应当描绘人的这种存在本题，然后展示人走向未来、自己设计自己、自己发展自己的过程、方向和目的。管理学需要强调意向性、意识和体验实践的重要意义。德鲁克（Druker，1998）强调：“必须更多地注意现实挑战中那些不可量化（non-quantifiable）的领域，特别是商业之外的不可量化的领域。同时还要有更多的量化分析

---

① Sōren Kierkegaard. *Concluding unscientific postscript.* Princeton，New Jersey：Princeton University Press，1941. 178.

② Sōren Kierkegaard. *Concluding unscientific postscript.* Princeton，New Jersey：Princeton University Press，1941. 182.

技巧，以了解已知数字的局限，并学会如何使用数字。”①

克尔凯廓尔对德鲁克研究风格的影响表现在对真理的陈述方式上，强调“主体性真理的描述重点落在陈述的方式上”，而非陈述的内容上。这种陈述的方式需要说明管理学的本质在于：①在于管理学家对人的存在及其本质创造性的体悟和表述；②在于管理学家以非本质性、非抽象陈述展现个体存在及其本质；③在于管理学家以非自由题材显示自由；④在于管理学家以非理性景况表达人对未来的希望和追求；⑤管理学家的陈述方式应体现“体悟”的含义。有反思、体验、感悟、领悟、领会等意义，是对人自身的存在、虚无和自由及其情绪的体悟。

主流管理学无论是科学主义还是人本主义，都以主体与客体、认识与外部世界的对立为前提，因而是二元论的。德鲁克要消除这种二元论，建立一种一元的实践管理学。这就需要从组织及其管理事物本身出发，要寻求一个出发点。德鲁克的著述强调了“我思”是一切真理都不能离开的，因此是本体论的出发点。但是这“我思”和笛卡尔的我思是不同的，因为后者已有了主客体的明确区分，是自觉到主体存在的“先于反思的我思”（cogito préréflexif），作为出发点的我思应该是主客体都没有明确区分，尚未意识到主体的“反思前的我思”。德鲁克要超越这两分法和对立，作全新的证明尝试，即不是从笛卡尔方法的“反思的我思，而是从感知者反思前的存在获得的

---

① Peter F. Drucker. *Peter F. Drucker on the profession of management* (Harvard Business Review Book Series). Harvard Business School Press, 1998.

‘本体论证明’”来解释人的本体问题。

在我们看来，德鲁克其实对这个灵性世界充满了渴望，这种渴望激发了他对社会、组织及其管理产生与其他管理学家不一样的观察。德鲁克认为，人类不一定能够在社会中寻找到真正的意义，而应相信在超越社会的范畴中找到意义。就算从单纯的人本主义来看，道德也应该赋予人类生命的意义，甚至勇敢地面对死亡也是一种道德典范。德鲁克追问到：“难道人类生存的唯一结果，一定是悲剧与绝望吗?”或许在德鲁克描绘的新社会里，人们将找到更有意义的东西——不是在工作中，而是在人们的信念中。德鲁克（Drucker，1959）呼吁，在后现代社会，应使人回归到精神价值上来。这里，德鲁克向我们展现了他强烈的宗教情怀：“必须重申人不单单是一种生物和心理存在，而且是一种精神存在；他是一种造物主所创造的生灵，以造物主为其存在的目的，并且受造物主的支配。”①

在德鲁克的早期著作中就明显反映这种想法。德鲁克在《工业人的未来》一书中提出：工业社会需要一种取代传统社区和传统社会主要特征和功能的新器官（organ）。在《公司的概念》一书中德鲁克期盼着建立这样一个理想国的境界，一个人类“还能够忍受的社会”。德鲁克“更愿意以一个充裕、能让人忍受且自由的社会取而代之”，“我们可以借着付出一点

① Peter F. Drucker. *Landmarks of tomorrow*：*A report on the new “post-modern” world.* New York：Harper and Row，1959.

儿代价来维系自由。"[①] 德鲁克永远是个现实主义者和存在主义者，他宁愿把期望降低一点儿：与其期待一个完美的社会，不如建立一个"还能够忍受"的社会。对于这个"还能够忍受"的社会中的企业组织，德鲁克是这样定义的："借用现代心理学的比喻，企业组织就像一首曲调；想要奏出动听的曲调，不能只看个别成员的表现，还要看整体关系是否和谐。"[②]

（三）德鲁克管理哲学思想的后现代主义转向

应当强调的是，德鲁克晚年的管理哲学思想明显地向后现代主义转向，主要表现在以下几个方面：

（1）德鲁克强调，与组织及其管理事物联系，更为基本或根本的方式，在于我们如何运用它，而非揭示它。所以说，从组织及其管理的形态、状况、构成和要素等方面来看，这不是我们思量组织及其管理事物通常和起初的方式。思量组织及其管理事物的根本方式，是将其视为"应手之物"（ready to hand），而非"在手之物"（present at hand）。这就是说，看待组织及其管理事物的角度应当是它的用途，如组织及其管理存在的根本意义是在于它可以实现组织的宗旨与使命。应当说，德鲁克的这一哲学思想来自 20 世纪存在主义哲学的创始人和主要代表之一、德国哲学家马丁·海德格尔（Martin Heideg-

---

① Peter F. Drucker *The concept of the corporation.* New York：Transaction Publishers，1946.

② Peter F. Drucker *The concept of the corporation.* New York：Transaction Publishers，1946.

ger，1889－1976）的现象学（phenomenology）。在德鲁克看来，强调管理者经验的总结与理论的实践性，所否定的不是科学的方法，而是它的排他性，甚至可以说是它的首要性。对待组织及其管理事物的科学方法，是对它进行度量或检测。虽然那与组织及其管理的用途有明确的关联，但那绝不是关于组织及其管理的真理，甚至也不是认知组织及其管理的最重要方式。德鲁克（Drucker，1998）强调，社会科学领域没有像自然科学有的那种‘自然规律’。因此，它服从于持续变化的支配。昨天的有效假设今天可能变得无效，而按着旧范式就可能把人引入歧途。① 因此，所谓的“科学客观性”应被视为处于次要层面，即进行抽象概括的层面。

或许我们可以发现，虽然德鲁克早期思想和后期思想各有侧重，但理解和认识组织及其管理世界有不同的方式，则是德鲁克一贯所强调的。在德鲁克看来，在20世纪，因为社会环境的变化，管理的范式也逐步发生着变化。在21世纪，管理的范式仍然会继续变化。如果构成管理学的假设发生了变化，那么管理学的许多观念也必须跟着变化。现在的管理学思想仍然沿用20世纪的那些基本假设。但是，遗憾的是，很少有人注意到这些假设是不是“事实”，更不用说去分析和研究这些假设了。

这些假设中最重要的变化是在未来社会中，知识工作者将会占到所有发达国家劳动力总量的五分之二。知识工作者是新

① Peter F. Drucker. “The new paradigm in management.” *Forbes*, October 5 1998, 152－168.

“知本家”。知识将成为知识经济时代唯一的核心稀缺资源。这意味着在知识工作者群体的生产工具就是他们头脑里的知识，手中掌握着知识这种“便携的”（portable）生产方式，同时又是传统意义上的资本家：通过手中的股票、养老基金和共同基金，他们实际拥有着知识社会的许多公司组织主要的所有权。知识工作者将自己视为与企业组织平等的“专业人士”，而不是传统意义上的“雇员”。知识社会是一个由不同资历的专业知识工作者，而不是老板和雇员组成的社会。德鲁克（Druker，1999）指出知识工作者的特点是：“不断创新必须成为知识工作者工作、使命和责任的一部分”，“持续学习和持续教导都必须是工作的一部分。”①

（2）德鲁克晚年的著述明显地反映出受到解释学（Hermeneutics）理论②的影响。从科学史研究来看，德国哲学家和历史学家魏尔海姆·狄尔泰（Wilhelm Dilthey，1833 - 1911）把解释学作为区分人文科学（human studies）与自然科学的依

---

① Peter F. Drucker. *Management challenges for the 21st century*. New York：Free Press，1999，142.

② 解释学（Hermeneutics，又译诠释学）就是专门研究意义、理解与解释问题的学问。解释学这个词最早出现于古希腊文，最初即指对神谕的解释，到后来又增加了对荷马等诗人作品进行解释的内容。广义解释学是指对于文本之意义的理解和解释的理论或哲学。涉及哲学、语言学、文学、文献学、历史学、宗教、艺术、神话学、人类学、文化学、衬会学、法学等问题，反映出当代人文科学研究领域的各门学科之间相互交流、渗透和融合的趋势。既是一门边缘学科和一种新的研究方法，又是一种哲学思潮。狭义解释学是指局部解释学、一般解释学、哲学解释学等分支、学派。局部解释学泛指任何文本注释（包括古往今来的法律、《圣经》、文学、梦和其他形式的本文解释的规则和方法的理论体系。

据。狄尔泰（Dilthey，1926）认为，解释学这门学科是用社会人（human persons）的经验和内在动机去理解自己的行为。内在生活不是由一系列机械的命令（Starts and Stops）构成，而是相互交织成为具有某种结构的连续体（Zusammenhang）。[①]

德鲁克（Drucker，1999）强调了自然科学与社会科学的区别，反对把自然科学方法运用于管理科学。他认为，任何学科都有一种基本假设，不论是社会学科还是自然学科，它必须符合现实，这非常重要，尤其是对社会学科比对自然学科更加重要。范式说太阳绕着地球转，或反过来，说地球绕着太阳转，这对自然界、对太阳或地球都没有什么影响，而社会学科如管理则不然，它研究的是员工与由人组成的机构。自然科学是探寻自然界的一般规律，而管理科学则是说明组织及其管理中的个别具体事物的联系，它具有不可重复性，也没有一般规律。因而在管理学研究中需要注重对个案的考察。[②] 根据德鲁克的研究，从20世纪30年代正式开展对管理学的研究以来，人们都自觉不自觉地认为奠定了管理原理和管理实务的两套假设都是真实的。但实际上，因为一个世纪以来，社会、政治、经济、科技等方面的变化，这些假设都已经过时了。例如，我们都假定，应该有一种正确的方法来"管理""人"，并由此出现了许多不同的理论。如果我们的问题是，从20世纪90年

① Wilhelm Dilthey. "Gesammelte Schriften" . G? ttingen-Stuttgart: Vandenhoeck and Ruprecht. Vol. 7, 1926.

② Peter F. Drucker. *Management challenges for the 2lst century.* New York: Harper Press, 1999. Ch. 1. 3 –40.

代开始，知识工作者在劳动大军中占比例越来越大，他们与传统意义上的体力劳动者有不同的特点，应该怎样才能激励他们，他们的生产力如何才能得到提高。那么，我们就会发现，我们对知识工作者的了解以及如何“管理”他们，实在是研究得太不够了。针对这种变化，德鲁克（Druker，1992）感慨地说道：“管理之道不在管人，而在管理知识。”① 这说明，后现代管理是“从目标管理到管理知识工作者的过程”（from management by objectives to managing knowledge workers）。②

应当这样说，德鲁克的解释观是追求创造的解释观。它抛弃了传统解释观对文本的固守和对解释者个人成见、经历、所处社会现状的回避，而主张解释者带着自己的成见进入解释对象的领域，通过将自己和解释对象融合创造出新的视野。当代解释观念还认为理解和解释是人的存在方式，其最终目的是揭示人存在的意义，从而将解释提到了本体论的高度。德鲁克指出，由于已知与未知世界的界限相当模糊，在进行独特的社会分析时，发现新概念与自己熟悉的观念混合在一起，这“当然很好”。德鲁克写到：“如果这种分析产生出人们已知的结果，则该结果就会像是一则旧闻。如果产生出来的是人们不认得的，或仅靠他们自己是看不到的，则该结果就会像是一则预言。用较委婉的说法，就是一则童话或梦想中的情景。”

---

① Peter F. Drucker. *Managing for the future*: *The* 1990*s and beyond*. New York: Dutton, 1992.

② Peter F. Drucker. *Managing for the future*: *The* 1990*s and beyond*. New York: Dutton, 1992.

在德鲁克看来，在对组织及其管理世界的体验中，我们见到了由组织及其管理事物引发的一种真正经验，获得这种经验的人就难于不被经验本身所改变。德鲁克将组织及其管理过去的概念与他自己的概念融合在一起，也就是通过自己的概念才能理解关于过去历史的概念。德鲁克强调的是在诠释者与被诠释的文本之间建立了一种良好的循环，达到了主客交融的“视域重合”（fusion of horizons）的境界。也就是说，只有将过去与现在两种视域，或者诠释者与文本这两种视域融合起来，才是真确的认知。

（3）德鲁克晚年的著述明显地反映出知识社会学（Sociology of Knowledge）的思想[①]。在知识社会学理论分类上，卡尔·曼海姆（Karl Mannheim，1893－1947）认为存在着三种意识形态：构成敌对者思想的一部分的特殊意识形态；体现敌对者全部思想的整体意识形态；不仅体现敌对者思想，也体现自己思想的一般特殊意识形态。[②] 尽管德鲁克不愿意讨论意识形态问题，但他的著述显然是属于第三种的，即不仅体现敌对者

① 知识社会学是一门研究知识与社会之关系的科学。它既是社会学中的一支，又是认识论的一部分。作为认识论的一部分，它专门研究知识或思想所受社会条件的制约。就历史发展的角度说，知识社会学主要是德国思想家的贡献。如果将德国哲学家、社会学家马克斯·舍勒（Max Scheler，1874－1928）1924年出版的《知识社会学问题》、1926年出版的《知识形式与社会》视为该学科的奠基性著作，则知识社会学在西方至少已有近80年的历史。

② Peter L. Berger and Thomas Luckmann. *The social construction of reality: A treatise in the sociology of knowledge.* Garden City, New York: Anchor Books, 1966. 8－9.

思想，也体现自己思想的一般特殊意识形态。但是，德鲁克更多关注的是较为正式意义或技术意义上的知识之间的经验关系（empirical relationship）和社会因素。

德鲁克（Drucker，1999）认为，管理学的主要方法是以描述性的历史方法说明组织及其管理现象，反对在管理学中运用自然科学的概括性规律方法。① 德鲁克相信管理是人文科学，他的著作旁征博引，涉及艺术、文学、历史、哲学和宗教等诸多领域。他永远在最前沿为管理者指点迷津。德鲁克强调，应将管理学已有的理论放在一个新的历史背景下重新加以考察，并用描述性的历史唯物论的方法进行了新的诠释。从这个意义上说，德鲁克属于传统形式上的知识社会学。

从知识社会学视角上看，德鲁克早期思想强调的是纯粹的经验研究，就社会关系对思想的影响方式进行描述和结构分析，而德鲁克后期思想则逐渐转变到认识论上的探究，关注的是关联性（interrelationship）对实践有效性（validity）问题的影响。在德鲁克看来，在许多情况下以及在重要的情境中，管理学理论的显露和明晰化都会受到“处境性变量”（contextual variables）的影响，这就是德鲁克思想中始终一贯的“存在决定思想论”（exisistential determination of thought）。

显然，这表明德鲁克受卡尔·曼海姆的影响较大。德鲁克坚持认为，理解组织及其管理世界有诸多不同的趋向和方式，但他关注的是，差别不在于客体，客体对所有的观察者而言，

---

① Peter F. Drucker. *Management challenges for the 2lst century*. New York：Harper Press，1999. Ch. 1. 3 – 40.

基本上都是相同的；关键的问题是，差别源于管理学家对经验的认知不同和对经验的期望、目的与冲动的不同。

例如，德鲁克认为，知识工作者以他们涉足的知识领域来建立自己的身份认同，他们在特定的机构中工作，但他们并不对这些机构有归属感。他们中的许多人对不同机构中从事同一种知识工作的人更有认同感，而不是对同一机构中从事不同知识工作的人有认同感。德鲁克（Druker，1982）在《动荡年代的管理》中讨论了“双头怪物”（Amphisbana）的问题，即组织中的知识工作者如何面对既要对专业负责又要对组织目标负责的困境问题，也就是说知识工作者既是本身专业知识和技能的创造者，又是专业知识与其他知识的综合应用者。德鲁克认为，如何管理知识工作者，仅仅靠自律是不够的，而管理者又难以对各个领域知识工作者的能力和绩效做出准确的评价和判断。在并非同行知识工作者占主体的组织中，不同领域的知识工作者组成的团队成员之间互动形成的知识与默契与各个知识工作者本行知识没有多大关系，这解决了专业知识在应用过程中的结合问题，而不能解决本身专业知识和技能的提高和发展的问题。[①] 这就使我们陷入了知识管理范式的“悖论”之中，专业知识与其他知识的综合应用和专业知识技能的提高和发展可能存在“二律背反”的问题。

德鲁克认为，社会知识工作者必须建立自己的某种类型的专业组织并同其他专业组织的专门知识结合才能解决这个“双

---

① Peter F. Drucker. *Managing in turbulent times.* New York：Harper and Row，1980.

重身份”的问题，这种专业组织或许就是德鲁克所说的“职业雇员组织”（professional employee organization）。[①]

（4）德鲁克的管理思想接受了德国哲学家魏尔海姆·狄尔泰、马丁·海德格尔、汉斯－格奥尔格·伽达默尔（Hans-georg Gardamer，1900－2002）和法国哲学家保尔·利科（Paul Ricoeur，1913－2005）的解释学理论。狄尔泰把解释学奉为人文科学的普遍方法，他的解释学强调以生命哲学理论为基础的，因此人称“生命解释学”。与伽达默尔一样，德鲁克强调，管理学研究的线索，不在于自然科学之中，而在于修辞学和人文文化之中，这是因为修辞学的人文性是以对人的本质体认为前提而建构起来的理论精神。德鲁克在《管理的实践》一书中曾大胆的宣称，对于管理学本身来说，大学商学院的课程中，只有两种知识源泉最为有效：短篇小说和传统诗歌赏析。在德鲁克看来，诗歌赏析可以帮助一个学生练习用感性的，富于想象力的方式去影响别人，而短篇小说的写作则培养学生对人际的入微观察。只有在阅读小说和诗歌的时候，人们才可以细致入微地把握人性。[②] 在柯林斯看来，德鲁克最重要的哲学不在他的任何一本书里，而是他的生活态度。[③]

---

① Peter F. Drucker. “They're not employees, they're people.” *Harvard Business Review*, 2002, 80 (3/4): 70－77.

② Peter F. Drucker. *The practice of management*. New York: Harper Press, 1954.

③ Jim Collins. *The daily Drucker*: 366 *days of insight and motivation for getting the right things done*. New York: Harper Business, December, 1994. Foreword.

事实上，德鲁克解释学的基本特征是：①德鲁克解释学的本体论具有十分浓厚的人本主义色彩。理解不是“存在”的一种外在表现形式，它就是“存在”本身的生活方式。德鲁克解释学不仅扩展了管理学本体论讨论的范围，把人的具体存在引入本体论，而且使本体论讨论具有浓厚的人本主义特征。②德鲁克解释学的认识论属于历史主义认识论的范畴。它以人的主体性和历史性为基本出发点，强调意义的构成性，把人的世界和人自身的意义看作是由传统、语言、时代、理性诸因素综合作用的产物。③德鲁克解释学不是理解的技术，而是理解的方法论。它着重于分析、发现隐含在理解中的“前提条件”，把这一条件归结为人在“视域融合”中构成的“前理解状态”。“前理解”是理解的必要条件，是个人与历史文化的存在上的承接，是个人无法拒绝的。前理解状态是先于主体与客体区分的自觉意识，对任何组织及其管理状态和管理理论的理解都只能从这种“前理解”状态开始，而不是由“主体”开始。理解所处的前理解状态，就是先见状态。先见是历史的产物，是构成个人的历史存在，并为一切理解提供基础。先见在理解过程中有合法地位，在理解过程中有拓展理解的作用，是开启解释循环问题的钥匙。

可以这样认为，德鲁克所强调的管理学研究的线索是以人类精神生活为研究对象，都是对人类思想、文化、价值和精神表现的探究，目的在于为人类构建一个意义世界和精神家园，使心灵和生命有所归依。这既包括使管理学发展成为人类精神文化活动的知识体系，也包括了使管理学能够进行关于人类生存意义和价值的体验与思考，对人类精神文化现象的本质、内在联系、社会功能、发展规律等方面的认识成果进行系统化、理论化的建构。

（四）小结

我们认为，从哲学认识论的角度来看，德鲁克的确是管理学方法论本体论（ontology）和实在论（realism）的代表。德鲁克的经验研究本体论有两个显著的特点：

第一，本体与现象不分离。管理学主流范式相信组织及其管理世界一定存在着一种人们确定真理的终极基础，管理学的目标和任务就是要发现这个基础，探究其内容，阐释其意义。而德鲁克的管理哲学思想中，对组织及其管理世界的抽象与概括所获得的普遍意义只是一种意像（image），它与实践和现象世界有关。它虽然没有管理学主流范式所具有的那种明晰性、确定性、逻辑性和系统性，但却避免了人为割裂本体与现象的危险。德鲁克管理思想中的本体范畴从来就没有脱离现象而独立存在。本体与现象有别，但不割裂，这是德鲁克本体论的明显特征。

第二，直觉与逻辑的统一。管理学主流范式善于把本属于事物自身的概念从事物自身上剥离出来，或者是剥落下来，构成一个绝对形式化的、纯粹的逻辑系统。概念成为这个系统思维运作的可靠符号和工具。特别是管理科学学派更善于把“效率与人性”这类形而上的经营管理问题下降为数学公式推演的逻辑分析问题。只有德鲁克的管理学才旗帜鲜明地指出，感性直观、经验直觉、体悟、想象等方法在本体论中的意义。整体而言，德鲁克的本体论把感悟、体认、直觉看成是沟通本体与现象关系的主要方式。

四、德鲁克的经验法或案例法

德鲁克的经验法或案例法（cases approach）是诠释型方法论范式中最重要的方法。在管理学中，经验法或案例法是与纯理论研究相对而言的，通常指通过搜集第一手资料的研究方法。哈佛大学商学院首任院长埃德文·盖伊（Edwin F. Gay）将案例法（cases method）称为“问题方法”（problem method），并在哈佛大学设置案例发展单位。

对“经验”一词有不同的定义。首先，它是指研究的实证性和操作化。在这个意义上，在经验研究中的概念是需要操作化的，即通过操作定义说明概念所指称的、可被观测的经验内容，由此而建立的理论是一种操作化的、并受到经验事实检验的理论。其次，“经验”的另一种定义是指知识的现实性或实质性。依据这种定义，自然科学和管理科学可称为经验科学，因为它们提供的理论是有实质内容的，并且可通过对现实的经验观察来检验；与此相比，数学和逻辑学则是无实质内容的、演绎式的符号体系。这种区别导致了“实质理论”（substance theory）与“形式理论”（form theory）、综合性陈述与分析性陈述的划分。综合性陈述是关于客观世界的陈述，其效度取决于经验事实；分析性陈述与经验现象无关，其效度只与陈述的逻辑结构有关。

在管理学研究中，“经验研究”一般是指通过现场观察、访问和社会调查来搜集经验资料的研究，它有别于“图书馆研究”或文献研究。前者是直接从研究对象那里获得第一手资料，而后者则间接地搜集第二手资料。在这一方法中，“经验研究”包括调查研究、参与观察和社会实验。

德鲁克的经验法或案例法，以向大企业的经理提供管理企业的成功经验和科学方法为目标。德鲁克主张，古典管理理论和行为科学理论都不能充分适应企业发展的实际需要。有关企业管理的科学应该从企业管理的实际出发，以大企业的管理经验为主要研究对象，将这些经验升华为理论，以便在一定的情况下，把这些经验传授给企业经理人。但在更多的情况下，只是为了将这些经验直接传授给实际工作者，向他们提出有益的建议。德鲁克（Drucker，1999）认为，如果说管理有理论的话，对企业来说有三条是最重要的：“一是为终端客户创造价值和服务；二是技术产业化；三是采取不同方式管理不同的人。” “这三个假设，奠定了现代企业、现代经济崛起的基础。”①

在德鲁克看来，管理学研究的重要的是要不断地质疑那些“自然的”结构和事件，以便弄清作为个体的人们是怎样获得相互理解的。通常，组织及其管理世界是随事件而建构起来

① Peter F. Drucker. *Management Challenges of the 21st Century*. New York：Harper Business，1999.

的，人们通常活动是与事件彼此关联的，而理论往往是事后以某种理性行为的方式来描述这种关联的。显然，这里的关键问题是，卷入这种关联之中的行动者本身是怎样参与意义系统的建构的。德鲁克主张，应当从自己的经验出发来解释这个世界，从管理学者自己作为股东和行动主义者而不是被动的旁观者的立场，在复杂的动态的关系中不断地形成和再造我们的未来。哈佛大学商学院教授肯尼斯·安德鲁斯（Andrews，1951）认为，案例是对真实状况的一种描述。[①] 罗伯特·尹（Yin，2003）认为，案例研究是一种经验主义的探究（empirical inquiry），它研究现实生活背景中的暂时现象（contemporary phenomenon），在这样一种研究情景中，现象本身与其背景之间的界限不明显，研究者可以运用大量的事例证据来展开研究。[②] 德鲁克的经验法或案例法的特点是：

（1）通过案例研究经验，鉴别成败的因素。

哈罗德·孔茨（Koontz，1980）认为，案例法的依据是"管理学者和实际管理工作者通过研究各色各样的成功和失败的管理案例，就能理解管理问题，自然地学会有效地进行管理。"[③] 德鲁克（Drucker，1966）的《卓有成效的管理者》一

---

① Kenneth Richmond Andrews（Editor）. *The case method of teaching human relations and administration*：*An interim statement.* Boston，Massachusetts：Harvard University Press，January 1951.

② Robert K. Yin. Case study research：Design and methods（3rd ed.）. Newbury Park，California：Sage Publications，2003.

③ Harold Koontz. "The management theory of jungle revised." *Academy of Management Journal*，1980，5（2）：175－187.

书向管理者或经理人学习有效性提出建议时，也引用了美国第16任总统亚伯拉罕·林肯（Abraham Lincoln）和美国第26任总统西奥多·罗斯福（Theodore Roosevelt），第二次大战时的美国将领乔治·马歇尔将军（General George Marshall）、前美国国防部长罗伯特·麦克纳马拉（Robert McNamara）、美国贝尔电话公司前总裁迈克尔·费尔（Michael Feuer）、小阿尔弗雷德·斯隆等人大量的管理经验。[①] 例如，德鲁克对IBM前领导人小托马斯·约翰·沃森（Thomas John Watson，Jr.）1963年出版的《一个企业和它的信念》（A Business and Its Beliefs）[②] 推崇备至。德鲁克视沃森为先驱式人物、偶像和伟大的领导者之一，甚至很大程度上是后工业社会的缔造者。德鲁克认为，小托马斯·沃森创建了一个伟大的美国式机构，他改变了人们管理公司的方式，他将这种进步推入了一个全新的称为信息时代的阶段。他是少数几个利用商业来改变社会和世界的生活方式的人。

罗伯特·尹（Yin，2003）认为，不论是实验法、调查法、历史法、案例研究法或档案分析法（archival analysis）都可运用于探索性、描述性或解释性的研究，其区别的判准是依据“研究问题的性质”“研究者对研究现象可掌控的程度”和“研究现象是同时期或非同时期的事物”（contemporary events）

---

① Peter F. Drucker. *The effective executive.* New York：Harper and Row，1966.

② Thomas John Watson，Jr. *A business and its beliefs：The ideas that helped build IBM.* New York：McGraw Hill，1963.

来进行研究方法的选择。①

德鲁克极力主张运用案例分析和比较分析对经理人的成功与失败进行考察，以增加对有效管理技能的了解和明白怎样实施管理行为。德鲁克的这一主张实质上对管理方式的普遍适用性观点形成了剧烈的冲击。在斯隆的著作《我在通用汽车公司的岁月》一书的封面上，德鲁克表达了他对斯隆的敬仰："确实，斯隆作为管理的设计师和建筑师所做的工作，是美国在二次大战中表现优秀的一个重要因素。它使得美国的产业界能够动员起来达到创纪录的产出水平，而且是在一夜之间从毫无准备和士气低落的不景气中得到恢复并达到这个水平的。而且，这是在二战之后的20世纪40年代美国在全球经济领导地位的基础，也是日本在二战以后向我们学习的主要经验，它使日本变成了经济大国。"②

（2）认为管理所面对的情况是完全不同的，主张管理学应当从实际出发。

德鲁克（Drucker，1954）在《管理的实践》中说过："任何成功管理经验都不能让别人也一样获得成功。"③ 欧内斯特·戴尔（Dale，1960）认为，迄今为止，还没有人能掌握企业管理上的"通用准则"，至多只能讲各种不同组织的"基本类似

① Robert K. Yin. Case study research: Design and methods (3rd ed.). Newbury Park, California: Sage Publications, 2003.

② Alfred P Sloan Jr. My years with general motors. New York: Doubleday, 1963.

③ Peter F. Drucker. *The practice of management*. New York: Harper Press, 1954.

点”。戴尔声称，在实际管理工作中，这些“普遍原理”就像“普罗克拉斯提斯之床”（the bed of Procrustus）[①] 一样，很少有完全适合的。所有的哲学家们都有一些他们思想中喜爱的体系。如果要使自然界适合于这些体系，那就必须迫使整个自然界屈服。德鲁克说，任何一个成功企业，都不可能给另一个企业提供可行的成功经验；另一位管理大师、伯明翰阿拉巴马大学管理学研究生院教授（University of Alabama, Birmingham）教授杰克·邓肯（Duncan, 1990）也说“管理没有终极的真理”。[②]

没有人可以否认，实践是检验理论正确性的最终标准，管理理论和管理科学必须从现实中发展而来。这说明管理学的学科特性是实践，是通过讲故事（案例）的实践描述来传达理念给人以启发，从而使企业有可持续发展的长足进步。管理学的实质是“普遍真理”很少，是一门实践性极强的人的行为科学。亨利·明兹伯格（Mintzberg, 2005）认为：“工商管理教育不能给人们留下关于管理的扭曲印象。管理应该是一种实践，它将大量的管理技巧（经验），一定程度的艺术（洞察力）和一些科学（分析）结合在一起，使管理教育进行反思

---

① 普罗克拉斯提斯（Procrustus）是希腊神话中阿提卡（Attica）某处有名的拦路大盗，有长短两张铁床，他抓住矮个人放在长床上拉长而死，抓住高个人放在短床上将腿截断而死。因此“普罗克拉斯提斯之床”（the bed of Procrustus）常用来比喻那种不顾客观规律、强制推行人为法则的做法，被人们概括为魔鬼“普罗克拉斯提斯之床”行径。参见 Ernest Dale. *The great organizers.* New York：McGraw-Hill Book Co. , 1960, 9.

② W. Jack Duncan. *Great ideas in management：Lessons from the founders and foundations of managerial practice.* Oxford：Jossey-Bass Publishers, 1990.

重构，把管理教育与管理开发带入一个新的境界。"[1] 戴尔（Dale，1960）认为，管理知识的真正源泉就是成功大公司中"伟大的组织者"（the great organizers）经验，主要就是这些"伟大的组织者"的非凡个性和杰出才能，并认为把注意力集中于实际问题能导致理论上的巨大进展。[2]

（3）强调从企业管理的实际经验出发，而不从一般管理原则出发来进行研究，在研究方法上并不企图去确定一些原则。

罗伯特·尹（Yin，1989）认为，案例研究是一种实践性的调查，研究以现实生活为背景的一些现象，所研究的对象与现实生活背景间没有十分明确的界线。[3]

欧内斯特·戴尔（Dale，1960）在1960年出版的《伟大的组织者》一书中断然反对存在着任何有关组织和管理的"普遍原则"，主张用比较的方法对大企业的管理经验进行研究。他在该书中主要研究了美国杜邦公司（Eleuthere Irenee du Pont de Nemours and Company）、通用汽车公司（GM）、国民钢铁公司（National Steel Corporation）和威斯汀豪斯电气公司（Westing-House Electric Corporation）等四家大公司的一些"伟

① Henry Mintzberg. Managers not MBAs: A hard look at the soft practice of managing and management development. Berrett-Koehler Publishers, Inc., 2005. Introduce.

② Ernest Dale. *The great organizers*. New York: McGraw-Hill Book Co., 1960.

③ Robert K. Yin. *Case study research: Design and methods*. Newbury Park, California: Sage Publications, 1989.

大的组织者”，如皮埃尔·塞缪尔·杜邦（Pierre Samuel du Pont）、小阿尔弗雷德·斯隆、乔治·威斯汀豪斯（George Westing House）等人成功的管理经验。[①]

斯隆对自己的管理方法以这样一段话来总结：“经营任何一种企业都存在两种方式：预感方式和科学方式。我由于气质和教育的缘故，总是采用后一种方式。这使我获益匪浅，而且也将使其他人获益匪浅……不过，仅有科学意识并不足以挽救企业，它必须转化为一个指导企业经营的总框架，能够以科学实验加以检验，或者至少通过逐渐加强的系统化或合理化来完善到一定程度。”[②] 若干年之后，德鲁克仍然对斯隆赞美有加，“每当谈到完美的管理之时，我就会想起斯隆先生和他的助听器。”[③]

（4）重视研究企业的组织结构问题，有许多精辟独到的见解。

德鲁克在1974年发表的获得当年麦肯锡奖（McKinsey Award）的《今日组织的新样板》一文中，将西方企业的组织结构概括为五种类型：集权的职能型结构、分权的“联邦式”结构、规划——目标结构（矩阵结构）、模拟性分散管理结构、系统结构。[④] 这一分类基本上包括了已有的主要的组织类

---

① Harold Koontz. “The management theory of jungle revised.” *Academy of Management Journal*, 1980, 5 (2): 175 – 187.

② 转引自 Ernest Dale. *The great organizers*. New York: McGraw-Hill Book Co., 1960, 98.

③ Peter F. Drucker. *Adventures of a bystander* (autobiography). New York: Harper and Row, 1979. 280.

④ Peter F. Drucker. “New templates for today's organizations.” *Harvard Business Review*, 1974, 52 (1/2): 45 – 53.

型，为许多管理学者所采用。德鲁克提出，组织结构的设计应从企业实际出发，根据自身的生产性质、特殊条件及经理人员的特性等来确定，不存在能适用于一切情况的唯一最好模式；能够完成工作任务的最简单的组织结构，就是最好的结构；当外界环境和自身条件发生变化时，组织结构应及时改革。

小阿尔弗雷德·斯隆在20世纪20年代担任通用汽车公司（General Motors）总裁期间，对公司管理体制和组织机构大胆进行了改革，实行“分散经营、协调控制”，斯隆也因此而成为“分权结构”（decentralization structure）和后来的“事业部结构”（group structure）的创始人。

（5）德鲁克的研究方法对人们去理解管理是一门艺术，颇有启迪作用。

德鲁克认为，经理人应当奉行“反馈比较法”，这是了解自己很重要的步骤。德鲁克（Drucker，1997）强调：“组织只要有任何重大决策，都应该写下他们预期此举会有什么影响。9个月后，再就实际结果与预期进行比较。这样一来，组织便能了解，哪些地方做得不错，具有哪些长处；以及哪些地方做得不好，具有哪些短处。”①

严格地说，案例法类似于古希腊哲学家苏格拉底的“精神接生术”（psychoanalytic view）。苏格拉底用“问答法”传播他的思想，在把受教者的一切已有见解用一问一答的方式悉数破除之后，便使其在不知不觉中接受了他的影响，苏格拉底把

① Peter F. Drucker. *Drucker on Asia*：*A dialogue between Peter F. Drucker and Isao Nakauchi*. New York：Butterworth-Heinemann，1997.

他的这种方法，即通过谈话、提问、揭露矛盾而从个别求得一般的方法，叫作“精神接生术”。因为在他看来，对于各种事实论证的结果，早已先天地包藏在人们的心灵中，就像胎儿之存在于母腹中一样，而他只不过用这种方法把它接生出来罢了。德鲁克（Drucker，1979）在其自传《旁观者的历险》一书中说：“传统上，苏格拉底亦被称为伟大的老师。对此称呼，他本人应该不以为忤。但是，他从来就没有说过自己是个老师，事实上他也是一个利用教学法、引导学生学习的人。苏格拉底的方法并不是‘教的方法’，而是‘学的方式’，一种特别设计的学习法。苏格拉底对诡辩学派的批评就是因为他们太强调教的一方，并认为老师教的是‘学科’。苏格拉底则觉得这种看法没有意义，他以为：老师教的不是‘学科’，而是‘学习方法’，学生从而学到该学科的知识。‘学’是有成果的，‘教’则是虚假的；这种看法使他成为阿波罗神话中‘希腊最有智慧的人’。”①

美国斯坦福大学战略与组织学教授凯瑟琳·艾森哈特（Eisenhardt，1989）指出，在研究的初始阶段，当我们对所研究问题知之甚少或试图从一个全新角度切入时，德鲁克的案例研究将非常有用。② 罗伯特·尹（Yin，1994）认为，案例法主要适用于下列情境：（1）多变量研究具有高度复杂性。

---

① Peter F. Drucker. *Adventures of a bystander* (autobiography). New York: Harper and Row, 1979.

② Kathleen M. Eisenhardt. “Building theories from case study research.” *Academy of Management Review*, 1989, 14 (4): 532 – 550.

(2) 理论形成的初期阶段。(3) 解释性问题的研究：有关"为什么"与"如何"的问题。(4) 以实务为基础的问题。(5) 当事人的经验是相当重要的问题。(6) 问卷调查无法提供深入数据时。(7) 样本数很少时。[①]

应当指出的是，德鲁克的经验法或案例法在管理学教学方法和管理实践领域也产生了广泛影响。在教学方法领域，以哈佛商学院为代表的案例教学法日渐成为管理教学的重要方式；在管理实践中，20 世纪 90 年代以来流行的"标杆管理"(benchmarking) 方法[②]就充分体现经验主义管理哲学。

---

① Robert K. Yin. *Case study research*: *Design and methods* (2nd ed.). Newbury Park, California: Sage Publications, 1994.

② 所谓的标杆管理 (benchmarking) 的方法，就是组织用研究别的组织如何比自己做得更好并且就此尽力模仿 (mimic) 或改进的方法。标杆管理又称基准管理，是在20 世纪70 年代末由美国施乐公司 (Xerox) 首创，后经美国生产力与质量中心 (American productivity and quality center, 简称 APQC) 系统化和规范化。1976 年以后，一直保持着世界复印机市场实际垄断地位的施乐公司遇到了来自国内外，特别是日本竞争者的全方位挑战；佳能、NEC 等公司以施乐的成本价销售产品且能够获利，并且产品开发周期比施乐短 50%、开发人员比施乐少 50%，一时间施乐的市场份额从 82% 直线下降到 35%。施乐公司面对着竞争者的威胁，开始向日本企业学习，开展了广泛而深入的标杆管理。施乐通过对比分析、寻找差距、调整战略、改变策略、重组流程，取得了非常好的成效，把失去的市场份额重新夺了回来。成功之后，施乐公司开始大范围地推广标杆管理，并选择 14 个经营同类产品的公司逐一考察，找出了问题的症结并采取措施。随后，摩托罗拉、IBM、杜邦、通用电气等公司纷纷仿效，实施标杆管理，在全球范围内寻找业内经营实践最好的公司进行标杆比较和超越，成功地获取了竞争优势。

五、本章小结

德鲁克管理学方法论的特点总体上可以概括为：（1）它力图表现出对社会实践情况的关注；（2）它致力于组织及其管理效率的提升；（3）它主张互补及有针对性地使用经验和案例的方法论；（4）它想要证明实践和效率意识对管理学的发展极为重要。

德鲁克承认管理学发展中存在着社会和组织压力，这些压力迫使人们在某些情况下不得不通过实践和效率标准来发展管理的原则与理论，“以问题为导向、以案例为基础，以效率为标准”的方法论对指导人们干预系统的行动十分必要。

德鲁克管理学方法论强调，组织及其管理世界是管理学家被迫与它产生联系的世界，管理学家被迫成为这个世界的一部分；管理学者应当适应并成为这个世界的一分子，从而形成一个不同于那种将管理学家看成是组织及其管理世界的客观的、中立的观察者、他们所认识的是理性的、客观化的语境世界的观点分道扬镳。

德鲁克管理学方法论的真知灼见不但影响着美国管理实践者和美国的管理学家，同时也深刻影响了中国管理实践者和中国管理学家。德鲁克在《卓有成效的管理者》中文版序言“彼得·德鲁克致中国读者”中这样写到：“经理人不能依赖进口，即便是引进也只是权宜之计，而且也不能大批引进。中国的经理人应该是中国自己培养的，他们深深扎根于中国的文化，熟悉并了解自己的国家和人民。只有中国的人才能建设中国，因此快速培养并使卓有成效的管理者或经理人迅速成长起来是中国面临的最大需求，也是中国的最大的机遇。”①

① 彼得·德鲁克．“彼得·德鲁克致中国读者”，载于《卓有成效的管理者》，北京：机械工业出版社，2005 年 6 月版。

第七章
德鲁克的奥地利学术传统

按照德鲁克自己的说法，他所接受的学术训练是政治学和经济学。他的这一学术背景很少受到后来者的关注和研究，但他的学术背景的确带给他宽广的观察视野和理论洞察力。德鲁克不仅开创了管理学社会实践的思想和方法，而且在社会、经济与政治等方面有许多建树，这与德鲁克的欧洲学术传统和浓厚的奥地利背景有极大的关系。德鲁克生于奥地利，长于奥地利，德鲁克本人与同时代的奥地利学者有非常深的交往，他在哲学背景、思维方式、方法论等方面与欧洲哲学渊源和奥地利学术传统一脉相传，甚至他到美国六十余年依然是奥国乡音不改，表现出极强的奥地利渊源与情结。

一、德鲁克与奥地利学术传统的渊源

严格地说，德鲁克所具有的奥地利学术传统是在他的青少年时代就成型了。19 世纪以来，欧洲文风鼎盛，奥地利首都维也纳更是音乐之都和文化圣地。

德鲁克出身世家，祖籍荷兰，家学渊源，历代家族英才辈出。在 17 世纪时其祖先在荷兰即从事圣经及宗教书的印刷工作。“Drucker” 这个姓，在荷兰文的意思就是“印刷者”。① 德鲁克 1909 年 11 月 18 日出生于奥匈帝国（Austro-Hungarian Empire）② 首都维也纳，从幼年起，德鲁克就接受了良好的教育，享受优雅的童年。第一次世界大战前维也纳是世界领先文化的繁育地，当时的维也纳在学术界和艺术界是一片神奇的地方，维也纳成了政治、经济、音乐、美术、戏剧、舞蹈、教育等领域博采众长于一身的文化圣地和新思想的繁育地。德鲁克在其自传《旁观者的历险》中写到，1900 年前后的维也纳是历史上最辉煌的时期，欧洲的文艺之都滋养着一切创造性。在

---

① “Drucker” 这个词，在德语中以前是指“印刷工”，现在广泛地则指与计算机相连接的“打字机”。“Drucker” 这个姓，可能起源于 15 世纪中叶约翰内斯·古登堡（Johannes Gutenberg，1397 – 1468）发明活字印刷术之后产生的一个新的职业：“印刷工”。

② 奥匈帝国（Austro-Hungarian Empire）（德语：? sterreich-Ungarn，马扎尔语：Osztrák-Magyar Monarchia）是 1867 年至 1918 年间的一个中欧的二元君主国（Dual-Monarchic Union）国家，第一次世界大战后奥匈帝国解体。

每一个夜晚，人们不仅可以听到18世纪的古典音乐，谈论19世纪启蒙运动的小说，还可以坐着电车在歌剧院与沙龙之间穿梭。在那些社交场合，常常是高朋满座，热闹非凡，喜欢光顾遍布维也纳咖啡馆的青年们，他们在阅读报纸并大声争论，这时的维也纳已经使用电灯照明了。

德鲁克的父亲阿道夫·德鲁克（Adolph Drucker）是奥地利公民服务机构的首席经济师和律师，同时也是维也纳大学经济学系的兼职教授，与第二代奥地利经济学派的代表性人物熊彼特、哈耶克均有密切的交往。这些奥地利经济学家都属于创新学派，对德鲁克的创新精神理论的形成产生了重要的影响。母亲卡洛琳·德鲁克（Caroline Drucker）为奥地利首位女性医学家，德鲁克有关人性思想的启蒙者是他的母亲，他母亲是弗罗伊德精神分析学说（Freud Psychoanalysis）的崇拜者，他母亲向德鲁克讲述了弗罗伊德精神分析学说。德鲁克在《德鲁克论亚洲：德鲁克与中内切的对话》一书中谈到："长期以来，我们家的成员都是公务员、教授、律师和医生。"①

20世纪前半叶是动荡的时代，也是各种学术思想百花齐放、百家争鸣的年代。由于德鲁克家庭属于上流社会，师友都是各方俊彦，德鲁克从小就有机会接触许多杰出的人物，年轻的德鲁克就在这片大师不断诞生的知识良田中，从精神分析学派始祖西格蒙德·弗洛伊德（Sigmund Freud，1856－1939）、经济学家约瑟夫·熊彼特（Joseph Alois Schumpeter，1883－

① Peter F. Drucker. *Drucker on Asia*：*A dialogue between Peter F. Drucker and Isao Nakauchi*. New York：Butterworth- Heinemann，1997. Preface.

1950）、社会学家卡尔·波兰尼（Karl Polanyi，1886－1964）和生物学家与哲学家迈克尔·波兰尼（Michael Polanyi，1891－1976）兄弟等大师身上吸收充足的养分。对德鲁克来说，生活和学习中有这些良朋益友相伴相随，既是一种缘分，又是一种福分。而对于这些大师的影响，德鲁克却决不贪功，一直保持着旁观者公正、理智的评判标准。例如，对于精神分析学派始祖弗洛伊德的诙谐记述就很能说明问题。

德鲁克丰厚的知识涵养并非一朝一夕得来，而是从童年开始养成。每个星期有好几天晚餐，德鲁克的父母，或是在古斯塔夫·马勒（Gustav Mahler，1860－1911）① 指挥的维也纳爱乐交响乐团（Vienna Philharmonic Orchestra）担任独奏的祖母，会分别主持时事、医学、音乐、数学、哲学或文学等专门主题的讨论会，德鲁克和姐姐也会一起用餐聆听。童年时代的德鲁克，每天都沉浸在智慧的殿堂，聆听大人用各种语言传述不同领域的高等知识。

在这样的场合中，青少年时期的德鲁克耳濡目染，不仅获得了许多深奥的知识，也陶铸出他独特的写作风格和广博的视野：偶尔运用一些看似无关的东西作为佐证，或用一些不相干领域的事物旁征博引，以启发读者的思考方向。对德鲁克而

① 古斯塔夫·马勒（Gustav Mahler，1860－1911），杰出的犹太裔的音乐大师，奥地利作曲家及指挥家。出生于波希米亚（Bohemian）的卡里什特，童年即显露音乐的天才，六岁参加钢琴比赛，八岁已能为别的孩子教课，十五岁进维也纳音乐院（Vienna Music Collage）学习，后改学作曲及指挥。1887 年成为维也纳国家歌剧院院长，是以维也纳为中心的著名交响乐派的最后一位作曲家。

言，学习新事物最能让心灵感到愉悦，是一种能够和读者分享快乐的恩赐，而非向世人炫耀自己的才学。德鲁克的父母亲强调以孩子为主体，让少年的德鲁克主动地获取知识、锻炼能力，为德鲁克创造一个宽松和谐的环境，使德鲁克在玩耍中与学习互动、分享，充分体验到学习和分享知识的快乐。德鲁克的父母亲为孩子创造的是能激发智慧火花的教育环境，而不是仅注重学术知识传授的地方。这种环境培养了德鲁克思维敏捷，不囿于成见，敢向一切陈旧事物挑战的品格。使青少年时期的德鲁克不仅具有非凡的勇气，且极富想象力，经常地进行大胆的选择和决断。

事实上，德鲁克父母结交的朋友和往来方式，对德鲁克的成长有长远影响，关系到德鲁克未来的发展。德鲁克 8 岁时就认识了奥地利精神分析学家、精神分析学的创始人西格蒙德·弗洛伊德，他曾被弗洛伊德断言："将来或许会成为欧洲最伟大的人。"可以想象，弗洛伊德的称赞也许只是对他的朋友——德鲁克父母的一种恭维，仅仅是一时的溢美之词。但是，不可否认，德鲁克的知识大餐在童年就已经开始享用，这才使弗洛伊德能够一语中的。德鲁克果然成为活了将近百岁的一代思想宗师。

我有理由相信，德鲁克一切理论基础来源于他在维也纳的成长经历，这座具有欧洲最伟大的传统并缔造和孕育出弗洛伊德的城市，始终被一种创造性的冲动左右着，这种冲动是德鲁克解释创新与企业家精神原理的基础。比德鲁克更年长的熊彼特、哈耶克肯定也同样受益于这种环境，德鲁克那罕见的领悟力和创造力就来自于这个伟大的城市。在维也纳这样的城市中，不同的年轻人依靠不同的方式来理解世界，它既有维特根斯坦式的方式，也有卡尔·波普尔式的方式。但维也纳的气氛使他们带有更强烈的艺术气质和人文精神，他们思考，首先是因为他们对智力生活的迷恋，而非其他目的。

德鲁克像一个艺术家一样思考着管理学，并把维也纳式的人文主义和艺术教养注入这个学科之中。德鲁克的学说，不管是工厂社区理论和企业的宗旨理论，还是对知识工人和对后现代管理的分析，都比任何20世纪管理学家的见解，要有远见得多。

英国《经济学家》1994年10月1日的评论文章《彼得·德鲁克：救世军》① 提到，20世纪20－30年代奥地利早期经历对德鲁克有很大的影响。“德鲁克的背景……对他的影响要大于德鲁克先生风格的形成。这使他对管理的重要性怀有强烈的感觉。他相信管理不善使欧洲在成长时期就陷入了灾难之中，同时他担心管理不善的范围在不断扩大，而组织的确变得

---

① 基督教救世军（The Salvation Army）是一个成立于1865年的基督教教派，以街头布道和慈善活动、社会服务著称。其国际总部位于英国伦敦维多利亚皇后街101号，在全世界有几千个分部，分布在70多个国家，据称有成员200万人。其中以美国基督教救世军属于美国佛罗里达州的一个非营利组织，主要职能是对一些假释犯进行监管和引导，以协助遭社会拒绝、排斥的人重新成为好公民。而英国《经济学家》杂志将德鲁克称为救世军（The Salvation Army），德鲁克对这一称号非常满意。有趣的是2001年，基督教救世军授予德鲁克救世军最高奖项“伊万婕琳·布斯奖”（Evangeline Booth Award），以表彰他为非营利组织领域所带来的巨大的有利影响。德鲁克致答谢词时说：“没有哪一个组织比救世军更让我羡慕和尊敬，它一直是我的老师和导师。”

更加复杂和相互依赖。”[①]

没有人知道，德鲁克的奥地利背景和他青年时代在欧洲的求学和历练，对他以后在管理理论和实践上贡献，起到了多少影响。以我对德鲁克的了解，德鲁克在欧洲求学和工作历练，已经使他深深地体会到管理对现代社会的重要性，认识到现代社会中组织的作用、复杂性和相互依赖性；组织对现代社会、管理对企业和员工而言，都是要命地的重要。按这个道理来推论，这段历练应该已在他的心中形成一项重要的“参照物”(references)，指导他后来的思想和行为。美国著名心理学家安东尼·罗宾斯（Robbins，1986）曾说过，个人的历练会储存在他的脑海中，成为他的“生命纤维组织”（fabric of life），构成他的信念，使他勇往直前，接受挑战。[②] 实际上，德鲁克在离开欧洲后，一直孜孜不倦地从事管理研究和实践，欧洲的求学、历练和经验对他的影响，确实不小。

1927 年，德鲁克在家乡维也纳上完高中后，到德国汉堡（Hamburg）一家专门出口五金产品到印度的贸易公司担任实习职员，同时进入当地一所大学的法学院就读。在汉堡的十五六个月，是他一生在学习上受益最深的时期。每周一到周五的晚间，德鲁克会固定到汉堡市立图书馆读书。“十五个月来，

① The Economist. “Peter F. Drucker: The salvation army.” *Economist*, October 1, 1994.

② Anthony Robbins. *Unlimited power: The new science of personal achievement.* New York: Free Press, 1986.

我不断地阅读各种书籍，有德文、英文、也有法文的。”①

在德国汉堡这段时间内，德鲁克博览群书，十几个月下来，他读了好几百本书。这时的德鲁克认识到，只有经过广泛的阅读才能够发现自己，知道自己读书的乐趣、研究的乐趣在什么地方。其中他对两本书的感悟与反思彻底改变了他的人生：第一本书是爱尔兰政治家、作家、演说家、政治理论家和哲学家埃德蒙·伯克（Edmund Burke，1729 - 1797）于 1790 年完成的《法国革命之反思》（Reflections on the French Revolution）②；第二本书是德国社会学家费迪南·腾尼斯（Ferdinand Tonnis，1855 - 1963）于 1887 年写就的德文社会学经典著作《社区与社会》③。通过对伯克著作的阅读，使德鲁克认识到，人性是无知和容易犯错误的，平等只是一种虚构，社会政治体内必然存在等级差别，这是一种习惯的社会纪律。遵从社会的习惯和传统就是人的本性。个人是渺小和短暂的，一个人只有成为社会成员才能摆脱野蛮，一个人所有的精神财富都来自有

---

① Peter F. Drucker. *Adventures of a bystander* (autobiography). New York: Harper and Row, 1979.

② 《法国革命之反思》是埃德蒙·伯克最知名而又最具影响力的著作。在英语世界，埃德蒙·伯克经常被视为是现代保守主义（Modern Conservatism）的奠基者，他的思想对于弗里德里希·哈耶克和卡尔·波普尔等古典自由主义者也有极为深刻的影响。

③ 德国社会学家腾尼斯 1887 年用德文写了题为 Gemeinschaft und Gesellschaft 的一本书，该书后来由美国的查尔斯·罗米斯译成英文，书名为 Community and Society，这本书中文现在翻译成《社区与社会》。见：Ferdinand Tonnis (1887). *Community and Society*. Charles P. Loomis, Translated. New York: Harper and Row, 1957. (Original work published 1887).

组织的社会成员身份；个人必须承担自己的责任和义务，否则，个人就会成为一帮杂乱无章的逃兵和无赖。德鲁克（Drucker，1979）后来写到："伯克要告诉我们的是，在这样的时代，政治和政治家的第一要务是在延续和变动间找到平衡。这样的精神，随即成为我的政治观、世界观和日后所有著作的中心思想。"① 而费迪南·腾尼斯给了德鲁克一个永难忘怀的启发：社区（Community）是居住在地域上的个人以成员身份属于集体的社会联合。社区作为一种人的集合，是由共同的精神生活和在此基础上形成的共同的精神纽带凝聚的。人需要社区②，也需要社会——个体从社区中获得地位和归属感，在社会中发挥功能。在德鲁克看来，人是社会的动物，过的是群体的生活。社区是指由若干社会团体或社会组织聚集在一定地域所形成的生活共同体。费迪南·腾尼斯用二分法原则（dichotomous principle）从人类结合的现实中抽象地概括出两种类型：社区与社会。

德鲁克（Drucker，1997）1997 年在《我的人生就像知识工作者》一文中指出，在他人生道路上对他影响最大的有七个人。他回忆到，1927 年在德国汉堡期间，每周都会去汉堡歌剧院（Hamburgische Staatsoper）聆赏歌剧。就在这里，德鲁克发现了一件事，因而改变了他的一生。观赏完意大利伟大作曲

---

① Peter F. Drucker. *Adventures of a bystander* (autobiography). New York: Harper and Row, 1979.

② 腾尼斯在《社区与社会》一书中认为，社区的构成为五个要素：(1) 人群；(2) 地域；(3) 生活服务设施；(4) 特有的文化背景、生活方式和认同意识；(5) 一定的社会制度和管理机构。

家朱塞佩·威尔第（Giuseppe FortuninoVerdi，1813－1901）的最后一出歌剧“法斯塔夫”（Falstaff，莎士比亚笔下的喜剧人物）①，德鲁克得知这出歌剧是威尔第八十岁时所作的，令他既震惊又感动。德鲁克到图书馆去查找威尔第的背景资料，他惊奇地发现，威尔第于1893年（时年80岁，当时欧洲男子的平均寿命只有50岁）谱写了他生平最后一部三幕喜歌剧“法斯塔夫”（Falstaff）。威尔第在谈到创作“法斯塔夫”时说道：“我一生都是音乐家，且一直极力达到完美的境界，而我一直很困惑自己是否已达到这个境界，只是下定了决心再努力一试（All my life as a musician, I have striven for perfection. It has always eluded me. I surely had an obligation to make one more try）。”这段话成了德鲁克一生追求完美的座右铭和指路明灯（I resolved that Verdi's words would be my lodestar）。德鲁克立下誓言：“一旦我活到高龄时，也一样不放弃，而要再接再厉（If I ever reached an advanced age, I would not give up, but would keep on.）。”② 德鲁克以他的实际行动履行了他的诺言，他从85岁到95岁这10年中，相继出版了10本著作，以每年一本的速度为人类贡献他的智慧！

德鲁克在后来的社会、经济、政治著述中运用了大量且丰富的经济学知识，这与第二代奥地利经济学家的交往有关。20

① 《法斯塔夫》三幕喜歌剧，是意大利伟大的作曲家威尔第（Giuseppe Verdi，1813－1901）在80多岁时创造的一个奇迹。1893年2月9日首演于米兰斯卡拉剧院。

② Peter F. Drucker. “My life as a knowledge worker.” *Inc.* (February), 1997, 19 (2): 76－82.

世纪 30 年代，德鲁克在伦敦时期曾经希望通过学习能够获得更多的经济学知识，他每周都会从伦敦搭乘火车到剑桥大学（The University of Cambridge）参加当时最著名的经济学家约翰·梅纳德·凯恩斯（John Maynard Keynes，1883－1946）主持的研讨会。就在这位伟大经济学家跟前聆听教诲的时候，德鲁克发现自己不适合做一名经济学家。德鲁克（Drucker，1979）后来在其自传《旁观者的历险》中写到：“我……突然领悟到一个事实，那就是满屋子里的人，包括凯恩斯本人和才华横溢的经济学系聪明学生，只对商品的行为有兴趣，而我却更关心人的行为（after attending a John Maynard Keynes seminar，I suddenly realized that Keynes and all the brilliant economics students in the room were interested in the behavior of commodities while I was interested in the behavior of people）。”正是具有这种关心人的行为的取向，使德鲁克决心投身管理学研究领域，并以管理咨询顾问为终身职业。在德鲁克的眼中，只有“人”才是管理的主题和全部内容。德鲁克指出，管理学“这是一个以人为主轴的事业。我们并不是贩卖商品的蔬菜水果零售商。我与经济学家之间只有一点共识，那就是我不是经济学家。”①

尽管德鲁克声称他只关心以人为主轴的管理学事业，但他深知管理同时也离不开商品范畴的研究，因而他仍然关心着经济学的发展。但是，德鲁克就在到剑桥大学参加凯恩斯的研讨

① Peter F. Drucker. *Adventures of a bystander*（autobiography）. New York：Harper and Row，1979.

会时，他就与新古典经济学和凯恩斯主义分道扬镳了。在德鲁克看来，凯恩斯关注的是货币与商品的行为，主张国家对宏观经济的干预。德鲁克（Drucker，1993）在1993年发表的《生态愿景》（The Ecological Vision）一书中这样评价凯恩斯和经济学的："在我看来，经济是社会和政治决策要考虑的一个领域，却绝非唯一领域。对于这些决策来说，经济上的考虑是制约因素，却绝非决定因素。经济上的需要和它们的满足是重要的，却绝非绝对的。首先，经济活动、经济制度和经济理性等一切都仅仅是手段，用来实现非经济（也就是有关人和社会的）目的的手段。也就是说，我不认为经济学是一门独立的'科学'。更直截了当地说，我也不是一个经济学家——而且早在1934年我就断定自己不是。那时，我正以伦敦一家商人银行年轻经济学家的身份在剑桥听凯恩斯的讲座。坐在他的课堂上，我恍然大悟，原来凯恩斯只对商品的行为感兴趣，而我感兴趣的，却是人。"①

多年之后，德鲁克（Drucker，1979）在其自传《旁观者的历险》中这样描述到："我们今天已经把'符号'看作是'真实'，如金钱、买卖、交易、利率和国民生产总值等。用中古世纪逻辑学家的话来说，整个社会的认知就是——符号取代了实质，而所代表的物体却成了影子。""这种认知与形而上学就是经济学中'凯恩斯革命'的真实意义。古典经济学家，包括马克思在内，认为经济学与人类行为有关；现代的后凯恩

① Peter F. Drucker. *The Ecological vision*. New York：Transaction Press，1993.

斯学派新古典学者，如肯尼斯·博尔丁（Kenneth Boulding），则认为经济学处理的事‘商品的行为’。然而，就凯恩斯学派和反凯恩斯学派的人而言，如弗里德曼学派（Fridmanite）的支持者，则认为经济学处理的事符号、符号代表的行为、金钱供给的累积、信用，或者是‘充分就业预算’（full-employment budgets）。失业不再是一种人的处境，而成了一个标的数字。真实是由操纵符号而得到，而历史则是一幕又一幕的‘媒体事件’（media events）。”①

凯恩斯主义的经济学显然与德鲁克崇尚人性关怀和自由主义的情结格格不入，对不上他的胃口。一旦他明白了这一点，就从凯恩斯的课堂上消失了。德鲁克完全潜心于以人为主轴的管理学，在研究思路上站到了奥地利经济学派个人主义方法论和主观主义认识论一边。

在经济学说史上，奥地利经济学派的出现始于卡尔·门格尔（Carl Menger，1840－1921）于1871年出版《经济学原理》（Principles of Economics）一书时。从那时起，门格尔与欧根·冯·庞巴维克（Eugen von B? hm-Bawerk，1851－1914）、弗里德里希·冯·维塞尔（Friedrich von Wieser，1851－1926）一起，创立了第一代奥地利经济学。一战后，奥地利学派的第二代传人路德维格·冯·米塞斯（Ludwig von Mises，1881－1973）、约瑟夫·熊彼特、汉斯·迈耶（Hans Meyer，1879－1973）、弗里德里希·哈耶克（Friedrich A. Hayek，1899－

① Peter F. Drucker. *Adventures of a bystander*（autobiography）. New York：Harper and Row，1979.

1991)、戈特弗里德·冯·哈伯勒（Gottfried Von Haberler, 1900－1995）、弗里茨·马克卢普（Fritz Machlup, 1902－1983）、奥斯卡·莫根施特恩（Oskar Morgenstern, 1902－1977）以及保罗·罗森斯坦－罗丹（Paul N. Rosenstein-Rodan, 1902－1985）等出版和发表了大量著述，从而把奥地利学派的经济学推向了鼎盛期。

在二战前后，随着冯·米塞斯、熊彼特、哈耶克等人迁居美国，奥地利学派已经跟奥地利没什么关系，而成了一个地道的美国经济学流派，但还保留着独特的奥地利学术传统。在20世纪50年代，德鲁克还与冯·米塞斯同在纽约大学任教，成了同事。其中奥地利学派第二代传人，德鲁克父亲阿道夫·德鲁克的朋友熊彼特对德鲁克的思想产生了全方位的影响。这些影响表现在理论观点上，德鲁克完全接受了第二代奥地利学派的冯·米塞斯、熊彼特、哈耶克和后起之秀伊斯雷尔·柯兹纳（Israel Kirzner, 1930－）等人关于人类行为的本质、自由资本主义思想、企业家角色、市场过程和市场竞争本质等奥地利学派的观点。在方法上，奥地利学派思想家们的方法论上的个人主义（individualism）和认识论上的主观主义（subjectivism）研究特色在德鲁克所有作品中都有浓厚味道，成了一种典型的德鲁克特色。

二、奥地利学术传统在德鲁克著述中的反映

可以这样说，奥地利学术传统对德鲁克有非常深的影响，

并在他的研究和著述中处处体现出来。主要有以下几个突出的方面。

（一）人类行为的本质

在德鲁克所有作品中，奥地利经济学派的理论与观点随处可见。奥地利经济学派认为，只有在逻辑上出自于人类行为原则的经济学理论才是真实的，这种理论的正式名称是人类行为学（praxeology）。德鲁克所赞赏的是奥地利经济学派长期以来对这种理论所衍生的解释方式。

路德维格·冯·米塞斯（Mises，1933）批评了马克斯·韦伯（Max Weber，1864 – 1920）对人类行为[①]的狭隘观点，而试图把经济学的范围扩展到讨论有目的的人类行为的含义。[②] 在冯·米塞斯看来，与理性行为相对的，并不是非理性行为，而是无为（non-action）。经济性行为仅仅是经济分析的一部分，而不是全部。冯·米塞斯（Mises，1949）认为，市场经济的驱动力不在于“管理”（management）——经理人在给定框架内执行明确任务——而在于企业家精神（entrepreneurship），正是投机、套利和其他承担风险的企业家活动决定了管理工作的内容。是企业家而非经理人，是活动于资本和货

---

① 马克斯·韦伯（Max Weber）认为，人类行为规律性地服从于一套规则，这是整个社会学分析的基础。

② Friedrich von Mises（1933）. *Epistemological problems in economics.* New York：New York University Press，1981.

币市场，成立和解散公司，创造和废除生产线等的创业资本家。[①] 在冯·米塞斯看来，新古典经济学以严格静态的视角来看待市场，这时所有的系统参数都被给定，剩下的只是一个计算问题。但是，市场经济是一个动态的、创造性的演化过程，在这一过程中，企业家——利用经济计算——使产业增长和萎缩，导致新的、不同的生产方法被尝试，另一些生产方法被放弃，不停地改变可获产品的范围。因此，在市场经济中维持高效能激励不在于管理领域，而在于“从事投机和投资”企业家的预见和决策（Mises，1949）。[②]

伊斯雷尔·柯兹纳（Kirzner，1960）指出，冯·米塞斯在经济理论不同领域所做出的独特的贡献，都是其对经济科学性质的人类行为学看法的连贯性发展出来的结果。“如果说经济学理论作为一门研究人类行为的科学是在冯·米塞斯手里才形成体系的，那是因为冯·米塞斯领会了经济学所具有的人类行为学特征，并将认识论的基本原理加诸于经济学陈述之中，从而创造出了这种系统性的融合。”[③]

在德鲁克的著述中，继承了奥地利学术传统关于人类行为（human action）本质的观点，强调了人类行为学的方法可以使管理学家们能以此探索适用于所有人类的经济规律。在德鲁克

---

① Friedrich von Mises. *Human action*: *A treatise on economics*. New Haven, Connecticut: Yale University Press, 1949. 694 – 711.

② Friedrich von Mises. *Human action*: *A treatise on economics*. New Haven, Connecticut: Yale University Press, 1949. 705.

③ Israel Kirzner. *The Economic point of view*: *An essay in the history of economic thought*. Princeton, New Jersey: D. Van Nostrand Company Ltd. 1960. 160.

看来，管理学作为人类行为学最发达的一个分支，必须从反思人类行为的本质开始。犹如柯兹纳（Kirzner，1960）所言："目的意图并不仅仅是某种需要'予以考虑'的东西，而是理解人类行为概念的唯一的基础。"① 在管理实践中对科学性、人性和艺术性等的关注，都来自对人类行为的目的性的思考。因此，德鲁克的管理学并不是一套可供检验的假设，而是一整套有助于我们解读组织及其管理实践经验世界的概念工具。可以这样说，德鲁克的管理学将管理学理论上升为一门研究企业家行为的科学，德鲁克正是通过对创新和企业家精神的分析才逐步形成了一个体系。在德鲁克看来，领会企业家行为具有的人类行为学的一般特征，并从认识论视角将其加诸于管理学陈述之中，就可以创造出管理学与企业家行为的系统性融合。激励德鲁克勇敢而坚定地驳斥那种不问人类目的性的管理学的，与其说是管理学家追求真理的激情，毋宁说是出于维护人类自由和尊严的深刻情怀。

德鲁克主要是通过对企业家含义和企业家行为的分析，指出在企业经营过程是一种有目的的人类行为及其相互作用过程，在这一过程中存在着一种企业家要素（entrepreneurial element）及其功能，这种要素及其功能推动了人类社会的发展和创造了经济租金。在德鲁克看来，企业家行为理论不同于自然科学的独特之处就在于，这样的行为理论解释了现实

---

① Israel Kirzner. *The Economic point of view*: *An essay in the history of economic thought*. Princeton, New Jersey: D. Van Nostrand Company Ltd. 1960. 165.

的实际现象的本质，而自然科学方法实际上漏掉了所研究现象的本质。在德鲁克的企业家行为理论中，可供分析的战略性因素是“创新”，创新带来生产函数的变化，这是经济增长的真正源泉。创新会打破静止经济的循环流，并且在较高的收入水平上实现新的均衡位置推动经济发展。德鲁克强调：“变迁迅速是知识与生俱来的本质。今天确定的事情，到了明天往往变成荒谬可笑的事。”概言之，德鲁克的重大理论贡献之一是通过对创新与企业家精神的分析，较清晰和“客观”地展示了人类的种种社会生活形式的生成与演化机制。而这一重要理论贡献，一方面与个人主义的奥地利经济学派方法论密不可分，另一方面也与德鲁克对其社会理论解释对象的把握和理解有关。

（二）自由主义精神

德鲁克 18 岁时到德国法兰克福证券行工作，同时他也在大学修课，22 岁就获得法兰克福大学（Frankfurt University）国际公法博士学位，并在该校法学院任教。法兰克福大学以学者的良知及对民主自由精神的坚持为傲，其自由风尚在当时德国大学中独树一帜，浸淫在这样的学风中也孕育了德鲁克崇尚自由的思想和自由资本主义精神。那时希特勒正逐渐掌权，纳粹主义正弥漫着整个德国，但他仍在 24 岁时出版了生平第一本书，以德文缮写的反纳粹书籍《保守的政治学说和历史变迁》。在当时德国的政治环境下，出版这类书须有极大的道德勇气，也因此引起纳粹对他的特别注意，而德鲁克自己也有所警觉。

20世纪30年代，德鲁克在伦敦时期目睹了哈耶克等奥地利学派思想家与当时如日中天的凯恩斯的论战。20世纪30年代-40年代初，当时欧洲正值民族社会主义和国家社会主义盛行，国家直接干预经济的理论——凯恩斯主义作为济世良方，风靡一时，广受追捧。针对这种情形，奥地利经济学派第二代传人的哈耶克，坚持奥地利学派的个人主义方法论与自由资本主义精神的传统，明确反对凯恩斯国家直接干预经济的理论。哈耶克坚持认为，现代工业社会应该建立在自由市场经济秩序的基础上。哈耶克力图系统全面分析论证所谓“国家直接干预经济的理论”是与“计划经济”一样，是一种“伪知识”，是西方思想文化的核心精髓——自由主义的“天敌”。哈耶克认为，赋予政府越来越大的经济控制权的集体主义思想，不会带人们通往乌托邦的理想国度，而是通往类似纳粹德国和法西斯意大利恐怖境地的极权主义，这就是所谓的“通往奴役之路”（The road to serfdom）。哈耶克（Hayek，1944）说：“现在每个人都在谈论的、最终将使人类融合为一个整体的人人互相依赖的状态，只能是市场秩序的产物，而不可能通过其他任何手段实现。”哈耶克不仅反对计划经济和社会主义，也反对凯恩斯的国家干预主义；不仅反对极权主义，也反对福利主义。哈耶克在《通往奴役之路》中写到：“通往地狱之路，常由善意铺设……如果人类放弃自由主义的精神，想凭着良好的意愿，自以为是地去计划、设计社会，必将把人类引向深渊。”①

---

① Friedrich A. Hayek. *The road to serfdom.* London and Henley: Routledge and Kegan Paul, 1944.

哈耶克与凯恩斯的论战，使德鲁克对自由主义精神与自由市场经济秩序有了更深的认识，并以他在德国大学任教的亲身经历感受到法西斯灭绝人性的极权主义，是“通往奴役之路”。德鲁克在1933年就完成了《经济人的末日：论极权主义的根源》(The End of Economic Man: The Origins of Totalitarianism)，他在书中断言希特勒会大屠杀犹太人，会和斯大林缔约，但是第三帝国最终会崩溃。那时希特勒势如中天，没有一家出版社相信他的推论，也不愿为他出书，直到1939年他到美国后，才终于出版这本书。

在这本书中，德鲁克深入剖析了法西斯主义的荒谬性，他对政治、经济和社会现实有着深刻分析和独立见解，体现出他深切的人文关怀。正是对流行于当时欧洲的“极权主义”的深刻剖析，德鲁克看到了极权主义对于欧洲乃至整个世界的负面和深远影响，并对于欧洲的前途表现了深深的忧虑，事实验证了他的深邃洞见。德鲁克一针见血地指出了极权主义的非理性与虚无的特性：“极权主义不仅反自由思想，也反保守思想；反宗教人士，也反无神论者；反资本主义者，也反社会主义者；反战争，也反和平；反大企业，也反靠手艺维生的人与商店老板……”①

这本书为德鲁克树立了一个文风犀利、思想反正统和具有创新精神的分析家形象，并反映出德鲁克继承了19世纪以来欧洲公共知识分子和奥地利学者们反对极权的自由主义传统，

---

① Peter F. Drucker. *The end of economic man: The origins of totalitarianism*. New York: John Day Co., 1939.

这种传统后来终身贯穿在他对社会、经济、政治和管理实践问题的研究中。德鲁克在欧洲的经历使他亲眼看到了自己所钟爱的观念——自由主义的衰落以及极权主义兴起和崩溃的全过程。这样的经历使德鲁克对自由主义精神与自由市场经济秩序的追求，是与哈耶克的思想相通的。哈耶克（Hayek，1944）认为，由于可以达到自由与平等的信念完全崩溃，德国走上了极权主义的、纯粹消极的、非经济的、不自由不平等的社会。[①] 哈耶克的这一结论与德鲁克《经济人的末日：论极权主义的根源》一书的结论完全一致。

1939 年，时任英国海军部长的温斯顿·丘吉尔（Winston Churchill，1874－1965）在伦敦《泰晤士报》上撰文高度评价德鲁克的洞察力和对法西斯极权主义的深刻批判。1940 年在敦克尔克大撤退（Dunkirk Evacuation）及法国沦陷（The Fall of France）后，已经当上英国首相的丘吉尔把该书列入英国预备军官学校（British Officers' Candidate School）应届毕业生的“课外读物目录”。对于丘吉尔的好意，德鲁克并不买账，他以其特有的冷幽默挖苦到：“我应该觉得受到尊重了。作战部（War Department）的某位仁兄，很幽默地将它跟露易丝·卡罗尔（Lewis Carroll）的《艾丽丝梦游仙境》（Alice in Wonderland）列在了一起。”

对于凯恩斯主义的国家干预政策，新自由主义者尽管不认同罗斯福新政（The New Deal）式的国家干预政策，但从不认

① Friedrich A. Hayek. *The road to serfdom*. London and Henley：Routledge and Kegan Paul，1944. 53.

为新政是“通往奴役之路”，只是说新政影响了经济效率而已。然而，德鲁克受哈耶克的影响，认为罗斯福的新政不仅是影响了经济效率，而且还是“通往奴役之路”。正因为如此，德鲁克对私有化（privatization）必要性的强调，最能反映奥地利学派的自由市场经济思想对他的影响。私有化概念首创自德鲁克，原作“重新私有化”（reprivatization）。德鲁克早在1969年他在《不连续的时代：变迁时代的指南》（The Age of Discontinuity: Guidelines to Our Changing Society）一书中已经精辟地指出，由于政府功能的有限，因而强调私有化的必要性，主张更多地利用私人部门生产公共物品，他提出这个论点的时间比英国前首相玛格丽特·希尔达·撒切尔夫人（Mrs. Margaret Hilda Thatcher, 1925 – ）还早。德鲁克（Drucker, 1969）论述到：“任何想要把治理和‘实干’大规模地联系在一起的做法只会严重削弱决策的能力。任何想要决策机构去亲自‘实干’的做法也意味着干蠢事。决策机构并不具备那样的能力，从根本上说那也不是它的事。”①

德鲁克的观点非常符合西方国家当时的现实需要，反映出他敏锐的观察力。20世纪80年代以来，西方各国政府因为财政困难、公民压力以及新的信息技术的发展等各种原因，纷纷开始了政府行政改革。以私人部门为主体的公共服务私有化成为世界各国政府职能改革的核心内容，政府职能的市场化包括国有企业的私有化、公共事务引入内部市场机制等。在20世

① Peter F. Drucker (1969). *The age of discontinuity: Guidelines to our changing society*. London: Heinemann, 1993.

纪80年代，英国首相撒切尔夫人成功地推行了英国国有企业的私有化改革。1986年雅克·勒内·希拉克（Jacques René Chirac）就任法国总理以后，也采取了私有化改革的方案。希拉克按照右翼自由主义经济主张，以经济自由化为驱动力，恢复了人们对法国投资和就业问题的信心，提出了65家国家银行和企业家实行私有化的政令，并把政令改成法律草案，由法国议会通过成为法令强制性地推行。日本从铃木善幸（Suzuki Zenkō，1911－2004）首相时期开始，也走上了民营化的道路。1981年，铃木内阁确立了“不增税重建财政”的方针，并坚持“小政府”的改革目标，提出国铁等民营化的改革建议。随着2005年日本邮政民营化法案的通过，日本国有产权最集中的几个领域都实现了民营化改造。在“有限政府”的理念指引下，自20世纪80年代开始，世界上许多国家和地区都程度不同地实施了基础设施领域的体制和机制改革，其中的核心观念就是以基础设施为核心的公用事业私有化，即政府与私有企业在公用事业方面构建一种所谓的伙伴关系的PPP模式（Public-Private-Partnership）。通过市场力量促进变革，鼓励民间扮演过去由政府扮演的角色。美国学者伊曼纽尔·萨瓦斯（Savas，2000）教授认为，所谓私有化，意即“更多地依靠私营部门的制度安排，而较少地依赖政府去满足社会需要。”①

从20世纪90年代末期各界呼吁政府把所有职能私有化以来，私有化很可能成为西方各国政府这个世纪解决财政预算赤

① Emanuel S. D. Savas. *Privatization and public-private partnerships*. New York：Chatham House，2000.

字的灵丹妙药。英国工党领袖、首相托尼·布莱尔（Tony Blair）指出："政府不必非扮演供应社会一切需要的角色不可，政府仅须负责筹划和制定法规即可。"但是，必须指出，关于私有化"政府移交的是服务项目的提供，而不是服务责任的移交。"① 私有化更倾向于政府放松政府规制（deregulation）。所谓政府规制（regulation），其意为以法律、规章、政策、制度来加以控制和制约，是指社会公共机构按照一定的规则对特定的经济主体的自由活动空间和行为方式的规范、制约和限制。今天，"市场和竞争就是主要的规制"成了西方各国的流行口号。

（三）方法论与认识论

德鲁克基本上接受了奥地利经济学学派个人主义方法论（methodological individualism）与主观主义认识论（epistemological subjectivism）的主张。

奥地利经济学派代表人物门格尔将社会制度理解为"是人类活动的结果，但不是人类设计的产物"。哈耶克充分继承了这一重要思想并作以改进。在他的解释中，他运用了"方法论个人主义"的"合成方法"，和门格尔一样致力于对自然科学和社会科学做出区分。德鲁克的管理学研究坚持方法论上的个人主义，主张对经济现象的解释应该回溯到对个人的行为中去

---

① David Osborne and Ted Gaebler. *Reinventing government: How the entrepreneurial spirit is transforming the public sector*. New York: Plume Books, 1993. 30.

解释。在德鲁克看来，我们应当尝试着了解不同个体的态度、情绪，进而将它们捏合在一起，重塑成复杂的组织及其管理现象。德鲁克反对将一个被控制的、实验性的群体作为研究模型，因为德鲁克否认一个集体可以被当成是一个独立的决策者，主张群体只不过是许多个体的组合，因此应该以个体行为作为基础研究管理学。

在 20 世纪，政治学和社会文化理论都强调“个性解放”“个人自由”“个人自主”和“自我独立”，并且均公开支持在社会经济活动中个人对自身利益的张扬追求。德鲁克与政治学和文化研究中所强调的个人主义主张不同，德鲁克的方法论个人主义，其基本主张是坚持要把对组织及其管理现象的理论分析还原到（reducible to）对当事人的个人行为的解释中去。正如著名政治哲学家罗伯特·诺齐克（Nozick，1969）所说：“方法论的个人主义声言，社会科学中所有合乎事实的理论均可以还原为个人行动的理论，外加一些人在其中行动的约束条件。”① 伊斯雷尔·柯兹纳认为，个人主义方法论更强调人的行为的目的论或经济计算特征，人类行为学则建基于更广阔意义上的意图（purposiveness）。柯兹纳解释道，奥地利学派眼中的个体决策者都是处于时刻警惕和不断寻觅状态的人，而绝不是囿于既有限制被动地调整手段以实现目的的人。在德鲁克看

① Robert Nozick. “Newcomb's problem and two principles of choice.” In Nicholas Rescher and Carl G. Hempel (eds.), *Essays in honor of Carl G. Hempel*. Dordrecht, The Netherlands: D. Reidel Publishing Company, 1969. 114–146.

来，启蒙运动（the Enlightenment）使得西方人放弃了对宗教的信仰，而20世纪的社会学理论则使德鲁克确信，社会的整体拯救方案是难以奏效，个人不可能依靠社会运动来获得自身意义的肯定。最终，个人主义成了唯一可以依靠的东西，德鲁克倡导的“每个人都是领导者”这句话，要求每个经理人和一般员工为自己的职业生涯确定发展道路，设立坐标，进行自我的批评与表扬，以获得自身的价值。

进一步地说，德鲁克的管理学研究的出发点与落脚点均在个人主义，一方面它希望通过个体人格的张扬达至管理意识和经理人精神的再造，而社会批判因此而成为追求社会变革的必要前提；另一方面，由于受德国哲学家弗里德里希·尼采（Friedrich Nietzsche，1844－1900）与当时盛行的生物进化论（Biological Evolution）影响，德鲁克对个体生命的成长和扭曲表示出了极大的关注，后者甚至成为他判断一切事物是非的依据和标准。在德鲁克后来的著述中，可以看出他在哲学思想上继承了德国哲学家康德（Immanuel Kant，1724－1804）和费希特（Johann Gottlieb Fichte，1762－1814）关于意志高于理性的观点，强调组织是由个人组成的，组织活动由个人行动所决定，个人行动由个人动机、行为规范和价值关系决定。主张管理学首先要研究个人行为动机与组织规范，反对实证主义管理学把组织及其管理活动看成是一些无个性的社会事实或组织结构的相互作用。在德鲁克自传《旁观者的历险》中，他刻画了自己漫长的一生中结识的诸多人物的个人动机、行为规范和价值关系对个人行为的影响，包括奥地利著名心理学家西格蒙德·弗洛伊德（Sigmund Freud，1856－1939）、美国报业巨头亨利·罗宾逊·鲁斯（Henry Robinson Luce，1898－1967）、英国著名记者亨利·诺埃尔·布雷斯福德（Henry Noel Brailsford，1873－1958）、美国零售业改革者亨利·伯恩海姆（Henry Bernheim，1888－1968）、荷兰投资与理财专家威伦·帕尔布（Willem Paarboom）、西尔斯百货的总裁、美国国防部顾问委员会主席查尔斯·凯尔斯达特（Charles Kellstadt）、著名企业家、美国通用汽车公司总裁小阿尔弗雷德·斯隆（Alfred P. Sloan, Jr.，1875－1965）、美国工会领袖约翰·刘易斯（John L. Lewis, 1880－1969）、科技先知理查德·巴克明斯特·富勒（Richard Buckminster Fuller，1895－1983）和著名传媒学者马歇尔·麦克鲁汉（Marshall McLuhan，1911－1980）。

从德鲁克的理论看，把组织及其管理实践中的所有事实和存在均可以还原为当事者（agents）个人的行为及其结果，总结成管理原则，并用于培训和教育管理实践者。但是，这里的问题是什么决定了并支配着管理学家的行动和选择？

德鲁克经常回顾的一生中的九次重要经历，没有任何形而上学色彩，反而像是美国独立时期的资产阶级民主主义思想家、杰出的政治活动家和卓越的科学家本杰明·富兰克林①箴言（Benjamin Franklin's maxims）的现代翻版：人在对自己的不断微小的改进中，证明了生命的意义。在这个问题上，德鲁

① 本杰明·富兰克林（Benjamin Franklin?，1706－1790），美国科学家、政治家、外交家、作家、出版家、美国独立宣言和宪法签署人和成功的印刷厂主。

克一方面进一步发展了门格尔和哈耶克的思想，并在分析思路上进一步走向了主观主义；另一方面，德鲁克认为，管理实践是管理学家获得思想自由、行动自由和选择权的基本前提，思想自由、行动自由和选择权最终指向的是管理实践行动。

在德鲁克的著述中，对于个人如何适应新的社会形态的努力，不仅从未消退，反而日益重要。他对于领导者、经理人的探讨，不是学院派管理学家或是企业经理人眼中的如何高效的含义，而是个人在面对一个动荡不安，或循规蹈矩的环境时，如何保持个人尊严，发挥人的主动性和创造性的问题。他提倡个人管理（individual management）和自我管理（managing self），教导经理人如何管理时间，不是让经理人变成一个刻板的经济人，而是基于这样的存在主义信念：只有创造才能证明人存在的价值。德鲁克坚持认为，只有通过对有关管理实践者个人的知识、信息、感觉和期望的了解，才能理解和解释人们的行为。而这种了解、理解和解释，是通过“管理咨询”或“现场观察”所获得的，是管理学家必须具备的一种对话的问题意识和介入问题的独特角度和言谈方式。德鲁克以信息的获取以及知识在社会中运用作为出发点，构建了他的管理学理论的基本框架，从而极大地推动了人类对自身参与其中的组织及其管理现象的理解。

德鲁克的研究在认识论上是一种主观主义认识论，承认只有通过有关管理实践者个人的知识、信息、感觉和期望，才能理解和解释人们的行为。德鲁克最为欣赏的是弗里德里希·哈耶克以最深邃的思想，淋漓尽致地批判那种认为社会科学应当依循所谓的“科学主义”（scientism）——自然科学方法的观点。德鲁克与弗里德里希·哈耶克的观点是一致的，那就是社会科学的研究对象必定是主观的。哈耶克（Hayek，1952）曾说过：“也许可以毫不夸张地说，过去一百年间经济学理论的每一重大进展都是主观主义观点的更深入应用而已。”① 事实上，从门格尔（Menger，1883）开始，奥地利学派的思想家们就自然而然地把人类社会的种种习惯（custom）、习俗（convention）、惯例（routine）和制度（system）视作为只是具有不完备信息和分立知识，因而只具备有限理性（bounded rationality）的个人参与社会博弈的适应性演化的“非目的的结果”（unintended result）。②

德鲁克继承了门格尔与哈耶克衣钵，将批判的矛头直指客观主义、集合主义和历史主义的认为对社会现象的研究要遵循科学主义至上方法的观点。在德鲁克的眼中，只有“人”才是管理学的主题和全部内容。德鲁克（Drucker，1979）认为，管理学“这是一个以人为主轴的事业。” “我更关心人的行为。”“‘人’不只是比较有趣，更有着许多不同的形态，也比较有意义，因为人会发展、表露、改变并成为一种新的形

① Friedrich August Von Hayek（1952）. *The counter-revolution of science: Studies on the abuse of reason.* Liberty Press, 1979, 52.

② Carl Menger（1883）. *Problems of economics and sociology.* ed. Louis Schneider, translated by Francis J. Nock. Urbana: University of Illinois Press, 1963. 87.

态。"[1] 德鲁克非常赞同哈耶克的观点，因为社会科学"不仅关注物与物，更致力于探究人与物、进而人与人之间的关系。"[2]

在德鲁克看来，回到管理实践者个人的行动与组织及其管理世界的"生活形式"中，包括了习惯、习俗、惯例、制度等在内的"社会秩序（social institutions）"概念的相互关系上，使管理学有了其方法论的个人主义。现代管理学的主流范式虽然自称是"客观主义"认识论，也的确包含有朴素唯物论的正确理念，但也包含"机械的""形而上学的"错误理念。特别是"客观主义"的认识论容易完全忽视认识主体的"主观能动性"。这里，我们可以发现一个奇特现象：现代管理学的启蒙运动使管理学精英和管理实践者形成了一种奇特的师徒关系，导师们持双重标准，认为自己的任务就是追求唯知性目标，揭破管理实践者们日常使用的假设，伸张启蒙，教育者可以"不经别人的引导"；但却认为管理实践者注重实用性目标，且由于缺乏理性而"对运用自己的理智无能为力"。这种思想就成为启蒙者成为先驱，被启蒙者成为后进；启蒙者是觉醒者，被启蒙者是沉睡者；启蒙者呐喊，被启蒙者沉默的"二元对立"，这使"精英与学徒"之间的"二人转"成了客观主义的哲学基础。

---

① Peter F. Drucker. *Adventures of a bystander* (autobiography). New York: Harper and Row, 1979.

② Friedrich A. Hayek. Scientism and the Study of Society. Economica, 1942, 9 (35): 267 - 291.

德鲁克注意到主观主义认识论的重要性，强调在此一理路下，必须把管理实践者的自觉性和感受力置于社会行动的首位。德鲁克强调，管理学家个人对组织及其管理世界的认识是用自己的头脑创建的，由于管理学家们的实践经验以及对实践经验的信念不同，于是管理学家们对外部世界的理解便产生了迥异的看法。组织及其管理世界的现实（reality）不过是人们的心中之物，是管理实践者自身建构了现实或者至少是按照他自己的经验解释现实；组织及其管理世界都是由管理实践者自己建构的。

需要注意的是，这里的关键问题不在于谁比谁的世界更真实的问题，而在于管理学家建构的理论能否递归和返回实践。根据实践经验总结出来的管理原则仅仅是帮助人们思考的一种工具，而非是一种包治百病的济世灵药，其基本作用是解释事物和事件，而这些递归和返回实践的解释构成了认知个体各自不同的知识库；管理实践者个人决策是在不确定环境中的一种选择行为，并认定有关选择的机会也是决策的一部分。换句话说，管理学知识是管理实践者与环境交互作用过程中依赖个人经验自主建构的，是因人而异的纯主观东西，它不可能完全通过管理学家传授得到，所以在管理学知识学习过程中管理实践者必须处于中心地位，而管理学家应当更关注如何以原有的经验、心理结构和信念为基础来建构管理学知识，并将这些经验传授给管理实践者。

三、创新与企业家精神

严格地说，德鲁克的创新与企业家精神基于奥地利学派方法论上的个人主义和认识论上的主观主义，发展了米塞斯“市场从不失灵”和熊彼特“创造性破坏”的论断，发展了创新与企业家精神理论。

（一）德鲁克继承了熊彼特的创新理论

1985 年，德鲁克出版了《创新与企业家精神：实践与原理》（Innovation and Entrepreneurship）一书，这是他 35 年的管理教学和企业咨询的结晶。从《创新与企业家精神：实践与原理》一书中，我们可以清楚地看到，德鲁克不但继承了熊彼特创新理论，而且还把创新发展成为大众可以学习和实践的工具。

德鲁克首次将创新与企业家精神视为可组织的且需要加以组织、系统化的实践与训练，也视为经理人的工作与责任。他提出七个创新机会的来源，作为系统化创新及创业型管理的重心，他更提出四个创业型战略，作为如何将创新成功导入市场的可行性方法。他的这些独到观点、创见与法则，正成为企业实际运用的最可靠的依据。该书强调目前的经济由“管理的经济”转变为“创新的经济”，企业唯有重视创新与企业家精神，才能再创企业生机。该书分三个主题来讨论创新与企业家精神：创新实践、企业家精神的实践以及企业家战略。每个主题都是创新与企业家精神的一个“层面”，而非一个阶段。对创新机会的来源，创新的战略，不但有详尽的探讨，更有丰富的实例印证。

据我所知，《创新与企业家精神：实践与原理》一书的出版与纪念熊彼特诞辰 100 周年有关。1983 年是 20 世纪两位最杰出经济学家凯恩斯和熊彼特诞辰 100 周年纪念年，在当年的 5 月 23 日，德鲁克在《福布斯》杂志上发表了题为《现代预言家：是熊彼特还是凯恩斯?》的论文，这是德鲁克少有的、也是写得最精彩的经济学评论文章，后来被他载入了《管理的前沿》一书中。正是出于对自己老师的深厚情谊，《现代预言家：是熊彼特还是凯恩斯?》一文是我所见过的德鲁克集激情和才华、深邃的思想性和多样的艺术性于一体、思想内容和语言形式、风骨与文采的完美结合的优秀学术论文；德鲁克本人也多次说到这是自己最得意、最满意的文章之一，同时我们可以发现，这篇论文也是《创新与企业家精神：实践与原理》一书的序曲。

在这篇论文中，德鲁克对这两位同是在 1883 年出生的“20 世纪最伟大的经济学家”的经济理论进行了一番比较，德鲁克为他的老师熊彼特对经济学所做出的贡献大加褒扬。在德鲁克看来，含着“银勺”长大的剑桥才子凯恩斯生前极为荣耀，备受礼遇和尊崇，赢得“经济学三大巨人”的尊称，死亦辉煌，死后仍然是世人注目的焦点，备受后人的景仰；反观熊彼特，身前学术旅途与寂寞为伍，死后也是月冷风清、寂寞孤独，被主流经济学遗忘。德鲁克认为，凯恩斯与熊彼特上演了西方历史上经济学家之间最著名的对抗——类似于古希腊哲学家之间的对抗：才华横溢、精明机智、锋芒毕露的博学家、来自爱利亚的巴门尼德（Parmenides of Elea，公元前5世纪）[①]与动作迟缓、面貌丑陋、但睿智过人的古希腊哲学家苏格拉底（Socrates，公元前469—399年）之间柏拉图式的对话（seminar）。作为当时唯一仍活着的、同时聆听过两位经济学伟人教诲的幸存者，德鲁克将凯恩斯比做机警、精明过人的巴门尼德，在第二次世界大战期间没人比他更光彩夺目和更具有文艺复兴式的才华；但是，平淡无奇的熊彼特却最终证明自己更富有智慧、睿智和对人类未来的贡献。

德鲁克以他特有的冷幽默挖苦到，凯恩斯将世界从大萧条中拯救出来的方法“好比一位医生对你说，你得了不宜动手术的肝癌，但是如果你跟一个17岁的美女上床倒能够把病治好。”而熊彼特相信，医治大萧条的最好方式是让它自然度过，但他的理论基础却并非古典主义的“一切依靠市场”的信念。因为经济总是处于非静态的变化之中，它永远在成长变化，它是永远的“创造性破坏”的概念，而企业家扮演着这种非均衡动态经济中的英雄角色，他们是利润的来源。[②]

就在那一期《福布斯》的封面上，凯恩斯和熊彼特的照

---

① 爱利亚的巴门尼德（Parmenides of Elea，公元前5世纪），是一位诞生在爱利亚（南部意大利沿岸的希腊城市）的古希腊哲学家。

② Peter F. Drucker. “Modern prophets: Schumpeter or Keynes?” Reprinted as Ch. 12 in Peter F. Drucker. *The frontiers of management*. New York: Penguin Putnam, Inc., 1986, 104－115.

片都是光彩夺目的，但凯恩斯前面摆放着 10 支蜡烛，而后者却只有 1 支。即使在凯恩斯的理论大部分已被摒弃的时刻，这个英国人似乎仍然使 20 世纪所有的经济学家黯然失色；在同期的英国《经济学家》的纪念专刊上，关于凯恩斯文章的长度是熊彼特的整整 4 倍。这一切使德鲁克对熊彼特的人生际遇大感不平。德鲁克（Drucker，1983）写到："大量的著作、文章、会议和演讲祝贺凯恩斯诞辰 100 周年。如果最终有人提起熊彼特诞辰 100 周年的话，顶多是一场小规模的博士研讨会上。然而，改变 20 世纪人们对经济理论和经济政策的观念，以及对经济理论和经济政策提出适当问题的人，却是熊彼特。甚至未来三五十年，熊彼特仍有可能继续发挥其影响力。"①

德鲁克将凯恩斯描述为从古典经济学派中发展出来的"持不同政见者"（dissenter），他的理论是一种"异端邪说"。德鲁克认为，凯恩斯提出的主要问题为："政府应如何维持经济的均衡及稳定？"显示了他相当忠于"李嘉图于 1810 年建立起来的均衡经济学理论"。在德鲁克看来，不管是凯恩斯，还是反凯恩斯主义者米尔顿·弗里德曼（Milton Friedman，1912 - 2006）②，都是均衡经济学的继承者，他们或许修补了其中的

---

① Peter F. Drucker. "Modern prophets：Schumpeter or Keynes?" Reprinted as Ch. 12 in Peter F. Drucker. *The frontiers of management*. New York：Penguin Putnam，Inc.，1986，104 - 115.

② 从 20 世纪 50 年代初期开始，米尔顿·弗里德曼（Milton Friedman，1912 - 2006）发动了一场反对凯恩斯主义的论战，并取得了成功。由他领导的货币主义学派对经济理论和经济政策都产生过重大的影响，被称为"20 世纪经济学的智慧巨匠之一"。

一些漏洞，但仍相信经济在整体上是趋于平衡的。反观熊彼特，则被视为新古典经济学派的“异教徒”（the wicker man）。一个异教徒需要高度勇气和决心，尽管他始终相信他具有永恒的真理并确信他在来世将会得到回报。熊彼特认为，凯恩斯根本就问错了问题：“对凯恩斯而言，一个处于稳定均衡的经济是健康的、‘正常的’经济，这一假设就存在着基本的谬误。”反观熊彼特，他将经济行为视作一种真正的冒险，企业家们在不断破坏旧传统，开创新疆域。因此，现代经济一直处在动荡不安、变幻无常的境地，其中某些产业被淘汰，而另外一些产业正在陆续兴起，这样的现代经济，可以说是处于“动态不均衡”（dynamic disequilibrium）的状态。熊彼特强调了企业家对于变化和增长、对于经济周期以及对于资本主义的生存所具有的重要性。

德鲁克认为，熊彼特是正统经济学坚定的怀疑者和批判者。他的抱负决不仅仅是对新古典经济学进行简单的修补，他想要摧毁整座大厦。1911 年熊彼特第一次提出了“企业家精神”理论。熊彼特认为，企业家是对生产要素的原有组合进行创造性破坏的人，即进行创新的人。在德鲁克看来，市场处于熊彼特所说的“动态不均衡”是常态，是绝对的，而市场处于凯恩斯假设的“稳定均衡”是相对的，是特殊性。因此，推动社会发展和进步的是熊彼特（Schumpeter，1911）在《经济发展理论》（The Theory of Economic Development）一书中所提出了“创新理论” （Innovation Theory）。正是企业家精神（entrepreneurship）和“创造性破坏”（creative destruction）推动社会经济发展。熊彼特认为，所谓“创新”，就是建立一种“新的生产函数”，也就是说，把一种从来没有过的关于生产要素和生产条件的“新组合”引入生产体系。在熊彼特看来，企业家的职能就是实现“创新”，引进“新组合”。所谓“经济发展”也是指整个社会不断实现这种“新组合”而言的。

德鲁克推崇熊彼特，是因为熊彼特是20世纪唯一以动态变化为基础进行理论分析的一位主要经济学家。德鲁克（Drucker，1993）在《生态愿景》（The Ecological Vision）一书中写到：“根据熊彼特的著名论断，‘创新’同样也是一种‘创造性破坏’，它使得往日的资本设备和资本投资变得陈旧。经济越进步，对重要信息的需求就越迫切。因此，古典经济学家（或是会计师，或是股票投资者）认为，‘利润’是真实的成本、是商业运营的成本、是未来的成本。在这一点上，除了知道今天有利可图的商业活动明天可能会变成‘白象’（white elephant）①，未来的其他东西都是难以预测的。”②

正是对熊彼特思想的推崇和对变化与连续性的思考，使德鲁克在对社会变迁的分析中脱颖而出。当全世界的知识分子在为共产主义与资本主义争论不休时，德鲁克却说，亨利·福特在1913年开创的大规模流水生产方式（Continuous Flow），比俄国1917年的十月革命（October Revolution）更有颠覆性。德鲁克发现，现代经济因动荡不安、变幻无常而出现的断裂感已

① “白象”是指无用但保管费用十分昂贵的事物。

② Peter F. Drucker. *The ecological vision.* New York：Transaction Press，1993.

经成为20世纪的重要特征，这种知识上的连续性和断裂性，使历史与未来的新奇性尤为突出。德鲁克特有的历史主义的知识结构和视角，使他看到“社会和文明的核心是连续性需要和创新及变化需要之间的矛盾”。

我们说，如果时间在向后推进10年，新经济的英雄们——硅谷的年轻人热衷于谈论“创造性破坏”与“创新”，而非政府调控经济与均衡经济学，硅时代杂志“Business 2.0 Magazine”与“Fast Company”最钟爱的经济学思想家是熊彼特，如果没有他的帮助，人们不足以解释为何会出现新经济这种形态。

（二）德鲁克发展了熊彼特的创新理论

需要注意的是，德鲁克所强调的创新，与熊彼特等前辈经济学家有所不同：第一，德鲁克认为创新是可以经由组织与管理推动，并非完全由企业家个人推动的。因此，创新所需要的是塑造一种“创新型组织”（innovative organization）。第二，这种创新的来源是知识，特别是凝固在人大脑中的隐性知识，而非传统的生产因素。由于这种知识及其运用属于“自带开山刀”或“便携式生产工具”的“知识工作者”，因此如何提升这群知识工作者的生产率，就成为德鲁克晚年所关注的重点。

在《巨变时代的管理》一书中，德鲁克（Drucker，1982）首次对创新给出了明确的定义，指出创新并不是一个单纯的技术概念，创新是一个经济和社会概念，是当社会、经济及技术方面发生变化时，对于这种变化所带来的机会的系统运用。“创新不是发明。它是一个经济学或社会学术语而非技术术语。”创新是一个系统工程，包括：有系统地抛弃昨天；有系统地寻求新机会；自觉自愿地以企业家精神来组织企业活动，以开创新行业为目标；自觉地在现存的管理结构之外，独立地建立一个开创性的冒险事业；自愿更新统计口径，以适应创新管理以及为创新者制定合适的补偿政策的需要。① 在德鲁克全景式的、百科全书式的巅峰之作《管理：任务、责任与实践》一书中，他将企业家精神放在实践中，给予了全新的阐释。德鲁克将创新定义为“一项赋予人力和物质资源以更强创造财富的能力的任务”。同时，他又指出：“经理人必须把社会的需要转变为企业的盈利机会。那也是创新的一种定义。”他的诠释并不局限于自行创业的新创的中小企业，而是广义地把“市场营销”和“创新”看成创业功能，一个企业不论是新创企业还是成熟企业，必须在这两方面都有良好表现，才可以说是具备了创业精神。这充分地说明市场和竞争是一个创业学习和发现创业机会的过程。

德鲁克发展了奥地利经济学派“市场从不失灵”和熊彼特“创造性破坏”推动社会经济发展的论断，相信市场和竞争是一个学习和发现过程。德鲁克在《创新与企业家精神：实践与原理》一书的序言中写到：“将创新与企业家精神视为一种实践、一门学科。它并没有涉及企业家的心理和个性特征，而是探讨了他们的行动和行为。书中列举了很多案例，主要是为了阐明某个观点、某项规则或某个警示，而非着重讲述他们成功的故

① Peter F. Drucker. *Managing in a time of great change.* New York: Truman Talley Books/Dutton, 1982. 43 – 67。

事”，提出应当“将创新与企业家精神视为有组织——且需要加以组织——有目的的任务和系统化的工作。”①

在《未来的里程碑：关于新的后现代世界的报告》一书中，德鲁克归纳出一种人们对“秩序的新认知”是从渐进转变到创新。他认为，到20世纪，渐进的观念已经难以生存了。要描述渐进的观念，总得用抽象句子来形容：历史骑在马上——人类却用脚走路，先哲和大师们灿若晨星的智慧永远照耀着快马奔跑的脚步。反观创新，是由人类推动产生的，是有目的、有组织的行动，然而它造成的改变却隐含相当程度的风险。② 这里，我们看到，德鲁克所欣赏的创新和尝试创新的自由，显然与社会与经济决定论的想法背道而驰。但是，创新却像受到飓风吹袭的海平面下的暗流，操控着人类未来的命运。这一点已经深深地凝固在德鲁克的大脑中。

在《巨变时代的管理》一书中，德鲁克照例体现了他作为一个对时代变革格外警觉和高度敏感的管理学家所具有的洞察力。德鲁克（Drucker，1982）揭示了一个值得注意的根本性变革，即信息越来越成为经理人的关键性资源和组织的基础。而在“经济”和“社会”部分，德鲁克对社会动荡的破坏性深怀警惕，他认为虽然变革是不可避免的，但变革的方式却是可以选择。变革可能是暴风骤雨般地来临，也可能以连续

---

① Peter F. Drucker. *Innovation and entrepreneurship: Practices and principle.* London: Heinemann, 1985, Preface.

② Peter F. Drucker. *Landmarks of tomorrow: A report on the new "post-modern" world.* New York: Harper and Row, 1959.

的、和平的方式进行，究竟以何种形式释放变革的巨大能量，取决于一个社会对创新的态度和创新的能力。如果一个社会处于不断的创新之中，那么它将可能维持稳定和繁荣。如果一个社会缺乏自我更新的能力，变革的巨大能量就会积累起来，有朝一日爆发为剧烈的动荡。①

德鲁克一直对凯恩斯的“稳定均衡”假设持否定看法。德鲁克（Drucker，1985）认为：“我依然否定均衡的存在，因为，新的过程带来新的产出，尽管企业家精神带来利润变成了成本，但是，这个过程的新产出是尊严、责任、知识和分权。”② 在德鲁克看来，即使在制度环境比较稳定的条件下，由于信息的不完全（Incomplete information）和信息分散化（deconcentration of information）、信息的不对称（asymmetry of information）、世界的恒变特性，人们在做出有关未来的预期和决策时，仍有可能犯偏离均衡的错误。对于处在经济转型期的时候，人们做出决策的预期环境因素更为动荡，市场经济体系就更容易出现偏离均衡，这时的市场信息盲点可能更多，更有可能使一部分机敏的企业家发现他人决策的错误背景，从而抓住这种市场机会。熊彼特式的创新来源于非均衡市场状态下的信息不对称。非均衡状态可以被描述为一部分潜在市场参与者相互无知的状况，这种相互无知体现为信息的分散化和信息的

---

① Peter F. Drucker. *Managing in a time of great change*. New York：Truman Talley Books/Dutton，1982.

② Peter F. Drucker. *Innovation and entrepreneurship*：*Practices and principle*. London：Heinemann，1985，Ch. 2.

不对称。正是由于相互无知才导致未被发掘而对经济当事人有利的市场机会的存在，而这种机会不能持久地存在下去，它迟早会被发现。经济演化的动力源泉，是微观经济主体，或企业家个人的选择行为，归根结底是人类的智力和理性推动着经济的演化。博弈均衡是微观个体依据最大化原则做出选择，并且相互博弈而最终得到的结果。演化就是经济从一个博弈均衡到非均衡，再到另一个博弈均衡这样一个不断反复的过程。因此演化的方向，就是由现在的经济状态，指向由所有的经济个体的优化选择行为所确定的一个博弈均衡，一系列的这种发现构成了市场趋向均衡的进程。

德鲁克在《创新与企业家精神：实践与原理》一书中进一步发展了熊彼特的创新理论。熊彼特（Schumpeter，1942）认为，市场就像一个战场，竞争者通过采取特定的进攻行动，推陈出新。企业如果能够成功地抓住机会，就可能获得独占市场的高额经济租金或者取得先发的优势。企业的经营行为就是不断实施创造性破坏——在打破旧有市场格局中建立新的市场格局，而且决不把新的市场格局作为目标，而是立即把已形成的新格局当作旧格局来打破，从而开始下一轮的“创造性破坏”，这种“创造性破坏”被熊彼特称为企业家精神（entrepreneurship）。[①] 德鲁克（Drucker，1985）认为：“企业家精神既非科学又非艺术，而是一种实践。当然，它有它的知识基础，……正如其他所有实践领域（例如医学、工程学）的知

① Joseph Alois Schumpeter. *Capitalism, socialism and democracy*. New York: Harper, 1942.

识一样，企业家精神的知识只是一种达到目的的手段而已。事实上，实践知识的内容组成主要是由目的来界定的，也就是由实践本身来界定的。”①

（三）德鲁克的创新理论强调创新是企业的基本功能

创新，不仅是德鲁克揭示的企业两项基本功能之一，它同时还是一种工具，是企业家型经理人的工作手段。德鲁克（Drucker，1985）认为：“创新是企业家特有的工具，借此工具，他们把变化看作是开创与众不同的企业或服务的机遇。创新可以作为一门学科展示给大众，可以供人学习，也可以实地运作，企业家应当有目的地寻找创新的机遇，寻找预示成功创新的机遇的变化和征兆，他们还应懂得并应用成功创新的原则。”② 按照德鲁克的观点，创新不是简单地开创一宗新生意、经营一项新事业，而是通过改变资源的利用方式，从而改变产品和服务，为客户提供价值和满意度。“创新就是创造一种资源。”③ 因此，创新是一个经济或社会术语，而不是科技术语。

按照德鲁克关于创新的定义，发明创造不一定就是创新，只有能够给客户提供价值和满意度的创造才是创新。德鲁克所说的创新的经济学术语，是将“创新”作为创业家与企业家

① Peter F. Drucker. *Innovation and entrepreneurship*: *Practices and principle*. London: Heinemann, 1985, Preface.

② Peter F. Drucker. *Innovation and entrepreneurship*: *Practices and principle*. London: Heinemann, 1985, Ch. 2.

③ Peter F. Drucker. *Innovation and entrepreneurship*: *Practices and principle*. London: Heinemann, 1985.

的特殊工具；他们凭借创新，将变革当作是开创另一事业或服务的大好机会。“创新”是可以加以训练、可以学习和可以实地运营的。然而，创业家与企业家必须有目的地寻找“创新”的来源、变革以及成功创新机会的征兆。他们也必须了解成功创新的原则，并加以运用。德鲁克所说的创新的经济学术语，就是熊彼特的企业家精神，即通过新商业、新技术、新供应源和新的组织模式的创新来获得企业经济租金，即“熊彼特租金”（Schumpeterian rents）（Teece et al.，1997）。① 德鲁克的创新分类是：一是产品的创新，即产品或服务的创新；二是管理的创新，即制造产品与服务，并且将它们推出上市所需要的各种技能与活动的创新；三是社会的创新，即市场、消费者行为和价值的创新。

德鲁克（Drucker，1985）力主企业家应当“不断地搜寻变化，回应变化，把变化当作潜在的机会。”他的这些见解与柯兹纳（Kirzner，1997）所说的企业家活动具有包容不确定性、承担风险等特点，因此只有最敏锐的企业家才能获得超额利润②的观点几乎是一致的。德鲁克（Drucker，1985）断言，“未曾预见的情况往往是启动变革的良机”。③ 由此我们可以判定，企

① David J. Teece, Gary Pisano, and Amy Shuen. “Dynamic capabilities and strategic management”. *Strategic Management Journal*, 1997, 18 (7): 510 – 533.

② Israel Kirzner. “Entrepreneurial discovery and the competitive market process: An Austrian approach”. *Journal of Economic Literature*, March 1997, 35 (1): 60 ~ 85.

③ Peter F. Drucker. *Innovation and entrepreneurship: Practices and principle.* London: Heinemann, 1985, Ch. 2.

业家发现利润机会可以概括为搜寻企业优势（seek strengths）与经济租金的获取方式和选择企业经营模式（select business model）的活动，这是市场竞争同一过程的两个方面。搜寻是指企业积极参与发现和寻找市场上的利润机会的活动。搜寻的主要特征有两个：一是不可逆性（irreversibility）；二是不确定性（uncertainty）。选择是指企业组织创造或适应外部环境所做出的企业经营模式创新的决定。一般来说，搜寻和选择是同时发生的，是企业经营模式创新过程中相互作用的两个方面。例如，某种新产品的价格作为一种反馈，既提供了选择的信号同时又影响搜寻的方向，企业正是在搜寻和选择行为的交互作用下向前发展的，一个产业在其发展的每一时期中所面临的条件都带有培育下一期搜寻企业经营模式创新活动的种子。柯兹纳（Kirzner，1997）补充说道，创业机会的发现无法在一个机械式估计（mechanical computation）中产生，因为人们无法辨识出所有可能的机会。如果创业家无法在现有的技术革新中，替商品/服务找出其他的商业用途（commercial application），那么创业家将没有办法在可行的机会中做出选择。①

新奥地利学派（The Neo-Austrian School）最重要的代表人物哈耶克强调了市场信息的不完全性和信息不对称性（asymmetric information）。他（Hayek，1935）论证到，没有人（包括政府在内）是全知的，他只拥有与自身紧密相关的人或事物

---

① Israel Kirzner. "Entrepreneurial discovery and the competitive market process: An Austrian approach". *Journal of Economic Literature*, March 1997, 35 (1): 60 ~ 85.

的不完全的知识。① 尽管没有具备全部信息的行为主体，但由于市场中存在一批十分敏锐的企业家，使市场协调这一问题得到了解决。这里的“企业家”是一个广义的概念，它不仅是指从事商业活动寻求利润的企业家，而且指一切在经济或社会活动中善于寻觅机会，通过冒险、预期或投机行为使自身利益最大化的所有的个人。

可以看出，德鲁克是在继承奥地利学派对企业家角色和市场竞争本质的传统中提出和发展了奥地利学派的创新理论。他的创新理论是基于奥地利学派方法论上的个人主义和认识论上的主观主义之上的，他发展了米塞斯“市场从不失灵”的论断和企业经营就是不断地追逐“熊彼特租金”或“企业家租金”的观点。德鲁克的“搜寻变化，回应变化，视变化为机会”这种企业家精神，正是米塞斯（Mises，1933）所称的“人的行为本质”，市场竞争中行为者的特性是“企业家兼投机商”。② 他们不一定能作为价格制定者（price taker）来获取最大利润，也不可能是面对已知或给定的需求曲线和供给曲线去采取最佳的行动。需求曲线也好，供给曲线也好，事先都是无法知道的，这就是市场的无知。柯兹纳（Kirzner，2001）强调：“在冯·米塞斯的市场过程理论看来，‘竞争’仅仅意味着一种以企业进入自由为基本特征的制度框架，或者换句话

① Friedrich A. Hayek. *Collectivist economic planning*. London：George Routledge and Sons，1935.

② Ludwig von Mises. （1933）. *Epistemological problems in economics*. New York：Cambridge University Press，1981.

说，不存人为地妨碍进入的特权”（p. 100）。[①] 与米塞斯一样，对德鲁克来说，市场机制的驱动力不是来自消费者，而是“创业并进行投机的企业家”。因此可以说，“搜寻变化，回应变化，视变化为机会”，与米塞斯提出的在自由市场中“消费者至高无上”或者生产商是对人们的需求做出回应的概念和德鲁克“引导消费、创造顾客”有密切关系。

我们注意到，德鲁克的《创新与企业家精神：实践与原理》出版于1985年，当时正是新经济刚刚开始得到发展而传统产业遇到难题的时候。德鲁克隐含的命题是：企业经营究竟是被亚当·斯密的“看不见的手”牵着走，还是按熊彼特的“创造性破坏”行事的问题。在德鲁克看来，完全竞争市场前提下的经济学（如一般均衡理论）较好地适合工业经济时代的现实，“看不见的手”牵着企业经营走，企业在更多的时候是适应市场，而不是创造市场或顾客。而在新经济时代，我们必须更多地考虑知识型外在性、知识型垄断以及知识型信息不完全等问题以及它们对资源配置和价值创造的影响。新经济的现实偏离了亚当·斯密的理想，企业更需要用“创造性破坏”来创造市场或顾客，而不是被动地去适应市场，这就需要企业更加注重企业积极参与发现和寻找市场上利润机会活动，注重企业经营行为过程的创新。

德鲁克的企业家精神是构成他创新理论的核心概念。它说明：第一，创新是企业家精神的本质，没有创新，企业就不能

---

① Israel Kirzner. Ludwig von Mises: The man and his economics. (Library of Modern Thinkers). Wilmington, DE: ISI Books 2001. 100.

成之为企业；第二，仅有技术创新不能构成企业家精神，企业家精神是企业全面创新；第三，企业创新是企业有系统、有组织的活动，而不是灵感一现的结果；第四，企业创新与企业生命周期紧密相关，企业的任何持续发展都与企业创新有关。德鲁克认为，在一个技术持续期内，采取最优化战略的管理型组织是能够适应外部环境的；但是在一个技术革命时期，企业只有主动摆脱昨天才能重新获得增长机会，而摆脱昨天的唯一办法就是创新。德鲁克（Drucker，1985）的名言是："创新组织不会花费时间或资源去捍卫昨天，"他写到："光是系统性地放弃昨天就能够释放资源，尤其是其中最稀缺的资源——人才……"。①

基于对创新的深入研究，德鲁克（Drucker，1985）总结了系统创新的七个来源，并将这七个来源按照可信度和预期程度的进行了排序。这脍炙人口的创新七个来源是：意外之事；不一致性流程中存在的逻辑上或节奏上的不一致；经济现实之间的不一致；期望值与实际结果之间的不一致；人口统计的变化；观念的变化；新知识的变化，等等。前四个来源来自组织内部，后三个来源是外部环境的变化。② 出人意料的是，德鲁克将"新知识"排在这七个来源的最后。德鲁克认为，新知识特别是科学技术方面的新知识并不是成功创新的最可靠和最可预期的来源。恰好相反，新的科学技术知识属于最不可靠、

---

① Peter F. Drucker. *Innovation and entrepreneurship: Practices and principle*. London: Heinemann, 1985, Ch. 2.

② Peter F. Drucker. *Innovation and entrepreneurship: Practices and principle*. London: Heinemann, 1985, Ch. 2.

最不可预知的一种来源，同时也是准备时间最长、花费最巨大的一种来源。德鲁克认为，企业的成功必须同时赢得两个战场的胜利：内部管理和外部机会。内部管理只会产生成本，市场机会总是存在于企业外部，企业只有依靠正确的战略才能抓住市场机会；同样，创业精神真正转变成财富既需要创业管理，也需要创业型战略。

德鲁克（Drucker，1985）提出了四种创业型战略（entrepreneurial strategy）：

第一，全力以赴（fastest with the mostest）①，抢占市场统治权。德鲁克认为，“全力以赴”以创造一个新的产业或新的市场为目标。“全力以赴”战略必须雄心勃勃，一开始就志在必得，瞄准市场或行业持久领导地位，否则注定要失败。它的代名词是“孤注一掷”，失败风险很大，仅仅适用于少数创新活动；

第二，乘虚而入，模仿高手与企业柔道。德鲁克认为，“乘虚而入”战略的风险比“全力以赴”要小得多。德鲁克将“乘虚而入”战略分为两种：“创造性模仿”（creative imitation）② 和“创业的柔道”（entrepreneurial judo）。创造性模仿是一种模仿策略，重复别人已经做过的工作，但它又是创造性工作，因为使用该战略的创业者比某项创新的创造者更理解创

① 全力以赴（fastest with the mostest）也可以译为“孤注一掷”，是美国内战时期一位南部联邦骑兵部队的将军连连取胜的要诀。该战略从一开始瞄准的就是获得永久性的领导地位。在所有的企业家战略中，这个战略的风险最大。

② “创造性模仿”（creative imitation）是由哈佛大学教授列维特（Theodore Levitt，1925－2006）发明的名词，列维特将“改良”称为“创造性模仿”。德鲁克认为：“创造性模仿并没有发明产品，它只是将创始产品变得更完美。”

新的含义或用途。任何创造物最初的雏形总是不完美的，可能缺少某种功能，可能没有意识到某种用途，创造性模仿弥补了这些不足。创造性模仿者往往比创造者更加重视市场价值而非产品或技术本身，着眼于顾客而非制造，最初的设计者往往恰好相反。由于高技术出身的创新者往往忽视以市场为中心这一原则，而偏重技术和产品本身，所以创造性模仿最适用于高技术领域。创业柔道与创造性模仿或全力以赴战略一样，都是以获得产业领导权为目标，进而获得控制权。但是，它避免直接进攻对手，通过乘虚而入来达到目的。日本人是创造性模仿的天才，德鲁克称之为“创业的柔道”；

第三，生存缝隙，在防守中立于不败之地。德鲁克认为，“生存缝隙”战略即在于避免或绕过竞争求得成功，方法是独辟蹊径，找到适合自己的市场缝隙，并牢牢地占据其中；

第四，改变价值和特征，创造新客户和提出商业创新策略。德鲁克认为，不论是以效用还是以价格创造顾客实际上都是考虑顾客的实际需要，向顾客提供他们所需要的“价值”而不是制造商生产的“产品”。一项创业型战略越是以顾客的需要、价值和实际需求为着眼点，成功的机会就越大。检验一项创新的标准永远是它对使用者的用途，因此，创新精神应该永远以市场为导向、以顾客为中心。

（四）德鲁克创新理论的基础是过程哲学的思维和非均衡理论

在德鲁克看来，今天并不一定是由过去所导致的，未来也不会是今天的重复。这一点古希腊哲学家赫拉克里特斯（Heraclitus，540－480 B. C.）就曾观察得很透彻，他在渡过某条河流后说："事物都是流动的。"每一件事物都在不停变化、移动，没有任何事物是静止不变的，因此，"没有人能够踏进同样的河水里两次"（No man walks into the same river twice）。当我第二次涉水时，无论是我还是河流都已经与从前不同了。这话道尽了万物的不断变化和变迁的道理，说明只有变化才是永恒的，以过去的数据作为预测未来的不可靠。德鲁克认为，创新与企业家精神是"变化的经济"的核心，因为这种思想潮流的基础是生产决定消费。生产力的改善是经常性的，而不是暂时性的，因为企业面临的革新压力也是经常性的。事实上，早在《未来的里程碑：关于新的后现代世界的报告》一书中，德鲁克（Drucker，1959）就指出："事实上，时至今日，我们唯一理解的秩序，是一个动态的、不断向前进的、一直在改变的秩序。"① 这与马克思和恩格斯（Marx and Engels，1848）在《共产党宣言》中所说是一致的："生产力一直都在不断革命，整个社会状况不断动荡，永远的不确定和躁动不安是资产阶级时代区别于任何一个早期时代的标志。与早期古老而威严的成见和主张有关的所有固定的、迅速确定下来的关系都一扫而空。一切的新形式在它们僵化之前都是独一无二的，不存在一

① Peter F. Drucker. *Landmarks of tomorrow*: *A report on the new "post-modern" world*. New York: Harper and Row, 1959.

成不变的东西。”①

从某种意义上说，德鲁克的企业家精神就是伊斯雷尔·柯兹纳所说的一种发现程序（discovery procedure）②，这种发现程序把企业家的发现特征与竞争结合在一起。这就把竞争的过程明确表述为一个企业家的创新过程。米塞斯用人类行为这一术语，说明了每个人都是企业家。在柯兹纳看来，企业家精神是所有人类行为的一个方面，而并不仅仅是生意人或冒险商人的特殊技能。就我们与生俱来的有目的地行动的能力这一点而言，我们所有人都是企业家。企业家的天然使命在于发现利润机会，而每一个新机会的发现实际上就是对一个信息盲点（information gap）的弥补，是对市场协调过程中不同障碍的克服。于是，市场的协调得以在企业家对利润的寻求过程或寻租行为过程中实现。由于信息的不全面，世界的恒变特性，必然有一部分人的预期是错误的，而这失败的预期又构成了另一部分人的利润机会。发现这种“错误”，需要一种企业家式的敏锐。企业家精神的本质就是对以前未被认识到的机会的敏感机警（alertness）。柯兹纳（Kirzner，1997）用市场过程的概念与更常规的经济学对竞争的解释进行了比较，将其联系起来了。③

① Karl Marx, and Friedrich Engels（1848）. *Manifesto of the communist party*. London：Penguin, 1978.

② Israel M. Kirzner. *Competition and entrepreneurship*. Chicago, Illinois：University of Chicago Press, 1973.

③ Israel M. Kirzner. “Entrepreneurial discovery and competitive market process：An Austrian approach”. *Journal of Economic Literature*, 1997, 35（1）：60－85.

在德鲁克看来，这种程序就是“搜寻变化，回应变化，视变化为机会”的一个过程，只有在市场互动的竞争性过程中才能被显现和发现。正是在企业家追求利润的活动中，才能生成市场参与者协调其计划所必须的知识。

新奥地利学派代表人物弗里德里希·哈耶克（Hayek，1968）对“市场过程论”进行了补充，他1968年3月29日在美国费城学会所做的演讲《作为一种发现过程的竞争》中指出：“我建议把竞争视作是发现某些事实的一种过程，因为不诉诸竞争这种过程，这些事实就不会为何人所知道，至少不会为人们所利用。”① 德鲁克的企业家精神就是柯兹纳的“企业家敏感机警”（entrepreneurial alertness）概念，用于反映企业家发现市场机会存在与否或者是否具有价值的能力。一般来说，并不是某个人具备某种系统的知识，就可以具有企业家敏感机警能力，对市场机会的洞察能力主要取决于与市场贴近的程度、过去积累的经验和对学习机制的自我强化效应，甚至可能与某种与生俱有的个人禀赋有极为密切的直接的联系。这些资源的性质进一步说明企业家发现能力是一种难以模仿的异质性资源，是某些企业具有竞争优势的根源。在德鲁克看来，一般人们会认为创新与企业家精神更多地取决于一个企业家的天分、禀赋、灵感。

---

① Friedrich A. Hayek. “Competition as a discovery procedure.” Lecture to the Philadelphia Society, Chicago, 29 March 1968. in Friedrich A. Hayek (ed.), *New studies in philosophy, politics, economics and the history of ideas*. London: Routledge and Kegan Paul, 1978, 249 - 265.

德鲁克认为，创新和企业家精神是可以组织的有目的的任务和系统化的工作，也就是说，是可以训练出来的。德鲁克认为，为什么有的企业能不断推出新产品，随时满足市场的需求；为什么有的组织能创造合作的情境，化解内部复杂的竞争；经理人的创新与企业家的精神是其中的关键。这些资源的性质进一步说明企业家发现能力是一种难以模仿的异质性资源，是某些企业具有竞争优势的根源。

美国哈佛大学教授霍华德·斯蒂文森等人（Stevenson and Jarillo，1990）对德鲁克的理论进行了补充，认为应当把企业家精神视为企业的创业过程，将其定义为整合资源以开发市场机会的行为过程，并不需要考虑目前所掌握的资源情况而对机会的追求。因此，企业家精神或企业的创新的实质在于不拘泥于当前资源条件的限制，去捕捉和利用市场机会。①

我们认为，德鲁克的企业家精神根源于企业家所具有的知识、对市场敏锐的洞察力、勇于承担风险和创新精神，包括发现市场和识别市场机会的市场知识、开发新产品满足市场需求的科研开发能力、将企业家个人独创性的洞察力和创新整合到新产品中去的能力、将企业生产的知识产品推向市场、传播知识的能力，这些知识和创新精神的组合就构成了企业的核心能力（core competency）。严格地说，德鲁克的企业家精神实质说明经济系统从未达到均衡，这就对新古典经济学中举足轻重

① Howard H. Stevenson and J. C. Jarillo. "A paradigm of entrepreneurship: Entrepreneurial management." *Strategic Management Journal*, Summer Special Issue, 1990, 11 (SI): 17-27.

的均衡理论提出了质疑。这种质疑带有思考的力量，是对已有的经营理论的均衡假设提出挑战。如果企业经理人员仍然按均衡假设进行经营，在对市场情况进行因果关系解释的时候，就会犯明显的错误。

我们可以发现，德鲁克的创新来源实质和创业型战略的立足点就是非均衡。非均衡理论已经对已有的经营理论的均衡假设提出挑战。这说明，“创造性破坏”状态下的经济是一种不确定性的经济，只有通过企业经营模式的不断再造或者创造性破坏才能使企业有效地生存下来。我们要想成功，就不得不学会与这个“非理性”“不确定性”的环境相处，那就是要进行企业经营优势和经济租金的寻求过程或寻租行为过程的创新；而失败，首先是因为不能接受“非理性”的环境，无法实现企业租金的寻求过程或寻租行为过程的创新，因而必然从“非理性”“不确定性”的环境里出局。在理查德·鲁梅尔特（Rumelt et al.，1994）等人看来，“均衡假设经常抛弃了创新、变革和多样性的思想。事情并不总是这样……当今人们认可的观点越复杂，均衡也就越复杂。”①

我们认为，企业家精神根源于企业家所具有的知识、对市场敏锐的洞察力、勇于承担风险和创新精神，包括发现市场和识别市场机会的市场知识、开发新产品满足市场需求的科研开发能力、将企业家个人独创性的洞察力和创新整合到新产品中

---

① Richard P. Rumelt, Dan E. Schendel, and David J. Teece (eds.). *Fundamental issues in strategy: A research agenda.* Boston, Massachusetts: Harvard Business School Press, 1994. 537.

去的能力、将企业生产的知识产品推向市场、传播知识的能力，这些知识和创新精神的组合就构成了企业的核心能力（core competency）。

德鲁克企业家精神的内生性质说明，企业家精神是一种新的知识能力或能力要素，是企业的一种动态能力建造机制，是一种隐性知识，具有不可模仿、不易转移的特征。这种新的知识能力包括了两个方面：企业家现存的和独有的能力和更新现存能力的能力。强调企业家精神的内生性质，推动了动态能力理论和知识基础论的发展。

在我们看来，德鲁克提出的创新理论说明企业家精神、企业内部的组织能力、资源和知识的积累是解释企业获得超额收益，保持竞争优势的关键。德鲁克强调，在企业家社会中，个人面临着巨大挑战，面对这种挑战，企业家需要不断学习再学习。因为，今后的知识，每隔 5 - 10 年就会过时或至少要更新。企业拥有的资源各不相同、具有异质性，异质性资源是企业获得超额收益，保持竞争优势最本质的东西，正是这种异质性决定了竞争优势。企业参与市场竞争本身是一种有目的地寻求和获取企业经济租金的理性行动。在企业经营的实践中，企业家精神主要通过在一个不确定性很高或者非常复杂的环境中承担风险和形成独创性的洞察力来获得，也就是说企业经营优势和经济租金的资源选取机制是建立在一种动态能力建造机制之上的，而非企业对有价值的、稀缺性资源的选取机制之上的。企业经营优势和经济租金的资源选取机制实际发生于获取相关资源之前，而动态能力建造机制是发生在企业经营活动之中的。在新经济中，德鲁克企业家精神的动态能力建造机制正在挑战李嘉图租金的资源选取机制。

（五）小结

事实上，奥地利学派强调方法论的个人主义和认识论的主观主义，注重人的知识、经验、学习、想象力、预期和判断力等内生变量，深刻地影响到德鲁克创新理论的创立。从这个意义上说，德鲁克的企业家精神为动态能力观（dynamic capabilities perspective）和知识基础观（knowledge based view）的动态能力建造机制理论指明了方向。它说明新的知识能力或能力要素来自于企业家对市场的认识，是企业家通过长时期实际运作而建立起来的，它具有明显的异质性，即与其他企业的能力是有差别的。

我们认为，德鲁克以《创新与企业家精神：实践与原理》一书切入创新这个主题，那种无人能敌的深邃洞察力，给人以排山倒海似的震撼。德鲁克论述创新与创业，宏观与微观的角度不时互转、长镜头与短镜头随意切换：一会儿谈经济理论，一会儿切入社会学；一会儿谈汽车业的创新，马上又转到医学手术，顺手再提银行业创新，必要时调侃一下政客。德鲁克视角极广，主题展得很开，观点犀利，论据充分，近乎海阔天空，让人不自觉地掉入一种全新思想境界，德鲁克式论述风格在这本书中发挥得淋漓尽致。

《长寿公司》（The Living Company）一书的作者阿里·德赫斯（de Geus，1997）认为："德鲁克对创新的强调可以追溯到很早以前，实际上可以追溯到熊彼特。”① 索尔·斯尼德企业家研究中心（Saul C. Snider Entrepreneurial Center, Wharton）主任、管理学教授伊安·马克米兰（Ian C. Macmillan, 2005）说，对他而言，德鲁克最大的贡献是关于创新和企业家精神的著作。德鲁克“撰写的关于创新和企业家精神的著作，是同类著作中最精练，但也是最全面的，……在《哈佛商业评论》不到10页的一篇文章中，他的真知灼见引导我对自己所做的所有事情进行了思考。这篇文章就是1998年底发表的《创新法则》（The Discipline of Innovation）②。”

四、本章小结

德鲁克逝世之后，正在中国访问的美国管理学家彼得·圣吉博士（Dr. Peter M. Senge）得知消息后感到特别震惊。圣吉博士说：“在我眼中，他是一个欧洲绅士，内敛、优雅、得体，这应当是出自他的欧洲传统文化背景。我觉得他始终不是美国人，在某个程度上，他也总把自己当成奥地利人看待，连说话都一直有着浓重的奥地利口音。”

德鲁克生活在欧洲的时期，欧洲的学术领域群星荟萃，

① Arie de Geus. *The living company: Habits for survival in a turbulent business environment.* Boston, Massachusetts: Harvard Business School Press, 1997.

② Peter F. Drucker. “The Discipline of Innovation.” *Harvard Business Review*, November-December 1998, 76 (11/12): 149 – 157.

达到了一个历史高峰。德鲁克身处欧洲这个学术中心，其成长年代正值近代史上一个最为动荡时期，严峻的现实迫使年轻的德鲁克思考各种社会经济问题。因此，德鲁克不仅精通政治学、经济学，他还教过宗教，熟悉哲学。他对政治时局的见解与功能社会理论，追根溯源是要与他的欧洲学术传统相联系的。对德鲁克来说，这种欧洲传统文化背景就是一种理念、一种哲学、一种辨别社会行为的坐标、一种人生选择的向导。

德鲁克的路德教家庭背景和其在欧洲的早期生活经历，造就了德鲁克独特的精神和风格，使他承袭了欧洲大陆悠久的人文主义传统，德鲁克身上始终具有浓郁的维也纳精神气质，那就是19世纪博学审问，慎思明辨的自由主义者的人文素养与价值关怀。这一思想渊源让德鲁克自始至终关注人的生存境遇和存在意义。他在早年感受到了人所遭受的痛苦和苦难，同时也继承了追求自由和永恒的信念。德鲁克相信，这两个方面都可以归因于管理问题。欧洲当时的灾难是管理的失败造成的，而人的理想和完善也只有通过管理来实现。①

德鲁克的欧洲学术背景与后来的经历使他坚信，自由与公平，永远都应当是人们向往的境界，是绝不容许改变的目标。德鲁克在《经济人的末日：极权主义的起源》一书写到："在普遍信仰基督教的欧洲，自由与公平早已经变成了

① Peter F D rucker. *Adventures of a bystander*. London：Heinemann，1979. 127.

两个最基本的概念，它们甚至能够代表欧洲的精髓。”① 德鲁克的一生就是以这种信念作为精神支撑，一生以做“公共意识和公共利益的看门人”和“社会正义和世道良知的守护人”为目标，在自由与公平、社会承诺与社会现实之间寻找解决之道。

当然，德鲁克的欧洲学术背景使他具有浪漫风情、时尚优雅、从容淡定、作风儒雅沉稳、个性低调内敛而不失放达、婉转细致而不失稳重的学术品行和风格，处处表现出自信而不轻狂，谦虚而不失自我，沉稳而不失激情，风趣幽默中透着睿智大气，大胆决断中体现灵感闪现，这是一种温文尔雅、举止得体、修身养性的欧洲绅士高贵典雅的气质与风度，他毕生为社会、为他人的奉献精神，淡泊名利的平常心态，是他成为优秀的公共知识分子的重要条件。

① Peter F D rucker. *The end of economic man*: *The origins of totalitarianism*. New York: John Day Co. , 1939.

推荐作者得新书！

博瑞森征稿启事

亲爱的读者朋友：

感谢您选择了博瑞森图书！希望您手中的这本书能给您带来实实在在的帮助！

博瑞森一直致力于发掘好作者、好内容，希望能把您最需要的思想、方法，一字一句地交到您手中，成为专业知识与管理实践的纽带和桥梁。

但是我们也知道，有很多深入企业一线、经验丰富、乐于分享的优秀专家，或者往来奔波没时间，或者缺少专业的写作指导和便捷的出版途径，只能茫然以待……

还有很多在竞争大潮中坚守的企业，有着异常宝贵的实践经验和独特的闪光点，但缺少专业的记录和整理者，无法让企业的经验和故事被更多的人了解、学习、参考……

这些都太遗憾了！

博瑞森非常希望能将这些埋藏的"宝藏"发掘出来，贡献给广大读者，让更多的人得到帮助。

所以，我们真心地邀请您，我们的老读者，帮助我们一起搜寻：

推荐作者。

可以是您自己或您的朋友，只要对本土管理有实践、有思考；可以是您通过网络、杂志、书籍或其他途径了解的某位专家，不管名气大小，只要他的思想和方法曾让您深受启发。

推荐企业。

可以是您自己所在的企业，或者是您熟悉的某家企业，其创业过程、运营经历、产品研发、机制创新，等等。无论企业大小，只要乐于分享、有值得借鉴书写之处。

总之，好内容就是一切！

博瑞森绝非"自费出书"，出版项目费用完全由我们承担。您推荐的作者或企业案例一经采用，我们会立刻向您赠送书币 100 元，可直接换取任何博瑞森图书的纸质版或电子版。

感谢您对本土管理的支持！感谢您对博瑞森图书的帮助！

推荐邮箱：bookgood@126.com　　推荐手机：13611149991

1120 本土管理实践与创新论坛

这是由100多位本土管理专家联合创立的企业管理实践学术交流组织，旨在孵化本土管理思想、促进企业管理实践、加强专家间交流与协作。

论坛每年集中力量办好两件大事：第一，"**出一本书**"，汇聚一年的思考和实践，把最原创、最前沿、最实战的内容集结成册，贡献给读者；第二，"**办一次会**"，每年11月20日本土管理专家们汇聚一堂，碰撞思想、研讨案例、交流切磋、回馈社会。

论坛理事名单（以年龄为序，以示传承之意）

首届常务理事：

彭志雄　曾　伟　施　炜　杨　涛　张学军

郭　晓　程绍珊　胡八一　王祥伍　李志华

陈立云　杨永华

理　　事：

卢根鑫　王铁仁　周荣辉　曾令同　陆和平　宋杼宸　张国祥

刘承元　曹子祥　宋新宇　吴越舟　吴　坚　戴欣明　仲昭川

刘春雄　刘祖轲　段继东　何　慕　秦国伟　贺兵一　张小虎

郭　剑　余晓雷　黄中强　朱玉童　沈　坤　阎立忠　张　进

丁兴良　朱仁健　薛宝峰　史贤龙　卢　强　史幼波　叶敦明

王明胤　陈　明　岑立聪　方　刚　何足奇　周　俊　杨　奕

孙行健　孙嘉晖　张东利　郭富才　叶　宁　何　屹　沈　奎

王　超　马宝琳　谭长春　夏惊鸣　张　博　李洪道　胡浪球

孙　波　唐江华　程　翔　刘红明　杨鸿贵　伯建新　高可为

李　蓓　王春强　孔祥云　贾同领　罗宏文　史立臣　李政权

余　盛　陈小龙　尚　锋　邢　雷　余伟辉　李小勇　全怀周

初勇钢　陈　锐　高继中　聂志新　黄　屹　沈　拓　徐伟泽
谭洪华　崔自三　王玉荣　蒋　军　侯军伟　黄润霖　金国华
吴　之　葛新红　周　剑　崔海鹏　柏　龑　唐道明　朱志明
曲宗恺　杜　忠　远　鸣　范月明　刘文新　赵晓萌　张　伟
韩　旭　韩友诚　熊亚柱　孙彩军　刘　雷　王庆云　李少星
俞士耀　丁　昀　黄　磊　罗晓慧　伏泓霖　梁小平　鄢圣安

企业案例·老板传记

	书名．作者	内容/特色	读者价值
企业案例·老板传记	**你不知道的加多宝:原市场部高管讲述** 曲宗恺　牛玮娜　著	前加多宝高管解读加多宝	全景式解读,原汁原味
	收购后怎样有效整合:一个重工业收购整合实录 李少星　著	讲述企业并购后的事	语言轻松活泼,对并购后的企业有借鉴作用
	娃哈哈区域标杆:豫北市场营销实录 罗宏文　赵晓萌　等著	本书从区域的角度来写娃哈哈河南分公司豫北市场是怎么进行区域市场营销,成为娃哈哈全国第一大市场、全国增量第一高市场的一些操作方法	参考性、指导性,一线真实资料
	像六个核桃一样:打造畅销品的36个简明法则 王　超　范　萍　著	本书分上下两篇:包括“六个核桃”的营销战略历程和36条畅销法则	知名企业的战略历程极具参考价值,36条法则提供操作方法
	六个核桃凭什么:从0过100亿 张学军　著	首部全面揭秘养元六个核桃裂变式成长的巨著	学习优秀企业的成长路径,了解其背后的理论体系
	借力咨询:德邦成长背后的秘密 官同良　王祥伍　著	讲述德邦是如何借助咨询公司的力量进行自身与发展的	来自德邦内部的第一线资料,真实、珍贵,令人受益匪浅
	解决方案营销实战案例 刘祖轲　著	用10个真案例讲明白什么是工业品的解决方案式营销,实战、实用	有干货、真正操作过的才能写得出来
	招招见销量的营销常识 刘文新　著	如何让每一个营销动作都直指销量	适合中小企业,看了就能用
	我们的营销真案例 联纵智达研究院　著	五芳斋粽子从区域到全国/诺贝尔瓷砖门店销量提升/利豪家具出口转内销/汤臣倍健的营销模式	选择的案例都很有代表性,实在、实操!
	中国营销战实录:令人拍案叫绝的营销真案例 联纵智达　著	51个案例,42家企业,38万字,18年,累计2000余人次参与……	最真实的营销案例,全是一线记录,开阔眼界
	双剑破局:沈坤营销策划案例集 沈　坤　著	双剑公司多年来的精选案例解析集,阐述了项目策划中每一个营销策略的诞生过程,策划角度和方法	一线真实案例,与众不同的策划角度令人拍案叫绝、受益匪浅
	宗:一位制造业企业家的思考 杨　涛　著	1993年创业,引领企业平稳发展20多年,分享独到的心得体会	难得的一本老板分享经验的书
	简单思考:AMT咨询创始人自述 孔祥云　著	著名咨询公司(AMT)的CEO创业历程中点点滴滴的经验与思考	每一位咨询人,每一位创业者和管理经营者,都值得一读
	边干边学做老板 黄中强　著	创业20多年的老板,有经验、能写、又愿意分享,这样的书很少	处处共鸣,帮助中小企业老板少走弯路
	三四线城市超市如何快速成长:解密甘雨亭 IBMG国际商业管理集团　著	国内外标杆企业的经验+本土实践量化数据+操作步骤、方法	通俗易懂,行业经验丰富,宝贵的行业量化数据,关键思路和步骤
	中国首家未来超市:解密安徽乐城 IBMG国际商业管理集团　著	本书深入挖掘了安徽乐城超市的试验案例,为零售企业未来的发展提供了一条可借鉴之路	通俗易懂,行业经验丰富,宝贵的行业量化数据,关键思路和步骤

续表

互联网 +			
	书名．作者	内容/特色	读者价值
互联网 +	**互联网时代的银行转型** 韩友诚　著	以大量案例形式为读者全面展示和分析了银行的互联网金融转型应对之道	结合本土银行转型发展案例的书籍
	正在发生的转型升级·实践 本土管理实践与创新论坛　著	企业在快速变革期所展现出的管理变革新成果、新方法、新案例	重点突出对于未来企业管理相关领域的趋势研判
	触发需求：互联网新营销样本·水产 何足奇　著	传统产业都在苦闷中挣扎前行，本书通过鲜活的案例告诉你如何以需求链整合供应链，从而把大家熟知的传统行业打碎了重构、重做一遍	全是干货，值得细读学习，并且作者的理论已经经过了他亲自操刀的实践检验，效果惊人，就在书中全景展示
	移动互联新玩法：未来商业的格局和趋势 史贤龙　著	传统商业、电商、移动互联，三个世界并存，这种新格局的玩法一定要懂	看清热点的本质，把握行业先机，一本书搞定移动互联网
	微商生意经：真实再现33个成功案例操作全程 伏泓霖　罗晓慧　著	本书为33个真实案例，分享案例主人公在做微商过程中的经验教训	案例真实，有借鉴意义
	阿里巴巴实战运营——14招玩转诚信通 聂志新　著	本书主要介绍阿里巴巴诚信通的十四个基本推广操作，从而帮助使用诚信通的用户及企业更好地提升业绩	基本操作，很多可以边学边用，简单易学
	今后这样做品牌：移动互联时代的品牌营销策略 蒋　军　著	与移动互联紧密结合，告诉你老方法还能不能用，新方法怎么用	今后这样做品牌就对了
	互联网＋"变"与"不变"：本土管理实践与创新论坛集萃．2016 本土管理实践与创新论坛　著	本土管理领域正在产生自己独特的理论和模式，尤其在移动互联时代，有很多新课题需要本土专家们一起研究	帮助读者拓宽眼界、突破思维
	创造增量市场：传统企业互联网转型之道 刘红明　著	传统企业需要用互联网思维去创造增量，而不是用电子商务去转移传统业务的存量	教你怎么在"互联网＋"的海洋中创造实实在在的增量
	重生战略：移动互联网和大数据时代的转型法则 沈　拓　著	在移动互联网和大数据时代，传统企业转型如同生命体打算与再造，称之为"重生战略"	帮助企业认清移动互联网环境下的变化和应对之道
	画出公司的互联网进化路线图：用互联网思维重塑产品、客户和价值 李　蓓　著	18个问题帮助企业一步步梳理出互联网转型思路	思路清晰、案例丰富，非常有启发性
	7个转变，让公司3年胜出 李　蓓　著	消费者主权时代，企业该怎么办	这就是互联网思维，老板有能这样想，肯定倒不了
	跳出同质思维，从跟随到领先 郭　剑　著	66个精彩案例剖析，帮助老板突破行业长期思维惯性	做企业竟然有这么多玩法，开眼界

续表

行业类:零售、白酒、食品/快消品、农业、医药、建材家居等			
	书名．作者	内容/特色	读者价值
零售·超市·餐饮·服装·汽车	**1. 总部有多强大,门店就能走多远** **2. 超市卖场定价策略与品类管理** **3. 连锁零售企业招聘与培训破解之道** **4. 中国首家未来超市:解密安徽乐城** **5. 三四线城市超市如何快速成长:解密甘雨亭** IBMG 国际商业管理集团　著	国内外标杆企业的经验 + 本土实践量化数据 + 操作步骤、方法	通俗易懂,行业经验丰富,宝贵的行业量化数据,关键思路和步骤
	涨价也能卖到翻 村松达夫　【日】	提升客单价的 15 种实用、有效的方法	日本企业在这方面非常值得学习和借鉴
	移动互联下的超市升级 联商网专栏频道　著	深度解析超市转型升级重点	帮助零售企业把握全局、看清方向
	手把手教你做专业督导:专卖店、连锁店 熊亚柱　著	从督导的职能、作用,在工作中需要的专业技能、方法,都提供了详细的解读和训练办法,同时附有大量的表单工具	无论是店铺需要统一培训,还是个人想成为优秀的督导,有这一本就够了
	百货零售全渠道营销策略 陈继展　著	没有照本宣科、说教式的絮叨,只有笔者对行业的认知与理解,庖丁解牛式的逐项解析、展开	通俗易懂,花极少的时间快速掌握该领域的知识及趋势
	零售:把客流变成购买力 丁　昀　著	如何通过不断升级产品和体验式服务来经营客流	如何进行体验营销,国外的好经营,这方面有启发
	餐饮企业经营策略第一书 吴　坚　著	分别从产品、顾客、市场、盈利模式等几个方面,对现阶段餐饮企业的发展提出策略和思路	第一本专业的、高端的餐饮企业经营指导书
	赚不赚钱靠店长:从懂管理到会经营 孙彩军　著	通过生动的案例来进行剖析,注重门店管理细节方面的能力提升	帮助终端门店店长在管理门店的过程中实现经营思路的拓展与突破
	汽车配件这样卖:汽车后市场销售秘诀 100 条 俞士耀　著	汽配销售业务员必读,手把手教授最实用的方法,轻松得来好业绩	快速上岗,专业实效,业绩无忧
耐消品	**跟行业老手学经销商开发与管理:家电、耐消品、建材家居** 黄润霖　著	全部来源于经销商管理的一线问题,作者用丰富的经验将每一个问题落实到最便捷快速的操作方法上去	书中每一个问题都是普通营销人亲口提出的,这些问题你也会遇到,作者进行的解答则精彩实用
白酒	**白酒到底如何卖** 赵海永　著	以市场实战为主,多层次、全方位、多角度地阐释了白酒一线市场操作的最新模式和方法,接地气	实操性强,37 个方法、6 大案例帮你成功卖酒
	变局下的白酒企业重构 杨永华　著	帮助白酒企业从产业视角看清趋势,找准位置,实现弯道超车的书	行业内企业要减少 90%,自己在什么位置,怎么做,都清楚了

续表

白酒	**1. 白酒营销的第一本书（升级版）** **2. 白酒经销商的第一本书** 唐江华　著	华泽集团湖南开口笑公司品牌部长，擅长酒类新品推广、新市场拓展	扎根一线，实战
	区域型白酒企业营销必胜法则 朱志明　著	为区域型白酒企业提供35条必胜法则，在竞争中赢销的葵花宝典	丰富的一线经验和深厚积累，实操实用
	10步成功运作白酒区域市场 朱志明　著	白酒区域操盘者必备，掌握区域市场运作的战略、战术、兵法	在区域市场的攻伐防守中运筹帷幄，立于不败之地
	酒业转型大时代：微酒精选2014－2015 微酒　主编	本书分为五个部分：当年大事件、那些酒业营销工具、微酒独立策划、业内大调查和十大经典案例	了解行业新动态、新观点，学习营销方法
快消品·食品	**中国快消标杆品牌观察：和内行一起看透营销套路** 陈海超　著	多年营销经验的一线老手把案例掰开了、揉碎了，从中得出的各种手段和方法给读者以帮助和启发	营销那些事儿的个中秘辛，求人还不一定告诉你，这本书里就有
	乳业营销第一书 侯军伟　著	对区域乳品企业生存发展关键性问题的梳理	唯一的区域乳业营销书，区域乳品企业一定要看
	食用油营销第一书 余　盛　著	10多年油脂企业工作经验，从行业到具体实操	食用油行业第一书，当之无愧
	中国茶叶营销第一书 柏　龑　著	如何跳出茶行业“大文化小产业”的困境，作者给出了自己的观察和思考	不是传统做茶的思路，而是现在商业做茶的思路
	调味品营销第一书 陈小龙　著	国内唯一一本调味品营销的书	唯一的调味品营销的书，调味品的从业者一定要看
	快消品营销人的第一本书：从入门到精通 刘　雷　伯建新　著	快消行业必读书，从入门到专业	深入细致，易学易懂
	变局下的快消品营销实战策略 杨永华　著	通胀了，成本增加，如何从被动应战变成主动的“系统战”	作者对快消品行业非常熟悉、非常实战
	快消品经销商如何快速做大 杨永华　著	本书完全从实战的角度，评述现象，解析误区，揭示原理，传授方法	为转型期的经销商提供了解决思路，指出了发展方向
	一位销售经理的工作心得 蒋　军　著	一线营销管理人员想提升业绩却无从下手时，可以看看这本书	一线的真实感悟
	快消品营销：一位销售经理的工作心得2 蒋　军　著	快消品、食品饮料营销的经验之谈，重点图书	来源与实战的精华总结
	快消品营销与渠道管理 谭长春　著	将快消品标杆企业渠道管理的经验和方法分享出来	可口可乐、华润的一些具体的渠道管理经验，实战
	成为优秀的快消品区域经理（升级版） 伯建新　著	用“怎么办”分析区域经理的工作关键点，增加30%全新内容，更贴近环境变化	可以作为区域经理的“速成催化器”
	销售轨迹：一位快消品营销总监的拼搏之路 秦国伟　著	本书讲述了一个普通销售员打拼成为跨国企业营销总监的真实奋斗历程	激励人心，给广大销售员以力量和鼓舞

续表

快消品·食品	**快消老手都在这样做:区域经理操盘锦囊** 方刚　著	非常接地气,全是多年沉淀下来的干货,丰富的一线经验和实操方法不可多得	在市场摸爬滚打的"老油条",那些独家绝招妙招一般你问都是问不来的
	动销四维:全程辅导与新品上市 高继中　著	从产品、渠道、促销和新品上市详细讲解提高动销的具体方法,总结作者18年的快消品行业经验,方法实操	内容全面系统,方法实操
农业	**新农资如何换道超车** 刘祖轲　等著	从农业产业化、互联网转型、行业营销与经营突破四个方面阐述如何让农资企业占领先机、提前布局	南方略专家告诉你如何应对资源浪费、生产效率低下、产能严重过剩、价格与价值严重扭曲等
	中国牧场管理实战:畜牧业、乳业必读 黄剑黎　著	本书不仅提供了来自一线的实际经验,还收入了丰富的工具文档与表单	填补空白的行业必读作品
	中小农业企业品牌战法 韩　旭　著	将中小农业企业品牌建设的方法,从理论讲到实践,具有指导性	全面把握品牌规划,传播推广,落地执行的具体措施
	农资营销实战全指导 张　博　著	农资如何向"深度营销"转型,从理论到实践进行系统剖析,经验资深	朴实、使用!不可多得的农资营销实战指导
	农产品营销第一书 胡浪球　著	从农业企业战略到市场开拓、营销、品牌、模式等	来源于实践中的思考,有启发
	变局下的农牧企业9大成长策略 彭志雄　著	食品安全、纵向延伸、横向联合、品牌建设……	唯一的农牧企业经营实操的书,农牧企业一定要看
医药	**医药新营销:制药企业、医药商业企业营销模式转型** 史立臣　著	医药生产企业和商业企业在新环境下如何做营销?老方法还有没有用?如何寻找新方法?新方法怎么用?本书给你答案	内容非常现实接地气,踏实谈问题说方法
	新医改下的医药营销与团队管理 史立臣　著	探讨新医改对医药行业的系列影响和医药团队管理	帮助理清思路,有一个框架
	医药营销与处方药学术推广 马宝琳　著	如何用医学策划把"平民产品"变成"明星产品"	有真货、讲真话的作者,堪称处方药营销的经典!
	新医改了,药店就要这样开 尚　锋　著	药店经营、管理、营销全攻略	有很强的实战性和可操作性
	电商来了,实体药店如何突围 尚　锋　著	电商崛起,药店该如何突围?本书从促销、会员服务、专业性、客单价等多重角度给出了指导方向	实战攻略,拿来就能用
	在中国,医药营销这样做:时代方略精选文集 段继东　主编	专注于医药营销咨询15年,将医药营销方法的精华文章合编,深入全面	可谓医药营销领域的顶尖著作,医药界读者的必读书
	OTC医药代表药店销售36计 鄢圣安　著	以《三十六计》为线,写OTC医药代表向药店销售的一些技巧与策略	案例丰富,生动真实,实操性强
	OTC医药代表药店开发与维护 鄢圣安　著	要做到一名专业的医药代表,需要做什么、准备什么、知识储备、操作技巧等	医药代表药店拜访的指导手册,手把手教你快速上手

续表

医药	**引爆药店成交率1:店员导购实战** 范月明　著	一本书解决药店导购所有难题	情景化、真实化、实战化
	引爆药店成交率2:经营落地实战 范月明　著	最接地气的经营方法全指导	揭示了药店经营的几类关键问题
	医药企业转型升级战略 史立臣　著	药企转型升级有5大途径,并给出落地步骤及风险控制方法	实操性强,有作者个人经验总结及分析
建材家居	**建材家居行业老手的营销革命:除了促销还能做什么?** 孙嘉晖　著	一线老手的深度思考,告诉你在建材家居营销模式基本停滞的今天,除了促销,营销还能怎么做	给你的想法一场革命
	建材家居营销实务 程绍珊　杨鸿贵　主编	价值营销运用到建材家居,每一步都让客户增值	有自己的系统、实战
	建材家居门店销量提升 贾同领　著	店面选址、广告投放、推广助销、空间布局、生动展示、店面运营等	门店销量提升是一个系统工程,非常系统、实战
	10步成为最棒的建材家居门店店长 徐伟泽　著	实际方法易学易用,让员工能够迅速成长,成为独当一面的好店长	只要坚持这样干,一定能成为好店长
	手把手帮建材家居导购业绩倍增:成为顶尖的门店店员 熊亚柱　著	生动的表现形式,让普通人也能成为优秀的导购员,让门店业绩长红	读着有趣,用着简单,一本在手、业绩无忧
	建材家居经销商实战42章经 王庆云　著	告诉经销商:老板怎么当、团队怎么带、生意怎么做	忠言逆耳,看着不舒服就对了,实战总结,用一招半式就值了
工业品	**销售是门专业活:B2B、工业品** 陆和平　著	销售流程就应该跟着客户的采购流程和关注点的变化向前推进,将一个完整的销售过程分成十个阶段,提供具体方法	销售不是请客吃饭拉关系,是个专业的活计!方法在手,走遍天下不愁
	解决方案营销实战案例 刘祖轲　著	用10个真案例讲明白什么是工业品的解决方案式营销,实战、实用	有干货、真正操作过的才能写得出来
	变局下的工业品企业7大机遇 叶敦明　著	产业链条的整合机会、盈利模式的复制机会、营销红利的机会、工业服务商转型机会……	工业品企业还可以这样做,思维大突破
	工业品市场部实战全指导 杜　忠　著	工业品市场部经理工作内容全指导	系统、全面、有理论、有方法,帮助工业品市场部经理更快提升专业能力
	工业品营销管理实务 李洪道　著	中国特色工业品营销体系的全面深化、工业品营销管理体系优化升级	工具更实战,案例更鲜活,内容更深化
	工业品企业如何做品牌 张东利　著	为工业品企业提供最全面的品牌建设思路	有策略、有方法、有思路、有工具
	丁兴良讲工业4.0 丁兴良　著	没有枯燥的理论和说教,用朴实直白的语言告诉你工业4.0的全貌	工业4.0是什么?本书告诉你答案

续表

工业品	**资深大客户经理:策略准,执行狠** 叶敦明　著	从业务开发、发起攻势、关系培育、职业成长四个方面,详述了大客户营销的精髓	满满的全是干货
	一切为了订单:订单驱动下的工业品营销实战 唐道明　著	其实,所有的企业都在围绕着两个字在开展全部的经营和管理工作,那就是"订单"	开发订单、满足订单、扩大订单。本书全是实操方法,字字珠玑、句句干货,教你获得营销的胜利
金融	**交易心理分析** (美)马克·道格拉斯　著 刘真如　译	作者一语道破赢家的思考方式,并提供了具体的训练方法	不愧是投资心理的第一书,绝对经典
	精品银行管理之道 崔海鹏　何　屹　主编	中小银行转型的实战经验总结	中小银行的教材很多,实战类的书很少,可以看看
	支付战争 Eric M. Jackson　著 徐　彬　王　晓　译	PayPal创业期营销官,亲身讲述PayPal从诞生到壮大到成功出售的整个历史	激烈、有趣的内幕商战故事! 了解美国支付市场的风云巨变
房地产	**产业园区/产业地产规划、招商、运营实战** 阎立忠　著	目前中国第一本系统解读产业园区和产业地产建设运营的实战宝典	从认知、策划、招商到运营全面了解地产策划
	人文商业地产策划 戴欣明　著	城市与商业地产战略定位的关键是不可复制性,要发现独一无二的"味道"	突破千城一面的策划困局
	电影院的下一个黄金十年:开发·差异化·案例 李保煜　著	对目前电影院市场存大的问题及如何解决进行了探讨与解读	多角度了解电影院运营方式及代表性案例

经营类:企业如何赚钱,如何抓机会,如何突破,如何"开源"

	书名.作者	内容/特色	读者价值
抓方向	**让经营回归简单.升级版** 宋新宇　著	化繁为简抓住经营本质:战略、客户、产品、员工、成长	经典,做企业就这几个关键点!
	活系统:跟任正非学当老板 孙行健　尹　贤　著	以任正非的独到视角,教企业老板如何经营公司	看透公司经营本质,激活企业活力
	公司由小到大要过哪些坎 卢　强　著	老板手里的一张"企业成长路线图"	现在我在哪儿,未来还要走哪些路,都清楚了
	企业二次创业成功路线图 夏惊鸣　著	企业曾经抓住机会成功了,但下一步该怎么办?	企业怎样获得第二次成功,心里有个大框架了
	老板经理人双赢之道 陈　明　著	经理人怎养选平台、怎么开局,老板怎样选/育/用/留	老板生闷气,经理人牢骚大,这次知道该怎么办了
	简单思考:AMT咨询创始人自述 孔祥云　著	著名咨询公司(AMT)的CEO创业历程中点点滴滴的经验与思考	每一位咨询人,每一位创业者和管理经营者,都值得一读
	企业文化的逻辑 王祥伍　黄健江　著	为什么企业绩效如此不同,解开绩效背后的文化密码	少有的深刻,有品质,读起来很流畅
	使命驱动企业成长 高可为　著	钱能让一个人今天努力,使命能让一群人长期努力	对于想做事业的人,'使命'是绕不过去的

续表

思维突破	移动互联新玩法：未来商业的格局和趋势 史贤龙　著	传统商业、电商、移动互联，三个世界并存，这种新格局的玩法一定要懂	看清热点的本质，把握行业先机，一本书搞定移动互联网
	画出公司的互联网进化路线图：用互联网思维重塑产品、客户和价值 李　蓓　著	18 个问题帮助企业一步步梳理出互联网转型思路	思路清晰、案例丰富，非常有启发性
	重生战略：移动互联网和大数据时代的转型法则 沈　拓　著	在移动互联网和大数据时代，传统企业转型如同生命体打算与再造，称之为“重生战略”	帮助企业认清移动互联网环境下的变化和应对之道
	创造增量市场：传统企业互联网转型之道 刘红明　著	传统企业需要用互联网思维去创造增量，而不是用电子商务去转移传统业务的存量	教你怎么在“互联网 +”的海洋中创造实实在在的增量
	7 个转变，让公司 3 年胜出 李　蓓　著	消费者主权时代，企业该怎么办	这就是互联网思维，老板有能这样想，肯定倒不了
	跳出同质思维，从跟随到领先 郭　剑　著	66 个精彩案例剖析，帮助老板突破行业长期思维惯性	做企业竟然有这么多玩法，开眼界
	麻烦就是需求　难题就是商机 卢根鑫　著	如何借助客户的眼睛发现商机	什么是真商机，怎么判断、怎么抓，有借鉴
	互联网 +“变”与“不变”：本土管理实践与创新论坛集萃 · 2016 本土管理实践与创新论坛　著	加速本土管理思想的孕育诞生，促进本土管理创新成果更好地服务企业、贡献社会	各个作者本年度最新思想，帮助读者拓宽眼界、突破思维
财务	写给企业家的公司与家庭财务规划——从创业成功到富足退休 周荣辉　著	本书以企业的发展周期为主线，写各阶段企业与企业主家庭的财务规划	为读者处理人生各阶段企业与家庭的财务问题提供建议及方法，让家庭成员真正享受财富带来的益处
	互联网时代的成本观 程　翔　著	本书结合互联网时代提出了成本的多维观，揭示了多维组合成本的互联网精神和大数据特征，论述了其产生背景、实现思路和应用价值	在传统成本观下为盈利的业务，在新环境下也许就成为亏损业务。帮助管理者从新的角度来看待成本，进一步做好精益管理

管理类：效率如何提升，如何实现经营目标，如何“节流”

	书名．作者	内容/特色	读者价值
通用管理	1. 让管理回归简单．升级版 2. 让经营回归简单．升级版 3. 让用人回归简单 宋新宇　著	宋博士的“简单”三部曲，影响 20 万读者，非常经典	被读者热情地称作“中小企业的管理圣经”
	管理：以规则驾驭人性 王春强　著	详细解读企业规则的制定方法	从人与人博弈角度提升管理的有效性
	员工心理学超级漫画版 邢　雷　著	以漫画的形式深度剖析员工心理	帮助管理者更了解员工，从而更轻松地管理员工

续表

通用管理	**分股合心：股权激励这样做** 段　磊　周　剑　著	通过丰富的案例，详细介绍了股权激励的知识和实行方法	内容丰富全面、易读易懂，了解股权激励，有这一本就够了
	边干边学做老板 黄中强　著	创业20多年的老板，有经验、能写、又愿意分享，这样的书很少	处处共鸣，帮助中小企业老板少走弯路
	中国式阿米巴落地实践之从交付到交易 胡八一　著	本书主要讲述阿米巴经营会计，"从交付到交易"，这是成功实施了阿米巴的标志	阿米巴经营会计的工作是有逻辑关联的，一本书就能搞定
	集团化企业阿米巴实战案例 初勇钢　著	一家集团化企业阿米巴实施案例	指导集团化企业系统实施阿米巴
	阿米巴经营的中国模式 李志华　著	让员工从"要我干"到"我要干"，价值量化出来	阿米巴在企业如何落地，明白思路了
	中国式阿米巴落地实践之激活组织 胡八一　著	重点讲解如何科学划分阿米巴单元，阐述划分的实操要领、思路、方法、技术与工具	最大限度减少"推行风险"和"摸索成本"，利于公司成功搭建适合自身的个性化阿米巴经营体系
	欧博心法：好管理靠修行 曾　伟　著	用佛家的智慧，深刻剖析管理问题，见解独到	如果真的有'中国式管理'，曾老师是其中标志性人物
流程管理	**1. 用流程解放管理者** **2. 用流程解放管理者2** 张国祥　著	中小企业阅读的流程管理、企业规范化的书	通俗易懂，理论和实践的结合恰到好处
	跟我们学建流程体系 陈立云　著	畅销书《跟我们学做流程管理》系列，更实操，更细致，更深入	更多地分享实践，分享感悟，从实践总结出来的方法论
质量管理	**IATF16949质量管理体系详解与案例文件汇编：TS16949转版IATF16949：2016** 谭洪华　著	针对IATF的新标准做了详细的解说，同时指出了一些推行中容易犯的错误，提供了大量的表单、案例	案例、表单丰富，拿来就用
	五大质量工具详解及运用案例：APQP/FMEA/PPAP/MSA/SPC 谭洪华　著	对制造业必备的五大质量工具中每个文件的制作要求、注意事项、制作流程、成功案例等进行了解读	通俗易懂、简便易行，能真正实现学以致用
	1. ISO9001：2015新版质量管理体系详解与案例文件汇编 **2. ISO14001：2015新版环境管理体系详解与案例文件汇编** 谭洪华　著	紧密围绕2015新版，逐条详细解读，工具也可以直接套用，易学易上手	企业认证、内审必备
战略落地	**重生——中国企业的战略转型** 施　炜　著	从前瞻和适用的角度，对中国企业战略转型的方向、路径及策略性举措提出了一些概要性的建议和意见	对企业有战略指导意义
	公司大了怎么管：从靠英雄到靠组织 AMT 金国华　著	第一次详尽阐释中国快速成长型企业的特点、问题及解决之道	帮助快速成长型企业领导及管理团队理清思路，突破瓶颈
	低效会议怎么改：每年节省一半会议成本的秘密 AMT 王玉荣　著	教你如何系统规划公司的各级会议，一本工具书	教会你科学管理会议的办法
	年初订计划，年尾有结果：战略落地七步成诗 AMT 郭晓　著	7个步骤教会你怎么让公司制定的战略转变为行动	系统规划，有效指导计划实现

续表

人力资源	**HRBP是这样炼成的之“菜鸟起飞”** 新　海　著	以小说的形式，具体解析HRBP的职责，应该如何操作，如何为业务服务	实践者的经验分享，内容实务具体，形式有趣
	HRBP是这样炼成的之中级修炼 新　海　著	本书以案例故事的方式，介绍了HRBP在实际工作中碰到的问题和挑战	书中的HR解决方案讲究因时因地制宜、简单有效的原则，重在启发读者思路，可供各类企业HRBP借鉴
	回归本源看绩效 孙　波　著	让绩效回顾“改进工具”的本源，真正为企业所用	确实是来源于实践的思考，有共鸣
	世界500强资深培训经理人教你做培训管理 陈　锐　著	从7大角度具体细致地讲解了培训管理的核心内容	专业、实用、接地气
	曹子祥教你做激励性薪酬设计 曹子祥　著	以激励性为指导，系统性地介绍了薪酬体系及关键岗位的薪酬设计模式	深入浅出，一本书学会薪酬设计
	曹子祥教你做绩效管理 曹子祥　著	复杂的理论通俗化，专业的知识简单化，企业绩效管理共性问题的解决方案	轻松掌握绩效管理
	把招聘做到极致 远　鸣　著	作为世界500强高级招聘经理，作者数十年招聘经验的总结分享	带来职场思考境界的提升和具体招聘方法的学习
	人才评价中心．超级漫画版 邢　雷　著	专业的主题，漫画的形式，只此一本	没想到一本专业的书，能写成这效果
	走出薪酬管理误区 全怀周　著	剖析薪酬管理的8大误区，真正发挥好枢纽作用	值得企业深读的实用教案
	集团化人力资源管理实践 李小勇　著	对搭建集团化的企业很有帮助，务实，实用	最大的亮点不是理论，而是结合实际的深入剖析
	我的人力资源咨询笔记 张　伟　著	管理咨询师的视角，思考企业的HR管理	通过咨询师的眼睛对比很多企业，有启发
	本土化人力资源管理8大思维 周　剑　著	成熟HR理论，在本土中小企业实践中的探索和思考	对企业的现实困境有真切体会，有启发
企业文化	**拿来就用的企业文化工具箱** 海融心胜　主编	数十个工具，为了方便拿来就用，每一个工具都严格按照工具属性、操作方法、案例解读划分，实用、好用	企业文化工作者的案头必备书，方法都在里面，简单易操作
	华夏基石方法：企业文化落地本土实践 王祥伍　谭俊峰　著	十年积累、原创方法、一线资料，和盘托出	在文化落地方面真正有洞察，有实操价值的书
	企业文化的逻辑 王祥伍　著	为什么企业之间如此不同，解开绩效背后的文化密码	少有的深刻，有品质，读起来很流畅
	企业文化激活沟通 宋杼宸　安　琪　著	透过新任HR总经理的眼睛，揭示出沟通与企业文化的关系	有实际指导作用的文化落地读本
	在组织中绽放自我：从专业化到职业化 朱仁健　王祥伍　著	个人如何融入组织，组织如何助力个人成长	帮助企业员工快速认同并投入到组织中去，为企业发展贡献力量
	企业文化定位·落地一本通 王明胤　著	把高深枯燥的专业理论创建成一套系统化、实操化、简单化的企业文化缔造方法	对企业文化不了解，不会做？有这一本从概念到实操，就够了

续表

生产管理	**精益思维：中国精益如何落地** 刘承元　著	笔者二十余年企业经营和咨询管理的经验总结	中国企业需要灵活运用精益思维，推动经营要素与管理机制的有机结合，推动企业管理向前发展
	300张现场图看懂精益5S管理 乐　涛　编著	5S现场实操详解	案例图解，易懂易学
	高员工流失率下的精益生产 余伟辉　著	中国的精益生产必须面对和解决高员工流失率问题	确实来源于本土的工厂车间，很务实
	车间人员管理那些事儿 岑立聪　著	车间人员管理中处理各种"疑难杂症"的经验和方法	基层车间管理者最闹心、头疼的事，'打包'解决
	1. 欧博心法：好管理靠修行 **2. 欧博心法：好工厂这样管** 曾　伟　著	他是本土最大的制造业管理咨询机构创始人，他从400多个项目、上万家企业实践中锤炼出的欧博心法	中小制造型企业，一定会有很强的共鸣
	欧博工厂案例1：生产计划管控对话录 **欧博工厂案例2：品质技术改善对话录** **欧博工厂案例3：员工执行力提升对话录** 曾　伟　著	最典型的问题、最详尽的解析，工厂管理9大问题27个经典案例	没想到说得这么细，超出想象，案例很典型，照搬都可以了
	苦中得乐：管理者的第一堂必修课 曾　伟　编著	曾伟与师傅大愿法师的对话，佛学与管理实践的碰撞，管理禅的修行之道	用佛学最高智慧看透管理
	比日本工厂更高效1：管理提升无极限 刘承元　著	指出制造型企业管理的六大积弊；颠覆流行的错误认知；掌握精益管理的精髓	每一个企业都有自己不同的问题，管理没有一剑封喉的秘笈，要从现场、现物、现实出发
	比日本工厂更高效2：超强经营力 刘承元　著	企业要获得持续盈利，就要开源和节流，即实现销售最大化，费用最小化	掌握提升工厂效率的全新方法
	比日本工厂更高效3：精益改善力的成功实践 刘承元　著	工厂全面改善系统有其独特的目的取向特征，着眼于企业经营体质（持续竞争力）的建设与提升	用持续改善力来飞速提升工厂的效率，高效率能够带来意想不到的高效益
	3A顾问精益实践1：IE与效率提升 党新民　苏迎斌　蓝旭日　著	系统的阐述了IE技术的来龙去脉以及操作方法	使员工与企业持续获利
	3A顾问精益实践2：JIT与精益改善 肖志军　党新民　著	只在需要的时候，按需要的量，生产所需的产品	提升工厂效率
员工素质提升	**TTT培训师精进三部曲（上）：深度改善现场培训效果** **TTT培训师精进三部曲（中）：构建最有价值的课程内容** **TTT培训师精进三部曲（下）：职业功力沉淀与修为提升** **廖信琳　著**	**从内到外全方位指导企业内训师从专业到卓越**	成为优秀企业内训师/培训师的案头必备书籍

续表

员工素质提升	**手把手教你做专业督导:专卖店、连锁店** 熊亚柱　著	从督导的职能、作用,在工作中需要的专业技能、方法,都提供了详细的解读和训练办法,同时附有大量的表单工具	无论是店铺需要统一培训,还是个人想成为优秀的督导,有这一本就够了
	跟老板"偷师"学创业 吴江萍　余晓雷　著	边学边干,边观察边成长,你也可以当老板	不同于其他类型的创业书,让你在工作中积累创业经验,一举成功
	销售轨迹:一位快消品营销总监的拼搏之路 秦国伟　著	本书讲述了一个普通销售员打拼成为跨国企业营销总监的真实奋斗历程	激励人心,给广大销售员以力量和鼓舞
	在组织中绽放自我:从专业化到职业化 朱仁健　王祥伍　著	个人如何融入组织,组织如何助力个人成长	帮助企业员工快速认同并投入到组织中去,为企业发展贡献力量
	企业员工弟子规:用心做小事,成就大事业 贾同领　著	从传统文化《弟子规》中学习企业中为人处事的办法,从自身做起	点滴小事,修养自身,从自身的改善得到事业的提升
	手把手教你做顶尖企业内训师:TTT培训师宝典 熊亚柱　著	从课程研发到现场把控、个人提升都有涉及,易读易懂,内容丰富全面	想要做企业内训师的员工有福了,本书教你如何抓住关键,从入门到精通

营销类:把客户需求融入企业各环节,提供"客户认为"有价值的东西

	书名. 作者	内容/特色	读者价值
营销模式	**洞察人性的营销战术:沈坤教你28式** 沈　坤　著	28个匪夷所思的营销怪招令人拍案叫绝,涉及商业竞争的方方面面,大部分战术可以直接应用到企业营销中	各种谋略得益于作者的横向思维方式,将其操作过的案例结合其中,提供的战术对读者有参考价值
	动销操盘:节奏掌控与社群时代新战法 朱志明　著	在社群时代把握好产品生产销售的节奏,解析动销的症结,寻找动销的规律与方法	都是易读易懂的干货!对动销方法的全面解析和操盘
	变局下的营销模式升级 程绍珊　叶　宁　著	客户驱动模式、技术驱动模式、资源驱动模式	很多行业的营销模式被颠覆,调整的思路有了!
	卖轮子 科克斯【美】	小说版的营销学!营销理念巧妙贯穿其中,贵在既有趣,又有深度	经典、有趣!一个故事读懂营销精髓
	弱势品牌如何做营销 李政权　著	中小企业虽有品牌但没名气,营销照样能做的有声有色	没有丰富的实操经验,写不出这么具体、详实的案例和步骤,很有启发
	老板如何管营销 史贤龙　著	高段位营销16招,好学好用	老板能看,营销人也能看
	动销:产品是如何畅销起来的 吴江萍　余晓雷　著	真真切切告诉你,产品究竟怎么才能卖出去	击中痛点,提供方法,你值得拥有
销售	**资深大客户经理:策略准,执行狠** 叶敦明　著	从业务开发、发起攻势、关系培育、职业成长四个方面,详述了大客户营销的精髓	满满的全是干货

续表

销售	**成为资深的销售经理：B2B、工业品** 陆和平　著	围绕"销售管理的六个关键控制点"一一展开，提供销售管理的专业、高效方法	方法和技术接地气，拿来就用，从销售员成长为经理不再犯难
	销售是门专业活：B2B、工业品 陆和平　著	销售流程就应该跟着客户的采购流程和关注点的变化向前推进，将一个完整的销售过程分成十个阶段，提供具体方法	销售不是请客吃饭拉关系，是个专业的活计！方法在手，走遍天下不愁
	向高层销售：与决策者有效打交道 贺兵一　著	一套完整有效的销售策略	有工具，有方法，有案例，通俗易懂
	卖轮子 科克斯　【美】	小说版的营销学！营销理念巧妙贯穿其中，贵在既有趣，又有深度	经典、有趣！一个故事读懂营销精髓
	学话术　卖产品 张小虎　著	分析常见的顾客异议，将优秀的话术模块化	让普通导购员也能成为销售精英
组织和团队	**升级你的营销组织** 程绍珊　吴越舟　著	用"有机性"的营销组织替代"营销能人"，营销团队变成"铁营盘"	营销队伍最难管，程老师不愧是营销第1操盘手，步骤方法都很成熟
	用数字解放营销人 黄润霖　著	通过量化帮助营销人员提高工作效率	作者很用心，很好的常备工具书
	成为优秀的快消品区域经理（升级版） 伯建新　著	用"怎么办"分析区域经理的工作关键点，增加30%全新内容，更贴近环境变化	可以作为区域经理的"速成催化器"
	一位销售经理的工作心得 蒋　军　著	一线营销管理人员想提升业绩却无从下手时，可以看看这本书	一线的真实感悟
	快消品营销：一位销售经理的工作心得2 蒋　军　著	快消品、食品饮料营销的经验之谈，重点突出	来源于实战的精华总结
	销售轨迹：一位快消品营销总监的拼搏之路 秦国伟　著	本书讲述了一个普通销售员打拼成为跨国企业营销总监的真实奋斗历程	激励人心，给广大销售员以力量和鼓舞
	用营销计划锁定胜局：用数字解放营销人2 黄润霖　著	全方位教你怎么做好营销计划，好学好用真简单	照搬套用就行，做营销计划再也不头痛
	快消品营销人的第一本书：从入门到精通 刘　雷　伯建新　著	快消行业必读书，从入门到专业	深入细致，易学易懂
产品	**产品炼金术Ⅰ：如何打造畅销产品** 史贤龙　著	满足不同阶段、不同体量、不同行业企业对产品的完整需求	必须具备的思维和方法，避免在产品问题上走弯路
	产品炼金术Ⅱ：如何用产品驱动企业成长 史贤龙　著	做好产品、关注产品的品质，就是企业成功的第一步	必须具备的思维和方法，避免在产品问题上走弯路
	新产品开发管理，就用IPD 郭富才　著	10年IPD研发管理咨询总结，国内首部IPD专业著作	一本书掌握IPD管理精髓

续表

品牌	**中小企业如何建品牌** 梁小平　著	中小企业建品牌的入门读本,通俗、易懂	对建品牌有了一个整体框架
	采纳方法:破解本土营销8大难题 朱玉童　编著	全面、系统、案例丰富、图文并茂	希望在品牌营销方面有所突破的人,应该看看
	中国品牌营销十三战法 朱玉童　编著	采纳20年来的品牌策划方法,同时配有大量的案例	众包方式写作,丰富案例给人启发,极具价值
	今后这样做品牌:移动互联时代的品牌营销策略 蒋军　著	与移动互联紧密结合,告诉你老方法还能不能用,新方法怎么用	今后这样做品牌就对了
	中小企业如何打造区域强势品牌 吴之　著	帮助区域的中小企业打造自身品牌,如何在强壮自身的基础上往外拓展	梳理误区,系统思考品牌问题,切实符合中小区域品牌的自身特点进行阐述
渠道通路	**快消品营销与渠道管理** 谭长春　著	将快消品标杆企业渠道管理的经验和方法分享出来	可口可乐、华润的一些具体的渠道管理经验,实战
	传统行业如何用网络拿订单 张　进　著	给老板看的第一本网络营销书	适合不懂网络技术的经营决策者看
	采纳方法:化解渠道冲突 朱玉童　编著	系统剖析渠道冲突,21个渠道冲突案例、情景式讲解,37篇讲义	系统、全面
	学话术　卖产品 张小虎　著	分析常见的顾客异议,将优秀的话术模块化	让普通导购员也能成为销售精英
	向高层销售:与决策者有效打交道 贺兵一　著	一套完整有效的销售策略	有工具,有方法,有案例,通俗易懂
	通路精耕操作全解:快消品20年实战精华 周　俊　陈小龙　著	通路精耕的详细全解,每一步的具体操作方法和表单全部无保留提供	康师傅二十年的经验和精华,实践证明的最有效方法,教你如何主宰通路

管理者读的文史哲·生活

	书名．作者	内容/特色	读者价值
思想·文化	**德鲁克管理思想解读** 罗　珉　著	用独特视角和研究方法,对德鲁克的管理理论进行了深度解读与剖析	不仅是摘引和粗浅分析,还是作者多年深入研究的成果,非常可贵
	中西哲学的歧异与会通 张再林　著	本书以一种现代解释学的方法,对中国传统哲学内在本质尝试一种全新的和全方位的解读	发掘出掩埋在古老传统形式下的现代特质和活的生命,在此基础上揭示中西哲学"你中有我,我中有你"之旨
	治论:中国古代管理思想 张再林　著	本书主要从儒、法墨三家阐述中国古代管理思想	看人本主义的管理理论如何不留斧痕地克服似乎无法调解的存在于人类社会行为与社会组织中的种种两难和对立
	中国古代政治制度(修订版)上:皇帝制度与中央政府 刘文瑞　著	全面论证了古代皇帝制度的形成和演变的历程	有助于读者从政治制度角度了解中国国情的历史渊源

续表

思想·文化	**中国古代政治制度（修订版）下：地方体制与官僚制度** 刘文瑞　著	全面论证了古代地方政府的发展演变过程	有助于读者从政治制度角度了解中国国情的历史渊源
思想·文化	**通天彻地，九大法则：《尚书·洪范》讲记** 史幼波　著	精析"洪范九畴"这一中华传统政治哲学的理论基础	寓渊深义理于通俗口语之中，使现代人也能一睹中华文化原典之精湛奥义
思想·文化	**中国思想文化十八讲（修订版）待出版** 张茂泽　著	中国古代的宗教思想文化，如对祖先崇拜、儒家天命观、中国古代关于"神"的讨论等	宗教文化和人生信仰或信念紧密相联，在文化转型时期学习和研究中国宗教文化就有特别的现实意义
思想·文化	**每个中国人身上的春秋基因** 史贤龙　著	春秋368年（公元前770－公元前403年），每一个中国人都可以在这段时期的历史中找到自己的祖先，看到真实发生的事件，同时也看到自己	长情商、识人心
思想·文化	**内功太极拳训练教程** 王铁仁　编著	杨式（内功）太极拳（俗称老六路）的详细介绍及具体修炼方法，身心的一次升华	书中含有大量图解并有相关视频供读者同步学习
思想·文化	**中医治心脏病** 马宝琳　著	引用众多真实案例，客观真实地讲述了中西医对于心脏病的认识及治疗方法	看完这本书，能为您节约10万元医药费
思想·文化	**史幼波大学讲记** 史幼波　著	用儒释道的观点阐释大学的深刻思想	一本书读懂传统文化经典
思想·文化	**史幼波《周子通书》《太极图说》讲记** 史幼波　著	把形而上的宇宙、天地，与形而下的社会、人生、经济、文化等融合在一起	将儒家的一整套学修系统融合起来